教育部人文社会科学重点研究基地成果
中国语言文学国家双一流建设学科成果

汉 语 方 言 语 法 研 究 丛 书

顾问 邢福义 张振兴

主编 汪国胜

安阳方言语法研究

王 芳◎著

中国社会科学出版社

图书在版编目（CIP）数据

安阳方言语法研究 / 王芳著 . —北京：中国社会科学出版社，2021.6
（汉语方言语法研究丛书）
ISBN 978 - 7 - 5203 - 8340 - 0

Ⅰ. ①安…　Ⅱ. ①王…　Ⅲ. ①北方方言—语法—方言研究—安阳
Ⅳ. ①H172.1

中国版本图书馆 CIP 数据核字（2021）第 084354 号

出 版 人	赵剑英
责任编辑	张　林
特约编辑	周维富
责任校对	季　静
责任印制	戴　宽

出　　　版	中国社会科学出版社
社　　　址	北京鼓楼西大街甲 158 号
邮　　　编	100720
网　　　址	http://www.csspw.cn
发 行 部	010 - 84083685
门 市 部	010 - 84029450
经　　　销	新华书店及其他书店

印刷装订	北京君升印刷有限公司
版　　　次	2021 年 6 月第 1 版
印　　　次	2021 年 6 月第 1 次印刷

开　　　本	710 × 1000　1/16
印　　　张	32.75
字　　　数	521 千字
定　　　价	188.00 元

凡购买中国社会科学出版社图书，如有质量问题请与本社营销中心联系调换
电话:010 - 84083683

总　序

20 世纪 80 年代以来，随着汉语方言研究的拓展和深化，方言语法的研究越来越受到学界的关注和重视。这一方面是因为方言语法客观上存在着不同程度的不容小视的差异，另一方面，共同语（普通话）语法和历史语法的深入研究需要方言语法研究的支持。

过去人们一般认为，跟方言语音和词汇比较而言，方言语法的差异很小。这是一种误解，让人忽略了对方言语法事实的细致观察。实际上，在南方方言，语法上的差异还是不小的，至少不像过去人们想象的那么小。当然，这些差异大多是表现在一些细节上，但就是这样一些细节，从一个侧面鲜明地映射出方言的特点和个性。比如湖北大冶方言的情意变调①，青海西宁方言的左向否定②，南方方言的是非型正反问句③，等等，这些方言语法的特异表现，既显示出汉语方言语法的丰富性和复杂性，也可以提升我们对整体汉语语法的全面认识。

共同语语法和方言语法都是对历史语法的继承和发展，它们密切联系，又相互区别。作为整体汉语语法的一个方面，无论是共同语语法还是历史语法，有的问题光从本身来看，可能看不清楚，如果能将视线投向方言，则可从方言中获得启发，找到问题解决的线索和证据。朱德熙和邢福义等先生关于汉语方言语法的许多研究就是明证。④ 可见方言语法对于共同语语法和历史语法研究的重要价值。

---

① 汪国胜：《大冶话的情意变调》，《中国语文》1996 年第 5 期。
② 汪国胜：《从语法角度看〈现代汉语方言大词典〉》，《方言》2003 年第 4 期。
③ 汪国胜、李曌：《汉语方言的是非型正反问句》，《方言》2019 年第 1 期。
④ 朱德熙：《从历史和方言看状态形容词的名词化》，《方言》1993 年第 2 期；邢福义：《"起去"的普方古检视》，《方言》2002 年第 2 期。

　　本《丛书》由教育部人文社会科学重点研究基地华中师范大学"语言与语言教育研究中心"筹划实施并组织编纂，主要收录两方面的成果：一是单点方言语法的专题研究（甲类），如《武汉方言语法研究》；二是方言语法的专题比较研究（乙类），如《汉语方言疑问范畴比较研究》。其中有的是国家或教育部社科基金项目的结项成果，有的是作者多年潜心研究的学术结晶，有的是博士学位论文。就两类成果而言，应该说，当前更需要的是甲类成果。只有把单点方言语法研究的工作做扎实了，调查的方言点足够多了，考察足够深了，有了更多的甲类成果的积累，才能更好地开展广泛的方言语法的比较研究，才能逐步揭示汉语方言语法及整体汉语语法的基本面貌。

　　出版本《丛书》，一方面是想较为集中地反映汉语方言语法的研究成果，助推方言语法研究，另一方面，也是想为将来汉语方言语法的系统描写做点基础性的工作。《丛书》能够顺利面世，得力于中国社会科学出版社张林编辑的全心支持，在此表示衷心的感谢。《丛书》难免存在这样那样的问题，盼能得到读者朋友的批评指正。

汪国胜

2021 年 5 月 1 日

目　　录

第 1 章　绪论

1.1　安阳概况

1.1.1　地理历史

安阳①位于河南省最北部。地理坐标为：东经 113°37′—114°58′、北纬 35°12′—36°22′之间。处在河南、河北、山西三省交界地段，西依太行山与山西省长治市接连，东与濮阳市相邻，南跟鹤壁市、新乡市接壤，北部紧邻河北省磁县。地势西高东低，西部系太行山东麓，东部属黄淮海平原，地形复杂多样。最高峰在林州境内的四方垴，海拔 1632 米；最低处在滑县境内的金堤河沿岸，海拔 50 米。山地、丘陵、平原、泊洼多种地貌类型，构成复杂的地表形态。南有卫河、北有漳河，中有洹河，三大主河均自西蜿蜒东去，此外，尚有淇河、汤河等河流，过境水可用量为 11.62 亿立方米。地处半湿润地区，暖温带大陆性季风气候，四季分明、雨热同期。安阳的矿产开发、农作物生产均在河南省占据重要地位。

早在 25000 年前旧石器时代晚期，先民就在此生活。远古时期的颛顼、帝喾二帝先后在今内黄县建都。公元前 1300 年，商王盘庚迁都于殷（今安阳市区小屯一带），在此传八代十二王，历时 255 年；三国、两晋、南北朝时，先后又有曹魏、后赵、冉魏、前燕、东魏、北齐等六朝在此建都，故安阳素有"七朝古都"之称。

安阳之名，始于战国末期。公元前 257 年，秦攻克魏"宁新中"

---

① 参见安阳市政府网（http://www.anyang.gov.cn/index.jsp）和《安阳市志》（1998）。

邑，因宁、安意近，淇水（原黄河故道分支）之北太行余脉之南曰阳，乃定名为"安阳"。公元401年，北魏在邺城设相州，是为相州名称之始。公元580年，北周灭北齐，邺城被焚，邺民全迁安阳，安阳遂称相州。隋、唐、宋沿用相州一名。1192年（金），升相州为彰德府，此为彰德府名称之始，明、清一直沿用。1913年，中华民国政府废彰德府，复置安阳县。1932年10月，民国政府在省下设区，安阳为河南省第三区行政督察专员公署治所，领11县，直到1949年5月6日安阳解放。1949年8月1日，成立平原省，安阳为省辖市。1952年11月30日，平原省撤销建制，安阳市划归河南省，现为省辖市。及今，辖一个县级市（林州市），三个县（安阳县、内黄县、汤阴县），四个市辖区（文峰区、北关区、殷都区、龙安区）、一个省直管县（滑县），一个城乡一体化示范区（安阳新区）、一个国家级高新技术产业开发区（安阳高新技术产业开发区）和一个国家经济技术开发区（红旗渠国家经济技术开发区），总面积7413平方公里，市区面积543.6平方公里。

1.1.2　人口文化

安阳虽处中原——中华文明的发祥地，但在元末明初，由于战乱频仍，洪水、虫灾、瘟疫肆虐，明朝初建时，已是人烟稀少，荒草遍地，"土著之家十不存一"①。洪武、永乐年间，明政府先后数次从山西的平阳、潞州、泽州、汾州等地，向全国广大地区移民。明朝时洪洞县城有一汉代古槐，明朝大移民就是在这里设局驻员，为迁徙的移民办理手续，因此，这棵大槐树下就成了历次移民的集散地，从而也就有了六百年来遍布全国各地的，移民子孙世代相传的口头语"问我祖先何处来，山西洪洞大槐树"。② 河南位于华夏腹地，是明初洪洞移民的重点省份之一，迁民范围遍及整个省域。据文献记载，明初洪洞迁民于河南者以彰德府、怀庆府、开封府、归德府为最多。根据正史以及地方史料记载，山西向豫北等地迁徙人口几乎持续了整个有明一代。

虽大量移民，但安阳地区人口增长仍然缓慢。清乾隆元年（1736）

---

① 崔铣《彰德府志》，转引自裴泽仁（1988）。
② 据李永芳（2004）。

至 1949 年 213 年间，安阳县（含今安阳市区）总人口仅增加 10.05 万人。1949 年全市总人口为 208.76 万人，中华人民共和国成立后，社会生产力得到发展，人民生活逐步改善，全市人口总量急剧增长，截至 2013 年底，全市总人口 576 万人，常住人口 509 万人，市区人口 108.6 万人。全市有汉、回、蒙古、满、壮、苗、藏、朝鲜、土家等 43 个民族。其中汉族人口约占全市总人口的 98.72%，数量占绝对优势。少数民族中，回族历史较长、人数较多，多由山东及本省获嘉县、淇县等地迁徙而来，距今已有 600 多年历史。中华人民共和国成立后，回族以及其他少数民族多因工作调动或婚姻关系陆续迁来。

安阳人杰地灵，文化厚重。早在旧石器时代晚期就出现了"小南海文化"，盘庚迁都安阳后，创造了甲骨文、青铜器、玉器等盛极一时的殷商文明。这里有四千多年前的颛顼、帝喾陵；这里有中国最古老的文字"甲骨文"；这里是周易的发源地。悠久的文化和灿烂的文明孕育了众多历史名流：中国第一位女将军妇好、被拘而演周易的文王、投巫治邺地的西门豹、"完璧归赵"的名相蔺相如、三治相州的宋代宰相韩琦、民族英雄岳飞……这些流芳百世的历史人物是安阳的骄傲，也激励着一代又一代安阳人民奋发图强。诗人郭沫若 1959 年来安阳时，曾留下"洹水安阳名不虚，三千年前是帝都；中原文化殷创始，观此胜于读古书"的著名诗句。

在深厚久远的历史文化背景下，安阳地区也出现了丰富多彩的民间艺术，如战鼓、舞狮、旱船、跑帷子、高跷、秧歌、抬阁等。其中安阳县吕村镇的战鼓被列为省级非物质文化遗产。安阳地区的戏曲种类也比较多，有豫剧、曲剧、越调、河南坠子、四平调、二夹弦、人平调、道情、落子腔、皮影戏等，其中，豫剧表演家崔兰田为代表的崔派艺术享誉海内外。这些拥有独特艺术形式和浓厚文化精神的地方戏曲成为安阳文化的有效载体。

值得一提的是，今日安阳是区域性综合交通枢纽城市，全市公路通车总里程达到 1.18 万公里，公路密度每百平方公里达到 158.2 公里。京广铁路、石武高铁与正在建设的晋豫鲁大运力铁路将形成"二纵一横"铁路枢纽；京港澳、大广、南林、鹤辉、济东高速公路与正在进行前期工作的林桐、西北绕城高速公路将形成"三纵三横一环"高速公路网；G107、G106 等形成的"三纵二横一连"国道干线和 S301 等"七纵九横"省道干线形成的骨干路网结构，以及在加快建设的豫东北机场、无水港，使安阳正在形成一个发达的立体综合交通网络。这种四通八达的地理位置，显然会对安阳人民的生产生活产生重大影响，而我们关注的安阳方言的发展变化，势必受到这一因素的影响。

1.2　安阳方言

语言（包括方言）是人类最重要的交际工具，它的历史和人类历史同样悠久。人口迁徙同样一开始就和人类的语言变迁紧密联系在一起，它会给语言带来程度不一的影响，甚至会使一种语言消亡，或者产生一种新的语言。正如前文所言，安阳在元末明初，几经战乱、天灾，人口稀少。经明朝数次移民，安阳人口才逐渐繁盛。从山西迁徙而来的人口，世代繁衍，渐渐成为新的"土著"，而他们所讲的山西方言，就成为安阳方言的主体。康国章（2012）认为，豫北晋方言是大规模从山西向河南移民所形成的移民方言。但是也应该看到，作为一种移民方言，经过数百年的独立发展，今天的豫北晋方言在与山西境内的晋方言保持高度一致性的基础上，还表现出自身的独特面貌。从方言地图上来看，现在的豫北晋方言与山西南部、东南部晋方言是连成一片的。但在事实上，由于两者之间有太行山、中条山的阻隔，河南的晋方言与其母方言的联系在一定程度上还是受到了阻断。加之受周边中原官话、冀鲁官话的影响，豫北晋方言在语音、词汇、语法的变异、发展层次等各个方面，都表现出自己独有的特征。裴泽仁（1988）认为，现在的河南方言是人口迁徙以后，外来汉语方言与土著方言相互作用下的历史积淀，大约在明永乐以后至清乾隆时分层次先后形成的。我们认为，这同样适于描述今日的豫北安阳方言，只是安阳方言比河南其他地区的方言受到晋方言的影响更广更深，而原来的土著方言也就是中原官话的成分相比要少得多。因此，今天的安阳方言实则是明以来形成的移民方言，在此基础上受到临近中原官话、冀鲁官话影响逐渐演变和发展起来的方言。如今，经济、文化、教育的飞速发展，交通发达，普通话对安阳方言的影响，也不可小觑。

根据《中国语言地图集》，安阳最新行政区划的四区五县分属两种大方言。其中，区域西部的安阳市区、林州市、安阳县、汤阴县属晋语邯新片，除林州属磁漳小片外，安阳市区、安阳县、汤阴县皆属获济小片。东部的滑县、内黄县属中原官话郑曹片（见图 1-1）。

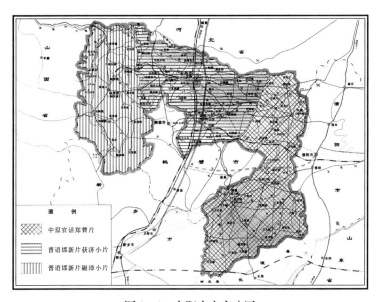

图 1-1　安阳市方言分区

1.2.1　语音词汇

安阳境内西部的安阳市区、林州市、安阳县、汤阴县都属晋语区，东部的滑县、内黄县属中原官话区。各县市之间，语音差别较大，可以从以下四个方面来看东西部的差别。

（1）舌尖前后阻

大部分地区舌尖前后阻不分，从安阳县都里、磊口至马家，形成一条方音线——"桑""商"线，这条线把安阳切分为东、西两部分，线以西舌尖前后阻区分，线以东（除滑县外）舌尖前后阻混同。

（2）前后鼻韵母

大部分地区前后鼻韵母可区分。从安阳县英烈、洪岩到市区的龙泉，形成一条方音线——"陈""程"线，线以西前后鼻韵母混同，线以东可以区分。

（3）入声

大部分地区有入声，从内黄县的田氏、窦公至高堤，形成一条方音线——入声线。这条线以西有入声，以东没有入声。没有入声的地方，调类4个，名称与普通话相同：阴平、阳平、上声、去声。有入声的地方，调类5个，名称为：阴平、阳平、上声、去声、入声。

（4）尖团音

"陈""程"线以西分尖团，以东多数地区不分尖团。西部"陈""程"不分的地方多保留了古代的尖音；东部"桑""商"不分的地方，大都没有尖音。东部滑县，"桑""商"和"陈""程"都可以分开，同时也保留了古代的尖音。

以上内容，我们参考了《安阳市志》第四卷有关安阳方言语音的内容，根据实地调查，其内容基本准确，为更直观地展示安阳各辖属地区方言的语音特点，我们制作了相关的方言地图（详见图1-2）。

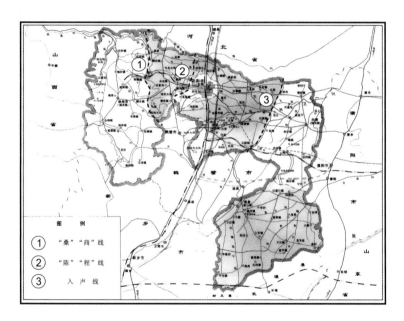

图1-2 安阳市特色方音线

词汇和语法方面，东部和西部地区差别很小，与本研究相关的一些现象，我们将在后面的章节中予以描述。

本研究以安阳市城区文峰区老城区的语言为主要研究对象。文峰区是安阳市政治、经济和文化中心，是安阳市核心城区，其中老城区是指文峰区辖内原来城墙以内的区域，包括九府十八巷七十二胡同。其语言是安阳最具代表性的方言，安阳人所说的老安阳话就是指文峰区中老年人口里的安阳方言。北关区为商贸和工业中心，所说的话与文峰区很接近，但受商业、工业外来从业者的影响，跟老城区的话还是有一些不同。比如语音上，北关区"二"发为 $[\text{ər}^{213}]$，老城区发音为 $[\text{ʅ}^{213}]$；语法上，老城区较多保存了晋方言的一些语法特点，如用"VP 动儿"格式表示"某种行为进行的同时进行另一动作行为"——"吃饭嘞动儿别瞧书吃饭的时候别看书"，北关区一般说"吃饭嘞时儿别瞧书"，等等。殷都区、龙安区分别是在原铁西区、郊区基础上重新规划建立的，殷都区居民主要是安阳钢厂工人及其家属，其主要语言是带有各地方音特点的普通话。该区其他居民为原来郊区及农村的人口，所说安阳方言听起来较"土"。龙安区居民主要是郊区及原来的农村人口，其语言在语音上跟城区有较大不同，听起来也比较"土"。因此，本书研究对象主要是安阳市城区的文峰区中老年人所说的安阳方言，其他三个区、四个县的语言情况，我们在需要的时候也会提及。如果未加说明，本书所说的安阳方言、市区方言专指文峰区中老年人所说的安阳方言。下面先粗略介绍安阳市市区方言在语音、词汇、语法方面的特点。

安阳方言的声韵调系统如下：

表 1-1 安阳方言声母

声母 22 个（包括零声母）
p 帮不 pʰ 胖盘 m 摸吗 f 放风 v 微王
t 大地 tʰ 它挺 n 那男 l 懒里
k 哥刚 kʰ 可抗 x 合好 ɣ 额俺
tɕ 及接 tɕʰ 其请 ɲ 宁女 ɕ 想行
ts 字只 tsʰ 成吃 s 四散 z 日人
ø 杌言院而

注：

①v 是 f 的浊音，普通话里记作 w 的零声母，在安阳方言里多数情况下都发作 v，但在单韵母 u 充当音节时，读零声母 ø。

②安阳的 n 只拼"洪音"，不拼"细音"；ɲ 只拼细音，不拼洪音。普通话里跟洪音、细音相拼的都是 n。

③ɣ 是 x 的浊音，只跟开口呼韵母相拼。

表 1 - 2   **安阳方言韵母**

韵母 46 个
ɿ 字词四日　i 义洗题疑　u 古路读图　y 与徐女旅
ɑ 啊怕吗发　iɑ 假下恰呀　uɑ 话夸抓滑
o 我喔哦波　uo 锁罗学棵　yo 幺嚼学
ɤ 哥饿喝可
ɜ 掰他这那　iɜ 夜接写贴　yɜ 靴瘸　ɚ/ʅ 二儿 ɜ
ai 哎改开才　uai 怪衰快坏
ei 没给非配　uei 贵累推雷
au 报跑套熬　iau 条鸟小料
ou 偶愁手　iou 六就有求
an 俺三含干　ian 连线见间　uan 段完管算　yan 选元全
ən 跟宵人很　in 近新品琳　uən 问春顺混　yn 晕群均匀
ɑŋ 当桑帮昂　iɑŋ 杨将两枪　uɑŋ 逛创双网
əŋ 坑更生鹏　iŋ 行营清零　uŋ 恒红东同　yŋ 穷用窘
ʌʔ 答发黑剥　ɛʔ 的百麦十　iɛʔ 灭切压笔力一
uʔ 独谷托桌郭　uɛʔ 拙说　yɛʔ 足缺　yoʔ 略角岳　ɿʔ 十只吃织

说明：

①ɑ 包括三个音值，在〔ai、uai、an、ian、uan、yan〕里发音位置靠前，在〔ɑ、iɑ、uɑ〕里发音位置居中，在〔au、iau、ɑŋ、iɑŋ、uɑŋ〕里发音位置靠后。

②ou 里的 o 偏前偏低，标为 əu 也可以。

③ʅ 自成音节，而且永远自成音节，出现在老年人的语音中，年轻人几乎不用此音，相应的发音为 ɚ，与普通话相同。

④ʔ 是喉塞音，清音，不送气，是入声韵尾。

表 1 - 3   **安阳方言声调**

声调 5 个		
阴平 55 安丰开生	阳平 31 穷极寒和	上声 53 好徐走比
去声 213 进六面大	入声 3（喉塞音）笔拍岳略	

安阳方言的音系跟普通话音系比起来，声母方面的主要不同有四点：

①安阳方言舌尖前舌尖后声母不区分，一律发作舌尖前音，但跟普通话的舌尖前音相比，发音部位更靠后些，也可以归为舌叶音。

②安阳方言的 n 声母有两个变体，后面所拼洪、细韵母为互补条件，洪音前读 n，细音前读 n̦。

③在普通话中读零声母音节的开口一等疑、影母字，开口二等的一部分字，如"俄、挨、熬、藕、暗、恩、昂"等，安阳方言大都读作浊擦音 ɣ 音。

④安阳方言有 v 声母，除普通话的 wu 音节在安阳方言中仍为 wu 外，其他普通话含零声母 w 的合口韵"微"母字，在安阳方言中大都发唇齿浊擦音 v 音。

韵母方面，跟普通话相比，多了一个韵母 ［yo］以及八个入声韵。［yo］韵主要来自中古宕摄开口三等药韵和江摄开口二等觉韵的见组字和晓母字，如"雀、嚼、削、脚、药、钥、觉、确、乐、学"等。《广韵》入声字，绝大多数今在安阳方言中仍读入声，但塞音韵尾 p、t、k 完全脱落，一律变喉塞音 ［ʔ］尾，如"答、塌、蜡、立、察、括、末、落、桌、曲、菊、册、色"等。

声调方面，安阳方言比普通话多一个入声调①，中古时期入声字在普通话里是入派四声，而安阳方言则是保留入声，不分清浊。

以上是语音方面与普通话相比显示出的差异。

词汇方面，安阳方言里保存了一部分与山西晋语相同的"圪"头词和分音词。"圪"头词如：圪节（节）、圪巴（附着在物体上的脏东西）、圪应（心里发毛）、圪蹬（单腿跳）、圪料（脾气古怪）、蛇蚤（跳蚤）、圪缠（连接）、圪弄（弄）。分音词如：滴溜（吊）、不拉（扒）、胡拉（划）、骨撸（箍）、吱咾（叫）、窟窿（孔）、曲连（蜷）、扑棱（蓬）等。安阳方言还保存有丰富的合音词，这是中原官话的一大特色。如：数词"一、二、三、八"跟普遍量词"个"合音，分别读作 ［yo⁵⁵］［liɑ⁵³］［sɑ⁵⁵］［pɑ⁵⁵］。其他合音词如："甭 ［piŋ³¹］、

---

① 市区受普通话影响，出现了入声舒化的现象。

咋［tsɑ³¹］、啥［sɑ³¹］、镇［tsən³¹］、恁［nən³¹］（你们）、俺［ɣan⁵³］、恁［nən²¹³］（那么）"等。另外，儿化也是一种合音现象，我们将在后面的第2章第2.3节里对儿化现象进行讨论。

1.2.2　语法

安阳各地区语法基本相同，也略有差别，一些涉及与本研究相关的问题，我们将根据调查到的情况予以描述。这里只谈安阳市区的语法概貌。

安阳方言的语法特点主要表现在词缀、重叠、虚词及一些句式方面。

安阳方言较有特点的词缀有："圪、的、儿"。"圪"在前面词汇部分已简单提及。"的"与普通话的词缀"子"相似，但使用范围更广，不仅可标记普通名词，如："桌的、椅的"等，还可附着在人名后，用于熟识的人之间面称或背称。如，"强的、于伟的、老三的、四鼻的"等，也可用在代词后，如"啥的（表称代的'什么'）"。安阳方言的"儿"词缀从语音上可分两类，一类是儿化韵，相当于普通话的儿化韵，如："钱儿［tɕʰiar³¹］、花儿［xuar⁵⁵］、车儿［tʂər⁵⁵］"，这类词在安阳方言中数量较少；一类是儿尾，如："猪儿［tsu⁵⁵ ər］、事儿［sʐ²¹³ ər］"等，这类词的"儿"没有跟前一音节合音，而是自成音节。这类儿尾词在安阳方言的"儿"词缀中占据大多数。另外，安阳方言中还有一个人称标记"嗷"，只用于人名前，如："嗷丽儿、嗷强的"等，用于熟识的人之间面称或背称。这些词缀以及相关问题，我们将在接下来的第二章详细描写和讨论。

安阳方言的重叠在形式、语义和功能上都有自己的特点，如名词重叠形式，"N儿N儿"，"N"是事物的概念名称，重叠后表示事物所具有的性质状态，如：格（方格）——格儿格儿（有很多格子的）。

安阳方言有一批普通话没有或跟普通话不完全相同的虚词。如：表时间的助词"动儿"；表否定的副词［piŋ³¹］，相当于普通话的"不用、不要、别"；表动态和语气的助词"嘞"是汉语史上不同成分向同一语音形式演化的结果，是具有中原官话色彩的语言成分。另，安阳方言的"昂"是"上"的语音弱化形式，但除了具有"上"的用法外，还发展出表位移的功能等。

安阳方言的句式较有特点的是疑问句系统的是非疑问句和正反疑问句。安阳方言的是非问多可不用疑问语气词，而是由语调表示，只表非真性问；真性问由正反问承担，正反问格式 VP – neg – VP 和 VP – neg 互补。安阳方言的处置句标记丰富，其中较有特点的是"连"字处置句，可从汉语史中追溯到"连"表处置的发展轨迹。

这些丰富的具有地方特点的语法现象，我们都将在下文的章节中充分给予描写和分析。

1.3 研究现状

根据收集到的资料，最早涉及安阳方言研究的，应当是《河南方言与普通话词汇语法笔记》（程仪，1959），这本著述中比较了安阳方言和普通话语音上的差别，指出安阳方言 ts、tʂ 组不分，韵母多用 γ 的情况，偏重对安阳方言语音的描写，词汇语法部分简略。另外，较早研究安阳方言的还有《河南方音概况》（张启焕等，1982）、《河南方言研究》（张启焕等，1993），这两部书是在 20 世纪 50 年代方言普查基础上，对河南方言普查所得 123 个调查点材料编成的最早全面描写河南方言语音以及词汇语法现象的专著。记录的安阳方言有五个调类：阴平、阳平、上声、去声、入声，其调值分别为 33、42、53、213、4。书中指出安阳方言有一套入声韵母，以喉塞音收尾。还有一些特殊的音变现象，如，轻声、儿化、合音词等。裴泽仁（1988）对豫北方言的历史形成进行了考查，指出明代移民对安阳等豫北地区方言形成了巨大影响。20 世纪 80—90 年代，赵声磊（1982）、郭青萍（1986、1988、1990）对安阳方言较有特点的语音、词汇、语法进行了描写。尤以郭青萍的研究展现了安阳方言语音、词汇、语法方面的特点。另外，贺巍（1986）《冀鲁豫三省毗连地区的方言分界》对安阳等地的语音特点进行了描述。周国瑞（1999）《豫北方言词语简释》阐述了豫北方言中的常用词语，并对一些具有规律性的现象进行了探讨。《普通话与豫北方言①》（陈泓，1997），对比豫北方音和普通话语音的差异，以更好地推广普通话。另外，方志研究中的方言志部分，多少都有对安阳方言语音词汇语法特点的展示，如《安阳市志第四卷》（1998）、《河南省志方言志》（1995）。较早期的安阳方言研究，多偏重于语音和词汇的研究。21世纪后，特别是2005年后，安阳方言的研究进入了一个繁荣发展的时期。研究对象也从偏重于语音、词汇研究走向语音、词汇、语法并重。这一时期语音方面的研究有《豫北方言与普通话语音的比较分析》（孙修光，2001）、《豫北方言区语音规律探析》（袁蕾，2001）、《豫北方言与普通话语音比较研究》（袁蕾，2005）、《豫北入声区的方音特色及辨正》（袁蕾，2007）、《安阳方言语音系统的初步调查》（霍文艳，2007）、《安阳方言入声［tə？］的读音重合现象》（霍文杰，2008）、《安阳方言中的一组语音合流现象》（张志强，2009）、《安阳市区中的方言入声舒化调查》（赵青，2009）。语法方面的研究有《安阳方言中的语缀"的"》（王芳，2000）、《安阳方言形容词儿化调查》（李艳霞，2006）、《安阳方言中的名词后缀"的［tə？]"》（楚爱英，2007）、《河南安阳方言中的语气词"不咋"》（陈慧娟，2008）、《安阳方言的人称代词浅析》（仝晓琳，2010）、《安阳话"当么"与"敢"的语法化及主观化》（王琳，2009a）、《安阳方言中的副词"可"》（王琳，2009b）、《河南安阳方言的"咾"》（王琳，2010a）、《安阳方言中表达实现体貌的虚词——"咾""啦"及其与"了"的对应关系》（王琳，2010b）、《安阳方言将行体助词"也"及其溯源》（王琳，2010c）、《试论空间位移事件的表达——以安阳方言与普通话比较为例》（刘丞，2010）、《安阳方言语气词》（张丽，2012，中央民族大学硕士学位论文）、《安阳方言的儿化和儿尾》（王芳，2013）、《安阳方言的儿尾——兼论汉语方言化合式儿尾韵的形成次序》（史艳峰，2013）、《安阳方言中的"子"尾比较研究》（崔闪闪，2013）、《安阳方言的时间助词"动儿"》（王芳，2014）。跟语法、语音研究的繁荣相比，词汇方面一直较为薄弱，这一时期词汇方面的论文只见到《安阳方言词与普通话词

---

① 20世纪90年代，出现了"豫北方言"这一概念。张丽（2011）在《安阳方言研究综述》中指出，这一概念指的是"在晋语与中原官话的长期交流融汇中发展起来的，属于北方方言中一支较小的方言音系。主要包括焦作、新乡、安阳、鹤壁等19个县市"。

的比较——语素和音节的对应关系》（李靖，2010）。

2005 年以后，研究安阳方言的论文之所以激增，有两方面原因。一是学科发展引发研究热。随着语言研究理论的发展，方言研究也越来越受到重视，安阳方言处在晋方言和中原官话的交界地带，研究者越来越注意到安阳方言在形成和发展中所具有的独特意义和价值。二是研究者队伍扩大，研究成果丰硕。21 世纪的研究论文，多出自安阳籍在校硕士生和博士生，年轻的研究者接触到新的语言研究理论和方法，对较有特点的家乡方言自然有了更敏锐的语感和更扎实的研究能力。因此，我们可以看到，这一时期的研究文章，不乏用语法化、语用学、类型学等较新的语言理论对安阳方言语法进行细致分析和解释的。较为突出的是王琳（2009a、2009b、2010a、2010b、2010c）的数篇文章以及刘丞（2010）、史艳峰（2013）等。

安阳方言已有的研究成果，语音方面多集中在安阳方言的入声及其发展变化，语法方面多关注安阳方言的"儿"尾、"的"尾以及安阳方言较有特点的虚词。这也是安阳方言相较普通话、中原官话，特点较为突出的地方。这些有特点的语法现象，我们的研究中也将关注这些方面，只是对既有成果侧重于进一步的思考，对其中的得失加以深入分析，注重不同意见的发抒。从总体上看，语法方面，现有的研究尚不够深入，不成系统，远不能展现安阳方言语法的丰富和独特，基于此，本书拟从一些有特点的语法形式和语法范畴入手，对安阳方言语法的规律、特点试作探寻，以弥补空白、深化研究。

此外，除对安阳市区方言进行研究的文章硕果累累外，林州方言的研究从数量到质量也可圈可点。如：《林州方言的"动"和"动了"》（谷向伟，2007）、《林州方言的"V 来/V 来了"和"V 上来/V 上来了"》（谷向伟，2007）、《林州方言中表可能的情态助词"咾"》（谷向伟，2006）、《林州方言声韵鼻尾消变及其连动作用》（陈鹏飞，2006）、《林州方言"了"的语音变体及其语义分工》（陈鹏飞）、《林州"子"尾读音研究》（陈卫恒，2003）、《林州方言语音研究》（王珂，2005）、《林州方言语音调查研究》（陈松亚，2008）等。相较于安阳市区和林州，其他县区的方言研究较为薄弱，如内黄方言、汤阴方言、安阳县方言，我们见到的研究除了方言志上的零星描述外，只有为数不多的几篇研究论文,如:《滑县方言语音初探》(刘荣琴,2008)、《滑县方言中合音词现象刍议》(刘荣琴,2008)、《河南内黄方言音系》(李学军,2012)、《内黄方言的语音特点》(李学军,2012)、《汤阴话入声字的分布及其演变——兼论河南方言的划分》(裴泽仁,1986)、《安阳县西南片方言程度副词研究》(杨绪明等,2011)等。本书囿于研究者自身水平和能力,暂只能对安阳市区的方言进行研究,相关方言的研究有待来日以及更多研究者的加入。

1.4 本书研究思路和研究方法

1.4.1 研究思路

安阳处在晋方言和中原官话交界地带,安阳方言归属晋语。明清时期大规模的山西移民,是今天安阳方言形成的主因。但安阳历史上以至今日,行政隶属、交通来往上更近中原,在安阳方言中,又有着割不断、抹不去的中原官话的深刻影响。有些语音、词汇特征还和临近的冀鲁官话相似。基于此,安阳方言表现出一种独特的面貌和价值,不仅体现在易被知觉的方音、词汇上,也体现在不易被觉察到的语法层面上。研究安阳方言语法,有助于我们对这一历史上形成并持续发展的移民方言的语法特点了解更全面更深入,也有助于比较不同方言区之间的异同,考察方言之间的接触,了解各方言如何相互影响;同时也可为方言语法研究、现代汉语语法研究、语言类型学等提供可参考的语言材料和依据。与现代汉语共同语语法研究相比,方言语法研究更多地被期待能呈现出与共同语不同的特点。突出方言语法研究的特点,是多数单点方言语法研究者所着力实现的目标。本书的研究也将努力突出安阳方言语法的特点,对安阳方言独特的语法现象深入发掘、揭示、分析,并对这些特点的成因试作理论的探究和解释。

对语法的考察,可以有两个角度:一是立足各种语法形式,考究各语法形式表示的意义、功能;另一是立足语法意义或语法范畴,考究其赖以表达的各语法形式。单一角度的考查更适用于全面系统的语法研究,然而在方言研究中,面面俱到的深入研究往往耗时耗力,并难以达到突出特点的效果，因此为了突出方言语法特点，往往需要多角度、多侧面的研究。本书是安阳方言语法的择点研究，依据安阳方言语法特点，本书既有立足语法形式的语法分类考查，如：词缀、重叠等；又有立足语法范畴的语法分类研究，如：体貌、疑问、指代、处置、被动、位置和位移等；还有依据语法功能分类的研究，如：特色虚词等，以点带面，多角度，深入研究、揭示安阳方言的语法面貌和语法特点。

1.4.2　研究方法

本书的研究方法主要有：

第一，据实描写研究。

本书主要依据第一手调查材料，从语言实际出发，结合语言学理论以及已有的研究成果，如实描写安阳方言的语法特点，归纳安阳方言的语法规律。

第二，表里值小三角深入揭示。

在描写分析安阳方言语法现象时，由表究里、表里互证、探求语值，尽力做到对安阳方言语法的深入描写和研究。

第三，普方古大三角纵横比较。

研究安阳方言语法时，与普通话、相关方言进行横向比较，找出安阳方言独具的特点。追溯汉语史，纵向研究安阳方言的发展演变状况，揭示安阳方言语法现象在汉语史上的位置。可以说，比较是语言研究、方言研究不可或缺的研究手段。通过与普通话、相关方言、古代汉语、近代汉语的比较，结合语法化、语言类型学、语言接触理论可以更准确有效地发现方言的特点及其发展演变的规律。

简而言之，无论采用何种方法理论，都是为了更好地揭示、探究安阳方言的语法规律特点。

1.5　语料来源和体例说明

1.5.1　语料来源

本书的语料多来自笔者的调查。笔者生于安阳市，长于安阳市，19

岁离开安阳上大学前未离开过安阳，会说地道的安阳市区方言。

文中的语料来源主要有四：

①作者用录音笔记录的安阳当地人的日常谈话；

②长篇安阳方言电视剧《安阳说》里的对白；

③利用调查表对发音合作人进行语法现象调查；

④我们自拟，并由仍在安阳居住的同学、亲戚、朋友一一核对。

第一种语料收集源自自然的语言生活，真实生动，最能体现当下安阳方言的风貌特点，一些根据语法调查表调查时易受普通话影响甚至被忽略的材料，在生活录音中得以真实呈现。但囿于时间和话题，许多语法现象难以在这些录音材料中得以体现。

第二种调查方法的利弊类似于第一种，但由于这毕竟是以方言为载体的艺术创作，有些语料不够生活化，有些语料受创作者方言的影响，并非真正的安阳市区方言，需加以甄别。

第三种和第四种调查得来的语料，优点是语法点针对性强，覆盖面广；但由于这两种方式毕竟不是自然生活状态下的调查，因而调查结果多多少少会受到普通话的干扰和影响，难免生硬，不够生动。

我们尽可能将这四种调查语料的方法结合使用，扬长避短，以使研究面向的是更真实的安阳方言，这样的描写和分析才能更令人信服。调查中相关发音合作人的情况见文后附录，在此对他们的合作与帮助致以诚挚的感谢！

1.5.2 体例说明

本书标音使用国际音标，音标外加方括号"［ ］"。调值一律在音节右上角用数字表示，例如，"上"发音［san^{213}］。轻声音节不标调值，只用圆点在音节前标注，如［·an］。方言语料尽量采用本字标写，无法确认本字的，用同音字代替，具体所用同音字随文注明，不做统一标注。无同音字的用"□"表示，并标注音标，如□［tin^{53}］。

所有例句文字使用楷体。与方言例句对应的普通话的意思，在例句后用小号字加以说明，较容易理解的不做说明或只做个别字词的说明。如："坐昂椅的昂坐在椅子上""连把书翻开"。

　　例句句首的"﹡"表示这个句子不成立，例如："﹡爬昂啦山。"句首的"？"表示这个句子可接受性差，或例如："？爬到山昂啦"。两可的情况用"/"表示，例如："坐在/到椅子上"。例句中加标"（ ）"的，表示可用可不用的情况，如："小（嘞）动儿，他爹妈老打架。"

第 2 章　词缀

　　词缀①是汉语附加式构词的一种手段。现代汉语词缀问题，一直为各时期语言学研究者关注，吕叔湘（1962）、赵元任（1979）、郭绍虞（1979）、任学良（1981）、张静（1987）、刘叔新（1990）、邢福义（1991）、马庆株（2002）②等诸多大家都对词缀问题有深入研究和独到见解。学者们对词缀范围的确定各抒己见，或宽泛或严谨。如任学良（1981）的研究，将诸多语言成分划为词缀，界定宽泛；而赵元任（1979）等则认为某些所谓词缀，实际是复合词中有广泛结合力的成分。虽众说纷纭，但认定词缀的依据近似，都强调词缀的位置分布及其语义的虚化。其中，邢福义（1991）认为，词缀是附在词根前后的附加部分，是一种构词的语法标志，一般不表示具体的词法意义。它附在词根前或词根以后，有时表现出某种附加意义，如感情色彩。这一表述简洁、准确地概括了现代汉语词缀的特点。安阳方言词缀的实际特点也跟邢福义（1991）的论述相符。安阳方言的词缀丰富，有的跟普通话完全相同，如前缀"老、阿、第、初"等，后缀"头、性、化"等，有的独具特点，如"圪、的、儿"，另外，安阳方言中还有一个很特别的人称标记"唻"，只用于人称前，也放在本章分析讨论。我们略去与普通话用法相同的词缀，重点描写有安阳方言特色的词缀，并与普通

---

　　①　汉语词缀，对应于英语的 affixes，也有研究者将词缀称为语缀，但词缀这一术语更被广泛使用和接受，而语缀另有所指，如徐杰（2012）认为所谓的"语缀"（clitics），指的是介于实词和词缀之间的一种虚化语法成分，汉语的各种助词，包括结构助词和语气助词，量词，复数标记"们"，以及某些经常充任结果补语的语法单位，均属此例。鉴于此，本书用"词缀"来指这种附加式构词的方式。

　　②　所标注时间只表示我们查找到的相关文献的发表或出版时间，并非学者们提出相关观点的时间。

话、其他方言、古代汉语、近代汉语进行纵横比较，以探寻安阳方言词缀的特质及发展演变踪迹。

根据词缀位置的分布将我们所要描写的安阳方言的词缀分为两类：前缀和后缀。前缀是"圪"；后缀是"的""儿"两个。以下对这三个词缀的意义和用法一一考查，并结合汉语史和相关方言情况深入分析其由来、发展及内在语法规律。

2.1　前缀"圪"

"圪"，音 $[kɣʔ^3]$，是晋语中很有特点的一个词缀，主要用于词语首音节，因此又被称为"圪头词"。共有"圪、疙、仡、扢、屹、纥"等十数种写法[①]。李如龙（2004）认为"圪"头词是晋语的一大特色，不仅比官话方言特别，就是在许多西南官话中也是非常少见的。白云（2005）认为，虽然其他方言区也有"圪"头词，但从类型、数量、表达功能上看，晋语区的"圪"头词远远比其他地区的圪头词丰富得多。各家都认同，"圪"头词是晋语最突出的特征之一。

2.1.1　"圪"的性质和意义

词缀"圪"跟其他一些词缀明显不同的是，它并不是由实语素虚化而来的词缀。比如词缀"子""儿"原来都表示"幼小"义，后逐渐词义虚化，成为辅助构词的词缀。研究者对"圪"的来源有各种拟测，我们觉得邢向东（1987）的判断较为合理。他认为，"圪"有可能来源于上古汉语的复辅音，上古汉语的复辅音析音化，产生了单纯"圪"头词，而在单音词双音化的过程中，"圪"发展成为具有派生性的词缀。因此，严格来说，单纯"圪"头词的"圪"起初只是音节的记录，并不是词缀，而派生"圪"头词的"圪"才是词缀。但由于语言的影响是相互的，派生"圪"头词会反过来对单纯"圪"头词产生影响，使单纯"圪"头词的"圪"在形式和意义色彩上靠近派生"圪"头词。因此，现在将两类"圪"头词作出区分并不那么容易，且没有必要区

---

① 参见邢向东（1987）。

分。安阳方言中有为数不少的"圪"头词。

名词：圪楞、圪晃、圪塄、圪针、圪节、圪堆、圪瘩、圪凳、圪巴

动词：圪溜、圪撩、圪搅、圪挤、圪搞、圪拧、圪瘸、圪扯、圪摸、圪绊、圪拐、圪蹭、圪扭

形容词：圪溜、圪里、圪料、圪腻、圪别、圪斜

拟声词：圪嚓、圪噌、圪咚、圪吱

量词：圪截、圪瘩

董秀芳（2005）认为，"确定词缀应该强调的是在某一意义下的定位性和规则性"，"这里的意义不是词汇意义，而是较为宽泛抽象的词法意义"。这与邢福义（1991）所认为的词缀"一般不表示具体的词法意义"，"有时表现出某种附加意义，如感情色彩"是一致的。邢向东（1987）认为派生"圪"头词的"圪"是词缀，早先只表音的"圪"受派生"圪"头词影响，也具有了附加色彩义。如将单纯"圪"头词与派生"圪"头词不作区分，将"圪"一律视作词缀，亦无不可，且更为简便。事实上，多数研究者也正是这么看待"圪"头词的。王临惠（2001）总结了"圪"头词各词类的附加意义，这些附加意义进一步抽象概括的共同义，就是指小。沈明（2003）也认为晋语"圪头词"是一种表示小称的手段。如名词"圪针"表示的是形体较小的针状物，"圪节"表示长度较短较小的物体。动词"圪搅"，表示短时间的反复连续搅动，"圪扯"表示短时内连续扯拽的意思，等等。"圪嚓"表示小的声响。"圪截"表示小的模糊的量。

2.1.2　各类"圪"头词

以下分词类描写"圪"头词。"圪"头词的几个词类，多有不同的变化形式，这些变式增添了"圪"头词的附加意义。

2.1.2.1　名词性"圪"头词

可添加词缀"的""儿"[①]。所有名词性、表数量的"圪"头词都可以附加后缀"的"或者"儿"。如："圪楞的/儿、圪针的/儿、一圪

---

① "的""儿"也是安阳方言的词缀，相当于普通话"子""儿"，本章第2.2节和第2.3节有专门论述。

节的/儿……"后缀"的""儿"也表小,但"儿"比"的"多了一层喜爱的意义,这两个词缀可以只出现一个,也可以两个词缀同现,但形式须是"儿"在"的"后,"的"音儿化,发"[tə˞]"音。如:"圪楞的儿、圪针的儿、一圪节的儿"。名词性"圪"头词前还可以添加定语成分,通常是名词性、量词性、指代性成分,如:

圪堆—土圪堆—幺一个土圪堆

圪凳—楼梯圪凳—几个楼梯圪凳

圪崂—墙圪崂—诺那个墙圪崂

这些定语成分也可添加在有后缀"的、儿"的"圪"头词后,如:

土圪堆的/儿—幺土圪堆的/儿—幺土圪堆的儿

楼梯圪凳的/儿—几个楼梯圪凳的/儿—几个楼梯圪凳的儿

墙圪崂的/儿—诺那个墙圪崂的/儿—诺那个墙圪崂的儿

普通话也可使用后缀"子""儿"构成名词。如:"桌子、夜猫子、剪子、小花儿、笔记本儿、锅盖儿"等,但普通话的这些名词后的"子""儿"往往不能互换,如:

桌子—*桌儿   夜猫子—*夜猫儿   剪子—*剪儿

画儿—*画子   小花儿—*小花子   锅盖儿—*锅盖子"

可见,普通话通常是语素后可添加词缀"子";"儿"虽既可附着在语素后,又可附着在词后,但词后用"儿"才可指小,如"笔记本儿";或用了"儿"才可表喜爱,如"小花儿"。这跟"圪"头词本身就可指小,且普遍能添加后缀"的/儿"显然不同。

2.1.2.2　动词性"圪"头词

安阳方言的"圪"头词以动词居多,这与陕西神木、山西临汾等地方言中的"圪"头词情况相同。"圪"头动词意义相近的还可以两两连用,如:"圪瘸圪拐、圪摸圪扯",连用圪头词,增添了描摹情状,比单用更生动形象。比较:

(1) 他圪瘸圪拐嘞走过来啦。他一瘸一拐地走过来了。

(2) 他圪瘸的走过来啦。他瘸着走过来了。

例(1)显然更具有描摹情状的生动性。另外动词性"圪"头词还可以重叠,如:"圪挤圪挤、圪捣圪捣"等,这两种变式都表示动作短时持续。普通话的动词形式也有同样的变化规律。如"打扫打扫、收拾

收拾", 也表示动作的短时持续。"圪"头词还可以跟数词组合构成
"一圪 X 一圪 X"形式, 表示动作持续, 且描摹性强。如:

(3) 她一圪扭一圪扭嘞过来啦。她一扭一扭地过来了。

(4) 诺人一圪挤一圪挤嘞还上去啦。那个人一挤一挤地上去了。

2.1.2.3 形容词性"圪"头词

除前文所举双音节形式的"圪"头词,"圪"头形容词还可由名词
性、形容词性"圪"头词重叠构成形容词。如:

圪圪节节　　圪圪瘩瘩　　圪圪蒿蒿　　圪圪楞楞　　圪圪巴巴

圪圪溜溜　　圪圪料料　　圪圪腻腻　　圪圪别别

王临惠 (2001) 认为动词性"圪"头词、拟声"圪"头词也可重
叠后变成形容词。如:"圪圪摇摇、圪圪嚓嚓", 并举例句:"锄得脑老
是圪圪摇摇。""这东西不熟, 咬起来圪圪嚓嚓哩"。但我们认为"圪圪
摇摇、圪圪嚓嚓"仍然分别是动词、拟声词, 而王临惠所举例句, 可以
视为"圪圪摇摇"是动词作谓语成分,"圪圪嚓嚓"是拟声词作谓语。
由于变式的意义没有发生根本性变化, 且动词和拟声词也是可以充当谓
词性成分的, 因此, 还是将变式的词性视为与基式词性相同为好。

这类"圪"头词可用各种修饰性成分来表示其程度义。如:

(5) 作人圪料的嘞。这个人古怪着呢。

后置成分"的嘞"表程度。

(6) 那一桌的饭可特圪腻那一桌子饭太腻了, 我没吃几口。

副词"可特"表程度。

形容词性"圪"头词跟其他形容词一样, 可充当谓语、定语、补
语等成分。

2.1.2.4 量词性"圪"头词

这类"圪"头词多从名词性"圪"头词借用而来, 也可在后边添
加"的""儿"后缀。如:"一圪节的/儿故事、两圪瘩的/儿面。"

2.1.2.5 拟音"圪"头词

"圪"头拟音词主要记录物体发出的音响, 跟其他拟音词一样, 形
式不固定, 可根据语用构成多种形式或反复使用以延长音节。如:

(7) 火车圪嚓圪嚓圪嚓开过来了!

(8) 圪咚咚、圪咚咚, 大石头滚下来。

（9）圪吱吱吱吱——，门开了。

（10）油锅嘞有水么？咋圪圪嚓嚓嘞。油锅里有水吧？怎么圪圪嚓嚓的。

相对而言，以"圪 X、圪 X 圪 X、圪圪 XX"这三种语型最为常见。

跟普通话里的拟音词一样，拟音"圪"头词可以充当独立语，也可充当各种句法成分。如，例（7）充当状语，例（8）、（9）是充当独立语，例（10）充当谓语。另如：

（11）外头圪咚咚嘞的声儿是咋回事儿？　　　　　　　（充当定语）

（12）圪吱圪吱是咱嘞门的响嘞么？圪吱圪吱是咱家的门响呢不是？

（充当主语）

安阳方言的"圪"还可构成四字成语，如：

圪里拐歪、圪里搞登、圪里圪㟷

跟其他地区的"圪"头词比起来，安阳方言的"圪"头词数量和类型并不算多。如，安阳方言中除了拟音词外，其他"圪"头词没有"圪 XX"形式，而山西临汾、陕西神木等地，名词、量词、形容词都有这种形式。王临惠（2001）发现，"圪"头词在山西晋语区和中原官话区的分布范围、使用频率、读音特点、结构类型诸方面都存在着一定的差异性。他指出，中原官话区的平阳片、绛州片还有一些"圪 A 子/儿"结构，解州片少见。"圪"在平阳、绛州片入声尾、入声调消失，变读阳平，解州片不规则变读。安阳方言处在晋语区和中原官话区的过渡地带，其"圪"头词的类型和读音也表现出过渡性。相较于中原官话区的"圪"头词，安阳方言"圪"的读音保存了入声尾和入声调，且有"圪 X 的/儿"结构，因此，即便安阳方言的"圪"头词数量和类型比山西地区的方言少，但从总体上来说，安阳方言的"圪"头词还是表现出更接近晋语的特点。以山西晋语区为中心，向东至山东中原官话区的微山方言，向南至安阳所在的河南晋语区、河南并州、绛州、解州中原官话区、丹江所在的西南官话鄂北片[①]，向北至北京话、河北的中原官话，向西至兰银官话西宁方言[②]，"圪"头词的数量、类型和使用频率呈现递减性，据此可观察到"圪"头词乃至晋语的扩散状态。

---

① 苏俊波（2007）在博士学位论文中论述了丹江方言词缀"圪"的类型和用法。

② 参见白云（2005）。

2.2　后缀 "的"

安阳方言的 "的"，发音为入声的 [ʔtɛʔ] 音，轻声。词缀相当于普通话的词缀 "子"，但用法还是有差别的。这个词缀在既有研究安阳方言的文献中，被关注颇多。而 "子" 词缀，在共同语，以及其他方言中也颇多研究。研究者们有的着重从语音角度加以追溯研究，有的从语法角度进行分析。本书将根据实地调查结果，结合既有成果，对安阳方言的词缀 "的" 做进一步探究和梳理。

安阳方言的词汇系统中存在着大量的以 "的" 为后缀的派生词。"的" 相当于普通话读轻声的 "子"。普通话中读上声的 "子 [tsɿ²¹³]"，在安阳方言中也读上声。如 "男子 [tsɿ⁵³] 体操""女子 [tsɿ⁵³] 足球"，这种书面化的词语及其读音应当是普通话影响安阳方言的结果。词语后缀 "子 [˙tsɿ]" 在安阳方音中被读作 [˙tɛʔ]。为便于阅读，以 "的" 形来记此音。下面从形式、语义、语法角度分析添加后缀 "的" 的词语类型。

2.2.1　指称名词 + 的

A 院的　桌的　肠的　绳的　窗帘的　粉条的　肉包的

　　狗腿的　二楞的鲁莽呆傻的人　二杆的不务正业者　二流的　老抠的吝啬的人

B 挠的　推的　夹的　舀的　镊的　骗的　吃嘴的　缺心开眼的缺心眼的人

C 胖的　瘦的　秃的　傻的

A 组由 "名素 + 的" 构成，这类词在数量上最多。B 组由 "动素 + 的" 构成，C 组由 "形素 + 的" 构成的，都是名词。A 组的双音节指物名词在普通话里倾向于不加 "子"，如：

（13）? 粉条子三块一斤。

（14）? 这块布正好可以做窗帘子。

而在安阳方言中：

（15）粉条的三块一斤。

（16）这块布正好可以做窗帘的。

比起不加"的"更自然，这是安阳方言的"的"所表现出的"衍音功能"①。

"的"还可构成含有贬义的指人名词，其词义不是字面意义，而是字面含义的比喻义或引申义，如 A 组里"狗腿的、二楞的鲁莽呆傻的人、二杆的不务正业者、二流的、老抠的吝啬的人"。

B、C 组，是"谓词性语素＋的"构成名词，表示转指②，词根语素与派生词的词义所指不同。这里的"的"是一个转类标志，可使词性发生变化。原来的谓词性词根，添加词缀"的"后变成名词。这两组的"的"词缀跟普通话"子"缀用于谓词性语素时形态、句法功能相同。

2.2.2　指人专名＋的

A 姓＋的：

李的　霍的　郭的　张的　刘的　薛的

并非凡姓都可在后面加"的"构成称呼，有的姓不能如此构成称谓，如"﹡王的、黄的、付的……"。在安阳方言中，"姓＋儿"这一称呼结构更普遍。如：

张儿　王儿　陈儿　杨儿　赵儿　牛儿

复姓则不可加"的"也不可加"儿"后缀。这类结构还可与词缀"老"共现，如：

老李的　老霍的　老郭的　老张的　老薛的

B 名＋的：

这类专名非常普遍，通常以名字的最后一个词与"的"组合，有的还可在"单名＋的"之前冠姓。

a 萍的　静的　华的　梅的　强的　军的

b 葛坤的　刁芳的　郭艳的　曹猛的　于巍的

这类称呼只用在非正式场合由亲人、朋友、熟人称呼，颇有熟稔、

---

① 李小凡（1998a）将词缀的作用归结为：成词、转类、变义、衍音。

② 朱德熙（1983）认为，汉语的名词后缀"子""儿""头"，加在谓词性词根上造成的名词绝大部分都是表示转指意义。

亲昵的意味在其中。

C 排行 + 的：

这类专名也很普遍。排行第一的，不用此结构。其语用限制和情感色彩同"名 + 的"：

二的　三的　四的

赵二的　王三的　李四的

亲属称谓中的小辈，都可以添加词缀"的"，用于背称：

孙的　孙女的　外甥的　外甥闺女的

"圪"头名词、圪头数量词也可添加后缀"的"，如"圪瘩的　圪崂的　圪堆的"这在前文已有描述，此处不赘言。

D 前缀小 + X + 的：

将以上结构称为"X + 的"结构，那么该类结构之前多可再加前缀"小"①：

小萍的　小李的　小于巍的　小郭艳的　小三的　小李四的

该类结构加"小"之后，语气更亲昵，或表喜爱义。若 D 组中含有贬义的，就不能添加词缀"小"。一定要注意的是这一构词次序是先加"的"，再加"小"，本段提到的结构可表示为：

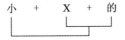

另有亲属称谓"小姑的、小舅的、小姨的、小叔的……"看似同与该类结构，但从语义上讲，"小"不是词缀，而是指"年龄小于配偶"，相对应的亲属称谓还有"大姑的、大舅的、大姨的、大伯的"。另外"姨的""叔的"是不成立的；"姑的"指尼姑，词义都变了。这类词当是先结合前缀"小"，再结合后缀"的"，因为"小姨、小叔"在古汉语中语义同于今天所说的"小姨的、小叔的"，这种结构层次让我们看到古汉语在现代汉语中的遗留。

---

① "小"是词缀，其表大小的词汇意义虚化，用于人称。不同于"小衣服、小桌子"里小的用法。

E 名词性语素 + 的 + 儿：

安阳方言中带"的"的部分名词，后边还可加后缀"儿"，如：

院的儿　房的儿　桌的儿　舀的儿　土圪堆的儿

只有指物名词有这种用法，加上后缀"儿"，有指小意。上例分别表示"小院的、小房的、小桌的、小舀的、小土堆"。普通话里这种用法极少，有"瓜子儿""花子儿""石子儿""棋子儿"这样的说法，没有"桌子儿""院子儿"这类说法。可见普通话里，指微小之物的"子"类词，"子"的词汇意义还没有虚化，这样的"子"类词，更易儿化。在安阳方言中，"瓜子儿、花子儿、石子儿、棋子儿"这类词中的"子"读音也是［tsɿ］，从读音上可看出安阳方言中，这类词更接近复合词而不是派生词。

另外，前有词缀"小"的人称称谓，也可再加后缀"儿"：

小丽的儿　小四的儿　小郭燕的儿

"儿"缀更增添了亲昵意味。鉴于以"的"为后缀的名词其语法功用同于普通话里相应的名词、数量词，本书不再描述其语法特征。

2.2.3　数量词 + 的

"的"主要用于构成名词，也有少量数量词可以添加后缀"的"，仍为数量词：

a 两道的　三截的　四本的　五箱的　六圪堆的　七圪节的

b 一下的　一阵的　两趟的　一回的　一通的　三顿的　两场的

a 组是名量词 + 的，仍表名量。可添加"的"的名量词有普通量词，也有"圪"头量词，还有借用名词的量词。并非全部都能添加后缀"的"，如：＊一个的、＊两斤的、＊三张的、＊四碗的……，哪些能用"的"、哪些不能，目前看来，似是语言习惯的问题，尚难以深入解释。另外，b 组表动量，原来的动量词添加"的"，仍然表动量。安阳方言的量词添加词缀"的"并不具有强制性，可加可不加。不用"的"，语气紧促，用"的"，语气舒缓。语义上，用"的"后，量的主观感觉要多于不用"的"。用词缀"的"的量词，量词词根要重读，有"满""足"或"过量"的意义。加"的"的数量结构前可以用"满满"或"整整"修饰，表示数量充足。如：

（17）他嘞的书真多，装啦整整五箱。 语气紧促，客观表示多

（18）他嘞的书真多，装啦整整五箱的。语气舒缓，主观强调多

普通话量词能加后缀"子"的，也是可加可不加。区别也在语气的舒张，以及量的主观化上。普通话的动量词除"一下子、一阵子"外，多不能添加"子"，安阳方言有"的"后缀的动量词明显多于普通话。

2.2.4　疑问代词"啥" +的

"的"除了构成名词、量词外，在安阳方言里还可构成疑问代词。众多疑问代词中只有"啥"（相当于"什么"）可加后缀"的"，构成"啥的"。西南官话中也有"啥子"的说法。但两者的语法、语义功能不尽相同。安阳方言中，"啥的"可用于疑问句、肯定句、否定句，其语法意义有：

A 对情况起询问求代作用。

（19）你说嘞啥的? 你说的是什么?

（20）他想干啥的嘞? 他想干什么呢?

B 表示虚指，即用来指代说不出的若有若无之事。

（21）连诺那个小孩的都好像知道点啥的。

（22）他呆坐的着，好像在那儿瞧啥的嘞。

C 表示任指，即用来强调任何人，任何事。

（23）我啥的都不怕。

（24）没有啥的他不会。

D 表示不定指，即虽有明确的指代范围，但无明确的指代对象。

（25）这一堆活儿，先干啥的再干啥的，还没有定下来。

（26）管它是啥的，先吃饱咾了再说。

"啥的"不能用来限定某个名词，这不同于四川达州①等地方言中的"啥子"。从形式上看和安阳方言的"啥的"是一样的，都是"啥+子（的）"，但两者的用法并不完全相同，如：

达州话：

----

① 一位生于长于达州的被调查人告诉我们达州话及川北好几个地方说"啥子"，本书所拟"啥子"例句均向这位朋友作了核对。

（27）他一心工作，啥子也不管。

（28）啥子都没有这东西硬。

（29）你搞啥子幺。

（30）这是个啥子瓜幺？

（31）啥子东西你也敢吃？

（32）没有啥子话他不敢讲的。

四川达州等地西南官话的"啥子"，同于普通话"什么"，可以单独使用，如例（27）—（29）；还能限定、修饰一部分名词，如例（30）—（32）。

安阳方言的"啥的"只能用于单用，不能用于限定名词性成分。如：

（33）他一心工作，啥的也不管。

（34）啥的都没有作这个东西硬。

（35）你弄啥的嘞？

（36）＊这是幺一个啥的瓜呀？

（37）＊啥的东儿你也敢吃？

（38）＊没有啥的话他不敢讲嘞。

吕叔湘《现代汉语八百词》中将"什么"区分为两种词：指别词和代词。所谓的指别词就是能替代名词前修饰、限定成分的代词，其功能是指别，如：

（39）紫檀比什么木头都珍贵。

（40）他什么嗜好都没有。

这两个例句中的"什么"就是指别词，我们暂且记为"什么$_1$"。而句子：

（41）休息的时候，最好什么都不想。

（42）这孩子什么都不怕。

这两个例句中的"什么"是代词，替代事物或人，其功能是称代，暂记作"什么$_2$"。普通话里，都用词语"什么"表示；在达州西南官话里都用"啥子"表示；而中原官话里用"啥"[1]。对其中的指别和称

---

① 中原官话的"啥"既表称代也表指别，如："你想吃啥？（称代）/你想吃啥饭？（指别）"不同于安阳方言中只表指别的"啥"。

代的用法差异都不作区分。安阳方言里却将"什么₁"和"什么₂"用两种语音形式表示出来。如上文所讲的"啥"相当于"什么₁"是指别词,而另一个疑问代词"啥的"相当于"什么₂"是代词。如把例(36)—(38)的"啥的"换成"啥",例句就合法了:

（43）这是幺一个啥瓜呀?

（44）啥东儿你也敢吃?

（45）没有啥话他不敢讲嘞的。

这是因为"啥的"不表指别,"啥"可表指别。

安阳方言的词缀"的",在构成代词"啥的"的时候,其语法意义、语法功能都不同于"啥"。将指别词"啥"添加词缀,变成表称代的代词"啥的",由表区别变为表替代。另外,安阳方言里"啥的"和"啥"的区分很好地证明了吕叔湘将"什么"区分为代词用法、指别词用法的分析是很有道理的。

李小凡（1998a）曾指出词缀具有转类功能。通过以上对安阳方言"的"类派生词的分析,可以看出安阳方言的"的"在名词和量词后是一个体词性词缀,在词法上具有"衍音功能""构词功能";在谓词性词语后是"转类"标志,使谓词性成分转为体词性成分,意义也发生改变。语义上"的"不是小称标志,在数量词后反而增加了"满""足"或"过量"的意义,在部分名词后使用,增添贬义色彩。沈明（2003）指出"子"后缀是众多方言构成"小称"的手段,但在多地晋方言中,"子/的"并不是小称标志。"子"指小,主要存在于赣语、湘语、客家话等方言中,另在中原官话皖北濉溪话中,"子"在数量结构中也可指小①。此外,安阳方言的"的"后缀不能构成名词、数量词、代词以外的词类,这也是大多数晋语的特征。

安阳所辖林州,其方言的"子"从读音到语义、语法上都与安阳市区方言有较大不同,但同样不是小称标志,另外,读音上安阳市区 [ᵗʂʔ] 与林州的 [ə̠ʔ⁰]、[lə̠ʔ⁰],韵母都靠近央 [ə],不同于周边中原官话区读作 [tʂʅ⁰],是为晋方言的一大特色②。

---

① 参见郭辉（2007）。

② 参见乔全生（2000）。

安阳方言与其他地方的方言相比，"的"后缀也有自己的特点，如构成疑问代词"啥的"表称代，和疑问代词"啥"表指别，形成对立互补，这在其他方言中较少见到。

安阳方言"的"尾，在语音、语法、语义上的表现都在晋方言"子"尾的特点范围之内，这一特点也是语言类型性的一个反映。

2.3　后缀"儿"

安阳方言的"儿"词缀近似普通话词缀"儿"，但有一个明显的不同是安阳方言的"儿"词缀，多数仍然是儿尾，儿化韵很少。后缀"儿"是现代汉语中很有特点的一种结合了语音、语义、语法在内的语言手段。从全国范围来看，"儿"后缀呈现出非常复杂的面貌，因而后缀"儿"是语言学界历久不衰的关注热点。赵元任（1979）、李思敬（1986）、王福堂（2005）、王洪君（1999）、尉迟治平（1989）等的研究较为突出。研究者们都认同后缀"儿"与词根的关系呈现出从两个独立音节发展到一个音节的趋势。在各地方言中，能看到"儿"词缀发展的不同阶段性。如：吴语云和方言，湖北英山方言、北京方言，分别代表了"儿"词缀发展的不同阶段。尉迟治平（1989）称这三种类型的"儿"缀为拼合式、结合式、化合式儿尾[①]，安阳方言的"儿"缀分别对应结合式儿尾和化合式儿尾。赵元任（1979）、李思敬（1986）、乔全生（2000）等称这两种类型的"儿"缀为"儿尾""儿化"，这一称法更为广泛。据此，本书根据安阳方言"儿"缀的实际情况，也采用更有区别性的术语"儿尾"和"儿化"来指结合式和化合式的"儿"缀词。可以说，安阳方言不仅有同于普通话的儿化现象，还有较独特的儿尾现象。儿尾与中原官话、普通话的儿化存在较大不同。安阳方言韵母共 46 个，张启焕（1993）认为其中的入声韵、1 个卷舌韵无儿化，也不能添加儿尾，其他韵母有的只能儿化，有的只能添加儿尾。[②] 但据调查，安阳方言的入声韵有的可构成儿化韵，有的可添加儿尾。见下文

---

①　这里的"儿尾"相当于本书所说的"儿"缀。

②　极少数词，如"小马儿，小鸡儿"，既有"儿化"形式又有"儿尾"形式，这受到其他方言或普通话的影响，不是语音自身的规律特点。

描述。

安阳方言带后缀"儿"的词，哪些能儿化哪些不能儿化，是有语音条件的，主要由韵母决定，与语义、句法无关。儿化和儿尾基本呈互补分布。下文就从语音、语义、语法角度对儿尾、儿化进行细致描写和分析。

2.3.1　儿尾和儿化的语音特征

2.3.1.1　儿尾的语音特征

安阳方言与普通话、中原官话相比，有一个突出的特点，那就是儿尾分布广泛。安阳方言中，儿尾是轻声卷舌韵 [ɚ]，如：鸟儿 [niau⁵³·ɚ]。在46个韵母中，能带儿尾的有 [i]、[u]、[y]、[ɿ]、[au]、[iau]、[ou]、[iou]、[aŋ]、[iaŋ]、[uaŋ]、[əŋ]、[iŋ]、[oŋ]、[yŋ]，共15个。

举例如下：

[ɿ] ——美滋滋儿、一丝儿、小事儿、水池儿

[i] ——苹果皮儿、猪蹄儿、小李儿、冒汽儿

[u] ——红布儿、歌谱儿、小铺儿、小猪儿、小卒儿、数数儿、打呼噜儿

[y] ——小鱼儿、造句儿、小曲儿

[au] ——包儿、道儿、豆腐脑儿、红枣儿

[iau] ——水瓢儿、树苗儿、走调儿

[ou] ——兜儿、小偷儿、头儿、小周儿、两口儿、后儿（后天）

[iou] ——牛儿、慢悠悠儿

[aŋ] ——菜帮儿、帮忙儿、空当儿、一趟儿

[iaŋ] ——房梁儿、哭腔儿、没想儿（没想头）、小羊儿

[uaŋ] ——窗儿、亮光儿、小筐儿、情况儿

[əŋ] ——车棚儿、一阵风儿、墙缝儿、凳儿

[iŋ] ——小兵儿、明儿、小病儿、名儿、铁钉儿、衣领儿

[oŋ] ——东儿（东西）、动儿一下试试 [（你敢）动一下试试]、小笼儿、草丛儿、没空儿

[yŋ] ——勇儿（人名）、小熊儿

　　郭青萍（1990）也总结了四种不能儿化的类型，也就是"儿"缀以儿尾形式出现，如：

　　A 单韵母中凡主要元音是高元音的，不儿化。

　　B 复韵母中，后元音作尾音的，不儿化。

　　C 鼻韵母中，后鼻音［ŋ］作韵尾的，不儿化。

　　D 舌尖元音作主要元音，不儿化。

　　我们调查的结果与此基本相同，只有 D，舌尖元音作主要元音，在老派安阳方言中不儿化，在新派安阳方言中出现了儿化趋势。

　　我们可将后缀"儿"自成音节的情况进一步整理并列表，详见表 2 - 1：

表 2 - 1　　　　　　安阳方言后缀"儿"充当儿尾的条件

韵母条件	韵母	例词
构成单韵母的元音是高元音	i、u、y	茄皮儿、小路儿、毛驴儿
复韵母中后元音作尾音	au、ou、iau、iou	钱包儿、网兜儿、小鸟儿、小牛儿
后鼻音［ŋ］作韵尾	aŋ、ɔŋ、uŋ、iaŋ、iŋ、yŋ、uaŋ	船帮儿、没声儿、水桶儿、鞋样儿、蛋清儿、小熊儿、亮光儿
舌尖元音作韵母	ʅ	台词儿、树枝儿

　　这四种类型概括了安阳方言不能儿化的词的情况，除此之外，其他舒声韵以及少部分入声韵都可儿化。第四种类型舌尖元音作主要元音，不儿化，存在于老派安阳方言中，新派安阳方言中，出现可"儿"化的趋势。如：写字儿，"字儿"老派读为［tsʅ³¹］［ɚ］，新派多读为［tsʅɚ³¹］。入声韵［yoʔ］也可以带"儿"尾，如：钥儿钥匙［yoʔ］［ɚ］。

　　安阳方言的"儿"尾在发音上易被前面音节末尾的音素同

化，如①：

小鸡儿［tɕi⁵⁵·iɚ］　　兔儿［tʰu³¹·ɛuɚ］　　毛驴儿［ly²¹³·yɚ］　　蛋黄儿［xuɑŋ²¹³·ɣɚ］

赵声磊（1981）也指出了这一发音特征，但郭青萍（1990）、史艳峰（2013）的研究调查并未发现这一点。史艳峰认为是由于调查选点的不同造成的，我们认同他的这一分析。史艳峰的调查合作人是一位居住在殷都区西郊小庄的退休教师。我们曾在绪论中指出，"殷都区居民主要是安阳钢厂工人及其家属，其主要语言是带有各地方音特点的普通话，其他居民为原来郊区及农村的人口，所说安阳方言听起来较'土'"。因此，史艳峰（2013）从他的调查对象那里很可能不曾听到儿尾被前面的音素同化的情况。

2.3.1.2 儿化的语音特征

儿化是一种合音语流音变，由"儿"缀和前一语素合音而成，它的特点是"儿"和前一语素两者共存于一个音节之中，有的还带来词根音节的韵母变化（王福堂，1999），从语法形态上来看带有内部屈折的性质。

安阳方言中可以儿化的韵母及其儿化形式，见表2-2：

表2-2　　　　　　　　安阳方言的儿化韵母及儿化形式

［ɑ］－［ɑɚ］	茶壶把儿、小马儿、不大儿
［iɑ］－［iɑɚ］	书架儿、豆芽儿
［uɑ］－［uɑɚ］	耍儿、花儿
［ɛ］－［ɑɚ］	存折儿、裤褶儿（裤前熨出的褶）
［ɛ］－［ɚ］	小汽车儿、这儿
［ɣ］－［ɚ］	唱歌儿、长个儿、小盒儿
［o］－［ɚ］	上坡儿、老婆儿
［uo］－［uɚ］	差不多儿、一个座儿、干活儿
［iɛ］－［iɚ］	台阶儿、一截儿、小鞋儿
［ai］－［ɑɚ］	小孩儿、小菜儿、瓶盖儿

_____

① 我们只标出了"儿"尾和前一音节的音标。

续表

［uɑi］－［uaɚ］	一块儿
［ʅ］－［ɚ］	写字儿、一只儿鞋
［ei］－［ɚ］	一辈儿人、啥味儿
［uei］－［uɚ］	一堆儿、后腿儿、香水儿
［ɑn］－［ɑɚ］	一班儿、作伴儿、慢慢儿
［iɛn］－［iɑɚ］	前儿（前日）、一篇儿、对联儿、商店儿
［uɑn］－［uɑɚ］	当官儿、大款儿
［yɑn］－［yɑɚ］	手绢儿、圆圈儿、花园儿
［ən］－［ɚ］	书本儿、洗脸盆儿、开门儿
［in］－［iɚ］	今儿（今天）、抽筋儿、没劲儿、脚印儿
［uən］－［uɚ］	土墩儿、车轮儿、打滚儿
［yn］－［yɚ］	邓丽君儿

　　由上可知，共有 22 个舒声韵母具有儿化形式，儿化韵母有 8 个。这 8 个儿化韵母为：

　　［ɑɚ］［ɚ］　　［iɑɚ］［iɚ］　　［uɑɚ］［uɚ］　　［yɑɚ］［yɚ］

　　根据原韵母开、齐、合、撮的不同，相应变化为开、齐、合、撮 4 种儿化韵母，我们可以将这 22 个韵母的儿化情况列表，详见表 2-3：

表 2-3　　　　　　　　　韵母的儿化情况列表

原韵母 儿化韵	开	齐	合	撮
ɑɚ	ɑ、ɛ、ɑn、ɑi			
iɑɚ		iɑ、iɑn		
uɑɚ			uɑi、uɑ、uɑn	
yɑɚ				yɑn
ɚ	ɛ、ɤ、o、ei、ʅ、ən			
iɚ		iɛ、in		
uɚ			uo、uei、uən	
yɚ				yn

其中，只有半低元音［ɛ］受辅音和声调影响对应两个"儿"化韵［ɑɚ］、［ɚ］，其他韵母均对应一个儿化韵。开口呼的元音［ɑ］儿化时变为［ɑɚ］，开口呼的其他元音儿化为［ɚ］，前有介音的相应变为以［i］、［u］、［y］开头的儿化韵，所有的韵尾在儿化时均脱落。可知，安阳方言的儿化韵皆为"拼合型""卷舌元音尾韵"（王福堂，1999）。

相较于普通话，安阳方言儿化音较少，且儿化只对主要韵母产生影响，尾韵母一律脱落。另安阳方言唇音声母后的 u、o 韵母，儿化韵为［ɚ］，如："老婆儿"［pʰo］＞［pʰɚ］，叠铺儿［pʰu］＞［pʰɚ］，媳妇儿［fu］＞［fɚ］，甚至"婆儿"的声母可由送气变为不送气［pʰo］＞［pʰɚ］＞［pɚ］。显然，这样的变化在发音时要省力得多，符合语言经济原则。

通过观察我们还看到，安阳方言的入声韵也有儿化现象。如：

［ɛʔ］－［ɚ］ 小桌的儿小椅的儿

［ɣʔ］－［ɚ］　　　不儿不是

我们可以看到，入声韵［ɛʔ］、［ɣʔ］儿化，其韵母舌位降低央化为［ə］，喉塞音失落，即不再读入声，并卷舌为［ɚ］，声调用前一音节的声调。

儿化音变有时会影响声调。上声字儿化后往往变阳平，如：

小碗儿，窟窿眼儿、笔记本儿、打滚儿、一把儿、小鬼儿、好耍儿

儿化韵反映在语音层面上的变化较为凸显，但儿化韵具有和儿尾同样的变异和构形功能，因此它属于语法层面，和属于语音层面的基本韵母具有不同的性质（王福堂，1999）。

2.3.2　儿尾和儿化的语音分析

安阳方言儿化、儿尾在舒声韵中呈互补分布，只有［yɛ］无儿化也无儿尾。儿化韵共 8 个，排列整齐对称，分别是开口韵［ɑr］、［ər］及前加介音［i］、［u］、［y］的儿化形式。"儿"尾是［ɚ］，自成音节，易受前一音节韵母影响。

普通话有 39 个韵母，除了［ɚ］韵，其他 38 个韵母都可以"儿"化。与普通话相比，安阳方言的儿尾很多，与儿化并用。从语音发展史来看，儿尾与儿化的关系是：儿尾逐渐向儿化过渡，但在一定时期内，

儿化韵和儿尾会共存一段时期。为什么有的儿化，有的没有儿化？王福堂（2005）认为，从合音的发音机制来看，所谓不能儿化，也可以说是不需要儿化。如，[u] [əŋ] 等的发音部位偏后，"儿"尾卷舌动作涉及的部位偏前，[u]、[əŋ] 和 [ɚ] 在发音时在部位上不存在矛盾，不会在发音动作上相互排挤。如："儿"尾——虫儿 [tsuŋ³¹] [ɚ]、浆糊儿 [xu⁵⁵] [ɚ]。而韵尾 [n]、[i] 和 [ɚ] 的发音部位都在前，发音时部位上相互矛盾，因此会产生排挤作用，[ɚ] 就在排挤中取代了 [n]，造成合音。如：儿化——旁边 [bian⁵⁵] - 旁边儿 [biaɚ⁵⁵]、小孩 [hai³¹] - 小孩儿 [haɚ³¹]。安阳方言中，儿尾、儿化的读音也基本遵循该规律。

安阳方言可以儿化的韵母有 22 个，却只生成 8 个儿化韵。之所以产生这种情况，是因为儿化韵韵尾的单一化减少了韵腹元音相同或相近的不同韵母存在的条件，使得儿化韵生成时和生成后都要进行韵类的调整和归并，使儿化韵的元音音位数不超过基本韵母的元音音位。

受普通话及中原官话的影响，青少年往往将一些儿尾读成儿化。如"美滋儿滋儿、写字儿、一丝儿、小兵儿"，都不再发儿尾音，而发儿化音。其中 [ɿ] 韵有较明显的向儿化韵转变的趋势。

比较特别的有"明儿、后儿、东儿、钥儿"这几个带儿尾的词。"明儿、后儿"中的"儿"是儿尾，"今"儿、"前"儿中的"儿"是儿化韵，可见安阳方言中的"儿"是一个语音符号，它充当儿尾还是儿化，与词义无关，只和相关音节的语音特征有关。另李思敬（1994）[①] 认为，"现代汉语北方话中的'儿化音'是由'儿'、'日'、'里'、'了'四大来源构成的"[②]。安阳方言的儿化、儿尾有"日""里""儿"来源的例证，如：

儿——钱儿、鞋儿、盖儿、棍儿

日——前儿、今儿、明儿、后儿

[①] 也有研究者不认同这一观点，如马庆株（2002）认为"这儿"源自"这块儿"，意见虽有分歧，但这些研究都认为表处所的儿化词是语音变化形成，跟表小称的"儿"无关。

[②] 王福堂认为，所谓来源"里"等的儿化韵徒具形式，实际上并不包含语素"儿"。如，这儿、今儿等，其中的"儿"是"里"的语音讹变，写作"儿"仅仅是因为语音相同。本书侧重语音形式研究，所以，"里""日"等来源的儿化韵或儿尾都在研究范围之内。

里——这儿、那儿、哪儿、屋儿

但是没有"了"来源的例证。李思敬（1994）对京东话的调查中有"了"来源的"儿"，如：

（46）这下子可要儿我的命喽！

（47）心里就像开儿锅似的。

（48）费儿劲不说，还落儿个里外不是人。（以上三例转引自李思敬，1994）

安阳方言的儿化音、儿尾不存在"了"来源。但是，安阳方言的儿尾、儿化韵除了有"儿、日、里"来源外，还有其他来源。如：

东西—东儿　钥匙—钥儿　不是—不儿

"东西、钥匙"在安阳方言中读如儿尾词"东儿"［toŋ55 ɚ］、"钥儿"［yoɚ］，"不是"读如儿化词"不儿"［pɚ31］，是语流音变的一种形式。可以看到，当原音节的韵母是舌面前，或舌尖韵母时[①]，才能变儿尾或儿化。这种现象在安阳方言中并不多见，但似乎能说明儿化和儿尾的形成是有一定的语音条件的，普通话的"里""日"之所以能儿化，也是因为原音节的韵母是舌面前韵母和舌尖韵母。方梅（2007）将源自"里""日"的儿化称为"音变儿化"，即由语音条件引发的，不涉及语义、句法的儿化。安阳方言的"东儿""钥儿""不儿"的后缀"儿"也当是音变儿化或音变儿尾。

从语言史来看，儿尾是早于儿化的发展阶段，儿尾终将发展至儿化。王洪君（1999）指出北方儿化合音的过程有6个阶段：两个音节阶段——一个半音节阶段—长音节阶段—长度正常的特殊单音节阶段上—长度正常的特殊单音节阶段下—正常单音节阶段。这6个阶段在各地方言中有不同表现[②]。安阳方言的儿尾处于第二阶段，儿化处于第四阶段。普通话的儿化韵处于第四阶段。史艳峰（2013）依据汤阴话、湖北英山话、团风话儿尾向儿化发展的事实以及语音发展的相关理论，推拟了安阳城区方言儿尾向"儿"化发展的韵母顺序[③]。前文我们引用过王福堂（2005）的观点，他认为，所谓不能儿化，也可以说是不需要"儿"

---

① 安阳方言没有舌尖后韵母，只有舌尖前韵母，舌尖后韵母归入舌尖前韵母。

② 详见丁崇明、荣晶（2011）。

③ 详见史艳峰（2013）。

化，这是从发音机制、语言系统自身发展来说的，但语言的发展还受到社会环境的影响。今天，由于教育发展、媒体发达、交通顺畅，普通话对方言的加速影响是不可避免的。因此，史艳峰（2013）的推测也许会随着时间的推移得到证实。但我们认为，所谓汤阴话的儿化发展快于安阳方言的儿化发展，既不是汤阴话受普通话的影响比市区受到的影响多①，也不是其方言系统自身发展更快，而是由于汤阴话受到周边中原官话的影响多于安阳市区方言，因此，史艳峰（2013）观察到的汤阴话里有、安阳方言里无的儿化现象也许不是近几十年出现的情况，很有可能是更早些时候就已存在的语言现象。安阳方言和汤阴话虽都处于晋方言和中原官话交界处，但位于市区东南的汤阴话比安阳方言多了一些中原官话的因素。位于汤阴东南的浚县，其方言为中原官话，基本韵为 [ʅ、ɿ、ʮ、i、u、y]② 的音节 "儿" 化后，多数都存在两读的现象，既可以读为儿化也可读为 "儿尾"。辛永芬（2007）据浚县方言儿化在新老派人群中的分布以及儿化在浚县各镇的分布推测，是语音的渐变以及语言接触导致儿缀的两读，我们赞同这一分析。结合安阳市区方言、汤阴话、浚县话的 "儿" 缀读音，可以看出 "儿" 缀的语音层次及其发展趋势，即这一地区的 "儿" 缀发音底层为 "拼合式" 发音，受周边中原官话影响以及普通话影响，这一地区的儿缀发音出现 "化合式" 发音，"化合式" 发音最终将逐渐取代 "拼合式" 发音。

安阳方言的儿化、儿尾现象充分体现出其晋语特色。晋语与其他北方官话相比，不仅有入声，而且儿化、儿尾并存。这种并存，为我们勾勒出 "儿" 在构词过程中的语法化过程，即词根—词缀（儿尾）—内部屈折的语音形态（儿化）。方言的这种面貌，给我们呈现出普通话里难以见到的语法手段的动态性。

安阳行政归属河南，且京广铁路线、京珠高速从本市穿行，交通发达，必然会受普通话、中原官话等的影响。表现之一是安阳方言儿尾有向儿化韵转变的趋势，这是受到外部环境的影响。另外，王福堂（1999）认为，儿化韵形成阶段表现为由自成音节的儿尾向儿化韵过

---

① 安阳市区比所辖汤阴县交通更为便利，更易受到教育、传媒等影响，但儿化慢于汤阴，因此当不是受普通话影响。

② 与汤阴话的儿化音条件相似，这应该也能证明汤阴方言儿化音受中原官话影响。

渡，它是在语流音变的范围内，由儿尾和前一语素韵母合音的要求来推动的。比如北京房山老年人还在使用自成音节的儿尾，"树枝儿"说成 [ʂu⁵³ zʅ⁵⁵ ·ɚ]，年轻人则普遍使用儿化韵，说成 [ʂu⁵³ zɚ⁵⁵]。安阳方言亦如此，年轻人更乐于接受儿尾、儿化韵两种形式。如：鱼儿 [y³¹ ·ər]—鱼儿 [yɚ³¹]；写字儿 [tsʅ²¹³ ·ɚ]—写字儿 [tsɚ²¹³]；等等。老年人则只使用儿尾的形式。可见，儿化、儿尾的发展变化是语音自身演变的规律，也受到外在社会因素的影响。

2.3.3　儿缀词的构成类型及语义功能

乔全生（2000）认为，"山西方言的儿化、儿尾虽语音形式不同，但功能基本相同，属一种语法手段"。这同样可以概括安阳方言的"儿"尾词和"儿"化词特点。安阳方言的儿化、儿尾词可由名词性成分、动词性成分、形容词性、数量词成分后加"儿"构成。以下我们以词类为线索，描写并分析儿缀词的构成类型及其语义功能。

2.3.3.1　名词性成分＋儿

A 刀－刀儿、坑－坑儿、汽车－汽车儿、圪瘩－圪瘩儿

B 脸－脸儿、猫－猫儿、懒虫－懒虫儿、媳妇－媳妇儿

C 嘴－嘴儿、头－头儿、里－里儿、眼－眼儿、皮－皮儿、小鞋－小鞋儿、白面－白面儿

D 窗－窗儿、伴－伴儿、墩－墩儿、鼻－鼻儿、张－张儿①

E 道－道道儿、泡－泡泡儿、印－印儿印儿、花－花儿花儿

这五组名词都由名词性成分加后缀"儿"构成，其中 A 组"儿"是小称标记，添加"儿"后，指物体相对较小的个体，这里的"儿"具有表达"客观小量"的功能。B 组"儿"的有无与指称意义无关，用"儿"可表达一种喜爱的色彩意义，可称为"主观小量"。C 组词缀"儿"使原词或短语衍生出另一个义项，如：眼，一般指人的眼睛，而"眼儿"指物体上的小洞。因此，C 组"儿"缀有转指功能。D 组必须使用词缀"儿"构词，否则不能单说，但语素义和词语意义的所指并无不同，只是语法功能发生了变化。"儿"附着在名词性成分后，可在

---

① "张"姓，在安阳方言中姓氏不能单用，可"儿"化后作为人称专用名。

客观或主观层面上指小，如 A 组、B 组；可产生新词，如 C 组和 D 组。另外，在安阳方言中还有一种特殊的名词重叠形式，必须添加"儿"缀，如 E 组，这一语法现象将放在第 3 章第 3.1 节详述。

2.3.3.2　形容词性成分 + 儿

A 黄－黄儿、尖－尖儿、弯－弯儿、清－清儿（蛋白）、干－干儿、零碎－零碎儿、破烂－破烂儿

B 亮－亮儿、好－好儿、错－错儿、鲜－鲜儿、准－准儿、热闹－热闹儿

C 恁高儿、一米宽儿、不多深儿、半斤沉儿、没多远儿、不大儿

"形容词性成分 + 儿"，一般可构成名词。用于转指，如 A 组。朱德熙（1983）认为，多数添加词缀的谓词，都产生了转指。也可自指，如 B 组。"自指的儿化并没有造成词汇意义的变化，仅仅改变了词的语法属性"（方梅，2007）。如：

（49）又不儿俺嘞错儿，俺怕啥嘞*又不是我的错，我怕什么呢*。

（50）涅人家*那人家*睡觉啦没？咋一点儿亮儿都没有。

例（49）中"错"是形容词，"错儿"是名词，加了词缀"儿"，词性改变，但词汇意义没有变化。朱德熙（1983）说，"汉语的名词后缀——－子、－儿、－头，加在谓词性词根上造成的名词绝大部分都是表示转指意义的"，"汉语缺乏表示自指意义的后缀"。但方梅（2007）调查了当代北京话，认为"儿化形式也可以自指，尽管数量和类型不如转指的那么多"。安阳方言里同样存在少量表自指的儿化/儿尾词，"儿"词缀既可转指也可自指。

C 组是"形容词短语 + 儿"，仍然是形容词性成分。该组的形容词性成分必须跟表示指示程度意义和数量意义的成分——"指量成分"（辛永芬，2007）构成形容词短语，才能添加"儿"缀，也就是说，"儿"缀不是形容词的"儿"缀，而是整个短语的"儿"缀。能进入短语前半部分的有："恁那/那么、恁门那么、镇这么、镇门这么、多、多门多么、不、不多、没多"这些表指示程度义的词语以及表度量的短语，其中"恁、恁门、镇、镇门"表肯定；"多、多门"表疑问；"不、不多、没多"表否定。能进入短语结构的形容词也是封闭性的，主要有"大、远、深、沉、厚、粗、宽、多、高、长"这 10 个与事物度量衡有关的单音

节形容词，且都是正面意义的形容词。指量成分可以和形容词任意组配。这种添加"儿"缀的形容词短语结构是一种可以表小量的结构。如：

（51）那棵树恁高！

（52）那棵树就恁高儿。

（53）作裤的_{这条裤子}咋镇长嘞！

（54）作裤的_{这条裤子}咋就镇长儿。

例（51）表示树很高，例（52）表示树不太高；例（53）表示"裤的"很长，例（54）表示"裤"不太长。例（52）和例句（54）都往小里说，可以用程度副词"就"表强调。去掉"儿"，就无法表小量。因此这种形容词短语"儿"化具有表小称的功能。在河南大部分地区，都有这类结构，辛永芬（2007）将这一类型称为形容词短语的小称"儿"化。下面从形式、语义、句法方面对这一小称结构进行描写和分析。

根据指量成分的功能，可以将这一结构分成三类：

A 表肯定：恁/恁门/镇/镇门/ + 形容词 + 儿，数量短语 + 形容词 + 儿

B 表疑问：多/多门 + 形容词 + 儿

C 表否定：不/没 + 多 + 形容词 + 儿，不 + 形容词 + 儿

A 组形容词前加指示程度的代词或数量短语表肯定，如：

（55）那一条路就恁门宽儿，不好走的嘞。_{难走着呢。}

（56）游泳池就半米深儿，别怕。

"指示代词/数量短语 + 形容词 + 儿"把事物特征往小里说，往往可添加表强调的副词"就"；而"指示代词/数量短语 + 形容词"的结构跟"指示代词/数量短语 + 形容词 + 儿"的结构在语义上形成对立。如：

（57）那一条路恁门宽，咋能不好走嘞！

（58）游泳池半米深，小心点儿！

这两句分别跟例（55）和例（56）意义对立，例（57）和例（58）是对事实的客观表述，例（55）和例（56）是把度量衡特征往小的方向说。

另外，用名词来比况度量衡特征的短语也有小称形式，如：

（59）他住嘞地方巴掌大。

（60）他住嘞地方巴掌大儿。

（61）那一条蛇就指头粗。

（62）那一条蛇就指头粗儿。

由于用名词比况，如"巴掌大""指头粗"已经有很强的主观色彩，表示"小"，因此，这一类型不用"儿"缀都是往小里说，用了"儿"缀，指称小的色彩更强。

B 组形容词前加疑问代词对程度表疑问，如：

（63）诺那个盒的子有多大儿？能装下这几本书不能？

（64）那一棵树能有多门粗儿？甭往那昂扯被的啦。别在那上边晒被子了。

例（63）预设盒子小，又提出问题，想确定这个小点儿的盒子能否装下不多的几本书。

例（64）是反问的语气，认为那棵树不粗，不能晾晒被子。

C 组形容词前加否定词和程度代词，或者只有否定词，表否定，如：

（65）他家离这儿不多远儿。

（66）他家离这儿没多远儿。

（67）他家离这儿不远儿。

"不/没＋多＋形容词"本身是对程度高的否定，指一个低程度，语义上接近普通话的"不太"，加上"儿"缀，是这一形式的小称，是把一个低程度量再往小的方向说，更接近于表述中形容词的反面。再如：

（68）他家离这儿不多远。

是说他家不太远，但不一定"近"。而例（65）和例（66）表述的意思就是"近"了。

"不＋形容词"是对形容词进行否定，在程度上比"不/没＋多＋形容词"更进一层。加上"儿"缀，是这一形式的小称，把低程度再往小里说。因此，例（68）"他家离这儿不远"，句义不一定是指他家近，但例（67）的意思更接近"他家离这儿很近"。

安阳的形容词短语的小称"儿"缀，相比河南省其他地区，有两个突出特点：一是语音上"儿"缀受前一音节韵母影响，有"儿"化和"儿"尾两种形式；二是只有表度量衡特征的正面义形容词才能进入这一小称框架。其他地区如：浚县、淇县、延津等地，许多表负面意义的形容词或不表度量衡特征的形容词也可以进入这一框架。汕头方言（施其生，1997）中也有类似的短语小称。如（下例转引自施其生，1997）：

（69）两车团呢煤好做呢？

"团呢"是附着在数量短语"两车"上的小称标记，是把"两车"这一数量往小里说。安阳方言的小称标记"儿"缀附着在形容词短语上，把程度往小里说。如例（56），是把"半米深"这一程度往小里说，指浅，而不是把"半米"这个数量往小里说。

安阳方言的形容词短语的小称"儿"缀，让我们注意到"后缀""儿化""小称"等这些以往只在词法范围里讨论的概念，其实在句法层面也有独特的表现。如形容词短语小称"儿"缀，如果只在词汇层面纠结，就无法观察到、更无法揭示这一现象及其本质特点。正如邢福义先生（1997）在小句中枢说理论中指出的，小句是汉语最小的具有表述性和独立性的语法单位。在由各类各级语法实体所构成的汉语语法系统中，小句居于中枢地位。小句在中枢地位上对汉语语法规则的方方面面发挥其管束控制的作用。小句的组词与表意，语句的联结与相依，规律的形成与生效，方言的语法差异，都依存于特定的句法机制，都或大或小、或多或少、或直接或间接地取决于特定的句法机制。可以说，句法机制管控着整个语法面貌的大局。因此，在研究语言问题时，应基于句管控，全面、立体、动态的考虑问题、分析问题。

2.3.3.3 动词性成分 + 儿

A 戳 – 戳儿、垫 – 垫儿、盖 – 盖儿、罩 – 罩儿、箍 – 箍儿、卷 – 卷儿、捻 – 捻儿

B 响 – 响儿、滚 – 滚儿、救 – 救儿

C 撮 – 撮儿、串 – 串儿、截 – 截儿、捆 – 捆儿、挑 – 挑儿、扑留 – 扑留儿

D 玩 – 玩儿、耍 – 耍儿、呒 – 呒儿、动 – 动儿

"动词性成分 + 儿"，A、B、C 三组发生了转类，"儿"将动词性成

分转化为名词或量词。其中，A组，"儿"具有转指功能，B组"儿"具有自指功能；还可构成量词如C组，"儿"缀具有转指功能。D组的"儿"添加"儿"缀前后都是动词性成分，且具有自指功能。安阳方言的"耍"跟普通话的"玩"一样，不能单用，必须儿化。而"耍、吭、动"，多数情况下，有词缀"儿"和无词缀"儿"在组配和表义上是有区别的，如：

（70）放咾假去俺家耍儿嘞吧。放了假去我家玩儿吧。

（71）恁家不好耍儿。你们家不好玩儿。

（72）你又耍啥脾气嘞？你又耍什么脾气呢？

（73）说你你不听，叫涅耍了吧？被人家骗了吧？

这里，"耍儿"可单用，"耍"必须有显性或隐性的宾语成分。

又如"动"和"吭"：

（74）他恁介一说，谁都不敢动儿啦。他那么一说，谁都不敢动了。

（75）别动，动就打死你。

（76）能拿动不能？能不能拿动？

除"（不）敢/能/想/愿意……/"之外，其他语境下"动"都不用"儿"缀。再如：

（77）不敢吭（儿）。不敢吭声。

（78）吭（儿）一声不咋。吭一声吧。（要求听话人说话。）

（79）你咋不吭声啦？你为什么不吭声了？

"吭"和"吭儿"可自由互换，但"吭声"不能说"吭儿声"。

2.3.3.4　数量词＋儿

A 一节（课）－一节儿（电池）、一块（钱）－一块儿（手表）

B 两对－两对儿、三圪堆－三圪堆儿、四瓶－四瓶儿、五家－五家儿

A组添加了词缀"儿"后，意义转指，量词"节、块"有词缀"儿"和没词缀"儿"，能搭配的名词是不一样的。B组只增添了客观小量或主观小量的附加意义。如：

（80）车昂卸啦三圪堆煤。车上卸下来三堆煤。（大量）

（81）诺小孩儿拿兜儿嘞糖分啦三圪堆儿。那个小孩儿把兜里的糖分了三堆儿。（小量）

2.3.4 "嘞"字短语儿化

安阳方言中有名词性"嘞"字短语，等同于普通话的名词性"的字短语"。这种结构在普通话中不能"儿"化，在安阳方言中都可以"儿"化。此外，量词、动词、形容词也可"儿"化，如：两截儿、一阵儿、一些儿、三片儿、两圪节儿、玩儿、吭儿、不大儿、慢慢儿……其中以"嘞"字短语、"单音形容词重叠＋儿""单音形容词＋叠音后缀＋儿"较有特点。

"嘞"字短语相当于普通话的"的"字短语，由形容词/名词/动词＋嘞构成，表示具有某种属性的人或物。如："红嘞、窟促嘞、木头嘞、吃嘞……"这类词可以再加词缀"儿"，构成儿化词，但儿化时，要变"嘞"为"的"再儿化，这里的"儿"化是强制性的。① 如：

A 形容词＋的＋儿，这类构成在安阳方言中最多：

红的儿　长的儿　冷的儿　错的儿　胖的儿　甜的儿　苦的儿　毛的儿　圆的儿

紫红的儿　土黄的儿　圪衍的儿_{蔫儿的}、窟促的儿_{皱巴的}

B 名词＋的＋儿，如：

铁的儿　塑料的儿　木头的儿

C 动词＋的＋儿，很少，如：

吃的儿

并非所有的"嘞"字短语都可以变成儿化的"的"字短语。如，"你嘞、他都嘞_{他们的}、敲鼓嘞、胆的大嘞、从北京过来嘞、游泳嘞……"这些表领属以及多数表动态的"嘞"字短语都不能变成儿化"的"字短语。也就是说安阳方言的"嘞"字短语更接近普通话的"的"字短语，其分布范围要比安阳方言儿化的"的"字短语大得多。这也说明了安阳方言不存在"的"字短语，儿化的"的"字短语只是部分"嘞"字短语的"儿"化形式，词的语法类别没有变化，也不表转指和自指，只增加了喜爱义，即表主观小量。

安阳方言单音形容词重叠的重叠式，其后常可添加词缀"儿"，构

---

① 安阳方言中没有不儿化的"的"字短语。

成"AA 儿"式，另单音形容词可添加叠音后缀"生生"并再加词缀"儿"构成"A 生生儿"式。这两种形式放在后面第 3 章"重叠"中再作描写、分析。

"儿"的语言性质，语言学界的研究成果较多，也较充分。比较普遍的观点认为，"儿"是词缀语素。吕叔湘（1982）、赵元任（1979）、朱德熙（1981）等都把"儿"与"子""头"视为后缀语素。本书认同这一观点，认为安阳方言由"儿"后缀构成的词，除有限的几个由音变带来的儿化、儿尾词外，如："这儿、明儿、屋儿、东儿、钥儿……"安阳方言的其他儿化、儿尾词，都是由词根语素 +"儿"语素构成。其中，词根语素可由名词性、动词性、形容词性、数量词性的语素构成，"儿"在多数谓词性词根、少数体词性词根语素后具有转类功能。语义上，由词缀"儿"构成的词可表小称，表达一种客观小量；有的只表可爱，与物体大小无关，表达一种主观小量。谓词性成分添加"儿"缀多表转指，少数可表自指。

安阳市所辖汤阴县、安阳县的儿化和儿尾情况与市区方言接近，儿化和儿尾并存，安阳县儿化发音为舌尖音 [ɿ]；汤阴县的儿化进程略快于安阳城区方言，如："姨儿、鱼儿"，城区方言读儿尾音，汤阴方言读儿化音。而所辖林州市、滑县、内黄县的"儿"缀，有"儿"化无儿尾。滑县、内黄县的儿化发音是卷舌 [ɚ] 音。林州市的"儿"化发音是舌面元音 [ɯ]，不同于安阳市区方言以及普通话的卷舌元音 [ɚ]。据乔全生（2000）调查，山西境内，大多数方言点有儿化、少数方言点有儿尾，还有少数方言点儿化、儿尾皆无。安阳方言的儿化和儿尾的表义功能跟山西方言并不相似，据沈明（2007）调查，虽然"儿"缀在山西方言中也能表小称，但"重叠是山西方言表小称的最主要的方式"，甚至"圪"表小的功能也比"儿"缀的功能强大。安阳方言的重叠在多数情况下不表小称，这个问题在第 3 章会有专门的讨论。"圪"头词在安阳方言中数量较少，并很少指小，这在本章第 2.1 节已有描述。本节讨论中，我们可以看到安阳方言多数带"儿"缀的名词可表客观小量和主观小量。因此，儿化是安阳方言中表小称的主要方式。方梅（2007）直接将北京话绝大多数儿化词称为"小称儿化"，一方面指北京话的"儿化"源自古代汉语"儿"表小称，另一方面似乎也表明北京话的儿化词与"小称"的密切关联。可见，安阳方言的"儿"缀词在表义功能上跟北京话似乎更为接近。

2.3.5 "儿"缀与"的"缀①

安阳方言语音中有8个入声韵，这8个入声韵多无儿化、儿尾，但有"的"后缀。如："麦子［mɛʔ³tɛʔ⁰］，橘子［tɕyɛʔ³tɛʔ⁰］，毛栗子［mɑu³¹liɛʔ³tɛʔ⁰］，秃子［tuoʔ³tɛʔ⁰］，叶子［iɛʔ³tɛʔ⁰］。""的"尾补足了入声字构词、语法的要求。有时，"的"缀可以和"儿"缀互换。如：

牙刷儿—牙刷的　　手腕儿—手腕的

小凳儿—小凳的　　小镜儿—小镜的

此外，"的"缀和"儿"缀构词有时意义完全不同。如：

老头儿（年老男人）—老头的（丈夫）

老婆儿（年老女人）—老婆的（妻子）

在语义层面，"儿"缀比"的"缀表示的亲切、小称的附加意义更强些。有的添加"的"缀的词给人感觉是表大、表厌恶。如："车"的感觉比"车儿"大；"二杆的、二流的"，是为人厌恶的对象，不说"二杆儿""二流儿"。但这并不能证明"的"缀表大，并衍生出令人厌恶的情感色彩，"儿"缀表小，并衍生出让人喜爱的情感色彩。王力（1980）、任学良（1981）、赵元任（1979）认为，"子"缀开始是"孩子"的意思，后来可指"小"，但现在只是名词的标记，已经没有小称的意义了。方言研究者们认为，"子"缀在某些方言中虽然存在"小称"义，但更多既有"子"缀又有"儿"缀的方言，只用"儿"缀指小②。在山西方言中，"子"缀不是表达小称的手段，重叠、"圪"头词、儿缀才可表小称。但另有观点（王姝、王光全，2012）认为，"子"缀表小的功能从来没有改变，只是"子"缀是在自然义场中，同场指小，而"儿"缀是在同类事物中区别大小，同类指小，且只有不表转指和自指的"儿"缀词才可指小。在同类事物中，又由于"儿"

---

① 由于"圪"头词量少，以及不表小称，这里不与"子"缀和"儿"缀放在一起讨论。

② 参见沈明（2003）。

缀词可指小，指可爱，反衬"子"缀词可以指大，指令人厌恶的对象。我们同意这一观点，认为这一研究较好的厘清了"儿"缀和"子"缀在不同方言中的复杂语义特点，也厘清了各研究者由于研究对象和视角的不同而形成的似乎完全抵触的结论。且该观点与本书对"的"缀和"儿"缀调查研究也是一致的。表 2 - 4 表示安阳方言中"的"缀和"儿"缀的异同。

表 2 - 4　　　　　安阳方言中"的"缀和"儿"缀的异同

后缀	指小	举例	对比	同类比较
儿	同类	刀 - 刀儿、狗 - 狗儿、圪垯 - 圪垯儿	刀儿 - 刀的 鸡儿 - 鸡的	相对指小，表可爱
的	同场	年 - 月 - 日的、鹅 - 鸭的 - 鸡的、酒壶 - 酒杯的 - 酒盅的	酒盅儿 - 酒盅的 疙瘩儿 - 疙瘩的	相对指大，无可爱义

表 2 - 4 的举例中，一般而言，横线左侧的词总比右侧的词所指大。如鹅比鸭和鸡大，不能说"鹅的"。再如，"圪垯儿"，比"圪垯"给人的感觉更小些。"刀的"比"刀儿"表示的物体稍大些，"刀儿"给人的感觉比"刀的"可爱些。

2.4　人称标记"嗷"

安阳方言中还有一个人称标记"嗷"[①]，音［ɑu⁵⁵］，是专用于人名称呼之前的标记，可面称用也可背称用，多在亲友之间使用，仅用在非正式场合，且无强制性，可用可不用。"嗷"不是词缀，因为"嗷"并不辅助构成新词，也没有任何词汇意义、语法意义或附加意义。充其量在语用中可提示称呼者与被称呼者之间是熟识关系。放在本章可与表人称的词缀"阿、小、老"做一比较。

其组合类型为：

A 嗷 + 姓 + 名：嗷张兵、嗷向丽君、嗷明明

---

① 不知本字，暂用同音字"嗷"代替。

B嗷 + 姓 + 的/儿：嗷张的/儿、嗷李的/儿、嗷王儿、嗷陈儿、嗷小吴儿、嗷老徐的

C嗷 + 名 （ + 的/儿）：嗷军的/儿、嗷虎的/儿、嗷小丽的/儿、嗷杨杨、嗷大明的

D嗷 + 排行 + 的/儿：嗷老三 （的）、嗷四的/儿、嗷小六的/儿、嗷二的/儿

"嗷 + 姓 + 的/儿"，有的"的""儿"两个后缀都可以用，如，"嗷张的/儿、嗷李的/儿"；有的只能用"儿"，如"嗷王儿、嗷杜儿"，如前面有词缀"老"，后面可以同时有词缀"的"，不可用"儿"。"嗷 + 名 （ + 的/儿）"，叠音的小名，不能加后缀，如"＊嗷丽丽儿、嗷明明的"。名字中有大，后面可使用词缀"的"，不可使用"儿"词缀，如"＊嗷大明儿""＊嗷大红儿"。"嗷 + 排行"，前面可以添加前缀"老"，"小"后面有的可以添加"的/儿"词缀，添加词缀"老"后，后缀只能用"的"，不能用"儿"，如："嗷老三的"，"＊嗷老三儿"。

人称标记"嗷"不同于一般的人称前缀，一些南方方言中有前缀"阿"，辅助构成对人的称呼，如："阿兰、阿妈、阿舅、阿三……""阿"只能用于词首，含有对亲友熟人的亲昵之情，且无法省略，去掉"阿"，"兰、妈、舅"等，在当地是不能用于称呼的。而安阳方言的"嗷"虽然也用于亲友熟人称呼前，有亲昵意味，但"嗷"的使用不具有强制性，去掉"嗷"，仍然可称呼亲友熟人。"嗷"也不同于人称前缀"小、老"。"小、老"也是不可省略的构词成分。如："小陈、小刚、小四、老陈、老五……"去掉前缀"小、老"，就无法指称某人。

我们目前尚未发现其他方言中有类似的人称标记。安阳方言作为一种明清移民方言发展起来的语言，当不是凭空产生这一用法，这一问题有待日后进一步调查研究。

2.5 本章小结

本章重点描写分析了安阳方言的三个词缀"圪、儿、的"，以及一个人称标记"嗷"。其特点在语音、语义和语法上都有体现。

　　"圪"缀可构成名词、动词、形容词、量词、拟声词等多种类型，表义上可指小，体现了安阳作为晋方言的特点。

　　"儿"缀和"的"缀大致相当于普通话的"儿"缀和"子"缀，但在发音和语义、语法功能都有较突出的特点。"儿"缀的语音形式既有儿尾，也有儿化，从汉语各方言来看，安阳方言的"儿"缀词在语音上处于过渡阶段；"的"缀除了在语音上不同于普通话的"子"缀外，在构词上也有差异，安阳方言的"的"缀可以和其他前缀"老""小"、后缀"儿"同现，构成表义丰富的称名，如："老徐的儿、小丽的儿、小院的儿……"在表义上，"儿"指小，表喜爱，与"的"语义上形成对立。如"桌的儿、椅的儿"表"小的、让人喜爱的桌子、椅子"，而"桌的、椅的"则不具备这样的表义功能。

　　安阳方言的人称标记"嗷"，其位置固定，只能放在称谓前，表达对亲朋好友的亲昵情感。目前来看，这是安阳方言中较为独特的语言现象。

　　总而言之，上述安阳方言的三个词缀和一个人称标记都体现了安阳方言的晋语特点，但由于安阳处在晋豫边界，以及教育、传媒的影响，这些因素使得其语音、语义和语法又具有了不同于晋语腹地的面貌。

第 3 章　重叠

　　重叠是一种重要的语言现象，也是语言学研究者们最为关注的热点之一。重叠研究较有影响的学者有吕叔湘（1990）、朱德熙（1982）、赵元任（1979）、张静（1979）、刘月华（1983）、刘丹青（1986，1988）、石毓智（1996）、张敏（1997）、李宇明（1998）、陈前瑞（2001）等。随着研究的广泛和深入，研究者发现它不仅普遍存在于汉语的各个历史阶段以及各方言中，还广泛存在于汉藏语系、南岛语系和南亚语系等亚太地区的各种语言中，同时，在阿尔泰语系、达罗毗荼语系、乌拉尔语系、闪含语系、霍坎语系、尼日尔—科尔多凡语系、尼罗—撒哈拉语系、美洲印第安语和一些印欧语系语言中，也有重叠现象（张敏，1997）。重叠的语言类型学价值不言而喻。但各研究对重叠的概念、范围的界定并不一致。有的较为宽泛，有的较为严谨。研究者们对重叠的本质认识不尽相同，因而对重叠式的判定也是不同的，如，有人不把加缀重叠归入重叠式，而是归入类似重叠的生动形式①；有人将拟音词的连用归入重叠式②……我们认同刘丹青（1988）对重叠性质、重叠方式的研究，据此从安阳方言特点出发，将重叠看作一种语法手段，这一语法手段作用于某种语言成分，通常是各种词类，并由此给这一语言成分添加了某种语义特点或某种语法功能。原有的语言成分构成基式，有的基式是成词的，有的不成词③，这两者都在本书研究范围

---

　　①　参见阮桂君（2009）。

　　②　参见苏俊波（2007）。

　　③　这类基式不成词的重叠一般被称为构词重叠，而基式成词的重叠是构型重叠。邢福义（1993）将基式不成词的重叠形式称为叠结，重叠指基式成词的重叠形式。本书的重叠包括构型重叠也包括构词重叠。

内，基式重叠后的形式为重叠式。本书研究的重叠不包括语用重叠在内①。本章将就安阳方言各类词的重叠形式以及相关生动形式的语型、语义、语法功能特点展开描写和讨论。与普通话近似的特点简略带过，具有方言特色的特点详细分析阐述。

　　普通话以及各方言可以重叠的词类范围并不相同。安阳方言可重叠的词类有：名词、动词、形容词、量词、数量短语、副词、拟音词等，这个范围与普通话大致相当。一些方言，如汕头方言、丹江方言中，方位词、代词、名词短语、动词短语也可以重叠，范围更广些。先来看安阳方言的名词重叠。

3.1　名词重叠

　　安阳方言的名词重叠都是构词重叠，包括语素重叠和音节重叠，一些亲属称谓和指人指物的名词，如"爸爸、妈妈、爷爷、奶奶、姥姥、哥哥、弟弟、姐姐、妹妹、娃娃、星星……"是语素重叠。而"蛐蛐儿、猩猩"以及童语对人、物的指称如"饼饼、车车"是音节重叠，与普通话相同。另外，安阳方言中还有一种特别的名词重叠，也是构词重叠。我们用"A"表示基式，重叠式是"A（儿）A 儿"：

　　a 丝丝儿、毛毛儿、道道儿、条条儿、泡泡儿

　　b 格儿格儿、点儿点儿、花儿花儿、印儿印儿、圈儿圈儿、叶儿叶儿、尖儿尖儿、面儿面儿、片儿片儿、块儿块儿、沫儿沫儿

　　a 组的"儿"是儿尾，只能附着在第二个音节后；b 组"儿"是儿化，附着在第一个和第二个音节后，这里我们用"儿"和"儿"形来区分儿尾和儿化。这两组词只在语音形式上存在差异，语法意义和功能相同。基式"A"是表示事物性状、花色特点的名词②，重叠式"A（儿）A 儿"，表示具有"A"形态特点的事物，儿缀不能省略，有客观或主观指小功能。如：

　　（1）这［tin⁵³］昂嘞印儿印儿去不掉啦。这上头的印子去不掉了。

---

　　①　参见王一虎（2006）。

　　②　其中"块儿块儿""道道儿""条条儿""片儿片儿"是基于名词性质的重叠，重叠后还是名词，不同于普通话的"块块""道道""条条""片片"这类表"每"义的量词重叠。

（2）是你画嘞这道道小？是你画的这些道子？

"道道儿""印儿印儿"都说明范围不大，是小范围、少量的道子和印子。"A儿A儿"可以作主语和宾语，如上两例。还可以作谓语、定语，如：

（3）药是面儿面儿嘞，还是片儿片儿嘞？药是粉状的还是片状的？

（4）那一件花儿花儿嘞衣裳比作格儿格儿嘞好瞧。那件有花儿的衣服比这个格子的好看。

"A儿A儿"作谓语和定语时，一般要加助词"嘞"（相当于普通话"的"），说话中若语速快时，也可省略"嘞"。

这种名词重叠是安阳方言较有特色的语言现象，使用频率也很高。在浚县方言中（辛永芬，2007）也有这种重叠式。语音形式和语法特点略有不同。丹江方言中，"AA儿"重叠不能单用，其后必须添加具有"A"性状特点的名词，如"花花儿鞋、条条儿布"。晋语中，普遍存在名词重叠，但沈明（2003）指出这种重叠是山西方言表小称的最主要的方式。山西方言的重叠不同于安阳方言和浚县的这种重叠：首先，重叠式中不使用儿化和儿尾；其次，可重叠的成分不限于指事物的性态、花色等，可以是直接指事物的诸多名词以及由动词转化而来的成分，如："碗碗、盖盖、刀刀、蹦蹦、车车……"因此，安阳方言和浚县方言的这种名词重叠不同于山西方言的名词重叠，与丹江方言的"AA儿"形式也有区别，是较有特色的一类语言现象。

安阳方言中还有一种名词叠结①形式。如，"盆儿盆儿罐儿罐儿""汤汤水儿水儿"，这些叠结形式的基式不成词，不能说"盆罐""汤水"。普通话中也有这种形式，一般不儿化，安阳方言的名词叠结可以儿化，其他特征与普通话类似，此处不赘述。

3.2 动词重叠

安阳方言的动词重叠多为构形重叠，也有构词重叠，与普通话的动词重叠基本相同，我们用A、AB（C）表示基式，那么他们的重叠形

---

① 参见邢福义、汪国胜等（1993）。

式为:

3.2.1　AA、AAB（C）、A—A、A—AB（C）、ABAB

走走　听听　说说　尝尝　想想　闻闻　等等　学学

一些离合词也可以重叠第一个动词,构成 AAB（C）形式。如:

理理发、洗洗澡、尝尝鲜、睡睡觉、走走后门、开开夜车

"AA"式中间嵌入"—"可以变为"A—A"式,这里的"—"没有实在意义,更像一个词缀,如:走一走、听一听、说一说、尝一尝、想一想、闻一闻、等一等、学一学。

我们暂将"A—A、A—AB（C）"的形式称为加缀重叠,如:

一些离合词也可以构成"A—AB（C）"形式。如:

理一理发、洗一洗澡、尝一尝鲜、睡一睡觉、走一走后门、开一开夜车

双音节动词可以重叠为:

打扫打扫、学习学习、打扮打扮、琢磨琢磨、不拉不拉、抠吱抠吱、骨隆骨隆

这类重叠式的基式都是成词的。如"打扫、整理、学习、不拉、抠吱"等。

基式动词是对动作和行为的指称,与基式比起来,重叠式"AA"和"AAB（C）""A—A"式、"ABAB"式都表示动作行为的短时持续。如:"走""打扫"指称一种动作,"走走""打扫打扫"指这种动作的短时持续。"开夜车"是一种行为,"开开夜车"指这种行为的短时持续。

在单音节重叠式中,"A—A"式和"AA"式都表示动作行为的短时持续。邢福义（2000）对这两种格式有详尽的分析阐述,指出两者基本相同可以互换,只在语义层面和语用层面有微细的差异。能进入"AA"和"A—A"的动词都是有［＋持续义］特征的动词,如:"说、听、睡觉、尝鲜"等。瞬间动词不能构成以上重叠式。如:"﹡丢丢、扔扔、死死、生生"等。语法功能上,基式动词可加各种体貌标记表示相应体貌,重叠式一般表示短时貌、尝试貌,如:

（5）他听过诺歌儿。他听过那首歌。

（6）他正听的歌儿嘞。他正听着歌呢。

（7）他听啦诺歌儿没有？他听了那首歌没有？

（8）他回到家听听歌，做做饭就快八点啦。

（9）医生你再听一听，瞧看是不儿是不是肺炎。

双音节动词基式和重叠式的语义特点和语法功能同单音节动词，不同之处是由于音节节律的限制，没有"AB — AB"的重叠式，不说打扫一打扫、不拉一不拉……

3.2.2　一A一A、一AB一AB

一晃一晃、一拐一拐、一跳一跳、一摇一摇、一蹦一蹦

一骨隆一骨隆、一晃悠一晃悠、一忽闪一忽闪

这一形式中的"一"词汇意义也很弱，相当于词缀，因此这种形式也可视为加缀重叠。基式的动词表示一种可反复进行的动作行为，如："跳、摇、骨隆、忽闪"，可以附加体貌标记表示相应体貌，如：

（10）他跳啦了半个小时就累啦了。

（11）他在那儿正跳的嘞，去吧。他在那里正跳着呢，去吧。

（12）他跳完啦没有？都仨小时啦。

这类重叠式表示某种动作行为的反复进行，或具有这种动作行为特点的状态，添加助词"嘞"，可作谓语、定语、状语和补语，如：

（13）诺孩的一跳一跳嘞还上去楼啦。那个孩子一跳一跳地就上楼去了。

（状语）

（14）美嘞她一扭一扭嘞，都不知道自己是老几谁啦。　　（补语）

（15）诺东儿还一骨隆一骨隆嘞，可吓人嘞。那个东西还一动一动的，可吓人了。

（谓语）

（16）那一扑流的一忽闪一忽闪嘞灯儿可好瞧嘞。那一排忽闪忽闪的灯可好看了。

（定语）

3.2.3　AABB

摇摇晃晃、晃晃悠悠、打打闹闹、吹吹打打、哭哭啼啼、嘻嘻哈哈、走走停停

这类重叠其实包含了构形重叠，如："摇摇晃晃、晃晃悠悠"，基

式是成词的"摇晃、晃悠";构词重叠,如:"打打闹闹、吹吹打打、哭哭啼啼、嘻嘻哈哈、走走停停",基式是不成词的,是两个单音动词性语素的组合,即"打闹、哭啼、嘻哈"等。语义上,基式表示某一种动作行为或某两种动作行为。重叠式表示某种动作行为的短时持续,如:"摇摇晃晃、晃晃悠悠";或某两种动作行为的交替进行和反复,如:"打打闹闹、哭哭啼啼"。语法功能上,可成词的基式能充当谓语,并添加相应的体貌标记,不可成词的基式不能单用。如:

（17）房的摇晃开起来啦。

（18）摇晃啦半天,枣儿都没有掉下来。

（19）＊作这个人整天嘻哈。

重叠式可添加助词"嘞",用作定语、状语、补语、谓语,如:

（20）诺人喝嘞摇摇晃晃嘞。那个人喝得摇摇晃晃的。

（21）门口儿来了一班的吹吹打打嘞人。

（22）他都他们走走停停嘞逛完啦红旗渠。

（23）再打打闹闹嘞,叫恁爹揍你。再打打闹闹的,叫你爹揍你。

安阳方言的动词重叠与普通话的动词重叠基本相同,只有一些基式词语带有与众不同的地方特色,如分音词构成的重叠式"不拉不拉""骨隆骨隆""骨骨涌涌"、圪头词"圪蹴圪蹴""圪应圪应"。学界对动词重叠的研究,可谓成果丰硕,可参见吕叔湘（1990）、朱德熙（1982）、赵元任（1979）、李宇明（1998）、陈前瑞（2001）、杨平（2003）等。我们对安阳方言的动词重叠的形式、语义和语法特点不再赘述。

3.3　形容词重叠

3.3.1　单音节形容词重叠

基式为"A",重叠形式为"AA（儿）",如:

清清（儿）、凉凉（儿）、甜甜（儿）、毛毛（儿）、沉沉（儿）、懒懒（儿）、

软软（儿）、苦苦（儿）、好好（儿）、嫩嫩（儿）、胖胖（儿）

单音节形容词为性质形容词，重叠后，变为状态形容词①，描摹性增强，语义程度随着语境或加深或减弱，与普通话的单音节重叠式相同。语法功能上，一般要添加助词"嘞"，可充当多种句法成分，作谓语、定语、状语、补语。如，

（24）他病啦，懒懒嘞的。

（25）作这个胖胖嘞的小孩儿是谁？

（26）孩的孩子苦苦（嘞地）求啦他半天。

（27）连把小米儿汤熬嘞得香香嘞的。

谓语、定语、补语一般不能省略"嘞"，状语可以省略。这与普通话单音节重叠的语法功能相同。

多数单音节重叠还可以添加后缀"儿"，构成"AA儿"式，第一个"A"读本调，第二个"A"一律读高平调55，后缀"儿"的读音随"A"的韵母而变化，其规律在前文已有详述，参见第二章第2.3节。"AA儿"式比"AA"式更添了亲切委婉色彩。安阳方言中，"AA儿"式使用频率要高于"AA"式。普通话中除"慢慢儿""好好儿"等少数几个词外，多数单音节重叠是不能再儿化的。因此，安阳方言的"AA"式也许是受普通话影响的一种说法，"AA儿"式更具有本土特色。中原官话里的浚县方言，只有"AA儿"式，丹东方言存在可替换的"AA"式和"AA儿"式，与安阳方言相同。多数山西方言里只有"AA"式，没有"AA儿"式。据此，似乎可以推测"AA儿"式是中原官话的一个特点。安阳方言的单音形容词重叠式受中原官话的影响更大。

3.3.2　双音节形容词重叠

3.3.2.1　ABB（儿）

a 亮堂堂（儿）、暖和和（儿）、疙应应（儿）、利亮亮（儿）漂亮整洁、麻利利（儿）

b 新蒨蒨（儿）、圆滚滚（儿）、凉冰冰（儿）、红通通（儿）

同样是"ABB（儿）"重叠式，其内部构成并不相同：a组基式为

---

① 参见朱德熙《语法讲义》。

"AB",是性质形容词,b 组基式为 "BA",是状态形容词,重叠式 "ABB(儿)","A" 读本调,第一个 "B" 读轻声,第二个 "B" 读阳平调 31,是状态形容词,描摹性增强,并伴随语义程度的加深。一般需加上助词 "嘞",充当谓语、定语、补语等成分。如:

(28) 这新做嘞盖底,暖和和嘞。这新做的被子,暖和和的。　　　（谓语）

(29) 涅人家盖啦三间亮堂堂嘞大瓦房。　　　（定语）

(30) 瞧这肚的,吃嘞圆滚滚嘞的。　　　（补语）

双音节 "ABB" 重叠式,不能作状语,这点与 "AA" 式不同的。"ABB" 式也可以添加后缀 "儿",构成 "ABB 儿" 式。语气上更为亲切、委婉。普通话中,双音节形容词重叠为 "ABB" 式较少,且不能添加后缀 "儿"。对于普通话里形容词 "ABB" 重叠式较少,安阳等方言里这一形式较多的现象,辛永芬从语言接触、经济原则、语言类化等角度给出了三种解释,有一定道理,具体阐述可参见辛永芬（2007）。

3.3.2.2 AABB

这类重叠式基式为 "AB";重叠为 "AABB" 后,第一个和第三个音节读本调,第二个和第四个音节读轻声。基式为性质形容词,重叠式为状态形容词。其语义、语法特点与普通话相同,不赘述。

基式为 "AB" 的性质形容词可以重叠为 "ABB" 式,还可以转化为 "AABB" 式,如暖和和—暖暖和和,疙应应—疙疙应应;基式为 "BA" 的状态形容词,不能转化为 "AABB" 式,如:新崭崭—＊新新崭崭,凉冰冰—＊凉凉冰冰。

3.3.2.3 ABAB

这类重叠式基式为 "AB",是状态形容词,重叠式 "ABAB" 的描摹性增强,并伴随语义程度的加深,如:

冰凉冰凉　死沉死沉　崭新崭新　黑瘦黑瘦　蜡黄蜡黄

前面提到的可重叠为 "ABB" 式的状态形容词多数也可以重叠为这一形式,语素位置需要调整。如:新崭崭—崭新崭新,凉冰冰—冰凉冰凉,这类重叠式加上助词 "嘞" 可充当句子成分,主要作定语、谓语、补语,作定语时必须用 "嘞",作谓语和补语时可用可不用,不能充当状语,这一语法特点与 "ABB" 式相同。如:

(31) 今儿嘞今天穿啦一件崭新崭新嘞衣裳。

（32）刚从外头回来，那手冰凉冰凉（嘞）。

（33）孩的_{孩子}在农村长大，长嘞黑瘦黑瘦（嘞）。

普通话中也有这类重叠式，语义和语法特点相同。

3.3.3　加缀重叠

普通话及各方言的形容词重叠中都有加缀重叠形式。安阳方言形容词加缀重叠有五种形式："AXX（AXX 儿、AX 儿 X 儿）、AXYY、XAXA、A 里 AB、A 连（的）AB"。"A、B"表示有实义的形容词，"X、Y"表示无实义的词缀。其中前三种基式是单音节形容词，后两种基式是双音节形容词。

3.3.3.1　AXX（AXX 儿、AX 儿 X 儿①）

这类词很多，词缀 X 也很丰富，A 和 X 之间有固定的搭配习惯，如：

白生生、脆生生、洋瑟瑟、利瑟瑟、热乎乎、傻乎乎、宣腾腾、热腾腾

窄溜溜、滑溜溜、光年年、展年年、臭烘烘、闹哄哄、光牛牛、细牛牛

干巴巴、瘦巴巴、香喷喷、冷嗖嗖、乱糟糟、白花花、硬邦邦、干崩崩

顺当当、黑洞洞、红扑扑、明晃晃、沉甸甸

凉丝丝儿/凉丝儿丝儿、甜滋滋儿/甜滋儿滋儿②

基式"A"是性质形容词，"AXX"的语音模式同前面的"ABB"式，"A"读本调，"X"是词缀，第一个"X"读轻声，第二个"X"读阳平调31。除了"凉丝丝""甜滋滋"等必须添加"儿"缀外，其他词语都有添加和不添加"儿"缀两种形式。"AXX"的词缀形式很丰富，用来表达人或事物的多种情状特点以及说话人的情感色彩。有的词缀普通话和其他方言中也有，有的只出现在安阳方言中，带有鲜明的方言特色。相同的"A"可以搭配不同的词缀，用以表达不同的情感色彩

---

① "AX 儿 X 儿"形式是受"X"韵母影响，能儿化的词语的词语模式，如："干巴儿巴儿"，"AXX 儿"是受"X"韵母影响，只能读儿尾的词语的词语模式，如"黑洞洞儿"。

② 前文也提到在安阳方言中，舌尖韵母加儿缀，读音可以儿化也可以读儿尾。

和形象色彩，如："白生生、白花花"。加缀重叠后，语义更具有描摹性，语法上可以加上"嘞"充当定语、谓语、状语和补语。如：

（34）这身衣服穿昂利瑟瑟嘞。这身衣服穿上很利索。

（35）脆生生嘞瓜，吃啦还想吃。脆生生的瓜，吃了还想吃。

（36）送啦点儿礼，顺当当嘞进啦厂的啦。

（37）谁拿这儿弄嘞乱糟糟嘞？谁把这儿弄得乱糟糟的？

"AXX"和"ABB"式从语形上来看，没有区别，但从内部构造的性质来看，有明显不同。"ABB"的基式都是双音节词，或是性质形容词"AB"，或是状态形容词"BA"，而"AXX"的基式是单音节性质形容词"A"。这两种重叠式的语音模式相同，语义程度都比基式强化，形象色彩和情感色彩增强。语法上，"ABB"一般不作状语，"AXX"模式的词语有些可以作状语。

3.3.3.2　AYXX

"A"是性质形容词，"Y"是"不、个"带有贬义的词缀，"XX"是没有实义的重叠成分。语音模式较为一致，都是第一个音节读本调，第二个音节读轻声，第三和第四个音节读略低于阳平调 55 的 44 调。如：

黑不出出、灰不出出、光不溜溜、滑不溜溜、肉不喃喃、甜不哝哝
软不叽叽、白不叉叉、肥不唞唞、热不唞唞、硬个橛橛、胖个堆堆

用"不"的重叠式多于用"个"的重叠式。跟基式相比，重叠式是状态形容词，语义增添了形象色彩和情感色彩。一律表厌恶、讽刺、贬低等带有消极色彩的情感。有些"AYXX"格式去掉"Y"可变成"AXX"格式，如光溜溜、硬撅撅。有些不能变成"AXX"格式。如＊黑出出、＊热唞唞。加上助词"嘞"在句中充当谓语、补语、定语。如：

（38）买啦一条灰不出出嘞裙的，歇不好瞧。买了一条灰溜溜的裙子，很不好看。

（39）他现在吃嘞肥不唞唞嘞。他现在吃得很肥。

（40）面包硬圪撅撅嘞，咬不动。面包很硬，咬不动。

3.3.3.3　XAXA

基式"A"是性质形容词，"X"是没有实义的词缀，多用同音字

表示，有的"X"连同音字也写不出来。"X"和"A"的结合通常是一对一的关系。这类词并不太多。如：

齁咸齁咸　溜圆溜圆　酥烂酥烂

"XAXA"是状态形容词，语义和语法特点与"ABAB"式相同。

3.3.3.4　A 里 AB

穷里穷气　啰里啰唆　流里流气　老里老气　毛里毛糙　妖里妖气

基式"AB"是性质形容词，"A 里 AB"是状态形容词，语义程度加深，含有贬义色彩，普通话里也有这种结构。语义语法特点相同。加上助词"嘞"可以充当定语、谓语、状语和补语。如：

（41）别跟他谈对象啦，他就是幺一个穷里穷气嘞工人。

（42）诺那个家伙流里流气嘞。

（43）你瞧你啰里啰唆嘞说嘞啥呀！你看你啰里啰唆得说得什么呀！

（44）别打扮嘞老里老气嘞。

3.3.3.5　A 连（的）AB

这是一种很具有安阳方言特点的加缀重叠形容词：

枯连枯促　鼓连鼓囊　龌连龌龊　憋连憋多　多连多落　扑连扑促
流连流气　糊连糊涂

基式"AB"是性质形容词，"A 连（的）AB"为状态形容词，语义特点和语法功能同"A 里 AB"，连后还可以嵌入"的"来强化对性状的描摹。如：

（45）他拿啦一张枯连（的）枯促嘞纸。他拿了一张皱巴巴的纸。

（46）诺包儿鼓连（的）鼓囊嘞，装嘞啥的？那个包鼓鼓囊囊的，装的什么？

（47）你多连（的）多落嘞提啦点儿啥的？你遛里遛遛得提得什么东西？

（48）别学恁哥穿嘞流连（的）流气嘞。别学你哥穿得流里流气的。

少数形容词有"A 里 AB"和"A 连（的）AB"两种形式。如："流里流气—流连（的）流气，糊里糊涂—糊连（的）糊涂"。

3.4　量词和数量短语重叠

学界对量词和数量短语重叠的研究颇多，参考比较多家观点，我们认为，普通话中，量词重叠"AA"具有周遍性，表遍指，倾向于表达"每一""所有"的语义。数量短语重叠"一AA""一A一A"，更具有描述性，对事物的性态、动作行为等进行描述。普通话的"AA"和"一AA""一A一A"在语义和句法上具有一定的对立性互补性。安阳方言与普通话不同，安阳方言中也有量词重叠"AA"式和数量短语重叠式"一A（儿）一A（儿）"，没有"一AA"式。两者并不对立互补。

3.4.1　量词重叠

安阳方言的量词重叠形式为"AA"，数量少，且基式是由名词、动词转化而来，并不是那么纯粹的量词[1]，重叠式需儿化，如：

年年儿、月月儿、天天儿、家儿家儿、顿儿顿儿、回回儿

这些量词重叠表遍指。主要作主语、定语、状语，可添加副词"都"，如：

（49）家儿家儿都贴春联。

（50）你咋回儿回儿考试都不及格？你怎么每次考试都不及格？

（51）他天天儿晚上都熬夜瞧书。

3.4.2　数量短语重叠

数量短语重叠的形式是："一A（儿）一A（儿）"。在安阳方言中使用频率更高，可表遍指，如：

（52）涅诺小组，么么都有两把刷的。人家那个小组，一个一个的都有两把刷子。

（53）那一会儿哪能一张儿一张儿都细瞧嘞。

（54）她嘞衣裳不咋，一件儿一件儿都贵的嘞。她的衣裳吧，一件一件都贵着呢。

（55）那葡萄一嘟噜儿一嘟噜儿都熟啦。

表遍指的"一A（儿）一A（儿）"，不能作定语，不能说"一张儿一张儿钱""一嘟噜儿一嘟噜儿葡萄"，普通话量词重叠"AA"式可

---

① 参见李宇明（1998）。

作定语，如"朵朵白云""张张桌子"。

"一A一A"也可对事物的性态、行为动作等作出描述，作状语、补语、结果宾语、谓语等，作状语时，数词不限于"一"，如：

（56）那时候，都是一麻袋一麻袋嘞往家搬。　　　　　　（状语）

（57）两个两个嘞的数，数嘞得快。　　　　　　　　　　（状语）

（58）土豆儿切成一片儿一片儿嘞好熟。　　　　　　　　（补语）

（59）山昂嘞羊，一群一群嘞，跟的云彩样儿嘞。山上的羊，一群一群的，像云彩一样。（谓语）

（60）那砖垒啦一堆儿一堆儿嘞。那些砖垒了一堆又一堆的。（宾语）

　　普通话的量词重叠和数量短语重叠在语义和句法上存在对立互补，安阳方言除少数量词重叠表遍指外，主要是数量短语重叠式表遍指并描述事物性态和动作行为，虽然使用同一种语言形式，但在句管控下，可以清楚地看到这两种语义功能的句法分布是不同的：表遍指的形式一般出现在主语和同位语位置上，并可添加副词"都"；具有描述性态和动作功能的重叠式出现在状语、谓语、补语等位置上，并需添加助词"嘞"。

3.5　副词重叠

　　安阳方言的副词类型丰富，数量众多。但副词的重叠形式很少，只有屈指可数的三个：将将、偏偏、整整。这三个副词的基式都是单音节副词，重叠式为"AA"式。基式和重叠式的词汇义接近，只是重叠式多了表强调的色彩。以下逐一描写这三个副词的重叠式。

3.5.1　将将

　　"将"当是"刚"的腭化音，另有"将、将才"这样的说法，在丹江方言中，也有"将将"这个词。老派安阳方言里不说"刚刚"，只说"将将"，意思和用法同"刚刚"。根据邢福义（1990），"刚刚"有两种词性，分别是名词和副词，名词"刚刚"相当于时间名词"刚才"，副词"刚刚"相当于副词"刚"。安阳方言的"将将"也有两种词性，分别记作"将将₁""将将₂"，"将将₁"是名词，相当于时间名词"将才"，"将将"是副词，相当于副词"将"。我们本节关注的"将将"即副词"将将$_2$"。由于副词"将将$_2$"和副词"将"的语义相同，只是表达程度有差异。因此，我们把"将将$_2$"视为"将"的重叠形式。重叠式比基式更有强调性，表明事件发生离参照时间极短。如：

（61）你咋_{怎么}才来，火车将将$_2$走。

（62）你咋_{怎么}才来，火车将走。

副词"将将$_2$"可加儿缀，语义上表示离参照时间更近。如：

（63）将将$_2$儿要睡着，电话还响开啦。

（64）那时候，他将将$_2$儿上班，还啥都不懂嘞。

新派安阳方言受普通话影响，用"刚刚"多于"将将"。两者语义和语法功能没有区别。

3.5.2　偏偏

"偏偏"可加"儿"缀："偏偏儿"，语气比"偏偏"更委婉。如：

（65）正想出门嘞，偏偏还下开_{起来}雨啦。

（66）正想出门嘞，偏偏儿还下开_{起来}雨啦。

例（65），表示不满，有情绪。例（66）的不满情绪要弱。

3.5.3　整整

"整整"也可儿化，语气上更舒缓。如：

（67）涅_{人家}可是整整等啦你三年。

（68）涅_{人家}整整儿等啦你三年嘞。

例（67）句不儿化，语气更强烈，句中可用表强调的语气副词"可是"来强化等待时间之长。例（68）句有儿化，语气要舒缓一些，一般不用表强调的语气词来强化说话人情绪。

3.6　拟音词重叠

拟音词是"汉语系统中专用于模拟声音的词"（邢福义 2004），包括"人们感叹的声音"与"物体的音响和动物的叫声"。前者一般被称为"叹词"，后者一般被称为"象声词"。基于两者在形式、语义、句法上的一致性，本书采用邢福义（2004）的说法，将这两类归为一类词，称为"拟音词"。单音节和双音节拟音词可根据模拟声响的需要，反复使用多次，多出于语用上的要求，这类看似简单机械的重复，在语用上有其独特的价值——可用以表示对事物所发音响的强调、夸张，并表现说话人对事物的主观情绪色彩。如：

（69）你整天介叨叨叨嘞，烦不烦哪！

（70）空擦、空擦、空擦……火车开走啦。

例（69）句的单音节拟音词连用三次表现说话人对"你"的唠叨有不满情绪，例（70）句双音节拟音词连用三次以上，是说话人对火车开动时声音的模拟。这种语音的重复，并不增加语义和语法功能，因此，不视为拟音词的重叠式。

安阳方言双音节拟音词有多种重叠形式，这种重叠形式在语义上多了形象色彩，描状性增强，句法表现比基式活跃。以下从形式到句法分析安阳方言双音节拟音词的重叠现象。

3.6.1 拟音词重叠的形式

3.6.1.1 ABB 式

呼啦啦　轰隆隆　叮当当　扑啦啦　咕叨叨　当啷啷
咣当当　咯哒哒　哗啦啦　咕嘟嘟　扑通通　扑嗤嗤

3.6.1.2 AAB 式

咯咯哒　叮叮当　嘀嘀嗒　叽叽喳

3.6.1.3 AABB 式

咯咯吱吱　咯咯嘣嘣　轰轰隆隆　乒乒乓乓　嗞嗞啦啦
咕咕嘟嘟　吱吱扭扭　吱吱哇哇　哼哼唧唧　嘻嘻哈哈

3.6.1.4 ABAB 式

扑腾扑腾　轰隆轰隆　咯吱咯吱　哗啦哗啦　咯嘣咯嘣　嗤啦嗤啦
吱扭吱扭　呼通呼通　咕嘟咕嘟　咕咚咕咚　哐当哐当　呼噜呼噜

ABAB 式是连续使用两次双音节拟音词的结果，两次连用的模式在使用频率上远高于三次及以上的连用，因此，已有固化为拟音重叠式的趋势。

3.6.1.5 AXAB 式

X 只有一个"里"：

扑里扑通　喤里喤当　咯里咯咚　咯里咯当

3.6.2　拟音词重叠的语义特点和句法功能

以上拟音词重叠，形式多样，但语义和句法功能基本相同。相比基式，语义上多了形象色彩，句法表现也更为活跃。加上助词"嘞"可以充当独立语，也可充当谓语、状语、补语。如：

（71）滴答滴答，是咱嘞水管坏啦不儿？是咱的水管坏了不是？

（独立语）

（72）他一天到晚嘻嘻哈哈嘞，没有幺正型儿。没有一个正经样子。

（谓语）

（73）楼昂叮喤叮喤嘞弄啥的嘞？楼上叮喤叮喤地弄什么呢？（状语）

（74）风拿门的刮嘞咣当咣当嘞。风把门刮得喤当喤当的。（补语）

3.7　重叠的方式和语义、语法特点

3.7.1　重叠的方式

刘丹青（1988）、辛永芬（2007）都提到了重叠的方式不同于重叠形式。刘丹青从基式与重叠式的关系角度，将重叠分为整体重叠、部分重叠、变形重叠、完全重叠；辛永芬则根据浚县方言重叠的构造，将重叠分为完全重叠、不完全重叠、加缀重叠。考察安阳方言重叠的生成特点，其形成方式，主要有三种：

1. 整体重叠　即基式的每个音节都重复。如"AA（儿）、ABAB、AABB"，名词、动词、形容词、量词、数量短语、拟音词、副词等，这种重叠方式分布在大多数词类中。

2. 部分重叠　即基式中的部分音节重复。如"ABB（儿）、AAB"。形容词、拟音词中有以这种方式重叠的词语。

3. 加缀重叠　即基式加词缀重叠，有基式音节重叠、词缀音节重叠、基式和词缀音节都重叠，如："一A一A，一AB一AB，AXAB，AXX，AYXX，XAXA"等。这种方式的重叠分布也很广，动词、形容词、数量短语、拟音词中都有加缀重叠。

可见，形容词在重叠方式和形式上是最为丰富的词类。名词、副词、量词的重叠形式较单一。为更直观，我们将各类词的重叠形式与重叠方式的对应列表如下（表 3－1）：

表 3－1 　　　　　　　　　　词的重叠形式与重叠方式

重叠方式＼词类	名词	动词	形容词	量词	数量短语	副词	拟音词
整体重叠	A（儿） A 儿	AA、 ABAB	ABAB、 AABB	AA	一 A（儿） 一 A（儿）	AA	ABAB AABB
部分重叠		AAB（C）	ABB				ABB AAB
加缀重叠		A － A A － AB（C）	AXX（AXX 儿、 AX 儿 X 儿） AXYY、XAXA、 A 里 AB、 A 连（的）AB				AXAB

3.7.2　重叠的语义、语法特点

如前文所述，安阳方言重叠式多数可描摹人、事、物的性质和状态，具有描状性，比如名词重叠"道道儿"，动词重叠"AABB"式，如"哆哆嗦嗦"，形容词重叠"憋憋哆哆"、拟声词"哐哐当当"等。这里可以借用施其生（1997b）的研究将重叠的这一语义功能称为"使基式状态形容词化"。而"使基式状态形容词化"的重叠式还伴随着语义程度量的变化；其他词类如量词重叠如个个表遍指、动词重叠"AA"式、副词重叠都具有量的变化。因此，石毓智（1996）将重叠称为"表达量范畴的语法手段"。这是从更高层次上对重叠语义功能的概括。

重叠使多数词类的基式状态形容词化，因而，重叠也是一种改变原来词语语法功能的手段。在语法功能上，重叠式的特点为，不能受程度副词和否定副词"很、非常、不、没有"等修饰；加"嘞"可以作状语、补语，部分重叠式还可以作定语、谓语。

3.8　其他生动形式

现代汉语中形容词、拟声词除了通过重叠及加缀重叠构成重叠式外，还有些形式是只通过加缀或连用数个单音节拟音词构成的，如"脏不啦叽""叽里呱啦"等。这种生动形式在普通话和方言中都有体现，其中一些形式可称为变形重叠①，但这并不能包罗全部生动形式。这些生动形式与形容词、拟音词的重叠式有同样的功能，因此，将它们放在此节一并讨论。

3.8.1　AXYZ 式

基式"A"是性质形容词，"XYZ"是词缀，无实际意义。

脏不啦叽　歪不啦叽　灰不溜秋　滑不溜丢　酸不溜丢

直不愣登　傻儿吧叽　甜不哝咚　甜不啦叽

基式与词缀有习惯性搭配，有的基式可以跟不同的词缀搭配，有的词缀可以搭配不同的基式。生动形式的语音模式与"AXYY"相同，第一个音节读原调，第二个音节为轻声，第三、第四个音节为略比上声调低的 44 调。与基式相比，其生动形式变为状态形容词，语义的描摹性增强，含有贬义色彩，语法功能上主要作定语、谓语和补语，如：

（75）你咋怎么喜欢这件灰不溜秋嘞围巾。　　　　　　　　（定语）

（76）别坐，你裤的昂裤子上脏不啦叽嘞。　　　　　　　　（谓语）

（77）瞧你画嘞歪不啦叽嘞，重新画。　　　　　　　　　　（补语）

3.8.2　AXY 式

基式"A"是性质形容词，"XY"是词缀，无实义：

温不出　灰不出　光不溜　粘圪叽　甜咕哝　酸不叽

其语音模式为第一个音节读原调，第二个音节轻声，第三个音节读低于上声调的 44 调。这类生动形式，语义上描摹性增强，增添了形象色彩和感性色彩，具有贬义色彩。语法功能上，加上助词"嘞"主要

---

①　参见朱德熙（1994）、刘丹青（1986）。

作谓语、定语。

（78）你喜欢作这个灰不出嘞大衣？ （定语）

（79）这啥东儿什么东西？甜咕哝嘞，不好吃。 （谓语）

3.8.3　ABCD 式

主要是拟音词：

乒零乓啷　叮零当啷　叮零咣啷　噼里啪啦　扑里啪啦

稀里哗啦　叽里呱啦　稀里呼噜　叽里咕噜　喊里喀喳

A、B、C、D 的音节搭配有固定的习惯。"零"和"啷"经常在 B、D 位置同现，"里"和"拉"经常在 B、D 位置同现。

3.9　本章小结

本章对安阳方言各词类的重叠形式进行了考察，并对重叠的方式进行了分类，分析了重叠的语义和语法功能。另外，对非重叠的生动形式也作了描写。安阳方言的重叠，其特点主要可归纳为三点：

1. 重叠的方式主要有三种，即整体重叠、部分重叠、加缀重叠。

2. 重叠的语义功能是：多数可描摹人、事、物的性质和状态，具有描状性。

3. 重叠的语法特点是：重叠使多数词类的基式状态形容词化，因而，重叠也是一种改变原来词语语法功能的手段。重叠式不能受程度副词和否定副词"很、非常、不、没有"等修饰；加"嘞"可以作状语、补语，部分重叠式还可以作定语、谓语。

第4章　数量

使用数词和量词是数量表达的重要手段。现代汉语中，数词和量词几乎总是同现，因而数词和量词常被并提，称为数量词。安阳方言的数词系统与普通话相比并无差异，都有表数的多少的基数和表顺序的序数。但当安阳方言的数词与量词组合在一起，以及在其他一些语言环境中时，安阳方言的数词就会呈现出独有的方言特色。本章我们着重关注安阳方言中的数词和量词，以及两者的合并使用情况。安阳方言的量词在类别上也可分为名量词和动量词，名量词、动量词中除了有和普通话一样的集合量词、临时量词等，还有晋方言特有的"圪"字头量词。以下我们对安阳方言的数量词分类考察，尤其对有明显地方特色的数量词现象作详细描写和分析。

4.1　数词

安阳方言的数词可分为基数和序数。和普通话一样，序数往往用"第"来标记，如"第一、第二、第三……"而在排序座位、楼栋、楼层等时，不用标记词，直接用数字表序。如："三排十五号""十六楼二单元七楼……"与普通话相同，不赘述。

4.2　量词

安阳方言的量词数量多，用法功能丰富。

4.2.1　量词类别

我们参考普通话的分类把安阳方言的量词分为物量词与动量词，物量词又分专用量词、借用量词、度量衡量词，动量词分为专用量词和借用量词。还有一类量词，既可计量物量，又可体现行为、动作的量度，这类量词我们称为兼类量词。度量衡量词不具备差异性，我们不作描写。借用量词是临时借用名词或动词用作量词，这类词具有开放性，用法灵活、随机，数量庞大。这里不列入考察范围。由于安阳方言中有形式上以"圪"起头的量词，较有特色，我们把这类量词单列为一类。物量词和动量词中，我们略提与普通话意义用法相同的，对有安阳方言特色的量词着重描写分析。

4.2.1.1 物量词

帮、本、册、茬、层、沓、打、栋、堆［tsui⁵⁵］、对、朵、嘟峦、幅、副、个、伙、间、件、句、棵、颗、块、粒、行、辆、绺、扑溜、泡、批、匹、篇、片、畦、群、双、艘、台、条、头、位、些、样、页、站、张、折、支、只、枝、种、桩、撮、座

安阳方言的物量词主要有以上这些，相比较普通话的物量词，数量略少，实际使用中也有人更习惯用高频的"个、只"替代某些量词。这使得安阳方言中物量词的使用呈现出较为单调的色彩。我们以下举例安阳方言的物量词用法。

（1）一畦黄瓜，一畦茄的，长嘞好的嘞。　　　　　　　（主语）

（2）这一扑溜—排站男生，那一扑溜—排站女生。　　　（主语）

（3）他穿啦好几层儿嘞，冻不着。　　　　　　　　　　（宾语）

（4）韭菜割啦一茬儿又长出来一茬儿。　　　　　　　　（宾语）

（5）他带的带着一帮的人过来啦。　　　　　　　　　　（定语）

（6）连那一嘟峦的—团肉扔咾吧。　　　　　　　　　　（定语）

（7）我一样儿一样儿嘞检查过啦，没问题。　　　　　　（状语）

（8）两个两个嘞数，数嘞快。　　　　　　　　　　　　（状语）

可以看到，安阳方言中数词+物量词组合与普通话一样可以用作多种语言成分。从物量词的意义类别看，有的物量词是个体量词，如：例（3）、（6）、（7）、（8），有的是集合量词，如：例（1）、（2）、（4）、（5），集合量词有的定量，如：例（1）、（2），有的不定量，如：例（4）、（5）。

4.2.1.2　动量词

遍、次、趟、下

我们在例句中看这几个动量词的用法。

(9) 说啦几遍啦,你咋就记不住嘞?　　　　　　　　　　(补语)

(10) 一次一片儿,一天三次,别忘咾。　　　　　　　(主语、宾语)

(11) 去过一趟北京,没去爬长城。　　　　　　　　　　　(补语)

(12) 敲啦十来下门,没人给开。　　　　　　　　　　　　(补语)

可以看到,由于动量词是对行为动作的量进行修饰限定,因而它的句法功能主要是用作补语。

4.2.1.3　兼类量词

把、场、段、顿、回、阵、套

以下我们通过例句观察这类量词的用法。

(13) 给鸡的洒昂上一把米。

(14) 我没注意,他一把还给我抢走啦。

(15) 下午没事,瞧啦一场电影。

(16) 都演啦好几场啦,你还没去瞧嘞?

(17) 这段儿时间忙不忙?

(18) 你不儿不是会唱戏? 到时候唱两段儿不咋。

(19) 人是铁饭是钢,一顿儿不吃饿嘞慌。

(20) 恁家那孩的,揍一顿儿就好啦。

(21) 我找啦你好几回啦,你去哪儿啦?

(22) 这是两回事儿,别瞎搅合。

(23) 刮啦一阵的风,快下雨啦吧。

(24) 你哭一阵儿,笑一阵儿嘞,神经啦?

(25) 涅人家在东区又买啦一套房。

(26) 诺那个人说一套做一套,别理他。

如上,这七个兼类量词既可用以表示事物数量,如:例(13)、(15)、(17)、(19)(21)、(23)、(25);又可表示行为动作的量,如:例(14)、(16)、(18)、(20)、(22)、(24)、(26)。

4.2.1.4　"圪"头量词

圪垯、圪堆、圪节

这三个名词性"圪"头词可临时借用为量词，如：

（27）扭一圪垯儿面给孩的玩儿吧。_{揪下一块儿面给孩子玩儿吧。}

（28）不用多，给我一小圪垯儿就够啦。

（29）你说你弄一圪堆的烂砖头有啥用？

（30）门口儿堆啦几圪堆旧书，你要就拿吧。

（31）这两圪节儿甜格当儿_{甘蔗}你吃咾吧。

（32）得四圪节儿电池，这玩意儿才转嘞。

安阳方言中的"圪"头名词数量不多，因而可临时借用为"圪"头量词的也就这三个。虽然数量少，但仍可看到晋方言独有的不同于普通话的特点。

4.2.2　词缀"儿、的"的附加意义

在第 2 章词缀中，我们分别在第 2.2.3 节和 2.3.3.4 节描写并分析了安阳方言中"数量词 + 的"，"数量词 + 儿"的现象。本章节的例句中，也可以看到数量词后添加了词缀"的"、词缀"儿"的现象。一般而言，"儿"缀表示亲切、小称的意义，而"的"缀表大，表厌恶。"圪堆的"表示量大，而"圪瘩儿"表小称，还可用修饰词"小"来强化小称意义，带有鲜明的主观色彩。

4.2.3　合音数量词

安阳方言中的合音数量词主要是"一、二、三、四……十"这十个基数词与量词"个"的合音。在语言交流中，高频使用的词语组合产生语流音变，会产生声母脱落、合音等现象。在安阳方言中，量词"个"的音变主要有两种形式：一是声母 g 脱落，变成为零声母音节；一是与前面的数词合音，两个音节融合为一个音节。普通话中也有这类现象，如"俩"就是由"两个"合音而来。但普通话中从一到十的数词与"个"组合中，只有"两个"（不说二个），"三个（仨）"可以合音。安阳方言中的合音数量词比普通话多，合音数量词如下：

（33）一个［iɛʔkə²¹³］—幺［ioʔ］

　　　两个［liaŋ⁵³kə²¹³］—俩［lia⁵³］

（34）三个［san⁵⁵kə²¹³］—仨［sa⁵⁵］

八个 $[pə^{55}kə^{213}]$ ——八 $[pə^{55}]$

可以看到，这四个合音词，并不是将脱落声母后的"个"音与前一音节拼合构成，其合音方式各不相同。"一个 $[iɛʔkə^{213}]$"，原来的"一"是入声字"$[iɛʔ]$"，合音后仍为入声字，韵母变为"$[o]$"；"两个 $[liaŋ^{53}kə^{213}]$"的合音形式为"$[lia^{53}]$"，似乎是保留了 $[liaŋ^{53}]$ 的主要韵母而成；"三个 $[san^{55}kə^{213}]$"的合音形式为"$[sa^{55}]$"，与"两个"的合音方式相同；"八个 $[pə^{55}kə^{213}]$"的"八"本音是入声，合音后变为舒声 $[pə^{55}]$。

十以内的其他数词与"个"的组合，发音变化都是"个"声母 g 脱落，变为零声母音节，原来读入声的"七、十"，转读舒声 $[tɕ^h i^{55}]$、$[si^{31}]$：

(35)　四个 $[si^{213}kə^{213}]$ —— $[si^{213}ə]$

　　　五个 $[u^{53}kə^{213}]$ —— $[u^{53}ə]$

(36)　六个 $[liou^{213}kə^{213}]$ —— $[liou^{213}uə]$

　　　七个 $[tɕ^h iɛʔkə^{213}]$ —— $[tɕ^h i^{55}ə]$

(37)　九个 $[tɕiou^{53}kə^{213}]$ —— $[tɕ^h iɛʔuə^{213}]$

　　　十个 $[seʔkə^{213}]$ —— $[si^{31}ə]$

与其他数字组合后，数量词发音基本仍遵循以上发音规律。但"十二个"这类组合的发音不能发为"十两个"，其语音为 $[seʔ\mathrm{l}^{213}ə]$，其中"个"的声母脱落，变成零声母音节。

4.2.4　数量词的重叠类型

第 3.4 节中，我们描写并分析了安阳方言的数量短语重叠，指出安阳方言中只有"一 A 一 A"式重叠形式，没有"一 AA"的重叠形式。数量短语重叠更具有描述性，对事物性态、动作行为的描述性更强。安阳方言数量词的重叠类型及其语义、语法特点详见第 3.4 节，此处不赘述。

4.3　本章小结

本章描写了安阳方言中的数词、量词以及这两者的合音形式。

　　安阳方言的数量词的合音形式较为丰富，相比普通话而言，合音形式更多，有的数量结构虽不是合音形式，但量词发音存在声母脱落、韵母发音含混的现象。这当是方言口语色彩更强，在语言交际中产生了语音弱化的缘故。

　　在安阳方言中，"圪"头量词是较有地方特色的一种形式。数词与量词的合音形式在数量上也超过普通话，显示出较强的口语色彩。

第 5 章　指代

　　语言学中，"指代"是指为避免已经出现的字词重复出现，导致语句结构累赘和语意不清晰，所以使用代词或是普通名词来代替已经出现过的字词。其中，代词是表指代的主要语法手段。各个方言都有自己独特的代词指代系统，而代词也是最能反映各方言特点和差异的语法项目之一。因而，我们对安阳方言的指代表述系统主要集中于对代词的考察。前贤学者对共同语、各方言中的代词着力甚多，研究成果丰硕。马建忠（1898）最早将代词归为一个独立的词类，虽然期间也有学者如张静（1987）等并不认同代词是一个独立词类，但现在看来，多数学者都承认代词这一词类的存在。吕叔湘（1942）在《中国文法要略》中把代词叫作指称词，后在《近代汉语指代词》一书中又把代词称为"指代词"。高名凯《汉语语法论》和丁声树《现代汉语语法讲话》把代词分为指示代词和代词两个独立的词类。本书从大多数人的称法，将用于表指代的词类对象称为"代词"，这个概念和所包括的词的范围与吕叔湘（1942）所说的指代词相同，比高名凯（1948）、丁声树（1961）所说的代词（不包括指示代词）所指范围要大，也就是说本书所说的代词包括高名凯（1948）、丁声树（1961）所说的代词＋指示代词。安阳方言的代词系统由人称代词、指示代词和疑问代词三个类别构成。这三个小类的所指和范围也从多数人的习惯。

　　本章节将对安阳方言的指代系统分人称代词、指示代词、疑问代词三类进行描写，与普通话和相关方言进行比较研究，对安阳方言指代系统中的若干现象进行历时角度的探寻和分析。

5.1　人称代词

现代汉语将人称代词又分为三身代词以及自称代词、统称代词、旁称代词和分称代词。其中，后面四类代词相对于三身代词而言，在所指对象上是不定的。安阳方言的人称代词也可分为三身代词和非三身代词。安阳方言的三身代词，第一人称有"俺、我、俺都、咱、咱都"；第二人称有"你、恁、恁都"；第三人称有"他、他都"。非三身代词是除以上所述人称代词之外的指人代词，这类代词有的表某一人称本身，并无固定的人称对象，如："自己"，有的表示对话以外的其他人，如"涅、涅都"。安阳方言的人称代词见表5－1：

表5－1　　　　　　　　　安阳方言的人称代词

人称代词		单数	复数
三身代词	第一人称	俺（我）、咱	俺都、咱、咱都
	第二人称	你、恁（表领属）	恁、恁都
	第三人称	他	他都
非三身代词	自称	自己	
	旁称	涅、涅都、旁（嘞）人	
	统称	大伙儿、大家伙儿	
	分称	各人	

5.1.1　人称代词的用法

安阳方言的人称代词与普通话相比，有同有异，相同处是都有三身单数人称"我、咱、你、他"，不同之处是第一人称另有"俺"这个具有中原官话特点的代词。人称复数标志"都"，体现出安阳方言作为晋语的一个特点。另外，安阳方言的人称代词无敬称和谦称的区分。

5.1.1.1　第一人称代词

安阳方言第一人称代词有"俺"［ɑn⁵³］、"俺都"［ɑn⁵³·təu］、"咱"［tsɑn³¹］、"咱都"［tsɑn³¹·təu］，下面分成两组加以描写、分析。

5.1.1.1.1 "俺"［ɑn⁵³］、"俺都"［ɑn⁵³·tə u］

代词"俺"在安阳方言中可单独成句，可用作主语、宾语、领属性定语，表领属时，如所领属的名词具有高生命度语义特征，一般不用结构助词"嘞"，如："俺家、俺爸、俺学校、俺姐姐……"如所领属的名词具有低生命度语义特征，需要使用结构助词"嘞"，如"俺嘞眼镜儿、俺嘞饭、俺嘞苹果……"用法基本与普通话的"我"相同。近几年，安阳方言中第一人称代词也可用"我"，但"我"没有"俺"的使用频率高，使用范围也小于"俺"。作领属性定语时，必须使用助词"嘞"。如："我嘞家、我嘞学校、我嘞眼镜儿、我嘞饭……"在亲属称谓中，不能说"我爸，我嘞爸"，可以说"我嘞爸爸"。"俺嘞、我嘞"相当于普通话的的字结构"我的"。从《汉语方言地图集·语法卷》（曹志耘，2008）来看，山西晋语和中国大多数地区第一人称不说"俺"，说"我"。冀鲁官话"俺""我"并存。而河南的中原官话大致以京广线为界，西部也是"俺""我"并存，北部和东部则只用"俺"，不用"我"。地处山西、河南交界的安阳，在第一人称单数代词上，主要采用了中原官话的"俺"，而不常用晋语的"我"。这也许是历史上中原官话的语言底层在方言中的存留。而"我"的低频使用，当是普通话推广造成的影响。

"俺"是第一人称单数，表复数时，只能在"俺"后添加复数标记"都"①或添加数量成分。不能在"我"后添加"都"，也一般不用"我们"。如：

（1）俺都今儿嘞不去我们今天不去，明儿去。

（2）陈老师给俺都上啦一年语文课。

（3）这是俺都嘞钱，不能给你。

（4）俺仨是幺班嘞。我们三个人是一个班的。

安阳方言中没有"我们"，这也说明了"我"是外来的，受普通话影响产生的第一人称形式。

5.1.1.1.2 "咱"［tsɑn³¹］、"咱都"［tsɑn³¹·tə u］

第一人称"咱"在安阳方言中既可表单数，也可表复数。吕叔湘

---

① 我们用"都"记录表复数的［·tə u］音，也有的方言中用"兜"字。

（1985）指出在宋、金、元的文献里"咱"字有单数跟复数两种用法。今天，普通话里的"咱"只用作第一人称单数，而在安阳、山西临县、临汾、洪洞，陕西神木，内蒙古巴盟、鄂尔多斯市等晋语地区，都仍存"咱"表复数的用法。① 如：

（5）咱兄弟好说。——引自邢向东（2002）

（6）咱是求人家来啦，不是耍威风来啦。——引自邢向东（2002）

（7）咱再好好儿嘞地商量商量。

（8）咱甭去啦，咱回家吧。

而"咱"表单数，在普通话、安阳方言及其他晋语区，都表明一种特殊的感情色彩②。比较：

（9）俺怕谁？俺谁都不听不害怕！

（10）咱怕谁？咱谁都不听不害怕！

安阳方言中，如果某人想向别人夸耀自己的勇气和能力，都会用第二句，而不用第一句表达形式。

邢向东（2006）指出在府谷话中，"咱"表单数须和"人家"对举，用来表明自己和其他人的不同情况（下面11—14例均引自邢向东，2006）：

（11）人家都会嘞，就咱不会。

（12）人家领导还不着急，咱一个老百姓这是着急甚嘞？

神木话则在表示对自己的境况不满意时，用"咱"代替"我"。

（13）咱而真还，说甚么也没人听了。

（14）咱这号人还，走在哪搭儿也不受抬举。

吕叔湘（1985）曾指出，即使是在近代"咱"字盛行的时期，它也没完全替代"我"字。用"咱"字，往往是为了句子内部的声律（"我"上声，"咱"平声）、押韵，又常常跟"俺"交互着用以求变化，同时兼调谐声调（"俺"上声）。

根据安阳方言及其他地区晋方言的语言事实，以及吕叔湘（1985）的论述，我们赞同邢向东（2006）的推断，即"咱"在某些方言中表

---

① 参见邢向东（2006）。

② 参见邢向东（2006）。

单数，只用于表达某种特殊感情色彩，是单数第一人称"俺"或者"我"的一种补充形式。

安阳方言中另可用"咱都"，来表第一人称复数，同前，我们据音用"都"记录表复数的［·təu］音。如：

（15）咱都再好好儿嘞商量商量。

（16）咱都甭去啦，咱都回家吧。

这里的"咱都"和"咱"可以相互替换，意义和用法基本相同。

从语用上看，"咱"比"咱都"在语气上显得更为亲近。第一人称复数形式"俺都"一般为排除式，"咱"和"咱都"一般为包括式。两者的区别相当于普通话"我们"和"咱们"的区别。如：

安阳方言

（17）俺都现在就得走，你别给俺都做饭啦！

（18）咱都现在就得走，你别做饭了！

普通话

我们现在就得走，你别给我们做饭啦！

咱们现在就得走，你别做饭了！

另外，"咱"后还可添加数量成分表复数，如：

（19）咱几个知道就行啦，别给旁嘞人说 别给别的人说。

"咱"表领属时，多数情况下指复数，修饰指人名词时，不用助词"嘞"，其他名词前需要添加助词"嘞"。如：

（20）咱爸不同意你去。

（21）咱弟弟考昂上北大啦！

（22）咱嘞户口本儿嘞？

（23）咱嘞碗搁哪儿啦？

有时，非指人名词前，用"咱+嘞"表领属，也可表单数，如：

（24）你连咱嘞衣裳拿过来不咋。你把我的衣服拿过来吧。

（25）咱嘞表不走啦，你给修修吧。我的表不走了，你给修修吧。

用"咱"领属非指人名词，比"俺"在语气上更亲密随便。

从《汉语方言地图集》上看，"咱"主要分布在辽东半岛的东北官话区，但从我们搜集到的其他方言资料看，不只这一地区，"咱"也分布于山西的晋方言中，而"咱都"，分布在冀鲁官话、中原官话中。

5.1.1.2　第二人称代词

第二人称单数有"你"［ni^{53}］、"恁"［nən^{53}］、"恁都"［nən^{53}·təu］，其中"恁"既可表单数，又可表复数，以下分别从单数，复数角度考察安阳方言第二人称代司的意义和用法。

5.1.1.2.1　第二人称单数："你"［ni^{53}］、"恁"［nən^{53}］

安阳方言的第二人称单数主要用"你"，与普通话处于主语、宾语位置上的"你"意义用法相同，但在表领属时，如所领属的名词为指人、指家庭的名词，须用"恁"，且不用助词"嘞"。如：

（26）恁妈上午去学校找你嘞啦。你妈上午去学校找你去了。

（27）恁家离这儿远不远？

（28）这是恁家闺女么？

（29）连作手表给咾恁对象吧。把这块手表给了你对象吧。

如所领属的名词为其他名词，须用"你"，且必须添加结构助词"嘞"，如：

（30）你嘞书包挂昂门后头。你的书包挂到门后头。

（31）这是你嘞钱包，别再弄丢咾。

5.1.1.2.2　第二人称复数："恁"［nən^{53}］、"恁都"［nən^{53}·təu］

安阳方言第二人称复数与普通话有较大不同，用"恁""恁都"。

"恁"［nən^{53}］，分布在主语、宾语位置上，表复数。表领属时，如后面的名词为指人或指家庭，"恁"表单数，如前文所述；如后面的名词为其他名词，"恁"表复数，且必须添加结构助词"嘞"，如：

（32）恁啥时候搬过来啦？你们什么时候搬过来了？

（33）他去找恁嘞啦。他去找你们去了。

（34）恁嘞工资明儿发，都有，别慌。你们的工资明天发，都有，别着急。

"恁都"［nən^{53}·təu］，分布在主语、宾语位置上，相当于普通话的"你们"，作定语，表领属时，须添加结构助词"嘞"，如：

（35）恁都别乱啦，一会儿校长就来啦。

（36）他批评恁都啦没有？

（37）恁都嘞爹妈就不说恁都？

（38）他连恁都嘞篮球收走啦。

"恁、恁都"后面都可以添加数量成分表复数，如：

（39）恁几个好好商量商量，瞧明儿谁去出差嘞。

（40）她连恁都仨养大不容易啊！

可以看到安阳方言的第二人称代词单数在主、宾语位置上用"你"，在表亲属关系的定语位置上用"恁"。复数形式是"恁""恁都"，在主、宾语位置上两者可以互换；在定语位置上，添加结构助词"嘞"，表事物领属时，可用"恁"也可用"恁都"；表亲属关系的领属结构单数用"恁"，且不用结构助词"嘞"；复数用"恁都"，且须用结构助词"嘞"。从语言的发展来看，"恁"是"你们"的合音词①，发展到一定阶段，"恁"又可以表单数，因而用"恁都"表复数。从上文的描写中我们可以看到，这并非叠床架屋的重复，而是各有分工，在语言交流中有区别、分化意义和功能的作用。

"恁、恁都"另见于菏泽等地的冀鲁官话②，获嘉等地的中原官话中③，另据陈宝勤（2011）陇东、关中、河南、河北、北京、辽宁西部等地区方言中也分布有"恁"。安阳方言的第二人称："恁""恁都"应当源自北方官话。

5.1.1.3　第三人称："他"［tʰɛ⁵⁵］、"他都"［tʰɛ⁵⁵·təu］

安阳方言的第三人称单数为"他"，意义和用法同普通话。复数形式是"他都"。可用作主语、宾语，可表领属，所领属的名词可以是指人名词，也可以是指物名词，例如：

（41）他都明儿去北京嘞。

（42）这几本书叫他都拿走吧。

（43）这不是你嘞问题，是他都嘞问题。

（44）他都嘞钱花不完。

（45）他都嘞妈在农村嘞。

（46）他都嘞老师还打人嘞。

冀鲁官话、中原官话中也用第三人称复数"他都"。

以上为安阳方言的三身代词，除此外，安阳方言的人称代词还有非三身代词，分别表自称、旁称、统称、分称。以下一一描写分析。

---

① 参见吕叔湘（1985）。

② 参见张晓瑞（2008）。

③ 参见贺巍（1989）。

5.1.1.4 自称代词："自己"［tsη^{213}·tɕi］

这个代词表示某一人称自身，也被称作反身代词，可单用，也可附加在三身代词后复指某对象，可表单数也可表复数，具体由语境而定。意义和用法同普通话。如：

(47) 自己说自己，长大没出息。

(48) 俺自己去嘞，没有人跟的。我自己去的，没人跟着。

(49) 恁都自己想想有道理没有。

(50) 咱都自己嘞事儿，咱自己想法儿。

(51) 俺都自己嘞爹妈，俺都不管谁管？

例（48）"自己"复指"俺"，表单数，例（49）、例（50）、例（51）分别复指"恁都、咱都、俺都"，表复数。例（47）根据语境才能确定是第几人称，表单数还是表复数。也许是"你/俺/他自己"说自己，表单数。也许是"恁都/俺都/他都自己"说自己，表复数。

5.1.1.5 旁称代词："涅""涅都""旁嘞人"

5.1.1.5.1 "涅"［ȵiɛ^{31}］

"涅"［ȵiɛ^{31}］是"人家"的合音词，我们用"涅"字记音，指代说话者以外的人，可表单数也可表复数，单复由语境而定。分布于句子的主语、宾语、定语位置上。如：

(52) 涅是好人，别冤枉涅。

(53) 连涅嘞钱还给涅。

(54) 涅妹的在电视台上班儿嘞。

可以看到，"涅"表领属时，如所领属的名词为指物名词，必须添加结构助词"嘞"；如所领属的名词为指人名词，一般不添加结构助词"嘞"。如指人名词是非亲属关系，可用可不用"嘞"，如：

(55) 涅（嘞）同学都可有出息嘞。

"涅"一般表单数，但在特定语境条件下，也可表复数，如：

(56) 涅都儿是坐飞机来嘞，快的嘞快着呢。

(57) 这东儿是涅嘞吧，快还给涅几个。

例（56），副词"都"，提示"涅"是复数；例（57），"涅几个"和"涅"指同一对象，因此，"涅"表复数。

"涅"除指代说话人之外的对象，还可指代第一人称，如：

（58）你就不知道涅多担心你！

（59）你啥时候能懂涅嘞心。

在中原官话、陕西晋语、山西晋语中都有发音为［nia²¹］，或相似发音的旁称单词，有人记作"伢"①。其意义和用法与安阳方言有同有异。山西一些地方，如定襄方言的"伢"，还可用在指人代词和指人名词前表强调，类似于南方吴语人称代词前缀的用法②。如（以下四例均转引自范慧琴，2007）：

（60）伢我给忘记啊。

（61）伢你也不早些儿说给们。

（62）伢他早就登上你啊。

（63）你不要骂伢老汉么。

安阳方言的"涅"不能用在人称代词前，但可用在指人名词前表强调，如：

（64）你甭骂涅老头儿啦。

（65）涅老张一下的中啦 20 万。人家老张一下子中了20万。

（66）涅军的考昂名牌大学啦。人家军子考上名牌大学了。

普通话中的"人家"也可以用在指人名词前表强调，因此，安阳方言的"涅"跟定襄方言的"伢"和吴语的代词前缀不同，"涅"是一个有实义的代词，而非前缀。

在陕西和山西晋语中都有一个类似"涅"发音的人称代词，如：平遥［n̠i E¹²］、神木［nie²¹³］、忻［nie³¹²］、洪洞［n̠ia⁴²］、临县［niA²⁴］、定襄［nie²¹⁴］③。但这些类似安阳方言"涅"发音的代词，并不是旁称代词，而是第二人称代词，相当于普通话的"你"。可见虽都是晋语，但发音相似的代词，所指却未必相同。在陕西一些地方的晋语中，相当于旁称人家的词，发音为［n̠ia²¹］，山西晋语中，相当于旁称"人家"的词，发音为［nia²¹］。表旁称的［n̠ia²¹］和［nia²¹］与安阳方言的"涅"相对应。

---

① 参见范慧琴（2007）。

② 参见范慧琴（2007）。

③ 参见范慧琴（2007）。

5.1.1.5.2 "涅都"［ȵie³¹］［·təu］

主要用来表复数，如：

（67）涅都都没有哭，就你幺一个人哭。

（68）你跟涅都学学，瞧涅都都儿咋赚钱嘞看人家都是怎么赚钱的。

（69）那是涅都嘞东儿那是人家的东西，别乱动。

"涅都"和"涅"一样，也可以用来表第一人称单数，如：

（70）你就不知道涅都多担心你！

（71）你啥时候能懂涅都嘞心。

"涅都"作为旁称主要表复数，在定襄、神木等地的晋语，西安、辉县等地的中原官话中，都没有对应的代词。可以说，这是安阳方言中较有特色的一个旁称代词。"都"在安阳方言中是一个复数词缀，"涅都"表旁称多用来指复数。语言成分之间是相互影响制约的，"涅都"主要表复数，"涅"虽然也可表复数，但用在表单数的语境中更多些。我们随机调查了几位会说安阳方言，长期在安阳居住的人，他们均认为"涅"用于表单数更多，"涅都"用于表复数更多。

5.1.1.5.3 "旁（嘞）人"［pʰaŋ³¹zən³¹］

用对应的普通话表述，即旁人，别人。"旁（嘞）人"在安阳方言中用于旁称。从语形上看，有时可添加结构助词"嘞"，还是偏正短语形式。主要用于主语、宾语，可表领属，如：

（72）甭管旁（嘞）人咋说，咱只管干咱嘞。

（73）这事儿旁（嘞）人都知道，就你幺一个人不知道。

（74）旁人嘞东儿，咱不能拿。

"旁（嘞）人"一般用于泛指，而"涅"和"涅都"一般用于定指。这种用不同语形区别旁称定指与泛指的情况，在其他方言中也有。如定襄方言的旁称代词有"人家"和"伢"两个，"人家"用于泛指，"伢"用于定指。[①]

5.1.1.6 统称代词："大伙儿""大家伙儿"；分称代词："各人"

安阳方言的统称代词"大伙儿、大家伙儿"相当于普通话"大伙儿""大家"。分称代词"各人"相当于普通话的"各人"，意义和用

---

① 参见范慧琴（2007）。

法也基本相同，此处不赘述。

5.1.2　人称代词的来源

对普通话、各地方言的代词进行溯源，有助于厘清方言某一语言现象发展变化的状况，看清各方言及共同语之间的远近关系和相互影响。以下对安阳方言的人称代词"俺、咱、你、恁、他、涅"以及复数词缀"都"的来源及历时发展一一探讨。并结合相关方言和普通话的现象进行比较分析。

5.1.2.1　"俺"的来源

吕叔湘（1985）认为"俺"是我们的合音。太田辰夫（2003）则对此提出了疑问，他认为，从语音上来看，"俺"是影母，而"我"却是疑母。一般认为，影母和疑母的区别在元代大致仍存。另外，太田辰夫认为徐渭在《南词叙录》中说"恁"是"你每二字合呼为恁"，"喒"是"咱们二字合呼为喒"，但对于"俺"没有这样说。也许是因为不认为"俺"是"我们"的合音。① 吕叔湘和太田辰夫对"俺"的研究成果，对后人都有重要启示。从安阳方言来看，"俺"几乎不表示复数，而安阳方言的第二人称"恁"既可表单数也可表复数。因此，说"恁"是"你们"的合音，从音义角度来看，有较为充分的理由，而说"俺"是"我们"的合音，理由较为勉强。本书较为赞同张俊阁（2007）在此基础上提出的语言接触导致"我"音变为"俺"。

张俊阁（2007）对从宋到清的文献作品进行了调查分析，发现：

（1）"俺"可表单数也可表复数。总体情况是单数用例多于复数用例。这一调查结果说明，"俺"应当不是复数代词"我们"的合音，否则，"俺"用于复数应多于单数。汉语人称代词有兼表单复数的传统，"俺"兼表单复数，与"我"以及其他人称代词兼表单复数的方式是一致的。

（2）在宋—清的文献中，俺"的使用频率存在方言区域的差别。北方方言作品使用"俺"的频率很高，南方方言作品中很少使用或根本不使用"俺"。在明清时期的北方方言中，又以山东方言、河南方言

---

① 参见太田辰夫（2003）。

为背景的作品使用"俺"较多。北京话作品中俺的出现频率较低。

宋以后，契丹、女真、蒙古族等少数民族相继入主中原，也带来他们的语言。汉语与阿尔泰语相互接触、融合、产生影响。"中世纪蒙古语同现代蒙古语一样，领属格用 – yın/ – yin， – un/ – ün， – u/ – ü 的词缀形式……"①，这就是说阿尔泰语领属格词缀的尾音主要是鼻辅音 – n。汉语第一人称代词"俺"正是在汉语与阿尔泰语接触时出现的。这说明汉语第一人称代词"我"在领属格这一特定的句法位置上，在阿尔泰语领属格的语音影响下发生了鼻音音变，带上了鼻辅音韵尾 – n，并借用同音字"俺"来表示，因而"俺"多用于领格②。可见，语言接触是近代汉语第一人称代词"我"在领属格位置上发生鼻音化的直接动因。从文献来看，即便在"俺"使用最为广泛的元代，"我"作领属格的功能一直都存在。新出现的代词"俺"，由于受原词"我"的影响，除作定语外也可作主语、宾语、兼语等。因此，尽管"俺"与"我"功能的侧重点不同，但二者的功能还是重叠性较强。元代以后，汉语受阿尔泰语的影响减弱，"俺"使用的区域范围逐渐缩小。现代汉语中，"俺"没有进入到共同语中去，只在山东、河南、河北等地使用。

我们认为，张文以语言接触理论为依据的分析，从语音和语义、语法角度较为全面、准确地揭示了"俺"由"我"变化而来的原因和过程，是值得信服的。

5.1.2.2 "咱"的来源

吕叔湘（1985）、太田辰夫（1987）都认为"咱"是"自家"的合音。吕叔湘从语音、语义的角度论述了"咱"源自"自家"，"自家"所有的三种意义，"咱"都有。在宋、金、元文献中，"咱"有单数（相当于"我"）和复数（相当于"咱们"）两种用法，如（以下四例均转引自吕叔湘，1985）：

（75）你若无意向咱行，为甚梦中频相见？（乐章集 34）

（76）你待更瞒咱，咱也今知晓。（竹斋词 8）

（77）咱是的亲爹娘生长。（刘知远 25）

---

① 参见哈斯巴特尔（2003）。

② 张俊阁（2007）的文献调查以及吕叔湘（1985）的研究中都指出"俺"多用于表领属。

（78）咱须是一父母，又不是两爹娘。（元 7.0.2）

"咱"本音为［tsɑ］，后"咱"可表复数的功能淡化，又在"咱"后添加"们""每"表复数，"咱们""咱每"又合音为"偺"［tsɑm］，后来北方话鼻韵尾合流，变为"偺"［tsɑn］。"咱"和"偺"，开始语音和用法是有分别的，但到元代以后，两者的读音就都变成了［tsɑn］。来源于"自家"的"咱"，"自"是浊声母，所以变为阳平调，后"咱们"合音为"偺"时也取阳平调。安阳方言的"咱"声调为阳平，可表单数和复数，这个"咱"当是"自家"的合音。晋方言中的"咱"，在来源和意义上并不一致。陕北神木方言的"咱"①，与安阳方言一样也是"自家"合音；而定襄方言的咱却源自"偺"，意义上主要表复数。

5.1.2.3　"你"的来源

关于"你"的来源，学术界的意见比较一致。吕叔湘（1985）认为，"你"就是古代的"爾"，汉晋以来，草书就已把"爾"写作"尔"。"爾"的读音在南北朝时已经分化，由于读音分化，字形也发生了变化，南北朝就有写作"你"的，当时三种写法"爾""尔""你"并存，后逐渐固定为"你"，隋唐之际已经盛行。② 如（以下两例均转引自吕叔湘，1985）：

（79）你能作几年可汗？（周书 50 突厥）

（80）狐截尾，你欲除我我除你。（隋书 22 五行）

从安阳方言"你"的读音和用法看，应该与近代汉语的"你"是同一来源。

5.1.2.4　"恁"的来源

"恁"在战国铜器铭文中就已出现，但其意义跟第二人称代词无关。其读音在《说文》《类篇》中被记录为："如甚切""忍甚切"，都读 rən。隋唐以后"恁"出现指示代词用法，相当于"这么（样），那么（样）"，"如此"。如（以下三例均转引自吕叔湘，1985）：

（81）东风次第有花开，恁时须约却重来。（冯延巳《忆江南》）

（82）终是为伊，只恁偷瘦。（欧阳炯《贺明朝》）

---

① 参见邢向东（2002）。
② 参见吕叔湘（1985）。

（83）恨听烟坞深中，谁恁吹羌笛、逐风来。（柳永《瑞鹧鸪》）

"恁"作指示代词在安阳方言中也有保留，下文另述。吕叔湘（1985）认为"恁"到金元时代读音已变为［nim］，他和王力都认为："您"是"你们"的合音，语音发展趋势是［nim］到［nin］。吕叔湘（1985）认为从语音上看"恁"字谐"你们"的合音很合适，因此，"你们"的合音在金元文献里常借用"恁"字，但"恁"在当时口语中是个常用字，因而又新造了"您"字。冯春田（2000）也认为"恁"是"你们"的谐音，是"您"的借字。另据《辞源》"恁"［nin^{35}］：通"您"。安阳方言的第二人称"恁"，读音为［nən^{31}］。在北方冀鲁官话、中原官话中，都有这个词，河南获嘉方言读［nei］，山东汶上、菏泽、河南中牟都读作［nen］。[①] 可见在这些方言区，"恁"的主要元音发生了由"i"到"e"的变化，即"您（恁）"的方言音由［nin］变为［nen］。另外，山西晋语以及内蒙古晋语的第二人称复数（包括做亲属领格的情况）都有读为［nie］或类似音的现象。有的研究者认为，这个复数代词是"你家"的合音，有的学者认为是"你们"的合音。我们认为，这两种解释都有道理，都认可当前方言中第二人称复数源于单数和复数词缀的合音。

5.1.2.5 "他"的来源

古代汉语没有第三人称代词，而是用指示代词"之、其、彼"来指代"你""我"之外的人称。"他"在古代汉语中是"别的"的意思，如（以下五例均转引自吕叔湘，1985）：

（84）去齐，接淅而行，去他国之道也。（《孟子·尽心下》）

（85）人知其一，莫知其他。（《小雅·小旻》）

（86）在他人则诛之；在弟则封之。（《孟子·万章上》）

魏晋后，单用"他"字指他人逐渐多了起来，如：

（87）他贫不得笑，他弱不得欺。（《王梵志诗》）

（88）见他老病死，不知自观察。（佛所行赞，离欲品1.20）

吕叔湘（1985）认为，例（279）的"他"包括所有的别人或泛指任何的别人，例（280）则专指一个或几个别人，不带任何的意思。这个分别似小而大，是"他"字转变成第三身代词的关键。第三身代词

---

① 参见张晓瑞（2008）。

是有定的，到唐代，"他"发展为真正的第三身代词。如（以下两例均转引自吕叔湘，1985）：

（89）世人欲得知姓名，良久问他不开口。（高适《渔夫歌》）

（90）阿师当向北门出入，南衙宰相往来，勿犯也。（《隋唐嘉话》23）

安阳方言的第三人称单数代词"他"，即来自近代汉语"他"。

5.1.2.6 "涅"的来源

"涅"从语音和用法上来看，应是"人家"的合音。"人"上古属日母真部，中古属臻摄开口三等日母字。日母的语音演变过程大致为 n（先秦、两汉、魏晋南北朝、隋唐）—r（晚唐五代后）。从声母看，"人家"的合音"涅"的产生当在晚唐五代之前。从文献资料中，较难找到"涅"的语料，我们认为，这应当是方言与共同语发展差异所致。方言中产生了"人家"合音，共同语中未必有此合音。而我们所能见到的文献资料，多是用北方官话为基础的共同语所写，因而很多方言用词难以见诸文献。在中原官话以及一些地方的晋语中，多有合音"涅"或近似读音的代词。

5.1.2.7 复数词缀"都"的用法及其来源

安阳方言的人称代词复数，没有复数词缀"们"，须使用词缀"都"，读音为轻声［·tøu］。如："俺都、咱都、恁都、他都、涅都"。由于"都"只用于有限的几个人称代词后表复数，我们未将"都"归入第 1 章节派生性强的词缀中。尽管安阳方言中可以用"我"表第一人称，用"你"表第二人称。但不能在这两个代词后添加复数词缀"都"，不能说＊"我都、你都"。

山西的长子、闻喜、高平、平顺、襄垣、万荣等地方用"都"作为复数人称代词词尾，中原官话中也有用"都"表人称复数的，而福建永定（下洋）的客家话则以"兜"作复数人称代词词尾。[①] 张惠英（1997）认为，厦门话"兜"有"家"的意思，因而，永定客家话的复数人称代词词尾"兜"用作复数人称代词词尾，就好比"家、门、里"用作复数人称代词词尾。张惠英（1997）用厦门话"兜"的意义来解释永定客家话词尾"兜"的由来，具有一定参考性，但仍难免牵强。

---

① 参见张惠英（1997），这里的"词尾"相当于本书所说的词缀。

而除了山西方言、福建永安客家话外，宁夏银川、广东梅县、江西南昌、黎川①、河南辉县②，都有用"都""多""兜""等"作人称代词复数词缀的。李树俨（2001）从音韵的角度出发，认为南方方言中的"都"是"兜"的同音字，而江西黎川的复数人称代词词缀"多"其实就是"都"。根据是：香坂顺一（1997）指出，"多"属歌戈韵，"都"属尤侯韵，二者似乎不同音，但明以后，湘、吴、赣语中普遍存在着两韵混同的情况。也就是说，"多"和"都/兜"读音相同。而"都/兜"是"等"由阳声韵对转为阴声韵的结果。"等"属登蒸韵，跟"都/兜"主要元音相同，韵尾发音部位也相同，客家话"等""兜"平行互用，就是古代的"等"跟后来对转的"都/兜"叠置而成的。王力（1980）指出，汉代出现的"等"，跟"侪、属、曹、辈"是同义词，都表示多数或同一类。它们跟后来白话中出现的"们"字的区别在于："们"字是表示复数的固定词缀，而它们不是固定的，没有成为词缀。但"等"在汉唐时期虽然还没有成为词缀，在宋以后的方言中跟人称代词组合，就变成表复数的词缀了。而且，"等"和"都"发生对转之后，不同方言中又出现了不同的书写形式。李树俨（2001）的研究结论是令人信服的。

　　各地方言用"都、兜、多、等"构成人称代词复数的形式，并不是整齐对应的。如山西高平，"都"只能构成第二、第三人称复数，第一人称复数要用"们"词缀；而万荣方言的第一、第二人称用人称代词的领格表复数，第三人称复数用"都"表示；江西南昌只有第一人称复数用词缀"等"构成，而第二、第三人称用"们"词缀构成。③ 这种人称代词复数的不整饬，反映了各方言发展的不平衡。相对而言，安阳方言用"都"构成人称代词复数，其形式还是很完备的。除有三身代词的复数形式外，还有旁称复数形式。

　　李树俨（2001）认为宁夏银川话用都表人称复数，当是明移民带来的。但我们认为，安阳方言、南方客家话、赣语等方言用"兜、多、等"表人称复数应当不是由明移民带来。因为明移民并没有移至广东、江西、福建的记载。因此，客家话、赣语等方言的这一用法当是古汉语

---

① 参见李树俨（2001）。

② 参见赵凌云（2006）。

③ 高平、万荣、南昌方言的代词例证均引自李树俨（2001）。

的遗留。众所周知，中国历史上有数次大规模移民，与赣方言、客家话形成有关的移民始于东晋、南北朝，一直到宋末建炎南渡。来自北方的移民带来的语言形成了赣语和客家话的基础。从客家话、赣语人称代词表达形式上，可以推测宋以前①，汉语已有用词缀"都"表复数的现象。而安阳虽是明移民的迁移地，但显然复数词缀"都"的用法并非源自明移民，而是更早时期用法的存留。在山西多地的晋语中，第一人称单数用"我"，第二人称单数用"你"，相应的复数形式为"我都，你都"。而安阳方言第一人称单数基本不用"我"，而用"俺"，复数形式只能说"俺都"；第二人称单数为"你"，但表亲属关系领属时，须用"恁"，复数形式只有"恁都"。安阳方言的人称代词显然跟中原官话更为一致。因此，可以说，虽然明朝移民使晋语几乎覆盖了当时的安阳方言，但在今天安阳方言人称代词表达上，可以看到历史上中原官话的遗留。

5.1.3　人称代词的特点

安阳方言人称代词更多地体现出古代中原官话人称代词的特点，可以说，近代晋方言随移民而来，几乎全面替代本地语言时，人称代词的表达形式并未被替代，让人们看到了安阳方言语言底层的中原官话色彩。其特点表现为：

1）第一人称单数用"俺、咱"不用"我"；第二人称单数用"恁"，不用"你"，旁称用"涅"不用"别人"。"俺、咱、恁、涅"从来源上看，或是单数+们构成合音词或是双音节词合为单音节词，或是受阿尔泰语的影响，用添加鼻音的方式表复数。在安阳方言中，这些曾经表复数的词最终都主要用以表单数人称。只在特定语境条件下才可表单数。

2）复数词缀不用"们"而用"都"。三身代词以及旁称代词"涅都"有对应的复数形式，分别为"俺都、咱都、恁都、涅都"。与山西高平、万荣等地的晋方言②以及南方的客家话、赣语③复数指称比较起

---

① 中国历史上有数次大规模移民，与晋方言、客家话形成有关的移民始于东晋、南北朝，一直到宋末建炎南渡。来自北方的移民带来的语言形成了赣语和客家话的基础。参见周振鹤、游汝杰（1986）。

② 参见张惠英（1997）。

③ 参见李如龙、张双庆（1999）。

来更为整饬。

5.2　指示代词

　　指示代词是对人或物起代替和区别作用的词。安阳方言的指示代词是二分的，近指用"这"［tsɛ²¹³］，远指用那［nɛ²¹³］，"这、那"可以单用，还可以分别跟有关成分构成其他指示代词，由此构成安阳方言的指示代词系统。指示代词在语言中出现频率很高，在语速很快的情况下，经常会和后边的"一""个"等词连读，形成合音词，本书用同音词代替，并作相应的注解。安阳方言的指示代词系统见表5－2：

表5－2　　　　　　　　安阳方言的指示代词系统

类别	近指	远指
人、物	这	那
	作［tsuo²¹³］①	诺［nuo²¹³］②
程度	镇	恁
	镇门	恁门
数量	镇些	恁些
	镇些些儿	恁些些儿
处所	这儿	那儿
	这厢	那厢
	这一密儿	那一密儿
	这一榜儿	那一榜儿
时间	这会儿	那会儿
	这一会的	那一会的
	这一阵的	那一阵的
	这时儿	那时儿
方式	镇介（的）	恁介（的）
性状	作样的	诺样的

---

① 作［tsuo²¹³］，"这一个"的合音词。
② 诺［nuo²¹³］，"那一个"的合音词。

5.2.1　指示代词的用法

5.2.1.1　指代人物：这［tsɛ²¹³］、那［nɛ²¹³］

单用的近指代词"这"和远指代词"那"可以直接起指代作用，既用于指人，也用于指物。例如：

（91）这是俺妹的。

（92）那是他给你嘞礼物。

在语法功能上，"这""那"都可以作主语和宾语，作主语见例（91）、（92），作宾语，如：

（93）你瞧瞧这，还闹不闹啦?

（94）吃咾那，你再走。

还可以作定语，如：

（95）这人，真没准谱儿。

（96）这房的住的不赖。

（97）摊昂那事儿，你也没办法儿。

（98）那饭难吃的嘞。

可以看到，"这、那"作定语，通常用在话题位置上，以引发对某人或某物的评议。

吕叔湘（1985）对共同语里"这""那"单用的用法作了详尽的描述，安阳方言单用的"这""那"用法无出其外，此处不再赘述。

5.2.1.2　指代人物的合音代词：作［tsuo²¹³］、诺［nuo²¹³］

分别是"这一个""那一个"的合音，我们分别用"作、诺"记音。安阳方言的"一个"，常合音为"幺［yo⁵⁵］"，"这一个"，有时也说"这幺［tsɛ²¹³yo⁵⁵］"，"那一个"有时说"那幺［nɛ²¹³yo⁵⁵］"。"作""诺"用来指别也可以称代；用作定语，也可用作主语、宾语；表指别时，合音紧密，表称代时，合音的读音松弛，发音更像［tsu²¹³·uo］［nu²¹³·uo］，如：

（99）作人啥时候回来嘞?　　　　　　　　　　　　　（指别）

（100）诺学校好不好?　　　　　　　　　　　　　　　（指别）

（101）吃咾作苹果。　　　　　　　　　　　　　　　　（指别）

（102）俺不认识诺老师。　　　　　　　　　　　　　　（指别）

（103）诺那个好，别拿作这个，拿诺。　　　　　　　　（称代）

虽然"作、诺"是"这一个、那一个"的合音，但不能用量词"个"的名词，也可用"作、诺"指别。如：

（104）抬走作床吧。

（105）诺眼镜儿多儿钱？

安阳方言中，"床"的量词是"张"，眼镜儿的量词是"副"，但两者都可以用"作、诺"指别。安阳方言中，多数情况下可用"作、诺"来指别人、物，但一些名词借用为量词的，就无法用"作、诺"替代。如：

（106）连这碗饭吃咾。——*连作饭吃咾。

（107）那一箱的书都卖啦。——*诺书都卖啦。

名词借用为量词的，往往理性意义强，因此，不能用"作、诺"替代。而需要用"这/那 + 量词 + 名词"来表称代，如例（106）、（107）。

5.2.1.3　指代程度：镇［tsən²¹³］、恁［nən²¹³］、镇门［tsən²¹³·mən］、恁门［nən²¹³·mən］

安阳方言表程度的"镇、恁、镇门、恁门"，相当于普通话表程度的"这么""那么"。"镇"和"镇门"可以互换，"恁"和"恁门"也可以互换。但普通话的"这么""那么"除表程度外，还可以表方式，或作连词，用于句子间的连接，等等，安阳方言的"镇、恁、镇门、恁门"仅用于表程度，常用来修饰形容词、心理活动动词和受"能、敢、会"修饰的动词前，如：

（108）电视镇（门）好看样的嘞，咋关啦？

（109）不就丢啦 100 块钱儿？你就镇（门）难过？

（110）镇冷嘞，别出去啦。

（111）恁（门）难嘞题他都会做。

（112）他恁（门）会修汽车，能少赚咾钱？

（113）恁远嘞，骑车儿去吧。

"镇"和"镇门"可以互换，"恁"和"恁门"也可以互换。但"镇"和"恁"比"镇门""恁门"在语气和情感上，程度更强。当说话人想要强调人的情绪、事物的性状时，往往用单音节的"镇"和"恁"。"镇"和"恁"都表程度，和普通话表程度的"这么""那么"

一样，在说话人心理感觉上对所指人或事物的远近略有区别。

河南辉县方言也属晋方言，其表程度的代词为"镇"和"恁"，没有"镇门"和"恁门"。陕西西安方言中也有"镇、镇门、恁、恁门"这四个代词，分别表近指和远指第二层次。而远指第一层次用"温"和"温门"。① 从各地方言看，"镇"和"恁"当是"镇门"和"恁门"的减缩形式。在下文的指示代词溯源中，将细述其发展演变过程。

5.2.1.4　指代数量：镇些、恁些、镇些些儿、恁些些儿

"镇些、恁些"表数量多，也可以说"镇些的，恁些的"。如：

（114）涅人家给咾镇些（的），够吃俩礼拜啦。

（115）你能穿咾恁些（的）鞋？

前文说"镇"和"恁"是"镇门""恁门"的减缩形式，安阳方言中的"镇些、恁些"也可以说"镇门些（的）、恁门些（的）"，都强调多。

"镇些"和"恁些"儿化可表量小，如：

（116）镇些儿能管啥用，再给点不咋。

（117）你瞧，就发啦恁些儿油，给没发有啥区别。

"镇些儿"和"恁些儿"也可以说"镇门些儿、恁门些儿"。用法和意义没区别。

表量少还可以使用重叠式＋儿化，构成"镇些些儿，恁些些儿"。前文已提及，在安阳方言等晋方言中，重叠、儿化可表小量。如：

（118）就吃啦镇些些儿饭，那能饱？

（119）下啦恁些些儿雨，就不下啦。

指代数量的"镇些、恁些、镇些些儿、恁些些儿"可用作主语、宾语和定语。如例（114）用作宾语，例（116）用作主语，例（115）、（117）、（118）、（119）用作定语。指代数量的格式中，"镇、恁"表程度，"些"表数量。因此，这类结构实质是表程度的"镇、恁"与数量成分的组合。安阳方言中，还有一些数量短语也可以用"镇、恁"来强化量的大小，如："镇（门）大一碗，恁（门）小一杯"。其中，必须出现"大""小"突出量大还是量小。

_____

① 参见兰宾汉（2011）。

5.2.1.5 指代时间：这会儿、那会儿、这一会的/儿、那一会的/儿、这一阵的/儿、那一阵的/儿、这时儿、那时儿

"这、那"与表时间的名词"会""一会""一阵""时儿"组合指代时间。"一会、一阵"后可以用"儿"缀，也可以用"的"缀。用"儿"缀表示说话人主观感觉时间不长，用"的"缀说话人主观感觉时间较长。如：

（120）就这一会儿，还来啦仨病人。

（121）还不来，这一会的，都够做三道大题啦。

（122）那一阵的，可忙死我啦，总算弄完啦。

（123）那一阵儿有点忙，就那几天，现在不忙啦。

"这/那会儿"与"这/那一会儿"意义和用法有同有异。"这/那会儿"既可表示某一时间点又可表某一时间段，"这/那一会儿"只能表示某一时间段。如：

（124）这会儿，他刚起床。

（125）这会儿，就写完啦一篇作文。

（126）这一会儿，就写完啦一篇作文。

（127）那会儿，我刚吃完饭。

（128）那会儿，老师还上的课嘞。

（129）那一会儿，就有几个人来买书。

"这时儿""那时儿"，指代较长的一段时间。

（130）这时儿，你不能慌，慢慢儿想想，能想开办法儿。

（131）那时儿还小，啥都不懂。

指代时间的"这会儿、那会儿、这一会的/儿、那一会的/儿、这一阵的/儿、那一阵的/儿、这时儿、那时儿"，通常单用，作时间状语成分。也可根据语境，添加结构助词"嘞"，充当定语成分。如：

（132）都是那时儿嘞事啦，别提啦！

（133）有这一会儿功夫，还不如睡会儿觉嘞。

（134）那一阵的嘞猛补课，可连他累坏啦。

5.2.1.6 指代处所：这儿［tsar²¹³］、那儿［nar²¹³］、这厢［tsɛ²¹³iaŋ⁵⁵］、那厢［nɛ²¹³iaŋ⁵⁵］、这一榜儿、那一榜儿、这一密儿，那一密儿

安阳方言指代处所没有"这/那里"，可以用"这/那儿"，读音为

［tsɑɹ²¹³］［nɑɹ²¹³］。与普通话指代处所的"这/那儿"用法和意义相同，都可作主语、宾语、定语，作定语须添加结构助词"嘞"，如：

（135）这儿离学校不远。

（136）俺没有去过那儿。

（137）这儿嘞人都怪好嘞。

安阳方言的"这厢""那厢"，读音为［tsɛ²¹³iɑŋ⁵⁵］、［nɛ²¹³iɑŋ⁵⁵］，相当于普通话的"这个地方、那个地方"，可作主语、宾语、定语。如：

（138）这厢放书架，那厢放床。

（139）拿昂这厢，我给你瞧瞧。

（140）那厢嘞房的都儿是新盖嘞。

"这/那一榜儿"，相当于普通话"这边，那边"。可作主语、宾语、定语，如：

（141）这一榜儿车的多，那一榜儿车的少。

（142）你晚上睡那一榜儿。

（143）这一榜儿嘞被的脏些儿。

"这/那一榜儿"，形式固化，"一榜儿"只用在指别词"这/那"后边。因此，可将"这/那一榜儿"看作指代词。

在定襄方言、陕西西安话中，也有类似发音和类似用法的指代词。如：

（144）操场的致帮个有水呢，奈帮个是干的。（西安话，引自兰宾汉，2011）

（145）我坐致帮个，你坐兀帮个。（西安话，引自兰宾汉，2011）

（146）治半儿的好，未半儿的不好。 （定襄话，引自范慧琴，2007）

（147）你过治半儿来！（定襄话，引自范慧琴，2007）

西安话的"致帮个"对应普通话的"这边"；"奈帮个、兀帮个"对应普通话的"那边"，定襄话的"治半儿"对应普通话的"这边"，"未半儿"对应普通话的"那边"。

"这一密儿，那一密儿"相当于普通话的"这面、那面"。"密儿"还可以用在方位词后，如"东密儿，南密儿，西密儿，北密儿"。但仅限于这四个方位词，其他"前、后、上、下、左、右、里、外"等方位词均不能添加"密儿"构成复合方位词，另外数词也可跟"密儿"构成复合词"一密儿、两密儿、四密儿"。基于"密儿"使用范围的有限性，本书将"这/那一密儿"视为固定搭配，放在指示代词中讨论。

"这/那一密儿"，可充当主语、宾语、定语，如：

（148）这一密儿洗干净啦，那一密儿洗不净。

（149）窗帘怪厚嘞，瞧不见那一密儿。

（150）那一密儿嘞字儿都花啦。

我们在山西长治方言中，也发现有类似的指示代词，相当于普通话的"这边、那边、这里、那里"。例如（以下三例均转引自董育宁，2000）：

（151）我家在这□［mi²⁴］，他家在那□［mi²⁴］。

（152）小王坐这□［mi²⁴］，你坐那□［mi²⁴］。

（153）从这□［mi²⁴］到那□［mi²⁴］要走五分钟。

5.2.1.7　指代方式：镇介［tsən²¹³·tɕie］（的）、恁介［nən²¹³·tɕie］（的）

安阳方言中指代方式的"镇/恁介（的）"，相当于普通话的"这/那样""这/那么"，但只指代行事的方式，不能如普通话的"这/那样"指代事物的样式，也不能像"这/那么"一样指代程度，或放在数量名结构前。可作状语、谓语、主语、宾语，如：

（154）镇介（的）一想，就不生气啦。

（155）这事儿得镇介的办，不能恁介的办。

（156）镇介的中不中？

（157）甭恁介的，恁介的没有用。

（158）以后，你可甭恁介的啦。

（159）＊镇介的嘞衣裳好看。

（160）＊俺不喜欢恁介的嘞人。

"镇/恁介的"与"镇/恁介"相比，语气更舒缓，也更强调行事的方式。

定襄方言中指代方式用"真块，温块"，范慧琴（2007）认为，相当于普通话的"这样、那样""这么、那么"，但用法并不完全相同，

"真块、温块"不能修饰名词,也不能像普通话"这/那么"一样放在数量名结构前。这与安阳方言的"镇/恁介的"相同。可见,在晋方言的一些地区,指代方式的代词用法是专一的,一般不能用来指代程度、指代某事物本身,而普通话的"这么、那么""这样、那样"语义并不单一,兼具多种语义功能。

5.2.1.8　指代性状:作样的〔tʂuo²¹³iaŋ²¹³·tɛʔ〕、诺样的〔nuo²¹³iaŋ²¹³·tɛʔ〕

安阳方言中指代事物的样式,要用指代事物的"作/诺+样的"来指代事物或修饰限定名词,相当于普通话指代事物样子的"这/那样(子)",如:

(161)你作样的怪吓人嘞。

(162)我可不喜欢你整天诺样的。

(163)作样的嘞衣裳好看。

(164)俺不喜欢诺样儿嘞人。

5.2.2　指示代词的来源

5.2.2.1　这、那

安阳方言的"这、那"与普通话及其他地区方言的"这、那",意义和用法基本相同,其来源应当是一致的。对"这"来源探讨很多,目前尚无定论。吕叔湘(1985)认为"这"来源于古代汉语的"者"。"者"原为上声字,作指示代词用的"者"和"这"在宋代读去声,与今普通话中"这"的声调同。王力(1980)则认为"这"来源于古代汉语的"之"。他说比较近理的推测应该是由指示代词"之"字转变而来。"之"和"者"同属照母。由于口语和文言读音的分道扬镳,"之"字的口语音到了中古和文言的"者"音相混了(声调略有差异),就有人借"者"字表示。但是,许多人觉得"者"字并非本字,所以又写作"遮"(王力,1980)。梅祖麟(2000)提出的假设是"这"的前身是"只者"。"只"在唐代有"这"义。后"只"与"者"结合,形成双音节指示代词。进一步发展,"只者"成为合音词,还写作"者";或"只者"失落"只"字,由"者"承担"只者"原来的意义,成为近指代词。也可以写成"这""遮""赭"。但梅祖麟自己也说这"只能算是一个没有证实的假设"。

关于远指代词"那"的来源，太田辰夫、吕叔湘都认为与古代汉语的"尔"有关，吕叔湘还认为和"若"有关系，"如果从语音上考察，似乎不如假定"那"从"若"出较为合适"（吕叔湘，1985）。不过，吕叔湘（1985）指出一个有趣的现象，即指示代词跟三身代词在来源上有密切的关系，不仅汉语里有这种现象，在其他语言中也有类似现象。法国学者 W. Bang 认为：初民先有指示的概念，后有三身的概念。第一身往往跟近指代词同源，第二身、第三身跟远指代词相关。若这个规律属实，那我们可以认为，王力所认为的"这"源于"之"，吕叔湘认为"那"源于"若"或"尔"更有道理。

虽然"这""那"的来源暂无定论，但用作指示代词的"这""那"都出现在唐时的文献中，应无异议。如（以下五例均转引自吕叔湘，1985）：

（165）冬夏递互用，长年只这是。（寒山诗）

（166）不省这个意，修行徒苦辛。（拾得诗）

（167）不是那个大开口。（郭煌文书·唐太宗入冥记）

（168）那时离别后，入梦到如今。（杜牧诗）

（169）想得那人垂手立，娇羞不肯上秋千。（韩偓诗）

5.2.2.2　镇、恁

安阳方言、山西定襄方言、陕西西安方言中，都有发音类似"镇"表程度的指代词，西安方言中还有类似"恁"的指代词。安阳方言的"镇、恁"，单用表程度，另外可以添加语缀"介"，表方式。如："镇介的写，恁介的包"。安阳方言的"镇、恁"的来源应当是近代汉语"这们""那们"的合音，近代汉语中有"这们""那们"可指代程度。[①]如（以下三例均转引自吕叔湘，1985）：

（170）从来没听说有过这们大的水。（残 14.4，吕 281）

（171）我可没那们大胆子上开封府。（残 42.4，吕 281）

（172）手下带着从人，骑着大马，将那们一个大店满占了。（侠 42.4 吕 282）

---

① 参见吕叔湘（1985）。

从语音上看，"这们"合音为"镇"，"那们"合音为"恁"是有可能的；其次，从用法上看，安阳方言的"镇""恁"可指代程度，而近代汉语的"这们、那们"也可指代程度。吕叔湘指出元明时期较常见的是"这们、那们"，红楼梦时代起，"这么、那么"大量出现。[①] 因此，可以说安阳方言中的"这们、那们"没有继续发展为"这么、那么"，而是保留了元明时期的"这们、那们"的发音，并进一步合音为"镇，恁"，并保存了"这们、那们"指代程度的用法。

当然，"镇、恁"并非合音后才用以表指代，在隋唐时期，"恁"就已有指代用法，如（以下三例均转引自吕叔湘，1985）：

（173）东风次第有花开，恁时须约却重来（冯延巳《忆江南》）

（174）终是为伊，只恁偷瘦。（欧阳炯《贺明朝》）

（175）恨听烟坞深中，谁恁吹羌笛、逐风来（柳永《瑞鹧鸪》）

但从语料来看，"恁"并不指代程度，而是指代方式或区别事物，因此，说安阳方言的"恁"是对古代汉语表指代的"恁"的承继，依据不足。据郑淑花（2012）清伊始，文献中，"恁"使用频率逐渐下降，至现代之初只于个别作家作品的人物对话中见到，如（以下三例均转引自郑淑花，2012）：

（176）众人一阵唏嘘，乖乖，喝个酒还恁多规矩。（张卫《你别无选择》）

（177）周铁对他摇头道："你都恁大了，还不改一改。舅舅说话，你为什么要冲撞？"（欧阳山《苦斗》）

（178）那老僧微微一笑，道："施主恁大年纪，仍是这等火气。"（金庸《雪山飞狐》）

显然这三例都是具有方言特色的语句。"恁"在现代汉语中已退出了普通话，只在方言中有所保留，且只指代程度，不指代数量、事物。安阳方言中的"恁"也是如此。

安阳方言的"镇"，在文献材料中基本未见到。吕叔湘（1985）认为"恁"字虽是"那"的一系，可是兼有"这么"和"那么"之用；在通行"恁"字的时代没有和它对立的另一个词。而共同语中，由元

---

① 参见吕叔湘（1985）。

明的"这们"发展出了"这么",缺乏文献记录的方言当由"这们"合音为"镇"。

5.2.2.3 镇门、恁门

探究安阳方言指代程度的"镇门""恁门"的形成,很容易让人想到吕叔湘(1985)对"恁"的解释,他说:"'恁'显然是一个'那'系的字受'么'的影响而带上'-m'尾。"而通行"恁"的时代,同时也有"恁么"一词通行。如果吕叔湘(1985)这一对语言事实的阐释可信的话,那么是否可以把这种语言现象视为语言发展过程中的"滞留","那"系的字受"么"影响成为"恁",但由于语言成分的滞留,"恁么"与"恁"并存,意义用法完全相同。而"这们、那们"合音为"镇、恁"之后,同样有可能因为语言的滞留而产生"镇门、恁门"这两个词,且意义用法与"镇、恁"相同。当然,这仅是一种推测,也许日后可以有更多的资料来证实或证伪。

西安方言中也有"镇"和"镇门"并存、"恁"和"恁门"并存的现象。而定襄方言,则有"这门"和"真"并存,"温"和"外门"并存的现象。范慧琴(2007)认为,"这门"和"外门"的"门"没有发展为"么",保存了元明时期近代汉语的特点。我们认同她的判断。

5.2.2.4 介与镇介(的)、恁介(的)

安阳方言的"介",当源于近代汉语的助词"介",也写作"家、价、加、假"等。本书借用徐波(2004)的说法,将用多种词形表示的这个词称作"介类词"。近代汉语中介类词的用法较多,王秀丽(2005)归纳了"价"在近代汉语中的若干用法,认为"价"可作结构助词或语气助词。如(以下四例均转引自王秀丽,2005):

(179)气长长价吁,泪冷冷价落。(宋元南戏《张协状元》三十二出)

(180)一夜里喂到七八遍价。(元《朴通事谚解》)

(181)滚热酒十瓶家做一巡筛。(明·施耐庵《水浒传》七十三回)

(182)两边荷叶荷花将船夹住,那荷叶初枯,擦得船嗤嗤的响,那水鸟被人惊起格格价飞。(清刘鹗《老残游记》二回)

　　这里的助词"价"与前面的形容词或数量词结合，在语义上共同修饰限定行为动作，也可以说展现了行为动作的方式、方法特点。

　　"价"可作词尾，用于称人的名词之后，其意义已经虚化。如（以下两例均转引自王秀丽，2005）：

　　（183）专听伊家好消息，专等伊家宝冠霞披。（元《董解元西厢记》卷六）

　　（184）休触摸着玉镜台，秀才价做的来齑盐共菜，温太真更做逓情性乖。（元·乔吉《两世姻缘》）

　　"价"用于否定副词之后，做否定副词词缀。这种用法最常见的是"别价"这个组合。如（以下两例均转引自王秀丽，2005）：

　　（185）事情到了这里，我们还是好好求他，别价破口。（清·文康《儿女英雄传》二十一回）

　　（186）别价，给爷爷叩头。（晚清《评书聊斋志异》）

　　"价"多出现在近代汉语词曲唱词等白话领域，可以说是当时口语的记录。"价"，表示程度、数量、方式、方法，一般作状语，也偶尔作定语。①

　　另据徐波（2004），在古戏曲剧本中，"介"是指示角色表演动作时的用语，相当于"……的样子"。如（以下两例均转引自徐波，2004）：

　　（187）"末扶起介。"（明，高明《琵琶行·南浦嘱别》）

　　（188）"丑进见生跪介。"（清，洪昇《长生殿·定情》）

　　我们认为，安阳方言指代方式的"镇介、恁介"，其中的"介"，应该与近代汉语中用于形容词、数量词后、用于表方式方法的"介"有关，也与指示角色表演动作的用语"介"有关，两者都表示动作的方式和方法。安阳方言的"介"继承了这一语义，并与指示代词"镇、恁、咋"结合，指代方式。"咋介"是疑问代词，指代方式，将在下文细述。在中原官话区河西方言、吴语区舟山方言中，也发现"介"和指示代词、疑问代词结合表方式的用法。赵元任（1928）指出上海、嘉兴、杭州、绍兴、诸暨、余姚、宁波，在"这么（方法）"条下，单

_____

① 参见王秀丽（2005）。

用"介"的没有，而必须用"贼介、席介、实介、若介、介葛"等多音词。河西方言中用"这么介""那么介"来指代方式、方法。这可以看出指示代词和"介"构成多音词指代方式，在从南到北的某些方言中表现出一种共性。这种共性与近代汉语在方言中的存留、发展有关。

安阳方言中的"介"，除了构成指代词指代方式外，还可用在一些指人名词后表类称，如：

（189）小孩的介知道啥！

（190）娘们介能有啥主意。

（191）学生介就得好好读书。

冀鲁官话区武城方言、中原官话区河西方言、吴语区舟山方言都有这类用法。也可用在时间名词后表时间长，如：

（192）成天介不学习，光知道玩儿。

（193）成年介不回家。

（194）一天到晚介上网，眼睛都毁啦。

另可跟在具有描摹性的形容词后，表性状，如：

（195）她结婚那天，热热闹闹介办啦几十桌。

（196）他家孩的，聪明介嘞。

（197）天镇冷介，你还出去干啥嘞？

（198）恁远介，骑车儿去吧！

"热热闹闹、聪明"都具有描摹性，"冷、远"添加表程度的"镇、恁"也具有了描摹性。

还可用在否定副词"别、甭"后，如：

（199）别介，等我说完你再走。

（200）甭介忙的做饭啦，俺都吃过啦。

这些用法，在近代汉语中都可以见到。可见，安阳方言保留了近代汉语"介"的部分用法和意义。现代冀鲁官话区武城方言、中原官话区河西方言、吴语区舟山方言都有这类用法。在山西晋方言中较少看到"介"类词的使用，因而，安阳方言的"介"当为近代汉语中原官话的存留，体现出方言底层的特点。

5.2.2.5 这厢 [tsɛ²¹³iaŋ⁵⁵]、那厢 [nɛ²¹³iaŋ⁵⁵]

安阳方言中指代处所的词为"这厢、那厢"。读音为［tsɛ²¹³iaŋ⁵⁵]、

[nɛ²¹³iɑŋ⁵⁵]。这两个代词应为近代汉语"这厢、那厢"在方言中的保留。冯春田（2000）认为金、元以后出现较多的"这厢、那厢、这壁厢、那壁厢"与"这/那里、这/那边"意思差不多。① 以下只举"这/那厢"的例子，如（以下五例均转自冯春田，2000）：

（201）这厢那厢要赶路啊，都遇着陷泥密林。(《元朝秘史》卷二)

（202）下官误蒙国恩，参军边卫，止吃得这厢一口水，喜得军民畏伏。(《型世言》九回)

（203）这番鞑子来，咱们只向这厢躲。(《型世言》十七回)

（204）气不愤，或者寻个短见，或者走到那厢去了。(《型世言》九回)

（205）当初那巫山远隔如天样，听说罢又在巫山那厢。(《西厢记》一本二折)

从语音上看，"[ɕiɑŋ⁵⁵]"和"[iɑŋ⁵⁵]"声调都是阴平，韵母都为[iɑŋ]，安阳方言的"厢"当来自近代汉语的"厢"。从语义上看，"这/那厢"指代处所方位，与近代汉语的"这/那厢"指代处所方位的语义和用法一致。因而，安阳方言的"这/那厢"当是对近代汉语"这/那厢"的直接承继。

5.2.3　指示代词的特点

5.2.3.1　指示代词丰富

各指示代词语义和用法分工明确，各司其职。安阳方言的指示代词数量较多，分别用来指代人、物、时间、处所、方式、程度、数量等。普通话中，一些指示代词既可指代程度又可指代方式，如"这/那么""这/那厢"；安阳方言中，指代方式的为"镇/恁介（的）"，且这对代词只能指代行事的方式。指代程度的为"镇/恁""镇门/恁门"，这两对代词只用来指代程度。

5.2.3.2　指示代词为二分系统

各地方言的指示代词有二分的，有三分的。安阳方言虽属晋语，但指示代词是二分的，与多数晋方言指示代词三分不同。安阳方言的指示

---

① 参见冯春田（2000）。

代词，以"这"表近指，"那"表远指，并以"这、那"为词根语素，添加其他语素，构成了一个完整、对称的指代系统。这个二分的指代系统可指代人、物、时间、处所、程度、方式等语义范畴。

5.2.3.3 承继了近代汉语时期指示代词的许多特点

如指代程度的"恁"、指代处所的"这厢、那厢"，都直接承继了近代汉语里"恁""这/那厢"的用法。指代方式的"镇介、恁介"，其词缀"介"也承继了近代汉语里"介"可表性状、行事方式的语义和用法。

5.2.3.4 具有官话方言特点，显示了方言底层特点

安阳方言虽属晋方言，但其指示代词系统与官话方言的指示代词系统更为接近。如安阳方言的指示代词二分，合音词较多，并保留了近代汉语中的"介""们"，构成指代方式和程度的代词。这些特点在冀鲁官话、中原官话中都可见到。这种成系统的语言的相似，当是历史上安阳原有中原官话在方言底层的存留。

5.3 疑问代词

疑问代词是对人、物、事表示疑问的词。从意义和用法角度，安阳方言的疑问代词可作如下分类（见表5-3）：

表5-3 安阳方言的疑问代词分类

类别	例子
问人	谁
问物	啥的、啥
指别	哪、挪、啥
问方所	哪儿、哪厢
问时间	啥时儿
问程度	多（门）
问数量	多儿、几
问原因	咋、为啥
问方式	咋介（的）、咋、咋样儿
问情况	咋样儿

5.3.1　疑问代词的用法

5.3.1.1　谁

和普通话一样，安阳方言问人用"谁"，不区分单复数形式。可充当句子的主语、宾语、定语。作定语时，须添加结构助词"嘞"，如：

（206）谁去瞧电影嘞？

（207）你问谁嘞？

（208）这是谁嘞伞？

（209）这都儿是谁嘞包儿？

根据上下文语境，可确定"谁"指的是单数还是复数，但例句（209）用副词"都"，可确定所问对象为复数。"谁"还可用于泛指，跟普通话里的用法相同。如：

（210）一个院的住的，谁还不知道谁！

（211）谁说嘞谁负责。

5.3.1.2　啥的、啥

安阳方言问事物一般用"啥的"，"啥的"可作主语、宾语。如：

（212）啥的都要，有恁些的那么多钱没有？

（213）你做嘞啥的？

问事物也可用"啥"。前文第 1 章词缀"的"，曾提及"啥"和"啥的"的区别。"啥"，用来指别；"啥的"用来称代。但受周边方言及普通话影响，安阳方言中也可用"啥"来问物，但一般用于急躁、不满的情绪条件下。"啥"，可作主语、宾语，如：

（214）啥都要，有恁些的钱没有？

（215）你弄啥嘞？

我们推测，安阳方言中的"啥"，本来只表指别，但受普通话"什么"既表指别又表称代的影响，安阳方言中的"啥"也渐渐可表称代，但在语用中，人们更习惯将指物的"啥"用于消极情绪的语境中，而"啥的"用于一般语境条件下。

安阳方言还有一个跟"咋"有关的合音词，读音为□ [tsuɑ^{31}]。当是"做啥"的合音。相当于普通话的"做什么？干什么？"

（216）你□ [tsuɑ^{31}] 嘞？

（217）他想□［tsuɑ³¹］嘞？

在晋语辉县方言中，也有这个合音词，意义和用法与安阳方言的
□［tsuɑ³¹］相似。

5.3.1.3　哪、挪、啥

"哪"，可用来指别人、物等，用作定语，如：

（218）哪几个人留下来？

（219）你喜欢哪种女的儿？

（220）咱哪天去瞧他嘞？

（221）他坐嘞哪一趟火车？

"挪［nuo⁵³］"，是"哪个"的合音，用在问句中指别人、物，也
可用于任指，用作定语，如：

（222）你说嘞是挪老师？

（223）我坐挪椅的？

（224）你喜欢挪女的儿？

（225）挪人说都不中。

安阳方言的称代词"诺"和"挪"分别对应普通话的"那个、哪
个"，其发音只有声调不同，语气和功能上对立互补，"诺"用于陈述
句，"挪"用于疑问句。

"啥"，用来指别性状，用作定语，如：

（226）啥颜色好看？

（227）恁中午吃啥饭？

（228）啥人镇门胆大。

安阳方言中，有一个趋势，即用来问事物的"啥的"，都可以换成
"啥"；但用来指别的"啥"，不能换成"啥的"，如：

（229）＊啥的颜色好看？

（230）＊恁中午吃啥的饭？

（231）＊啥的人镇门胆大。

在词缀一章中，曾将安阳方言的"啥、啥的"，中原官话的"啥"，
西南官话的"啥子"，普通话的"什么"作过对比。可以说，安阳方言
的"啥"，主要用作定语、表指别；"啥的"，主要用作主、宾语，表称
代，可谓分工明确，各司其职；而中原官话的"啥"，西南官话的"啥

子"，普通话的"什么"，都既可指别，又可称代，从语形上无法区别其语义和语法功能。安阳方言的这一特点，并不孤立，在晋语定襄方言中，也有类似安阳方言"啥、啥的"的一组词，即"甚、甚们"。范慧琴（2007）指出，定襄方言的"甚"，用于问物，相当于普通话的什么，主要用于主语、宾语，有时可用作定语；而"甚们"用来问事物的性状，其实也就是本书所说的指别。如：

（232）你作甚哩？

（233）甚是你的？

（234）甚人也有哩。

（235）你待见甚们颜色的？

（236）家儿有股甚们味儿？

（237）甚们牌子的好？

可见，定襄方言的"甚"，相当于安阳方言的"啥的"，"甚们"相当于安阳方言的"啥"，但定襄方言的"甚"，有时可作定语；而安阳方言的"啥的"，不能用作定语。

另外，安阳方言中有几个与"啥"有关的合音词"任啥儿""□［tsuɑ³¹］""□［tsuɑ³¹］的""任□［tsuɑ³¹］儿"。"任啥儿"应当是"任何什么"的合音，是"任何东西"的意思；"□［tsuɑ³¹］"应当是"作啥"的合音，意思是"干什么"；"□［tsuɑ³¹］的"应当是"干啥的"合音，意思是"干什么"；"任□［tsuɑ³¹］儿"应当是"任何、作啥"合音，意思是"怎么样"。这几个合音词主要用在疑问句和否定句中。如：

（238）你瞧瞧，有任啥儿没有？

（239）兜儿嘞没任啥儿啦兜里没什么东西了，别翻啦。

（240）——你□［tsuɑ³¹］嘞？你干什么呢？

　　　　——不□［tsuɑ³¹］不干什么，随便瞧瞧。

（241）——叫我□［tsuɑ³¹］的嘞？叫我干什么呢？

　　　　——不□［tsuɑ³¹］的，就儿问问你明儿还去不去啦。不干什么，就是问问你明天还去不去了。

（242）都别担心啦，他没任□［tsuɑ³¹］儿他没怎么，明天就能出院啦。

在中原官话中多可见这几个合音代词的使用。①

5.3.1.4 哪儿、哪厢

安阳方言问方所，可用"哪儿"，相当于普通话的"哪儿"，可作主语、宾语，还可添加结构助词"嘞"作定语。如：

（243）哪儿有你说嘞那一种漆？

（244）恁家在哪儿嘞？

（245）哪儿嘞扁粉菜好吃？

问方所还可用"哪厢"［iɑŋ⁵⁵］，安阳方言的"厢"［iɑŋ⁵⁵］，当是普通话"厢"［ɕiɑŋ⁵⁵］音变中丢失了声母形成的。"哪厢"，可作主语、宾语，也可添加结构助词"嘞"，作定语，如：

（246）哪厢有教游泳嘞？

（247）钥儿放昂哪厢啦？

（248）哪厢嘞房的便宜？

安阳方言指示代词中另有表近指的"这厢"，表远指的"那厢"，再加上"哪厢"，其中的"厢"都是源自近代汉语的"厢"。

5.3.1.5 啥时儿

问时间，由表指别的"啥"与时间名词"时"构成，可以说是短语形式，由于常常固定搭配出现，用于问时间，因此放在疑问代词部分。在句中主要用作状语，如：

（249）他都啥时儿来？

（250）你平常啥时儿下班？

（251）他啥时儿出差走？

问时间还可以用表指别的"哪"、表数量的"几"与相关时间名词构成的短语。如：

（252）他都几点来？

（253）他哪天出差走？

5.3.1.6 多（门）

相当于普通话的"多"，问程度，常用作状语，其后的形容词为性质形容词，如：

---

① 参见河南省地方史志编纂委员会（1995）。

（254）考试有多（门）难？

（255）飞机飞嘞有多（门）快？

（256）房的多（门）大？

普通话中，"多么"一般用来表感叹，不用于问程度。而安阳方言中，"多门"和"多"都可用来问程度。"多门"比"多"在语气上舒缓。另外，"多门"和"多"还可以在非疑问句中表感叹，同普通话的"多"和"多么"。但普通话的"多么"一般用来表感叹，不用于问程度。

5.3.1.7　多儿、几

问数量，"多儿"，根据询问的对象，有时用量词，有时不用，相当于普通话的"多少"。例如：

（257）去咾多儿人？

（258）恁要多儿？

（259）这本书你看咾多儿遍？

"几"用于问十以内的整数，后面要跟量词。

（260）停的几辆车？

（261）你买几斤？

（262）你去啦几趟北京？

问数量还可用表程度的"多（门）"来问，如：

（263）房的多（门）大？

（264）假期有多（门）长？

这两个例句，是对事物性状程度的问询，而某些事物的某些性状是以数量体现的，因而，问询程度也就是问数量。

5.3.1.8　咋、为啥的

"咋"，读音 $[\text{tsa}^{31}]$，冯春田（2000）和范慧琴（2007）说"咋"可能是"怎么"的合音，吕叔湘（1985）认为是"作啥"的合音。本书更赞同吕叔湘（1985）的观点，下文会进一步论述。"咋"，相当于普通话的问原因的"怎么"。如：

（265）咋停电啦？

（266）恁昨天下午咋不来？

（267）咋回事？

（268）我咋一个字儿都不认识？

（269）你咋啦？

安阳方言问原因还可用"为啥的"，如：

（270）你为啥的不听恁妈嘞话？

（271）他俩为啥的捣开_{打起来}啦？

（272）天天镇门这么忙到底为啥的？

例（270）—（272）句"为啥的"，可以添加表实现的体标记"唠"，"为唠啥的"相当于普通话"为了什么"。前文已述，安阳方言的"啥"，受普通话影响，有表称代的趋势，上面三个例句都可以把"啥的"，替换为"啥"。

"咋"，还可以构成一些固定结构，如："不咋（的），咋也不咋，咋的嘞"。

"不咋（的）"，相当于普通话的"不怎么"，指程度浅，意思是不太、不很。如：

（273）我不咋（的）会唱歌。

（274）做嘞饭不咋（的）好吃。

（275）腿不咋疼啦。

"咋也不咋"，意思是没事儿，什么事儿也没有。如：

（276）前几天还说要发奖金嘞，这到跟前儿啦，还咋也不咋啦。

（277）你别剃头担的一头儿热啦，涅人家可是咋也不咋嘞。

"咋的嘞"，意思是有什么事？如：

（278）你叫我咋的嘞？

（279）——小红！

　　　　——咋的嘞？

5.3.1.9　咋介（的）、咋、咋样儿

这几个代词问方式，相当于普通话问方式的"怎么样""怎么"，用作状语。如：

（280）俺准备开车去，你咋介（的）去嘞？

　　　　俺准备开车去，你咋去嘞？

　　　　俺准备开车去，你咋样儿去嘞？

（281）咋介（的）炸带鱼嘞？

咋炸带鱼嘞？

咋样儿炸带鱼嘞？

从例句可以看出，"咋介（的）、咋、咋样儿"可以互换，都表示行事方式。在实际运用中，根据语音、语气、说话人偏好等，会有些微区别。如，"咋炸带鱼"，受语音影响，用"咋介的、咋样儿"更多些。

"咋介/咋"，还可用于表反问语气，常和副词"还"同用，相当于普通话表反问语气的"怎么"，如：

（282）咋介/咋，你还想打人嘞么？

（283）咋介/咋，还没沾够便宜嘞？

"咋样儿"，没有这种用法。"咋样儿"问人或物的情况，相当于普通话问情况的"怎么样"，用作谓语，如：

（284）你身体咋样儿啦？

（285）瞧瞧，咱画嘞画儿咋样儿？

（286）明儿嘞天气咋样儿？

跟问方式的"咋样儿"句法分布不同，问方式的"咋样儿"主要作状语；问人或物情况的"咋样儿"主要用作谓语。也可以用在表商量的话语中，询问对方的意见。如：

（287）连把你嘞汽车借给咱开开，咋样儿？

（288）星期天咱再去一趟汤阴，咋样儿？

另外，还可受能愿动词"能"、否定副词"不"修饰，如：

（289）他就诺那个样儿，你还能拿他咋样儿？

（290）诺裙的那件裙子不咋样儿，别买啦。

例（289），"咋样儿"，意思是怎么办。例（290）"不咋样"，是不怎么样。

5.3.2　疑问代词的来源

5.3.2.1　谁、挪、啥人

安阳方言的问人的疑问代词"谁"和普通话一样，都源自古代汉语指人的疑问代词"谁"。从古代汉语到近代汉语，虽也有多种指人疑问代词，但"谁"可以说是"一直最通用的形式"① 了。安阳方言也可用指别代词"啥 + 人"来问人。安阳方言的"啥"是什么的合音，据吕叔湘（1985），直到唐宋语体文献里，"什么人"才出现几乎跟"谁"并驾齐驱之势。如（以下三例均转引自吕叔湘，1985）：

（291）未审甚么人得闻？（临济507b）

（292）常在生死海中沉没者是甚么人？（曹山529b）

（293）"是什么人？""是僧。"（灯录4.10）

安阳方言中，"谁"和"啥人"在意义和用法上是有区别的，问人用"谁"，是想指定某人、知道其身份等。而问"啥人"，则含有贬义，预设不是好人。如：

（294）他是谁？——俺哥。

（295）谁会唱歌？

（296）来了幺一个啥人？镇这么能闹腾嘞。

（297）啥人才能干开出镇这么没人性嘞事儿嘞？

普通话的"什么人"不一定含贬义，可用来打听某人的职业、身份、家世、关系等，如：

（298）他是什么人？

（299）昨天来找你的是你什么人？

（300）你都认识什么人？

据吕叔湘（1985），近代汉语里"什么人"和"谁"的意义和用法多数情况下是一样的，但在现代汉语中，北方官话里"什么人"和"谁"的用法有相当的区别；而吴语等地的方言，不用"谁"问人，而用"啥人"来代"谁"。

"挪"相当于普通话的"哪一个"，安阳方言中问人也可以用"挪"与指人名词构成的短语，有时，指人名词可省略，如：

（301）挪人是恁同学？

（302）你说嘞全市第一名是挪学生？

（303）这俩闺女儿都怪好嘞，你到底喜欢挪？

"挪"有表抉择的功能，在语境中，如有从多数人中作选择的意

---

① 吕叔湘（1985）。

义，需用"挪"来询问。但也可以用"谁"来替换。如例（301）—
（303）句，都可以替换为"谁"，如：

（304）谁是恁同学？

（305）你说嘞全市第一名是谁？

（306）这俩闺女儿都怪好嘞，你到底喜欢谁？

但不能替换为"啥人"。吕叔湘（1985）指出，从唐到现代，该用
"哪个"的时候用"谁"，一直都有，但并不太多。而不含抉择义用
"哪个"起始也很早，元代就有。如（以下四例①均转引自吕叔湘，
1985）：

（307）那②个哄你！（元 22.1.4 白）

（308）你是那个？（恒言 3.35）

（309）自古及今，那一个是看得破的？（儒 1.1）

（310）不是黛玉却是那个？（红 34.5）

但在安阳方言中，不含抉择义的不用"挪，挪人"，而须用
"谁"。如：

（311）谁哄你啦？　　　　　＊挪人哄你啦？

（312）你是谁？　　　　　　＊你是挪？

（313）不是恁妈是谁？　　　＊不是恁妈是挪？

可见，安阳方言中"谁""挪"的使用情况与近代汉语语料中的使
用情况不同。现代的普通话、中原官话等，不表抉择义的语境，都不能
使用"哪个（人）"。但在长江官话区多数方言、吴语区的大部分方言
中，"哪个"完全替代了"谁"。（吕叔湘，1985）

可以说，安阳方言中指人的疑问代词以"谁"用得最多，"啥人"
主要用在贬义色彩的语境中，"挪（人）"只用在有抉择义的语境中，
而"谁"也可用在有抉择义的语境中。

5.3.2.2　啥、啥的

据吕叔湘（1985）"啥"，可能是"什么"的合音。"什么"最早

---

①　四例（307）—（310），括号里的标注引自吕叔湘（1985），分别指（元曲选），《醒
世恒言》、《儒林外史》、《红楼梦》，数字为卷数、页数等。下文同。

②　吕叔湘（1985）指出，疑问代词"哪"一直写作"那"。王四时期以后，为了跟去声
的指示代词分别，才提价写作"哪"。

见于唐代文献，早期有多种写法，而"什麼和甚麼最普通"①。写作"什麼"的例子如（以下四例均转引自吕叔湘，1985）：

（314）且以拍板为什么？（遮言6.1）

（315）佛在什么处？（临济496b）

（316）和尚看什么经？——金刚经。（灯录12.6）

（317）某自五六岁便烦恼道："天地四边之外是什么物事?"（朱语92）

安阳方言中"什么"的合音为［sɑ³¹］，吕叔湘（1985）认为，"啥"以前有"煞""儜""口杀""啥"等多种写法，现在一般都写作"啥"。如（以下五例均转引自吕叔湘，1985）：

（318）这是什么东西？有煞用处呢？（红6.12；刘老老）

（319）到底作儜口耶？（儿9.10；张太太）

（320）姑娘，这是儜话？（又9.24；张老）

（321）阿有啥人来哚？（海上花列传14.111）

（322）这是啥事儿呢？（老舍，微77）

安阳方言的"啥、啥的"应当是对近代汉语"煞"的承继，据李如龙（1999），现代方言相当于"什么"的疑问代词看来都是从"甚物"分两道沿袭发展而来的。

表5-4　　　　　　　　疑问代词"甚物"在各地区的演变

地区	演变类型1	演变类型2
成都	啥子	
西安、苏州	啥	
北京	什么	
太原	甚	
南昌	什哩	
长沙		么子
武汉		么事
济南		么
广州		乜嘢
潮州		乜

---

① 参见吕叔湘（1985）。

从这个表中可以看到，方言中相当于"什么"的词，在发展变化过程中多有添加词缀"子"的。安阳方言的"啥"添加词缀"的"后变成"啥的"，"啥的"用以称代事物，"啥"用以区别事物。在苏州话中，也有两个疑问代词源自"什么"，与"什么"的意义用法相当，即"啥、啥个"，"个"是词缀。但苏州话中，"啥"和"啥个"并不区别称代和指别，两者混用，"啥个"用的较多些。① 而定襄话的"甚，甚们"，虽然词语发展变化不同于安阳方言的"啥"和"啥的"，但用法与安阳方言的"啥"和"啥的"相似，可以区别称代和指别。前文已有讨论，此处不赘述。可见，各地方言虽多有相同的发展源头，但其后的发展演变并不平衡，而是多姿多彩，各有特点。

5.3.2.3　咋、咋介（的）

前文已述，"咋"可能是"作啥"的合音。从语音上看，"怎"是"作"受"么"字声母的影响而变音（task mua–tsam mua）（吕叔湘，1985）。从意义、用法的发展来看，《祖堂集》里未见有"怎"字，只有"作麽"和"作麽生"。如（以下四例均转引自吕叔湘，1985）：

（323）僧便问："作摩是文殊剑？"（祖 11.215）

（324）作摩生祇对免得撑舡汉？（祖 7.133）

吕叔湘（1985）还提出，《传灯录》里还有"作么生"和"怎生"互见的例子，如：

（325）叫老僧作么生说？（传灯录 8.5）

（326）未审和尚怎生问他？（传灯录 8.17）

这里的"摩、麽、么"，就是"什麽"的"麽"，因此吕叔湘推测，"怎么"原来就是"作么"，"作么"就是"作什么"。吕叔湘认为，"啥"是"什么"的合音，"凡是不说'怎'而说'乍（咱）'的方言，也就是不用'什么'而用'啥'的，明明是'作啥'合音成'乍'"（吕叔湘，1985）。安阳方言的疑问代词里没有"什么"，而说"啥"，并有疑问代词"咋"。本书非常赞同吕叔湘对"咋"的来历，及其合音方式的判断。明清时期文献中已开始用"煞"表示"什么"②，据此推

测，安阳方言的"咋"，当承继自明清时期的近代汉语。

"咋介（的）"，是在疑问代词"咋"后添加语缀"介"，有时还可以在"介"后再添加词缀"的"。前文已述，安阳方言的词缀"介"承继自近代汉语的"价、家"等词缀，有对行为动作的样子加以描摹的意义。"咋介的"，相当于普通话询问行事方式的"怎么、怎么样"。因此可以说，"咋介（的）"也是对近代汉语疑问代词的保存和发展。

不止安阳方言中有表方式的疑问代词"咋介"，吴语舟山方言中也有"咋介"表方式①，如：

（327）对方咋介话法啦？对方怎么个说法呀？

用法与安阳方言完全相同，另外，"咋介"还可连用，表示言语重复繁多，相当于"怎么怎么，如此这般"，如：

（328）她教我咋介咋介做饭，咋介咋介收拾屋儿。

（329）咋介咋介走，到咾那儿咋介咋介说，俺姥姥都告给俺啦。

吴语舟山方言中同样有这样的用法，如：

（330）渠咋介咋介统会讲讲拨人家听啦。他如此这般地都讲给别人听了。

（331）讲起人家来咋介咋介，问问渠自家看，随手闷声弗响口雷。说起别人来如此这般，问到他自己，这下子说不出话来了。

成都西南官话中，有疑问代词"咋个"，表方式。而从语义与语音两方面来看，吴方言中表指示义的"介"来源于"个"②。因此，可以说"咋个"和"咋介"意义和用法完全相同，而不同的方言发展中选择了不同的词缀形式。而"咋介的"当是晋方言的"的"词缀的附加。添加后词义和用法并无改变，只是让语气更为舒缓。

从"咋"和"咋介（的）"来看，这两个词当是近代汉语的语言成分在方言底层的存留，而非明清移民带来的新的语言成分。

5.3.2.4 多儿、多（门）

"多儿"，相当于普通话的多少，安阳方言声母为舌尖后音的"少、匙"等常常被"儿"音替代，因此，"多少"在安阳方言中读音为 $[tuo^{55}\cdot\textipa{\textrhookschwa}]$。而据吕叔湘（1985），北京口语中也常用"多儿"表示"多

---

① 参见徐波（2004）。

② 参见徐波（2004）。

少"的意思。"多少"，在古代汉语中先是复合形容词，多作谓语，如（例332—339 均转引自吕叔湘，1985）：

（332）吴主问马多少？（蜀志15 杨戏）

（333）今日所费多少？（国史补上18）

后"多少"变成一个数量代词，可用作名词修饰语，用法大体继承古代的"几"字，通常不加量词。如：

（334）汝往山中多少年？（《妙法莲花经》，变493）

（335）汝将多少钱与匠人？（祖9.186）

还可直接作主语、宾语，如：

（336）吾今放多少光？（祖12.241）

（337）你该罚多少［酒］？（红28.25）

据吕叔湘（1985），早期近代汉语中，多少既可用来问事物数量，又可用来问性状的程度。表程度的多少，如：

（338）无缝塔阔多少，高多少？（祖11.225）

（339）井深多少？（水21.71）

这两例在现在的普通话和安阳方言中也可以说，但这里的"多少"仍更靠近指代数量。如"多少"在形容词前，才更靠近指代程度，如：

（340）无缝塔多少阔，多少高？

（341）井多少深？

但在吕叔湘给出的近代汉语例子中，暂时未见到这种用法，而现代汉语中这样说是不合语法的。吕叔湘（1985）认为后来表程度的"多少"被"多"和"多么"取代，如（例342—344 转引自吕叔湘，1985）：

（342）这屋里多远？他不会来？（水21.71）

（343）那珠儿多大小？（朴，42）

从吕叔湘（1985）给出的例子看，难以证明表程度的"多"是从表数量的"多少"演变而来。也许表数量的"多少"与表程度的"多"并无关系，也许在文献中尚未发现更能证实表数量的"多少"演变为表程度的"多"的用例。近代汉语中，"多"间或也用"多门"，如：

（344）归了包堆才多门大？（聊1.7）

可见，安阳方言的"多儿"表数量，"多（门）"表程度当都直接承继了近代汉语的用法，近代汉语中"多门"较少使用，但在安阳方言中表程度的"多"和"多门"都常用。两者的差异主要表现在语气的舒张上，使用"多"的语句，语气更紧凑，使用"多门"的语句，语气更舒缓些。"多、多门"除用在疑问句中问程度，也可用于表感叹。与普通话的"多、多么"在感叹句中的用法相同，此处不赘述。

5.3.3 疑问代词的特点

5.3.3.1 虚指和任指用法

安阳方言的疑问代词并非只表疑问，所有的疑问指代词，除疑问用法外，和普通话的疑问代词一样，又都有虚指和任指用法（吕叔湘，1985），疑问代词的虚指和任指用法（详见表5-4）。

表5-5　　　　　　　　疑问代词的虚指和任指用法

疑问代词	类型	虚指	任指
谁	问人	谁要敢欺负你，你就告诉我。	你别见咾谁就给谁瞪眼。
啥的、啥	问物	他拿啦点儿苹果、梨啥的嘞去瞧啦瞧他爹。 这有啥愿意不愿意嘞，全都给咾你吧。	这孩的聪明的嘞，不管啥的都儿一学就会。 别跟他说恁多，他啥都不懂。
哪、挪、啥	指别	别光瞎忙啦，哪一天咱也去旅游旅游。 大家来认认，作是挪人嘞衣裳，诺是挪人嘞裤的。 平常他没有啥大毛病。	不管哪一种颜色，她穿昂都好看。 不管你到咾挪国家，都别忘咾咱。 咱都别客气，有啥话说啥话。
哪儿、哪厢	问方所	这是哪儿来嘞么要饭嘞。 那几本书早就不知道丢到哪厢啦。	他哪儿都找啦，哪儿都没有这一种药。 他去哪厢，哪厢嘞人都喜欢他。
啥时儿	问时间	啥时儿你再来，我带你去吃扁粉菜嘞。	我找啦他好几回，啥时儿他都说没时间。
多（门）	问程度	走多（门）远啦，还能瞧见他都在那儿挥手嘞。	多苦咱都不怕。

续表

疑问代词	类型	虚指	任指
多儿、几	问数量	多儿年我都没有见过他啦。 他上啦几天学，认得几个字儿。	你有多儿就借给我多儿吧。 你瞧得办，能给几个就给几个吧。
咋、为啥	问原因	涅咋啦，你又管不着。 要说一定是为啥，那倒也不是。	不管你咋啦，都得来上班。 不管你为啥生气，都得吃饭！
咋介（的）、咋、咋样儿	问方式	不知道咋介（的）一弄，电视还没声儿啦。 咋做饭、咋收拾家他都学会啦。 她咋样儿带孩的，咋样儿上班，咋样儿做饭，你不是不知道。	咋介的跟他讲都没用，他不信。 不管咋说，他都不来。 你咋样儿问，涅都不理你。
咋样儿	问情况	股市一咋样儿，他就发脾气。	管他咋样儿嘞，咱先吃饱咾再说。

5.3.3.2　合音现象

如"啥"，是"什么"的合音，"咋"是"作啥"的合音，"挪"是"哪一个"的合音，等等。合音词可使用儿化音变、构词成分"介"、"的"等手段构词，如"啥时儿""啥的""咋介"等。

5.3.3.3　"啥"和"啥的"区别称代和指别

普通话中的"什么"无法区分指别和称代，如：

你喜欢喝什么茶？　　（指别）

你要买什么？　　（称代）

但安阳方言中的"啥"表指别，"啥的"表称代。如：

你好喜欢喝啥茶？　　（指别）

你买啥的？　　（称代）

5.4　本章小结

第一，本章节描写了安阳方言的代词系统，对人称代词、指示代词、疑问代词从语义角度作了细分，并对代词的语法功能作了描写和分析。安阳方言的人称代词合音词较多，如"俺、咱、恁、涅"都经历了历时的合音。复数人称代词词缀不用"们"而用"都"。指示代词为二分，围绕近指代词"这"、远指代词"那"构成一系列指示代词，合音现象也较多，如"作、诺、镇、恁、咋、啥"等。指示代词还使用构词成分"介、的、门"构成多种指代形式，如"镇介、啥的、恁门"等。有的和后缀一起构成新词，如"镇介、恁介、啥的"；有的只起延长音律，舒缓语气的作用，如"镇门、恁门"中的"门"，"镇介的、恁介的"中的"的"。疑问代词中也存在合音现象，如"挪、咋、啥"等。疑问代词和普通话的疑问代词一样不仅表疑问指代，还可表虚指和任指。

第二，安阳方言的代词与多数方言及普通话的代词系统相同，都由三身代词、指示代词、疑问代词三部分组成，这三部分既具有一定的独立性，又具有一定的对应性。

首先，安阳方言指示代词与三身代词语音和语义关联性较弱。

许多语法研究者都注意到了人称代词和指示代词的密切关系，王力先生在《汉语语法史》里指出："在上古汉语里，指示代词和人称代词的关系非常密切。"吕叔湘、江蓝生（1985）也已指出："指示代词和三身代词在来源上有密切的关系，多种语言里都有或显著或隐蔽的例证。"Greenberg（1985）指出第三人称和指示代词、定冠词之间存在着重要的共时和历时关系（参见唐正大，2005），唐正大（2005）指出第三人称代词与远指代词同形现象集中分布在阿尔泰语言及与之接触密切的汉语方言，如关中方言。第三人称和远指代词都是"兀"。林素娥（2006）进一步研究发现，第二人称代词与指示代词也存在同形现象。如雷州半岛高州话、化州话，第二人称和远指代词都是"你"。但指示代词和第二、第三人称的同形、同源现象主要表现在南方方言和北方一些地方的晋方言中。吕叔湘（1985）指出："在近代汉语里，第三身代词的性质已经跟第一第二身相近，跟指示代词没有多大关系。"这句话应该适合大部分北方言代词的发展情况。安阳方言的代词发展就属于此类。只从安阳方言自身来看，看不出人称代词和指示代词有什么关系，但若将各地方言第二、第三人称代词以及近指代词、远指代词的语音形式放在一起看，似乎有一些规律可循。我们参考了张家文（2000）的研究，选取了若干方言点的代词发音并添加了安阳方言的发音，加以比较（表5-5）。这种比较似乎可以推测第二人称和远指代词，第三人称和近指代词存在着语音和语义的关联。

表 5 - 6　　　若干方言点的代词发音与安阳方言的发音比较

方言点	第二人称代词	第三人称代词	近指代词	远指代词
北京	ni	$t^h\alpha$	tʑei	nei
安阳	ni	$t^h\alpha$	tsɛ	nɛ
成都	nei	$t^h\alpha$	tse	nɑ
合肥	li	$t^h\alpha$	tʂæ	Lèʒ
长沙	li	$t^h\alpha$	kɑi	lɑi

从表 5 - 5 中可以看出，第二人称的声母和远指代词的声母，第三人称声母和近指代词的声母，从语音上来看存在着一些关联性；而语义和功能上共同的指代性，是他们语义上的关联。安阳方言、普通话等系统中的人称代词和指示代词虽然无同形现象，但它们在语音和语义上的不甚紧密的相关性，应该同样能提供佐证，证实汉语发展过程中代词系统内部的共变与相互影响。

其次，指示代词与疑问代词大致对应。

安阳方言与许多地方方言一样，指示代词和疑问代词并不是严格对应的，但这两类代词毕竟关系密切，一问一答，大体上有一定的相配关系。施其生（1999）总结出汕头方言疑问代词与指示代词的关系表，本书亦觉得有必要将安阳方言的指示代词和疑问代词的密切关系用图表展现出来（见表 5 - 6）。

表 5 - 7　　　　　安阳方言疑问代词与指示代词关系

	指示代词		疑问代词
	近指	远指	
人、物	这、作	那、诺	谁、啥的、啥、挪
程度	镇、镇门	恁、恁门	多、多门
数量	镇些、镇些些儿	恁些、恁些些儿	多儿、几
处所	这儿、这厢	那儿、那厢	哪儿
时间	这会儿、这一会的、这一阵的、这时儿	那会儿、那一会的、那一阵的、那时儿	啥时儿
方式、情况	镇介（的）	恁介（的）	咋介（的）、咋、咋样儿
原因			咋、为啥（的）

　　从表 5-6 中可以看到，由于语义限制，指示代词没有表原因的类型，其他几种类型，指示代词和疑问代词可谓相互呼应，有问有答。

　　第三，安阳方言的代词具有历史继承性和独特的个性。一些基本代词都是从古代汉语、近代汉语传承而来，如表远指的"恁"，唐宋时期就已广泛使用，这一用法被安阳方言沿用，并派生出一系列相关代词。再如指处所的"这厢、那厢、哪厢"就是对近代汉语这类词语的保存，在其他地方的方言中暂未发现有这样的代词。近代汉语中表性状的后缀"介"也继续在安阳方言的代词中使用，如"镇介、咋介、恁介"等。跟普通话比起来，安阳方言也有较为独特的个性。如疑问代词用"啥、啥的"区别称代和指别，而普通话一律用"什么"来表示。再如，指示代词使用重叠、儿化等语法、语音手段表示量的多少，如"镇些些儿、恁些些儿"，"些"重叠并儿化，表示较少的量。再如，使用词缀"的"以及类构词成分"介""门"构词："镇介的、恁介的、咋介的、镇门、恁门、多门"等，在语言表达上起到调节音律，舒缓语气的作用。

　　第四，代词构成上合音现象较普遍。一些基本代词如"这""那"出现频率很高，常与后面的数词一、量词个连用，形成固定的合音词，本书多以同音词替代。如："作"是"这一个"的合音，"涅"是"人家"的合音，"咋"是"作啥"的合音，"啥"是"什么"的合音。这些合音词作为一个独立的代词，体现出安阳方言底层与中原官话更为接近的特点。

　　第五，用法分类细致。如普通话的指示代词"这么"，既表程度，又表方式，可以说"这么高"，也可以说"这么写"，但安阳方言要分别用指代程度的"镇（们）"，指代方式的"镇介（的）"表述为"镇（门）高"，"镇介（的）写"。再如普通话称代和指别都用"什么"，而安阳方言用"啥、啥的"分别来表指别和称代，"啥颜色（指别）""吃啥的（称代）"。

　　第六，安阳方言虽属晋语，但显然在代词系统中保留了较多近代北方官话的词汇和语法特点，在明清时期，山西大移民中，晋语几乎完全取代了当地的中原官话，但代词系统当是这场方言替换过程中保存下来的方言底层，仍保存了较多中原官话的方言特点。

第6章　体貌

　　体貌是国际语言学界历来关注的热点课题。20世纪70年代以来，研究视野更为开阔，各种有关体貌的理论体系迭出。国外较有影响的有Bernard Comrie（2005）、R. I. Binnick（1991）等。国内对现代汉语体貌的研究，早在20世纪40年代就已开始，彼时，王力（1943）、吕叔湘（1942）、高名凯（1948）等就有独到论述，将"体貌"称为"情貌"①"动相"②，着眼于动作与体的关系。何谓体貌？龚千炎（1995）称之为"时态"，认为是"表现事件处于某一阶段的特定状态"，戴耀晶（1997）称之为"体"，认为是"观察时间进程中的事件构成的方式"。李如龙（1996）则认为应区别"体"和"貌"，"体"和人们对客观进程的观察和感受相关，"貌"反映动作主体的一定意想和情绪。陈前瑞（2005）认为"体"这一术语侧重高度虚化的语法形式，而"体貌"这一术语涵盖表达体貌意义的各种形式。可以说，就汉语研究而言，用"体貌"这一术语来表述相关研究更为妥当，这也是学界较为一致的称名。据此，并依据安阳方言的特点，我们对"体""貌"不作区分，以"体貌"指称时间进程中的动作、事件的构成方式。书中出现的术语"体"，若未加注明，也是指"体貌"。虽各家对体貌的认识和看法不尽相同，但有一点是多数学者的共识，即体貌问题不仅与动词、动作有关，而且与状态、事件或句子有关。本书研究亦将"体貌"研究置于句子、相关格式中进行考察，将动词和与动作行为、状态有关的事件均作为观察对象。不仅动词有体，形容词也有体，且形容词"体"标记基本上是移用动词成熟的体标记，语法化程度更高，体意义

----

① 参见王力（1943）。
② 参见吕叔湘（1942）。

更抽象复杂①。研究者对动词、形容词的情状分类也各有不同，本书借用了戴耀晶（1997）对动词的分类，见表6－1：

表6－1　　　　　　　　戴耀晶（1997）对动词的分类

序号	分类			例子
A	静态动词	属性、关系		是　姓　等于
		心理感受		知道　相信　怕
B	动态动词	动作	瞬间	踢　碰　咳嗽
			持续	看　吃　洗澡
		结果	瞬间	死　爆炸　醒
			持续	走进　长大
C	兼具静态和动态的动词	姿势		站　坐　圪蹴
		位置		戴　拿　抱

　　一部分动词不同的时间阶段具有不同的情状，这些动词兼具动态和静态，如一些瞬间动态动词完成后，就会转化为静态动词。例如，"站"在由坐到站立阶段时，是瞬间动态动词；在"站起来"后表示人处于"站着"状态，是静态动词。其他如"坐、躺、圪蹴、戴、拿"等，都是这类兼具静态和动态的词。

　　本章提到的形容词，主要是那些能在时间进程中程度有所变化的形容词，我们将描写分析这些形容词呈现出的各种体貌。

　　对"体貌"的认识不同，分类也不尽相同，从现代汉语共同语来说，主要是因为研究者所持的理论依据和观察角度不同；而从方言的体貌研究来看，分类不同，除上述原因外，也由于各方言表达体貌的手段，体貌标记的功能、性质各不相同导致。我们根据安阳方言的体貌特点，将安阳方言的体貌类型区分为八个类别，即起始体、持续体、完成体、实现体、经历体、短时体、尝试体、将行体。对这八类体貌逐一描写、分析，标记体貌的虚词、重叠式乃至一些有语法化趋势的实词等都是我们描写和研究的对象。

――――――――――

　　① 参见张国宪（1999）。

6.1　起始体

其语法意义为指示动作、事件、状态处于开始阶段。安阳方言中起始体的表达跟普通话不同，普通话主要使用趋向动词"起来"；安阳方言主要使用体标记"开""昂"和语气词"啦"，构成"V + 开 + 啦""V + 昂 + 啦"等格式。

6.1.1　起始体标记——"开"

"开"，在这里表动作、事件、状态的开始，读轻声［kʰɑi］。在安阳方言中，"开"仍保持动词的实义，其读音为［kʰɑi⁵⁵］，调值为55。如："开门""鞋带儿开啦"等。也可在谓词后作趋向补语，如："拿开、打开箱的"。词义虚化后的"开"，成为起始体标记，调值变为轻声。其语法化途径也许是：动词 > 补语 > 体标记，与其他用法相比，起始体标记"开"，声调有变化，由高平调变为轻声。

6.1.1.1　V + 开（ + O）+ 啦

除了属性、关系动词、结果动词不能进入起始体格式外，其他动词以及程度可发生变化的形容词都可进入。如：

（1）不能提，一提就哭开啦。

（2）快点，已经演开啦！

（3）下开雨啦！

（4）涅人家不给他开，他就踢开门儿啦。

（5）大早起嘞，这几个人还喝开酒啦。

（6）天冷开啦，穿厚点儿吧！

（7）这才几点哪，天就黑开啦！

（8）涅也不吭儿，幺人在那儿闷的头儿想开啦。人家也不吭声，一个人在那里闷着头想起事来了。

（9）可能一开始你觉得涅人家不好，说不定慢慢儿你就喜欢开涅人家啦。

安阳方言中的起始体标记"开"，相当于普通话起始体标记"起来"。多数可以在"开"后添加宾语，且必须添加语气词"啦"，否则不成句。需要注意的是，例（8）意思是开始考虑某事，普通话里也有"想开，想不开"，其意思是能否想通、想明白，不是起始体标记。

6.1.1.2　词汇手段表起始

安阳方言表起始也可以使用词汇手段，即用"开始"表起始，如：

（10）开始上课了。

（11）天开始热啦。

体标记"开"和"开始"这两种表起始的手段不能共现，如：

（12）＊开始上开课啦。

（13）＊天开始热开啦。

这与普通话以及丹江等地方言中，"开始"可以和起始体标记共现不同，如：

（14）开始哭起来了。　　　　　　（普通话）

（15）他现在开始吃起饭来咾。　　（丹江方言①）

6.1.2　起始体标记——"昂"

"昂"［·ɑŋ］②是安阳方言中一个很有特点的词语，可用在名词后，表空间位置，相当于普通话的方位词"上"，如：

（16）房顶昂　椅的昂　衣服昂　身昂　地昂　墙昂

还可用在动词后，表受事或位移方向，相当于普通话的趋向动词"上"和表趋向的介词"到、在"，如：

（17）拿昂伞　骑昂车的　穿昂衣服

（18）搬昂屋里头　抬昂三楼昂　挂昂墙昂　搁昂床昂

以上"昂"都与空间意义相关，汉语里表时间的词语和手段往往来自表空间的语言形式，"昂"也进一步虚化为表时间的语言形式，即表起始的体标记。如：

（19）没办法，又摆昂摊儿啦。

（20）我现在有点儿喜欢昂他啦。

（21）你去瞧瞧嘞，是不儿是不是那俩孩儿又打昂啦？

---

① 转引自苏俊波（2007）。

② 对安阳方言中"昂"的语义、语法特点，本书第14.3节另有专文讨论。

（22）恁家嘞鸡的还下昂蛋啦？你们家的鸡还下起蛋来了？

此外，"昂"还可表完成，详见 6.3.4 节。

含有"昂"的起始体格式与含有"开"的起始体格式相同，即"V＋昂（＋O）＋啦"。

起始体标记"昂"的体意义是"起始"，即表示动作、事件开始。例（19）表示又开始摆摊了，例（20）表示开始喜欢他了。"昂"前的动词可以是动作动词，也可以是心理动词，如例（20），"喜欢"为心理动词。"昂"后必须有语气词"啦"，不用"啦"，无法表达起始义。比较：

（23）用昂暖气就儿是舒服，在屋儿嘞穿秋衣也不觉得冷。

（24）一进 11 月，就用昂暖气啦。

例（23）不用助词"啦"，是完成体，表示家中有暖气；例（24）句表示开始使用暖气了。

但并非能进入"V 昂啦"格式的都表起始义，如：

（25）给孩的穿昂鞋啦。

（26）关昂门啦。

一般情况下，这两句都是完成体，表示穿鞋、关门的动作已经完成。从语义上看，具有［＋持续］语义特征的动作动词才能在"V 昂啦"格式中表起始，如例（19）—（24）；而其他［–持续］义动词在"V 昂啦"格式中表完成，如例（25）、（26）。有的动词既具有［＋持续］特征，又具有［–持续］特征，因此，就很容易生成歧义句。如：

（27）他围昂他女朋友给织嘞围巾啦。

既可以理解为"他"从此开始拥有一条围巾，句子表起始，也可以理解为他围好了围巾，句子表完成。

6.1.3　起始体格式比较

"V 开啦""V 昂啦"都表示起始义。有时可以互换，有时不能互换。可以互换的如：

（28）下开/昂雨啦。

（29）俩人咋打开/昂啦？

（30）大早起嘞，还喝开/昂酒啦？

（31）俺妈在家包开/昂饺的啦。

（32）慢慢儿你就喜欢开/昂涅人家啦。

（33）恁家嘞鸡的还下开/昂蛋啦？

虽然可以互换，但"开"和"昂"在表义上还是略有差别的，"开"指事件或动作开始并延续，略重延续段；"昂"指事件或动作产生并延续，略重事件、动作的生成。陕北晋语延川话中有起始格式"V上了"，其中的"上"，邢向东（2006）认为是实现体助词，用在起始体中表起始，这启发我们考虑，汉语各类体貌之间当存在着交叉和过渡。"V开啦"略重延续，"V昂啦"略重产生，虽各有侧重，但都表动作和事件的起始。"开""昂"不能互换的，如：

（34）天冷开啦，穿厚点儿吧！

（35）这才几点哪，天就黑开啦！

（36）*天冷昂啦，穿厚点儿吧！

（37）*这才几点哪，天就黑昂啦！

形容词只能进入"V开啦"格式，不能进入"V昂啦"格式。可以看到，表起始的"V开啦"比"V昂啦"的使用范围更大。这也许跟"V昂啦"还承担着表完成的功能有关。这种多体貌性使"V昂啦"句的歧义性增多，也使这一格式在表起始义时对词语的覆盖面减小。这两个格式同中有异，以表格形式展示两者异同，见表6-2。

表6-2 　　　　　　　　　　起始体格式比较

起始体格式	V	体标记	语气词"啦"
V开啦	1. 动作动词［+持续］ 2. 心理动词 3. 程度渐变的形容词	开，略侧重动作事件的延续。	必须使用，否则不成句。
V昂啦	1. 动作动词［+持续］ 2. 心理动词	昂，略侧重动作事件的生成。	必须使用，否则表完成。

安阳方言中还可以用"起来"（有时"来"的声母脱落，读 [tɕʰiɑi⁵³]）表示起始义，能覆盖"V开啦"和"V昂啦"的用法，但实际使用频率低于"开、昂"，应当是与周边中原官话以及普通话接触

所致。

6.1.4　起始体的否定形式

这两种格式的否定形式为：（还）没有 + V、（还）没［m ʌʔ］+ V + 嘞，通常不出现体标记"开""昂"。

一般动词的否定式都用否定词"没有"，如：

（还）没有哭（嘞）。／（还）没有演（嘞）。／（还）没有踢门儿（嘞）。／

（还）没有喝酒（嘞）。／（还）没有下雨（嘞）。

还可添加副词"还"强调未起始，且句末要添加语气词"嘞"。

形容词和心理动词"想"的否定式除用"没有"否定外，还可用"没［m ʌʔ］"，且必须添加语气词"嘞"，如：

（38）天（还）没冷嘞。

（39）水（还）没热嘞。

（40）俺（还）没想嘞。我（还）没有考虑（这事儿）呢。

6.1.5　起始体的疑问形式

可用语调、疑问标记等常用疑问手段来表疑问，构成是非问句、正反问句，如：

（41）下开啦?

（42）下开啦么?

（43）吃昂饭啦没有?

（44）是不儿吃昂饭啦?

6.2　持续体

持续体表示动作行为、状态、事件的持续。有些研究区分持续体和进行体，然而从安阳方言来看，区分进行和持续意义是困难的，不仅安阳方言如此，在其他地区的晋语中，也有类似情况。邢向东（2006）、郭校珍（2008）认为，晋语的持续体和进行体常常混而不分。辛永芬（2007）认为，进行和持续实则是由于观察角度的不同而表现出的区别，进行侧重动态，持续侧重静态。苏俊波（2007）认为动作的持续也就是动作的进行。因而，我们认为把进行和持续意义归并为持续体更符合安阳方言的特点。安阳方言表持续体的主要手段有重叠式、使用体标记助词"的""嘞"、准持续体标记"着"、副词"正"、介词短语"在那儿"等。

6.2.1　重叠式表持续

重叠式是表示持续体的重要语法手段，安阳方言中主要有以下三种表持续的重叠式。

6.2.1.1　V 啊 V、V 啊 V 啊

单音节动词重叠式的中间加上轻声音节"啊"，构成"V 啊 V"和"V 啊 V 啊"格式，表示动作或状态的持续。动作动词、心理动词进入重叠式后可以表示一种动作的反复和持续。如：

（45）他嘞腿一的在桌的底下踢啊踢。_{他的腿一直在桌子底下踢啊踢啊。}

（46）你整天就知道吃啊吃，啥也不会。

（47）镇介的摇啊摇，不怕散咾架的？_{这样摇啊摇，不怕散了架？}

（48）喷啊喷啊（胡吹乱侃的意思），连人都喷跑啦。

（49）我想啊想啊，就儿想不开他是谁。_{就是想不起来他是谁。}

能进入"V 啊 V"和"V 啊 V 啊"的动词类型是相同的，"V"可以在这两种格式间互换。但表达的意思和用法略有不同。"V 啊 V"，持续的时间给人感觉略短于"V 啊 V 啊"，如：

（50）镇介的摇啊摇啊，不怕散咾架的？_{这样摇啊摇，不怕散了架？}

例（47）表反复、持续摇，而例（50）除表示反复持续外，还指摇的时间过于长。

6.2.1.2　一 V 一 V

单音节动词重叠式"一 V 一 V"，表示动作反复不断地持续进行。如：

（51）咋我嘞眼皮的一下午都一跳一跳嘞。_{怎么我的眼皮一下午都一跳一跳的。}

（52）台灯老在那儿一闪一闪嘞，是不儿是坏啦？

6.2.1.3　V 的 V 的

这种格式是动词＋体标记"的"重叠构成，"的"相当于普通话表

持续的"着"，如：

（53）奶奶瞧的瞧的，还睡着啦。

（54）走的走的就迷路啦。

（55）拾掇的拾掇的，还忘啦做饭啦。

（56）跑的步跑的步，就想开那一道题咋做啦。

（57）洗的衣裳洗的衣裳，就瞧见小陈回来啦。

"V"可以是动作动词、心理动词、兼具动态和静态的动词，"V"后可以添加宾语，构成"V 的 OV 的 O"式重叠，如例（53）。这种结构后往往要添加表结果的小句，前半句中"V"表示的动作和行为的持续是构成后半句结果的原因、方式和状态。

安阳方言的"的"相当于普通话的"着"，表示动作的持续进行，用在动词后，如例（53）—（55），用在离合词之间如（56），也可以用在动宾之间如例（57）。

6.2.1.4　"V 的 V 的"与"V 啊 V 啊"比较

（一）较之 6.2.1.1 的"V 啊 V 啊"，"V 的 V 的"使用范围更大。一些兼具动态和静态的动词只能进入"V 的 V 的"，不能进入"V 啊 V 啊"结构，如：

（58）抱的抱的就抱不动啦。

（59）＊抱啊抱啊，就抱不动啦。

（60）拿的拿的就不知道搁昂哪儿啦，找不着啦。拿着拿着就不知道搁到哪儿了，找不着了。

（61）＊拿啊拿啊就不知道搁昂哪儿啦，找不着啦。

（二）"V 的 V"的格式可以添加宾语，如例（57），而"V 啊 V 啊"格式不能带宾语。

（三）有时"V"似乎在两格式中都适用，但意思有变化。如：

（62）拾掇啊拾掇啊，还忘啦做饭啦。

例（55）表示不间断地拾掇，过于专注，因此忘记做饭；而例（62）表示拾掇的时间实在太长了，都耽误了做饭。

（四）"V 的 V 的"格式可以添加副词"正"构成"正 V 的 V 的"格式，而"V 啊 V 啊"不可添加副词"正"。如：

（63）正走的走的，就迷路啦。

（64）正洗的衣裳洗的衣裳，就瞧见小陈回来啦。

（65）＊正喷啊喷啊（胡吹乱侃的意思），连人都喷跑啦。

（66）＊我正想啊想啊，就儿是想不开他是谁。

有的语法研究将动词重叠式既归入持续体又归入反复体，这应当是站在不同角度观察思考语言现象得出的结果。如："镇介的摇啊摇啊，不怕散咾架的？"这里的"摇啊摇啊"，若分解为一个又一个"摇"的具体动作，可以观察到"摇"的动作反复出现。而如果在某一时间段内观察这一行为，又可以看到这一动作具有不间断进行的特点，即动作具有持续性。在后文中，还可以看到，动词重叠还可以表示短时体和尝试体，从动作的出现方式看，短时体和尝试体同样具有反复进行的意义。可以说，动词重叠在表动作行为反复进行的意义基础上可以表现出持续义、短时义、尝试义。研究持续体、短时体、尝试体，都不可否认其动作行为本身具有反复义，但如果单立反复体，又难免重复累赘，因此，本书不单立反复体，只在必要时，提及动作和行为具有反复意义。

6.2.2　持续体标记——"的"

安阳方言中持续体标记"的"，读音为［ᵗɛʔ］，入声。用法与普通话的体标记"着［ᵗʂə］"相似。据《现代汉语八百词》，"着"［ᵗʂə］有四种意义：

（1）表示动作正在进行。用在动词后，动词前可加副词"正、在、正在"，句末常有"呢"。如："他们正看着节目呢。"

（2）表示状态的持续。用在动词、形容词后，动词、形容词前不能加副词"正、在、正在"。如："门开着呢。"

（3）用于存在句，表示以某种姿态存在或动作产生的状态。如："门口围着一群人。"

（4）动＋着＋动，构成连动式，动词多为单音节动词，有时是一个动词重叠或两个动词连用。如："坐着讲。"和"想着想着笑了起来。"

"着"的这四种意义和用法，安阳方言都用"的"［ᵗɛʔ］表示。持续体标记"的"是安阳方言中分布很广的一个体标记，主要用于动作动词及兼表动态和静态的动词后，表动作或状态的持续。功能和分布形式上与普通话的体标记"着"相似。

安阳方言的持续体标记"的"主要用在有持续义的动词或形容词后面，表示动作、状态的持续。

6.2.2.1　V+的（+O）

这一格式为祈使句。只有"的"可以构成祈使句，"嘞"不可以。如：

（67）听的！

（68）瞧的前边，别瞧脚底下。

祈使句中的持续体，表示说话人期望听话人按照要求使某动作或行为持续进行。

6.2.2.2　V+的（+O）+嘞

（69）我穿的毛衣嘞。

（70）篮球他都_{他们}带的嘞。

这一格式的主语部分可以是施事，也可以是受事。句尾必须使用语气词"嘞"。V 是兼具静态和动态的动词如例（69）、（70），这类凸显状态的动词前，不能添加副词"正"。

6.2.2.3　处所+V+的+数量短语+N

这一格式陈述某处正在发生某事或某事以某种状态持续存在。V 为兼具动态和静态的词，如：

（71）火昂烧的一壶水。_{火上烧着一壶水。}

（72）天昂上飞的一只老鸹_{（乌鸦）}。

（73）院的嘞_{院子里}站的几个人。

（74）床昂摆的四五条被的。

这一格式主语只能是处所词，宾语前必须使用数量短语。且不能用助词"嘞"，也不能添加副词"正"。从语义上来看，这类句子表述某地有某物，因此也被称为"存现句"。同时，这也是我们第 14.2.2 节所要关注的"的"字位置句——考察事物所处空间的方式和特点。

6.2.2.4　V₁的（O）+V₂P

该格式是连动结构，V₁的（O）是状语，表示某一动作持续进行，是动作 V₂的方式。V₁可以是有持续义的动作动词、兼具静态和动态的动词，也可以是有持续义的形容词。如：

（75）走的瞧书毁眼。

（76）开的车去逛逛。开着车去逛逛。

（77）圪蹴的蹲着吃饭能得劲儿？

（78）她害羞，红的脸跑啦。

6.2.3　持续体标记——"嘞"

安阳方言的"嘞"［·lei］使用范围广泛，功能类型多样，按照语法功能可以分为六类，即结构助词、体貌标记、方位标记、表趋向的音节助词、语气词、构词语素，对"嘞"的功能和意义问题，本书将在第11章集中讨论。在持续体中出现且表动作、状态持续的"嘞"，是持续体标记。用法上与普通话表进行的"呢"接近，赵元任（1979）、朱德熙（1982）、吕叔湘（1996）、刘月华（2001）都将"呢"看作助词或语气词。以上各家对"呢"的共识是，"呢"用在陈述句句尾可表进行或持续。而在疑问句中，不能用"呢"表进行或持续的询问。如：

（79）他写作业呢。

（80）＊他写作业呢？

而安阳方言的体标记"嘞"不仅在陈述句中表进行和持续，在疑问句中也是强制性句法成分，如：

（81）他写作业嘞。

（82）他写作业嘞没有？

另外，在安阳方言中，表实现的体标记"啦"跟普通话的实现体标记"了"一样，都既可以在陈述句中出现，也可在疑问句中出现。因而，本书称具有类似语法功能的"嘞"为体标记。又由于前文已述，安阳方言中进行体貌和持续体貌很难分开，本书将进行体和持续体统一为持续体貌，由此将安阳方言中的"嘞"称为持续体标记。

安阳方言的"嘞"近似于普通话表进行的"呢"。普通话表进行的"呢"用在句尾，一般构成"（正）V 呢"格式，表示某种动作、状态处于进行中。可和表进行的"着"同现。如："我（正）看（着）电视呢。"安阳方言的"嘞"表持续，可单用，也可与"的"同现。但实际使用中，往往和"的"同现的情况更多。句中的动词一般为具有持续义的动词和形容词。其构成的格式有以下几种：

6.2.3.1 （正）V（的）嘞

这种格式是一种动态持续句，表示事件正在发生。主语可以是处所词、指人或物的名词。可以添加副词"正"。V 可以是有持续义的动作动词和形容词，如：

（83）台的昂（正）演（的）戏嘞。

（84）锅嘞（正）滚（的）饭嘞。

（85）电视昂（正）演（的）嘞，来瞧嘞吧。

（86）外头（正）下（的）嘞。

（87）孩的（正）写（的）作业嘞。

（88）等一会儿开饭，俺妈（正）包（的）饺的嘞。

（89）这两天（正）热（的）嘞。

主语可以是处所，如例（83）—（86）；可以是人，如例（87）、（88），还可以是时间，如例（89）。当主语是处所主语时，其后的宾语成分不能用数量修饰成分，如例（83）不能说：*台的昂（正）演的一台戏嘞。这一格式在语义上表述动态的持续，不像6.2.2.3格式可以用来表静态的持续和存在。

这类格式中，不用"正"的句子，表示事件、动作的持续进行；用"正"除表示事件、动作持续进行外，还可凸显在说话的时点上，事件、动作的进行状态。"嘞"在句尾，表持续进行，具有很强的完句功能，这与它总是处于句尾位置有关。"的"位于谓词后，可用可不用。不用持续体标记"的"，更强调事件和状态的进行。但安阳方言中，不用"的"的表达方式在实际语言交际中的使用频率远不如添加持续体标记的"的"使用频率高。在辛永芬（2007）对浚县方言的研究中，可以看到浚县方言对"（正）V 嘞"格式的使用要多于安阳方言。浚县方言属中原官话，也许中原官话倾向于用"（正）V 嘞"格式表持续。

6.2.3.2 在那儿 + V（ + 的）（ + O） + 嘞

安阳方言陈述某人正做某事时，还可用格式"在那儿 + V（ + 的）（ + O） + 嘞"表述。其中的 V 主要是具有持续义的动词，如：

（90）孩的在那儿画（的）画嘞。

（91）被的在那儿晒（的）嘞。

"V"前的"在那儿"，原指动作进行的处所，从事理上说，如有事物以某种状态在某地存在或事件在某地进行，人们的关注焦点是事物状态或事件的进行。如：

（92）孩的在屋嘞弄啥的嘞？——孩的在那儿垒积木嘞。

（93）昨天晚上他都_{他们}没有来教室吧？——来啦，他都_{他们}在那儿没有学习，一的一直瞧电影啦。

而如果事件尚未发生或已经发生过，人们更关注的是事件依存的处所。如：

（94）他嘞单位说明年在那儿再盖一栋楼。

（95）我记得小动儿在那儿瞧过一场电影。

因而，"在那儿"，出现在非持续体中，往往是全句焦点，而在持续体中，"在那儿"的语义和语音都不是全句重点，更容易语法化为时体标志。赵日新（2001）也曾指出，用指示处所的方式表示进行体，在方言中多见。

随着"在那儿"语法化，"在那儿 + V"格式可以既表处所，也表动作进行。如："他在那儿喝的酒嘞。/小兰在那儿写的作业嘞。"这两句，动作的进行意义已经凸显。语言交际中，"在那儿"就有了喝酒、写作业这两件事正在持续进行的意味。"在那儿"进一步语法化，"在那儿"的空间意义消失，表进行、持续的意义。语音上也弱变为轻声。

"在那儿"用处所的远指表持续，是安阳方言中很有特色的一种时体表示方法，临近的鹤壁①、浚县②等地，另湖北丹江③也有类似的表达方式。而据钱乃荣（2004）研究，早期上海话中也有类似的现象，现已不存。

表持续的"在那儿"经常与体标记"的""嘞"、副词"正"同现。如：

（96）我在那儿上的课嘞，有事一会儿再说。

（97）咱先吃吧，他在那儿写的作业嘞。

（98）就说昨天吧，涅人家都在那儿忙的弄年货嘞，他一点儿忙不帮，进来就瞧电视。

---

① 参见左玉璐（2008）。

② 参见辛永芬（2007）。

③ 参见苏俊波（2007）。

（99）俺几个在那儿正聊的天嘞，看见幺一个人慌里慌张嘞跑出来啦。

（100）她正在那儿画的画儿嘞。

"的"在 V 和宾语之间，表动作行为的持续，有时也可不用"的"，但安阳方言中用"的"比不用"的"的频率更高。副词"正"可以位于"在那儿"后，也可以位于"在那儿"之前，强调说话时，动作在持续进行。"正"的位置灵活，也说明"在那儿"还没有完全语法化为仅表动作、状态的进行和持续，仍然存有空间位置意义。湖北丹江方言中的"正"必须置于表持续的"在那儿"前边，据此，苏俊波（2007）认为，"在那儿"比"在"语法化程度更高。没有宾语时，必须添加"的"和"嘞"，如：

（101）我在这儿做的嘞，你要儿是饿，就先吃点儿点心吧。

（102）*我在这儿做，你要儿饿，就先吃点儿点心吧。

左玉溶（2008）指出，在鹤壁方言中，若主语为第一人称，"在这儿 V"可表现在进行体，"在那儿 V"可表过去进行体。安阳方言中，"在这儿"一般不用在持续体中，若主语是第一人称，可以用"在这儿"表现在的持续，用"在那儿"表过去的持续，如：

（103）俺都在这儿玩儿嘞。

（104）我在这儿瞧的病嘞，一会儿给你回电话。

（105）昨天下午我在那儿正瞧电视嘞，还下开雨啦。

（106）俺几个那几天在那儿给涅人家修电脑嘞。

如主语为第二、第三人称，不管是现在的持续还是将来的持续，一般不用"在这儿"表持续，只用"在那儿"表持续。如：

（107）他都_{他们}在那儿玩儿嘞。

（108）昨天下午怹都_{你们}在那儿瞧电视嘞，他还走啦。

总体来看，"在那儿"比"在这儿"语法化程度更高，更常用于表持续义。浚县方言、丹江方言中也有此体现。

6.2.4　"的""嘞"的同现

安阳方言中祈使句、存在句、连动句中的持续义只能出现体标记"的"，此外，表持续的语句，往往"的""嘞"同现。这与普通话的情况有所不同，普通话的"呢"主要用于表进行，可以和"着"同现，也可以单独出现。可见，安阳方言的持续体和进行体常常混而不分。表进行的时候，必然伴随着持续。这也是我们在研究安阳方言时，合并进行体和持续体的原因。

6.2.5 "的""嘞"的来源

6.2.5.1 "的"的来源

据徐丹（1995）调查研究，晋方言等诸多方言中表持续的"的"和北京话的持续标记"着"，实为同一词，其来源为虚词"著"。梅祖麟（1988）从语法意义和音韵两方面对普通话"着"源于"著"作了充分论证。从语法意义来看，在各方言中，"著"衍生出三种用法：a、持续貌词尾，b、完成貌词尾，c、方位介词。前文已经论及安阳方言的"的"在语法意义和句法分布上，与普通话的"着"极其相似，见前6.2.2节文，都是持续体标记。而b、c的用法在普通话中已由其他词承担，如："了"表完成，介词"在"表处所方位。安阳方言中也是如此，源于"著"的"的"只充当持续体标记。在湘方言长沙话、晋方言太原话等诸多方言中，源于"著"的"的"类词，还承载着相当于介词"在"的功能。

从语音上来看，声母方面，中古"著"是澄母字，历史上知组曾读如端组，晚唐知组才从端组分化出来（王力，1985）。而"的"的声母是［t］，对此，徐丹（1995）认为，"著"在古汉语里应有两读，知系与端系分化后，"著"音在各方言里的演变不尽一致，某些方言反映出"著"字的原始状态，即知系读如端系，这大概是古音底层的保留。韵母方面，梅祖麟（1988）标注"著"在汉代的四种读音的音值为：

drjak －drjak 澄母药韵　　　trjak －trjak 知母药韵

　　　 －drja 澄母御韵　　　　　－trja　知母语韵

安阳方言知组御韵、语韵今仍读舒声韵，药韵读入声韵。"的"音［tɛʔ］跟药韵［o］有一定联系。除安阳方言外，晋语、赣语、湘语、西南官话……众多方言中都有表持续体貌的助词读音以［t］为声母，只是韵母各有不同。如鄂东北江淮官话的"倒"音为［tɑu⁰］[1]，山西大部分地区"的"韵母略有差异，声母多为［t］[2]。这些读音各异的持续体标记当都源自古代汉语的动词"著"。其语法化过程为：

著（附着义）＞著（结果补语、方位介词）＞的/着/倒/仔（持续意义）

6.2.5.2　"嘞"的来源

"嘞"在安阳方言中有多种意义和功能，其中之一是表持续的体标记。辛永芬（2007）认为，河南多地"嘞"的用法极其丰富，是中原官话的一大特色。安阳方言的"嘞"从语法类型上可以分成六类九种"嘞"。六类"嘞"的来源并不相同，我们暂只考察表持续的"嘞"。"嘞"跟普通话的句尾助词"呢₂"表进行和持续的意义相同。江蓝生（1986）将表疑问语气的"呢"记作"呢₁"，不表疑问语气可表进行和持续的"呢"记为"呢₂"。据吕叔湘（1984）、江蓝生（1986）考察，"呢₂"源于近代汉语的"在"和"在里"，在今天的方言中，我们仍可见到表进行和持续的"在""在里"。[3] 宋代写作"里、哩"，元明清写作"哩"。元代已有"呢"，多用作"呢₁"，"哩"多用作"呢₂"[4]。明以后，"呢"使用渐多，清前期《儒林外史》《歧路灯》中"哩""呢"并用，《红楼梦》《儿女英雄传》基本只用"呢"。清代随着"呢"的广泛使用，"哩"基本消失。但"哩"消失的快慢，各地有所不同。《歧路灯》中，用"哩"表示今天"呢₂"，如（以下两例均转引自辛永芬，2007）：

（109）大爷与舅爷家小相公说话哩。（歧路灯三·28）

（110）我去了娄师爷正惹气，相公在院里跪着哩。（歧路灯二五·242）

这种用作"呢₂"的"哩"，在今天河南、山西、湖北等地方言中还广泛存在。本书记作"嘞"。吕叔湘（1984）指出，唐宋俗语中，"在、里"原当"皆具有几分实义"，后"渐趋于空灵，不复有'于

① 参见邱磊（2010）。

② 参见孟庆海（1996）。

③ 参见汪国胜（1999）。

④ 参见江蓝生（2000）。

此'之义"。可见，"在、在里"最初应含有"处所""存在"之义。这应当与后来的"呢"可以表示进行和持续义有很大关系。赵日新（2001）也指出方言中用来指处所的介词往往也用来指时体。因此可以说，安阳方言的持续体标记"嘞"是对"在、在里"较实意义的承继，成为表持续体貌的体标记。除了用重叠式以及"处所＋V＋的＋数量短语＋N"格式表示持续体不用"嘞"外，"嘞"是大多数持续体表达式的强制性成分，必须使用。因此，"嘞"在安阳方言中的一个显著功能即充当持续体标记。而普通话的"呢$_2$"虽也有表持续的功能，但并不是句法强制性成分，因此，普通话的"呢$_2$"往往被归入语气词。"的"源于"著"，"嘞"源于"在/在里"，在近代汉语中，"著"和"在"都是可以指示时间和处所的介词①，最终在安阳方言中都演变为表持续体的体标记，两者可单用，也可同现。

6.2.6 准持续体标记——"着"

6.2.6.1 安阳方言的三个"着"

安阳方言的"着"根据语义和用法，可分为"着$_1$、着$_2$、着$_3$"，"着$_1$、着$_2$"读音都为［tsuo^{31}］，"着$_3$"读音为轻声，［·tsuo］。

"着$_1$"为动词，相当于普通话动词"着"［tsɑu^{35}］，如：

（111）着$_1$火啦！

（112）柴火着$_1$开啦。柴火着了。

"着$_2$"相当于普通话表结果的"着"［tsɑu^{35}］，用在动作动词后，作补语，表示动作行为的结果。如：

（113）可算见着$_2$诺那个头儿啦！

（114）刚才打着$_2$你啦没有？

（115）记啦半天还是记不着$_2$。

（116）没有拽着$_2$，叫他跑啦。

"着$_1$""着$_2$"意义较实，读本调。"着$_3$"意义虚化，读轻声，用于动态、静态兼具的动词和可持续的动作动词后，表某一动作或状态的持续。

---

① 参见赵日新（2001）。

6.2.6.2　V 着₃构成的持续体格式：V 着₃ (+ O)

在意义上，"V 着₃"，相当于普通话表持续的"V 住"①，是没有完全语法化的准持续体标记，常出现在祈使句中，如：

（117）按着₃！

（118）顺着₃路往前，再右拐。

"V 着₃ + O"还可以构成连动式、复句形式：

（119）对着₃口儿往里倒水。

（120）看着₃孩的，别叫他往马路昂上跑。

例（117）—（120）中的"着₃"都可替换为持续体标记"的"：

（121）按的！

（122）顺的路往前，再右拐。

（123）对的口儿往里倒水。

（124）看的孩的，别叫他往马路昂上跑。

上述例句可以看到，"V 着₃"一般只用于表祈使，表述一种未然的状态保持或动作的伴随。而出现在"着₃"前的动词一般为可使受事产生某种结果状态的动态动词，如"按、拴、看"等。因而，"V 着₃"是一种虚化程度较低的表持续的格式。在安阳附近的浚县，"V 着₃（住）"还可用于表持续的陈述句，其虚化程度要高于安阳方言中的这一格式。如（以下两例均转引自辛永芬，2007）：

（125）小勇背住书包儿上学了。

（126）她抱住小孩儿进来了。

6.2.6.3　表持续的"着₃"的来源

从汉语史及相关研究来看，"着₁、着₂、着₃"来源于近代汉语的"著"。"着₁"是动词，"着₂"相当于普通话表结果的"着"和"住"，"着₃"相当于普通话表持续的"着"。普通话表结果的"着""住"以及持续体标记"着"也均来源于近代汉语的"著"。只是普通话表结果的"著"，语音上分化为 $[tʂɑu^{35}]$ 和 $[tʂu^{51}]$，表持续义的读作 $[\cdot tʂe]$。而安阳方言表结果以及由表结果义发展为持续义的"著"，语音没有分化，都读作"$[tsuo^{31}]$"。"着₃"与"的"都可表持续义，但前者还遗

---

① 参见王晓红（2009）。

留有结果义，更接近普通话表持续义的"V住"。而"的"已经是成熟的持续体标记。虽然"着₃"和"的"都源自近代汉语的"著"，但两者的语法化途径还是有差别的。前文已阐述了"的"的语法化途径。"着₃"又是怎样的呢？

"着₃"在其他方言中也广泛存在，分别被记作"着、著、住、居"等。在晋方言、北方官话中一般被记作"住"。罗自群（2005）研究认为，一些方言中表持续的"住"其本字不是"住"，而是"着"。我们赞同她的研究和结论，并依据罗自群（2005）对表持续意义的"住"语法化途径的研究成果，试着勾画了安阳方言"着₃"和"的"的语法化过程，即

图 6-1　安阳方言"着₃"和"的"的语法化过程

从汉语史的普遍发展规律来看，持续体标记都来自动补结构，并多由表结果的补语演变而来，因而可以拟测，安阳方言的持续体标记"的"当有一段表结果义的发展过程；这一过程中，语音开始分化，出现"着"音和"的"音的并存，两音都可表结果和方位。经过长期的并存、竞争和发展，最终，"着₂"表结果，而保存古音的"的"，承载了后起的用法，表持续义。在"着₂"表结果的基础上，又发展出表持续的新功能，即"着₃"。但"着₃"表示持续义的功能，无论语义范围还是语法格式都远不能与纯持续体标记"的"相提并论。[①] 据王晓红（2009）研究，普通话"V住"既和"V着 [tʂuu³⁵]"一样能表结果

---

① 王晓红（2009）比较了表持续义的"V住"和"V着"，认为"V住"表持续的能力远不如"V着"。另罗自群（2005）发现，各地方言中，"住"音表持续义，其范围和功能大小不一致，有的方言中"住"已经是一个成熟的持续体标记。但安阳方言中，"着₃"是一个范围和功能都远远比不上"的"的准持续体标记。

义，又与"V 着［tʂə］"一样能表示"持续的动作行为或状态"。只是
"V 住"中的"住"还没有虚化到更虚的只充当标记体的地步。从语义
上讲，"动作最终的状态作为不动的东西存续下来"就是动作造成的状
态的持续。[①] 这应当是"V 住"从表结果到表持续变化的合理推测。
"住"从结果补语虚化为表持续的准标记，这符合汉语史上的普遍现象
和规律。因此，我们认为，安阳方言表持续的"着₃"应当与表持续的
"着₂"有密切的关系，"着₃"是从"着₂"虚化而来的持续体准标记。
之所以判定"着₃"是准体标记，是因为一方面如前文所言，语义上由
实到虚发生了变化，语音上不读本调读轻声；另一方面，句法结构上，
同处于动词之后，补语"着₂"与动词之间可添加否定可能性的"不"，
准标记"着₃"却不能在动词与"着₃"之间加上"咾、不"等成
分。如：

（127）我记着₂咾。——我记不着₂。

（128）＊顺着₃咾路往前走。——＊顺不着₃路往前走。

基于对安阳方言语言事实的调查研究，以及对既有学术成果的分析
比较，我们认为，安阳方言的"V 着₃"和"V 的"一样是表持续的格
式，但"V 着₃"仍存留一些同"V 着₂"一样的结果义。"V 着₃"是由
表结果的"V 着₂"发展而来，而不是"V 的"的另一语音形式。这与
普通话的情况有很大不同。普通话用语音形式区别表持续的"着"和
表结果的"着"。表持续的"着"是持续体标记，读音为［·tʂə］；表结
果的"着"，读音为［tʂɑu³⁵］。［·tʂə］和［tʂɑu³⁵］各司其职，互不影
响。安阳方言中，持续体标记"的"与普通话持续体标记"着"对应，
语义、语法功能几乎完全相同，都来源于古代汉语的动词"著"，因语
音分化，导致读音不同。安阳方言的"着₂"［tsuo³¹］对应普通话表结
果的"着"［tʂɑu³⁵］，"着₃"［tsuo³¹］是在"着₂"［tsuo³¹］基础上虚
化而成的准持续体标记，读音相同，语法功能不同。"着₃"的语法功能
更接近持续体标记"的"。

安阳方言中表持续的"的"和"着₃"的语法化过程，充分呈现出
汉语史上语音、语义、语法发展的复杂和纠葛。这尤其表现在历史文献

---

① 参见苏俊波（2007）。

以及人们对方言中虚词的记录，往往不采用本字，而是根据口语记音，音、形、义的不一致，使得找寻事实变得尤为艰难。这种艰难虽难避免，但如当前的方言研究对一些虚词能稍作考证，而非简单地用同音字记录，情况会好很多。譬如，在安阳方言中，以"着₃"［tsuo³¹］记录准持续体标记显然比用"住"记音更符合语言发展的事实。

6.2.7 持续体的否定形式

谓语前除祈使句需要用"甭"［piŋ³¹］一般用"没有"，如：

（129）甭走的路瞧书！

（130）他嘞腿没有一的在桌的底下踢啊踢。他的腿没有一直在桌子底下踢啊踢。

（131）我嘞眼皮的没有一跳一跳嘞。我的眼皮没有一跳一跳的。

（132）奶奶没有瞧电视。

（133）放心，孩的没有哭啊哭。

（134）俺没有学的学的还睡着啦。

（135）俺没有在那儿瞧书。我没在看书。

（136）火昂没有炖（的）东儿。火上没有炖着东西。

（137）我没有洗（的）衣裳。我没在洗衣服。

需要指出的是，安阳方言持续体标记"的"，在否定形式中可以出现，也可以不出现，如例（129）用"的"、例（132）不用"的"，这应当也可表明安阳方言的持续体和进行体往往是同现的、混合的。而普通话的持续体否定式可以用"着"，进行体否定式不能用"着"。如：

（138）我躺着呢。（持续体）——我没有躺着。

（139）我正洗着衣服呢。（进行体）——＊我没有洗着衣服。——我没有洗衣服。

6.2.8 持续体的疑问形式

根据语用要求，可以用"VP 嘞没有""是不儿 VP""VP 嘞么"格式以及疑问句调来构成疑问句，其中"VP 嘞没有"是疑问度最高的形式，相当于普通话的"吗"问句。其他几种疑问形式都是信多于疑。如：

（140）走的路瞧书？

（141）你学的学的还睡着啦？

（142）他嘞腿是不儿在桌的底下踢啊踢嘞？ 他的腿是不是一直在桌子底下踢啊踢的？

（143）你嘞眼皮的一跳一跳嘞么？ 你的眼皮一跳一跳的？

（144）奶奶瞧的电视嘞没有？

（145）孩的在那儿哭嘞没有？

（146）火昂炖的东儿嘞没有？

6.3　完成体

完成体是指动词代表的动作行为或形容词代表的性状已经实现，安阳方言完成体标记主要有"咾""啦"，另外还有准完成体标记"罢、完"等。

6.3.1　完成体标记——"咾"

完成体标记"咾"［ˌlɑu］，相当于普通话的"了₁"。是从动词"了［liɑu³¹］"虚化而来，可用于除关系动词之外的各类动词以及状态会发生变化的形容词后。

6.3.1.1　"咾"的句法分布
6.3.1.1.1　V＋咾
动词或形容词后都可以出现表完成的体标记"咾"，如：

（147）恁同学来咾，记的着叫涅人家吃苹果。

（148）等他走咾，我再告给告诉你。

（149）收音机坏咾再买一个。

（150）苹果红咾再摘。

这一格式不能单独成句，必须有后续小句，如例（147）、（148）或以紧缩复句形式出现，如例（149）和例（150）。语义上，这里的"咾"用于表未然情状，因而"V＋咾"也可表假设，如例（149），假设某物坏了，才买新的。

6.3.1.1.2　V+咾+O

（151）吃咾你碗里头嘞饭！

（152）连衣裳洗咾！

（153）这些书尽占地方，卖咾吧。

（154）将刚洗咾澡，还没睡嘞。

（155）昨天晚上刷咾锅，俺又出去散啦一会儿步。

（156）你要儿到那儿咾，给家嘞打幺一个电话。

（157）这会儿不行，俺一会儿下咾课才能去接孩的。

（158）我缴咾水费啦₂。

（159）我买咾衣裳啦₂。

（160）项链丢（咾）啦₂。

（161）作业都写（咾）啦₂。

（162）她一下的买咾五身儿衣裳。

（163）涅一口气儿吃咾三碗饭。

"V+咾+O"可出现在祈使句中，表未然，如例（151）—（153），宾语可用处置标记"连"等手段提前。除用在祈使句中，"V+咾+O"格式的成句必须满足以下三个条件之一，才能成句：

A. 与后续小句同现，或构成紧缩复句。

在复句中，"V+咾+O"用在前一小句，表示动作行为已完成，根据上下文语境，所在句子可表已然或未然。如例（154）、（155）表已然，例（156）、（157）表未然，例（156）还出现了表假设的"要儿要是"。用在未然句中的"咾"，有时为后续小句动词所表示的动作事件设定时间框架和背景条件。

B. 和表实现的"啦"同现。

如例（158）—（161）。需要注意的是例（160）、（161）由于受事提前，"咾"和"啦₂"挨在一起，表动作的完成与情况的实现，"啦"表实现也能表完成，因而这里更强势的体标记"啦"兼并了"咾"。而在晋语平遥、汾阳等地，"佬"和"啦"不发生兼并，还保留着"佬"和"啦"叠置出现于句尾的形式。如下面转自郭校珍（2008）的两例：

a. 饭我吃佬啦。（平遥方言）

b. 项链丢佬啦。（汾阳方言）

C. 跟修饰性数量短语同现。

如例（162）"衣裳"前有修饰性数量成分"五身儿"，例（163）"饭"前有修饰性数量成分"三碗"，否则不成句。

以上三个条件，具备一个，就可成句，当然，也可以两个、三个条件并存。如：

（164）他缴唜三个月嘞水费，又去公园嘞逛啦逛。

（165）我买唜五身儿衣裳啦，还想再去超市买点儿吃的儿。

在安阳方言中，除表祈使、陈述句必须满足这三个条件之一，"V＋O＋唜"才能表动作完成，句子才成立。晋语很多地方如娄烦、神池、平遥、汾阳等地以及湖北安陆、丹江等地"唜"也有类似分布。

6.3.1.1.3　动补 VP＋唜

（166）写罢作业唜好好儿检查检查。

（167）房的打扫干净唜再装窗帘儿。

（168）等苹果熟透唜就自己掉下来啦。

（169）玉米干透唜再收。

"唜"用在动补性短语后，表事物先后关系。类似普通话"了₁"的用法。但"了₁"可有可无，"唜"不能省略。郭校珍（2008）指出晋语娄烦话的"佬"在这类句子中也必须使用，不能省略。另据施其生（1996），汕头话中"了"也有这样的用法。安阳方言的"唜"，娄烦话的"佬"，以及汕头话的"了"，在动补结构后都是尚未完全虚化的成分，仍具有"完结、结束"的意思，大量地用于的连动式谓语或复句中，表示两件事相承发生。

近代汉语中，"了"也有这样的用法（以下两例均转引自王琳，2010a）。如：

（170）见了师兄便入来。（难陀出家缘起，敦煌变文集）

（171）晨朝起来洗手面；盥洗了吃茶；吃茶了佛前礼拜；佛前礼拜了和尚主事处问询；和尚主事处问询了僧堂行益；僧堂行益了上堂吃粥；上堂吃粥了归于下处打睡。（《景德传灯录》卷二十六）

动补结构后的"唜"常用在未然句中，为后续小句动词所表示的动作事件设定时间框架和背景条件。如：

（172）博物馆盖好咾，咱就去瞧瞧嘞。

（173）新房的弄干净咾，来做客嘞吧。

未然情状往往与假设相关，因而，常可用"要儿_{要是}"等表假设的词语凸显假设语义。如：

（174）要儿_{要是}吃完饭咾，就去写作业嘞吧。

（175）你要儿_{要是}捡着涅嘞钱咾，就还给涅。

用普通话表述，就是"……的时候"或"……的话"。陕北晋语的清涧话[①]，山西的洪洞、平遥[②]等地也有这种用法。

6.3.1.1.4　不+咾

"咾"跟在"不"后，表示"不这样的话"，用于商量、建议：

（176）不咾，恁先吃饭吧，别等我啦。

（177）不咾，买粉色儿嘞吧，粉色儿好瞧。

"咾"多数情况下表未然，只能用于否定副词"不"后，不能用在"没"后。

晋语多有这些用法，如山西晋语区娄烦、太原、平遥、临县、应县、汾阳、忻州、柳林、静乐等地。在这些地方，"咾"还可以后置于一般名词及其短语、数量词及其短语后。这些方言中的"咾"已发展成为话题标记。而安阳方言中"咾"只能作时间性和处所性词语的"话题标记"，如：

（178）明儿咾$_2$，咱一块儿去北大街逛逛嘞。

（179）屋儿咾$_2$，可特黑_{太黑}，还儿是外头吧。

（180）＊小红咾$_2$，可会打毛衣嘞。

（181）＊两杯的白酒咾，喝不下。

可见，安阳方言的"咾"还不是一个真正的话题标记。

6.3.2　完成体标记——"啦$_1$"

安阳方言的体貌标记有两个"啦"，读音相同，分别相当于普通话的"了$_1$"和"了$_2$"，表完成和实现。我们将这两个"啦"分别记为

---

① 参见邢向东（2006）。

② 参见乔全生（2000）。

"啦₁"——表完成，"啦₂"——表实现。本节我们描写分析完成体标记 "啦₁"，第6.4.1节将描写实现体标记 "啦₂"。

"啦₁" 是安阳方言中的另一个完成体标记，也是从动词 "了[liɑu³¹]" 虚化而来。与普通话的 "了" 一样，"啦" 除了表完成，还可表实现，为区别完成体标记 "啦" 和实现体标记 "啦"，我们将完成体标记啦记为 "啦₁"，实现体标记 "啦" 记为 "啦₂"。"啦₁" 与普通话的 "了₁" 相似，用于谓词后，表示动作、行为的完成以及性状的变化。可用于除关系动词之外的各类动词以及状态会发生变化的形容词后。构成的格式如下：

6.3.2.1 V + 啦₁（ + 时量短语） + O + 啦₂①

（182）俺买啦₁衣服啦₂。

（183）他说啦₁不去啦₂。

（184）我都去啦₁五回北京啦₂。

（185）小陈为作这个事儿，跑啦₁几趟啦₂。

宾语可以是体词性宾语，如例（182）。也可以是谓词性宾语，如例（183）。一般宾语前不用数量短语，如例（182），可带时量宾语表动作行为持续的时间，如例（184）、（185）。句尾必须用表实现的 "啦₂" 成句，否则，须添加后续小句，表示事件前后相继发生。如："俺买啦衣服又去吃啦肯德基。"

6.3.2.2 V + 啦₁ + 数量短语 + O

（186）夜个儿昨天涅人家去买啦₁么一个大彩电。

（187）我借啦₁涅人家三本儿书。

（188）饭只吃啦₁一碗。

（189）玩具扔啦₁满地。

宾语可以是一般宾语以及数量宾语，一般宾语前边必须有数量短语修饰，句尾可以不用表实现的 "啦₁"。

从以上的研究可以看到表完成的 "啦₁" 和表实现的 "啦₂" 共现的条件，可以看到，两个 "啦" 共现与否，由宾语的性质决定。数量

---

① 句尾的 "啦₂" 相当于普通话的 "了₂"，表情况的实现，可参看第6.4.1节实现体标记 "啦₂"。

宾语以及有数量短语修饰的一般宾语，句尾不用表实现的"啦$_2$"；如宾语为时量宾语、不受数量短语修饰的一般宾语、动量宾语、受动量短语修饰的宾语，句尾都须用表实现的"啦$_2$"，否则须有后续小句。

6.3.3 "咾"和"啦$_1$"的比较

安阳方言的完成体标记"咾"和"啦$_1$"都源于动词"了"。在各地方言中，都有源于动词"了"的虚词，如丹江、安陆、浚县、山西等地的一些方言。有的地方分化为两个虚词，如安阳方言、开封方言，有的分化为三个，如林州方言等①。本节将对安阳方言源自动词"了"的两个完成体"咾""啦$_1$"作进一步分析和比较。

完成体标记"咾"和"啦$_1$"在安阳方言中并存，说明两者并非完全相同，各有其存在的意义和价值。事实上两者在事态上有明晰的对立互补关系。李小凡（1998）将体貌又区分为动态和事态，动态相当于通常意义上的"体"，是观察动作发展变化的过程所区分的体貌类型，指动作或其变化的过程中显示的不同状态。而事态是从事件的角度观察事件的发生、存在、变化与否所区分的体貌类型，着眼点是整个句子所表示的事件发生与否、出现与否、存在与否，一般分为已然态、未然态等。有时两者又有一些联系。安阳方言表完成的"咾"和"啦"，就具备区分事态的功能。如：

（190）别废话，连衣裳脱咾。

（191）一句话没说，还连衣裳脱啦$_1$。

（192）丹尼斯开业咾，咱去那儿逛逛嘞。

（193）丹尼斯开业啦$_1$，咱去那儿逛逛嘞。

例（190）、（192）是未然态，用"咾"标记，例（191）、（193）是已然态，用"啦"标记。在普通话中，已然态和未然态是没有形式上的区分的。如：

（194）别废话，把衣服脱了。

（195）一句话没说，还把衣服脱了。

（196）丹尼斯开业了，咱去那儿逛逛。

---

① 参见王琳（2010b）。

这就需要依赖上下文语境，才能区分已然和未然。王琳（2010b）从语用学角度指出"咾"和"啦₁"具有区分前景事件和背景事件的功能，与我们的分析异曲同工。"咾"在"V+咾（+O）+啦₁""V+咾+数量+O"格式中，可以替换为"啦₁"。这两种格式都用于已然态。但前文也提及，在安阳方言中，这两种格式使用"啦₁"的频率更高，甚至"啦₁"有取代"咾"的趋势。"啦"［·la］的发音比"咾"［·lau］略简单，这有语言使用者说话追求简省的原因，也与"咾"与"啦"语义和语法的分工定位有关。而在需要添加后续小句表未然的格式"V+咾+O……"中，"啦₁"无法替代"咾"。从这些方面看，"咾"有专用于未然态的趋势，而"啦₁"有专用于已然态的趋势。

6.3.4 准完成体标记——"罢""过""昂"

6.3.4.1 准完成体标记——"罢"

"罢"$[pa^{213}]$是近代汉语出现的表完成的动词，多用在动词或动词短语后表动作行为的终结，或跟其他表完成的动词构成复合词，如"了罢、已罢、罢了、毕罢"[①]，并用于动词或动词短语后表动作行为的完结。现代汉语普通话中，"罢"少用或不用。但在一些方言中，如安阳方言、浚县方言、丹东方言等，"罢"较活跃，表动作或变化实现，可用于除关系动词之外的各类动词以及状态会发生变化的形容词后。

"罢"的句法分布如下：

（一）V+罢+啦₂

（197）瞧罢啦₂。

（198）演罢啦₂。

（199）热罢啦₂。

（二）V+罢+O+啦₂

（200）瞧罢书啦₂。

（201）演罢电影啦₂。

（202）洗罢澡啦₂。

（203）藏放罢糖啦₂。

---

① 参见钟兆华（1995）。

（三）V＋罢＋数量短语＋O＋啦₂

（204）坐罢一回小火车儿啦₂。

（205）吃罢一碗啦₂。

（四）V₁＋罢＋O＋V₂（＋啦₂）

（206）洗罢衣裳，他就去上班啦₂。

（207）刚吃罢药，别喝酒。

（208）你用罢叫我用用。

与近代汉语相比，安阳方言的"罢"一般只能跟在动词、形容词后，不能跟在动补结构后，动词所带的宾语要放在"罢"后。"罢"强调动作行为或变化的实现，语义指向动词，句尾必须使用表事件实现的"啦₂"（相当于普通话的"了₂"）。如有后续小句，若后续的动作是已然态，也必须使用"啦₂"，如例（206）。若后续动作是未然态，不用"啦₂"，如例（207）、（208）。

安阳方言的"罢"仍保留有补语性质。从功能上来看，但与一般动补结构相比，"V罢"没有可能式，不能说"能V罢，不能V罢"，"V罢咾（表可能）"，"V不罢"；且不能用肯定和否定的叠加表正反问："＊V罢V不罢？"从语义上看，"罢"表行为动作的实现和完成。但"罢"一般要和"啦₂"共现，才能表实现，因此，"罢"只能说是一个准实现体标记。在浚县方言中，"罢"也有类似的表现，但在丹江方言中，"罢"还是一个具有完成义的动词补语①。可见，从近代汉语发展起来的"罢"在不同地域的发展程度和阶段各有不同。

6.3.4.2　准完成体标记——"过"

普通话中的助词"过"，可区分为两个，一个"过"用在谓词后表动作的完毕或状态的完结；如："吃过饭再去/这事儿你想过没有？"一个"过"用在谓词后表示过去曾经有这样的事情或状态，② 如："我去过北京。/他结过婚。"这两个"过"都是动态助词。安阳方言里也有类似用法的两个"过"发音相同，都为［kuo²¹³］。本节关注的是用在谓词后，表动作的完毕或状态的完结的"过"，可视作准实现体标记。

---

① 参见苏俊波（2007）。

② 参见吕叔湘（1996）。

这个"过",还带有补语性质,但"V 过"没有可能式,也不能用肯定和否定的叠加来构成正反问句。因此,"过"和"罢"一样,都是准体貌标记。具有动态意义的动词和有状态有变化意义的形容词可和"过"一起表完成,如:

（209）天热过啦,不会再镇这么热啦。

（210）洗过衣裳啦。

（211）理过发再洗澡。

（212）瞧过作这个电影再走吧。

"过"由表示空间意义的"过"虚化而来,表动作或状态的实现和完成,可用于已然或未然。如例（209）、（210）表已然,例（211）、（212）表未然。表曾经经历过的"过"只能用于已然,详见本章第 6.5 节"经历体"的论述。安阳方言中,表实现的"罢"比表实现的"过"更常用。

6.3.4.3　准完成体标记——"昂"

本章第 6.1 节我们描写过起始体标记"昂"的用法和意义,并提及"昂"也可表完成。如:

（213）给孩的穿昂鞋啦。

（214）关昂门啦。

（215）灯笼点昂啦。

（216）被的铺昂啦。_{被子铺上了。}

表完成的"昂",音 ［ɑŋ］ 和表起始的"昂"都由表方位的"上"虚化演变而来。表完成的"昂"仍保留有"上"表示"有了结果或达成目的"① 意义的功能,因而我们只能把表完成的这个"昂"视作准完成体标记。只有具有 ［−持续］ 义的动词才能在"V + 昂（ + O）+ 啦"格式中表完成。而具有 ［ + 持续］ 义的动词在这一格式中表起始,详见前文第 6.1.2 节,此处不赘述。

6.3.5　完成体的否定形式

都是在动词前加"没/没有"。如:

---

① 参见《现代汉语词典》第六版对"上"的释义。

（217）我还没缴水费嘞。

（218）还没有刷锅嘞。

（219）她没有买衣裳。

（220）涅人家家没有买彩电。

（221）我还没吃饭嘞。

（222）被的还没铺嘞。

构成完成体肯定式的三个条件：1. 须出现后续小句。2. 句尾须有"啦"。3. 宾语前须有数量短语修饰。在实现体否定句中都是禁止出现的成分。表实现的体标记"咾""啦"，准实现体标记"罢""过""昂"等，也必须去掉，否定式中副词"还"、助词"也""嘞"常和"没、没有"共现。

6.3.6 完成体的疑问形式

安阳方言实现体的疑问形式有以下四种：

6.3.6.1 VP 啦没有？

（223）他缴啦水费啦没有？

（224）刷咾锅啦没有？

句尾有"啦"，句中没有数量短语修饰宾语的实现体句，可在句尾添加"没有"，构成疑问句。

6.3.6.2 是不儿 + VP 咾/啦 + 数量短语 + O

（225）她是不儿一口气儿买咾五身儿衣裳？

（226）涅家是不儿买咾幺一个大彩电？

6.3.6.3 SP + 么？

（227）他刚吃罢饭么？

（228）洗过衣裳啦么？

6.3.6.4 SP？

（229）玩具扔啦一地？

（230）孩的放啦学啦？

句中有数量修饰成分的不能在句尾添加"没有"构成疑问句，需用"是不儿"构成疑问句，或用助词"么"或句调上升构成疑问句。所有实现体肯定句都可以用"是不儿"、添加"么"或使用上升句调构成疑问句。

其中，只有 6.3.6.1 是真性问，其他三种疑问形式都为非真性问①。

6.4　实现体

实现体指句子表述的事件出现变化，新情况实现。

6.4.1　实现体标记——"啦₂"

安阳方言的实现体标记为"啦₂〔·lɑ〕"，相当于普通话的"了₂"。安阳方言的完成体标记"啦"一般出现在句尾，我们记为"啦₂"，以区别前文相当于"了₁"的完成体标记"啦₁"。

实现体标记依附的谓语类型多样，可以是单个动词、形容词、动宾短语、动补短语、连动短语或兼语短语等；还可以是数量结构或顺序义名词性成分（邢福义，1984），表示某一数量、某一时间或某一程度发生了变化或某种新情况将要实现。如：

（231）刚才还哭嘞，这会儿睡啦₂。

（232）镇介的这样穿最好瞧啦₂。

（233）他会做饭啦₂。

（234）俺走啦₂，你去不去？

（235）孩的上啦₁班啦₂。

（236）一满碗啦₂，够吃不够？

（237）都正处啦₂，真不瓢杆儿真不错！

（238）他快放学啦₂。

普通话中谓语动词带宾语时，"了₁"有时可以隐去，如：孩子放（了）学了。但安阳方言中，谓语为动宾短语时，完成体标记"啦₁"和实现体标记"啦₂"一般要同现，只出现实现体标记的句子往往难以成立，尤其当谓语中含有时量补语时，如：

（239）＊他上三天班啦₂。

（240）他上啦₁三天班啦₂。

---

① 参见袁毓林（1993）。

实现体标记也可以用在将来时中，表示将来某种新情况会实现，前面常用副词"快""就"等。如：

（241）俺走啦₂，回头有空儿再来瞧你嘞。

（242）下星期他就去海南啦₂。

后文6.8节中的将行体标记"也"，可以跟这两句中的啦₂互换：

（243）俺走也，回头有空儿再来瞧你。

（244）下星期他就去海南也。

"啦₂"用在将来时中侧重表未来会出现某一新情况、新变化；"也"用在将行体中侧重表事件还未发生，但将要发生。

6.4.2　"啦₁"与"啦₂""啦₁₊₂"的区分

"啦₁"相当于普通话的"了₁"，普通话的"了₁"和"了₂"同形，当"了"出现在动词后（包括动结式、动趋式），且位于句尾时，我们很难判断这个"了"是"了₁"还是"了₁₊₂"。在一些方言中，由于相当于"了₁"和"了₂"的语言形式不同，这个问题就会很清楚。据李新魁等（1995），广州方言中相当于"了₁"的是"咗"，相当于"了₂"的是"剌/勒"、相当于"了₁₊₂"的是"咗剌/勒"；据刘翠香、施其生（2004）山东栖霞方言中相当于"了₁"的是"儿/［ə］"，相当于"了₂"的是"了"，相当于"了₁₊₂"的是"［ə］了"。三种形式有差别，无纠葛。但安阳方言和普通话一样，相当于"了₁"和"了₂"的"啦₁"和"啦₂"，字形是不作区分的。因而，在安阳方言中，似乎也存在着难以区分完成和实现体貌的问题。但安阳方言中有一个只表示完成义的"咾"，可以帮助我们分化歧义。如下例：

（245）俺都跑啦₁两趟啦₂。

（246）他俩去啦₁美国啦₂。

（247）这一碗汤你喝咾吧。

（248）抓紧，别叫狗跑咾。

（249）他快毕业啦₂。

（250）涅走啦。

（251）孩的嘞衣裳又短啦。

例（245）、（246）中，完成体标记"啦₁"和实现体标记"啦₂"

分别在动词后和句尾，易于区别。例（247）、（248）句尾只有"咾"，"咾"相当于普通话的"了₁"，这可以帮助我们判断普通话中类似句子中的"了"应该是"了₁"。例（249），有一个表未然的副词"快"，句尾的"啦"只能相当于普通话的"了₂"。例（250）、（251）中，必须根据上下文语境来区分了。例（250）一种意思是涅原来在这儿，现在刚走，这个"啦"，是"啦₂"。另一种意思是涅已经走了，走的动作已经完成，涅离开的情况已实现，这个"啦"是"啦₁₊₂"。例（251）同样存在"啦₂"和"啦₁₊₂"的纠结，与普通话的情形相同。

6.4.3　实现体的否定形式

在谓语前加"不〔pʌʔ〕、没〔mʌʔ〕"，可构成实现体的否定形式，有时可用副词"还"、句末添加语气词"嘞"有成句作用。加强语气，如：

肯定形式：　　　　　　　　　　　　　否定形式：

（252）镇介的穿最好瞧啦₂。　　　　　镇介的穿不好瞧。

（253）他会做饭啦₂。　　　　　　　　他不会做饭嘞。

（254）都正处啦₂，真不瓢杆儿真不简单。还不儿正处嘞，别臭神啦别臭美。

（255）孩的上啦₁班啦₂。　　　　　　 孩的还没上班嘞。

（256）他快放学啦₂。　　　　　　　　他还没放学嘞。

（257）俺走啦₂，你去不去？　　　　　俺还不/没走嘞，你去不去？

需要对事件或状态进行否定性判断时，用"不"，如例（252）—（254）；需要对事件、状态尚未实现进行表述时用"没"，如例（255）、（256）。既能用"不"也能用"没"否定的句子，是根据语用的需要，从不同角度进行否定，如例（257）的否定句"俺还不走嘞"，是对现在的决定做"是"或"否"的判断，具有主观意味。而"俺还没走嘞"，是对走这一事件尚未发生的客观陈述。

6.4.4　实现体的疑问形式

如谓语核心成分是判断动词"是"或名词性成分，用"是 NP 不儿"格式询问；如谓语核心成分是形容词则用"VP 不 VP"询问；谓语核心成分为非判断类动词，用"VP没有"询问。如：

（258）镇介的这样穿最好瞧啦$_2$。——镇介的这样穿好瞧不好瞧？

（259）他会做饭啦$_2$。——他会做饭啦$_2$没有？

（260）俺走啦$_2$。——你走啦没有？

（261）孩的上啦$_1$班啦$_2$。——孩的上啦$_1$班儿啦$_2$没有？

（262）都正处啦$_2$，真不瓢杆儿。——是正处啦$_2$不儿，真不瓢杆儿？

（263）他快放学啦$_2$。——他快放学啦$_2$没有？

以上是真性问疑问形式，另外还可用"……么？"以及上升句调构成非真性问疑问。如：

（264）镇介的穿好瞧？

（265）镇介的穿好瞧么？

（266）他会做饭啦$_2$？

（267）他会做饭啦$_2$么？

（268）都正处啦$_2$？

（269）都正处啦$_2$么？

例（258）含有副词"最"的句子在变成疑问句时，往往需要去掉肯定句中表程度的"最"，而只对形容词所表示的性状特点进行判断性询问，其句尾也不能再出现和"最"共现表确定的"啦$_2$"，如例（264）、（265）。其他句子的疑问形式仍保留有"啦$_2$"。

6.4.5 "啦$_2$"的来源及性质

在陕北晋语、山西晋语中，也有相当于"了$_2$"的完成体标记，根据语音分别记作"唡"（太原、武乡）、"啦"（大同、神池、平遥、汾阳、应县）①、"了"［le^{21}］②。据曹广顺（1995），中晚唐以至北宋，用于句末的"了"，常要加上语气词"也"，如（以下四例均转引自曹广顺，1995）：

（270）道吾曰："早说了也。"（祖堂集，1.173）

---

① 参见郭校珍（2008）。

② 参见邢向东（2002）。

(271) 与摩则大唐国内山总被阇梨占却了也。（祖堂集，2.61）

其后，这种现象不多见，直到元代又重新多了起来。如：

(272) 妹子，我和你哥哥厮认得了也。（元刊杂剧三十种，拜月亭，四折）

(273) 恰共女伴每蹴罢秋千，逃席的走来家。这早晚小千户敢来家了也。（元刊杂剧三十种，调风月，二折）

曹广顺（1995）对这一现象的解释是元代后，在某些地区"了₂"的使用仍然很不自由，处于句尾时，常与"也"连用。梅祖麟（1981）认为"了₂"早于"了₁"。刘勋宁（1985）联系近代汉语的有关事实，认为清涧话中的句尾"了"应该是"了也"的合音。而邢向东（2002）根据对神木方言的研究，也认为其方言中的"了"是"了、也"合音，是兼具语气和体貌标记功能的词。方言中相当于普通话"了、啊"合音形式的有山西忻州方言及浚县方言等。温端政（2002）认为忻州方言的"了［liɑ］"大体上相当于北京话体词后头的"了"，从语音上看，忻州的"了₂"是动词"了"和语气词"啊"合音的弱化形式。陈红芹（2010）认为，浚县方言中的"啦"，相当于"了₂"是"了、啊"的合音形式。孙锡信（1999）认为，"啦"是清代中叶以后出现的，清末普遍运用。对于"啦"的产生过程，语言学界普遍持合音说，认为"啦"是"了"和"啊"的合音。另戴昭铭（2003）指出，到《红楼梦》时代，上古汉语语气词"也"已完成了向现代汉语"啊"的历史演变。据此，我们认为，安阳方言的"啦₂"也极有可能来自"了、啊"的合音。"啦₂"表已然，在使用过程中，范围和功能都进一步扩大，也可以表已然的实现，与主要表达将然的"咾"互补对立。对于普通话的"了₂"，邢向东（2002）认为，"了₂"不仅表语气，而且跟时间和事件的发展有关，应当同时归入时体助词。"啦₂"在安阳方言中显然既具有体貌标记的功能，又具有表确认的语气，因而，安阳方言中的"啦₂"兼具体貌标记和语气词的功能。

6.5 经历体

经历体表示动作行为或性状变化曾经发生。

6.5.1　经历体标记——"过"

安阳方言的经历体主要用经历体标记"过"［·kuo］表示，读轻声，跟普通话基本相同。"过"一般跟在谓词性词语如动态动词、兼具动态和静态的动词以及有状态性质变化的形容词后表经历意义。

6.5.1.1　V＋过＋（啦₂）

（274）我吃过。

（275）他学过啦₂。

（276）小陈也喝醉过。

（277）上一回，我开进去过。

6.5.1.2　V过＋O（啦₂）

（278）咱去过北京。

（279）作这个电影我早就瞧过啦₂。

（280）今年冬天广州也冷过几天。

6.5.1.3　V过＋数量短语＋O（啦₂）

（281）他去过好几回杭州。

（282）手机买过好几个啦₂。

可以看到，动词、形容词、动结式和动趋式后都可以用"过"来表经历。可添加"曾经、已经、早就"等时间副词。"过"有时还可以和实现体标记"啦"共现，如上述例句都可以添加"啦"。这让我们考虑到，实现体和经历体是相关的，曾经发生就是现在已经实现、完成。谓词后用"过"凸显经历，用"咾、啦"凸显实现。如："手机买咾好几个啦"，凸显"买手机"的行为已实现。"手机买过好几个啦"，凸显"买手机"的行为已经发生，成为经历。

前文述及，安阳方言的实现体中有一个准实现体标记"过"，还保存有补语性质，表示"完毕"意义。由于存在两个表体貌的"过"，有时会产生歧义，如："吃过啦"这句话有两种理解：一是表示"吃"的动作已实现、已结束；一是表示曾经有过"吃某种东西"的经历。在上下文语境中，可以区分这两种意义。如：

（283）——光知道瞧书，快点儿去吃饭嘞吧，饭都凉啦。

　　　　——俺早就吃过啦。

（284）——都说榴梿好吃，也不知道到底是啥味儿。

　　　　——你真老土！俺几年前就吃过啦。

例（283）表示已经吃完饭，例（284）表示有吃榴梿的经历。

6.5.2　经历体的否定形式

经历体否定形式是在动词前加"没/没有"，动词前常出现"还"，如：

（285）他还没学过嘞。

（286）作这个电影我还没瞧过嘞。

实现体标记"啦"、数量短语都不能在否定形式中出现。

6.5.3　经历体的疑问形式

安阳方言经历体的疑问形式同样有四种，举例如下：

（287）你去过北京（啦）没有？

（288）你是不儿去过北京（啦)？

（289）你去过北京（啦）么？

（290）你去过北京（啦)？

"啦"可有可无，其中，"VP 过没有"疑问度最高，其他三种形式是有肯定倾向的疑问句式，数量短语可出现在后三种疑问句式中，不能出现在"VP 过没有"句式中。如：

（291）你是不儿去过三次北京（啦)？

（292）你去过三次北京（啦）么？

（293）你去过三次北京（啦)？

（294）＊你去过三次北京没有？

安阳方言的"过"，本是动词，读音为 [kuo²¹³]，用作谓语。如：

过年、过日的、拿老二过给他姑啦、叫涅过去。

当"过"用于表已经过去的事件时，就有了曾经经历的意义①。伴随意义的虚化，读音也随之弱化为 [·kuo]。可以说，经历体标记"过"是准实现体标记"过"进一步虚化的结果。

---

① 参见辛永芬（2007）。

6.6 短时体

表示动作、行为或性质状态经历的时间短，一般而言，动作行为的幅度和用力较小。有的语法著作上将这一语法意义称为"短时貌"，也有的研究者称之为"动量减小貌"。多用于表祈使。

普通话表短时主要有两种形式：一是动词重叠"VV"，二是在动词后添加轻声的"一下"。安阳方言的短时体与普通话相似，是用动词重叠"VV""V一下儿"等语法形式来表示。其中"V"为表动作、表瞬间结果的动态动词，或兼具动态和静态的动词，以及随时间推移，性状有所变化的形容词。

6.6.1 动词重叠 VV

（295）沃尔玛开张啦，咱去瞧瞧嘞。

（296）别急，等等小张。

（297）没事儿你就拾掇拾掇你嘞屋儿。

（298）搅搅锅嘞饭，别糊咾。

普通话中，动词是单音节的，可在重叠形式之间加上"一"。安阳方言单音节重叠形式之间不加"一"。

6.6.2 V 一下儿

（299）你听够啦吧，叫俺听一下儿。

（300）明天去问一下儿涅人家吧。

（301）明天去问涅人家一下儿吧。

（302）星期天咱去逛一下儿诺那个公园。

（303）等我一会儿，我回去换一下儿鞋嘞。

如果"V一下"带宾语，一般放在"一下"后，如例（302）、（303）。宾语为代词，可以放在"一下"后，也可以放在"V"后。如例（300）、（301），代词是"涅"，可以放在"一下"后，也可以放在"V"后。

6.7　尝试体

尝试体表示动作行为具有尝试性。尝试的行为动作反映在时间上往往是短时的，因此尝试体和短时体语义上有密切关系，形式上也多有交叉。动词重叠表示动作的时量短或动量小（朱德熙，1982），尝试的行为也具有这一特征，可以说尝试体是在短时体基础上又多出一层尝试的意味。尝试体中出现的动词和形容词与短时体的谓词意义要求是相同的。因而，动词重叠"VV"和"V一下"往往可以表达尝试的意义。普通话和方言中多有用这两种形式既表短时也表尝试的情况。安阳方言中也有相同的用法。如：

（304）你写写，瞧好用不好用。

（305）叫我穿穿新衣裳就知道大小啦。

（306）作新电动车儿你骑一下儿，得劲儿的嘞舒服着呢。

（307）你敢动儿一下儿，我不揍你才怪。

由于尝试体比短时体多了一层表尝试的意义，普通话用动词重叠、"V一下儿"后附加尝试体标记"看"来专门表示尝试意。安阳方言一般不用"看"，而是用"试试"，来表示尝试意。如：

（308）你写写试试，瞧好用不好用。

（309）叫我穿穿新衣裳试试就知道大小啦。

（310）作这个新电动车儿你骑一下儿试试，得劲儿的嘞舒服着呢。

（311）你敢动儿一下儿试试，我不揍你才怪。

可以看到，表尝试意的动词重叠和"V一下儿"，后面往往可以添加"试试"，而不表尝试意的短时体，不能添加"试试"，这也是区分短时体和尝试体的一种方法。如：

（312）＊沃尔玛开张啦，咱去瞧瞧试试嘞。

（313）＊搅搅锅嘞饭试试，别糊咾。

（314）＊星期天咱去逛一下儿诺公园试试。

（315）＊你听够啦吧，叫我听一下儿试试。

用在动词重叠和"V一下儿"后的"试试"，语义已经虚化，只表尝试，是一个还没有完全虚化成体貌标记的成分，因此只能称之为准尝试体标记。安阳附近的浚县方言中也有这一用法，辛永芬（2007）将这个"试试"看作准助词。

比较短时体和尝试体可发现，除尝试体可添加"试试"来专门表尝试体，而短时体无法添加"试试"外；句法上，尝试体往往需要有后续小句或用关联词构成复句形式方可足句，如上述例句（308）—（311）。而短时体并不需要有后续小句。也许，这是因为语义上，表达尝试意义多需要补充说明尝试的结果和意义；而短时体侧重表示时间上的短时特征，不一定要求阐明后续的结果和意义。尝试体也多用于表祈使。

6.8 将行体

将行体表动作行为或性质状态即将发生或有所变化。将行体参照时间可以是说话时，或句中说明的某时，根据参照时间不同，可表达绝对的将来或相对的将来。

6.8.1 将行体标记——"也"

安阳方言的将行体用体标记"也［iɛ］"表示，普通话中没有相对应的体标记，须用词汇等别的手段来表示。以下从"也"的句法分布、句法意义等方面来考察安阳方言的将行体。

6.8.1.1 VP + 也

用"VP"表示单个动词及动词短语形式。可以进入"VP + 也"的，多为动态动词或兼具动态或静态的动词。如：

（316）俺睡也，俺不瞧电视啦。

（317）涅人家不瞧电视，涅人家跑步也。

（318）他回去也，你别来啦。

静态动词或表结果的持续动词不能进入这一格式，如：

（319）＊我愿意也。

（320）＊他走进也。

"也"还可用在表动态的复杂谓语如动宾、动补、状中、连动等后表将然，宾语、补语、状语可同现，但宾语和补语一般不可出现数量成分，这也许跟"也"表将然有关，既是表将然，那么就难以确定数量性质，安阳附近的濮阳表将来的"家"也有类似用法。[①]

（321）我瞧书也。

（322）涅人家好好学习也，别影响涅人家。

（323）俺想坐飞机回家过年也。

（324）他走嘞动儿走的时候，俺妈正出去买菜也。

（325）明儿单位嘞组织去小南海儿水库也。

（326）＊孩的吃两个苹果也。

（327）＊我去一趟办公室也。

例（321）、（322），句中有对参照时间的说明，即走嘞动儿，明儿，因而这两句都表相对时间的将来，例（323）—（325）的参照时间一般为说话时，这几句表绝对时间的将来。

"VP 也"还可以重叠，与后续小句共同表示期待中原本应该发生的具有积极意义的事件，事实上并未发生。"VP 也"往往是人们期待发生的事件，后续小句是事实发生的不尽如人意的事件，两者间有轻微的转折关系。如：

（328）走也，走也，咋又坐到那儿喷开啦？

（329）减肥也，减肥也，还吃恁多！

（330）复习也复习也，又上开网啦。

人们不期待的消极事件，不能这么说，如：＊"丢也，丢也，钱包又找到啦"。

6.8.1.2　NP + 也

谓语是表时间、年龄的名词性成分，"NP 也"表某时间点或年龄即将到来。其中的"NP"须为具有推移性、循环性的表时间、年龄的数词、名词[②]。

（331）明儿腊八也，来俺家喝腊八粥吧。

（332）再有几天，就 2014 年也，真快啊！

（333）不年轻啦，快 50 也。

---

①　参见曹利华（2007）。

②　参见邢福义（1984）。

　　王琳（2010c）在她的文章中细致、全面地描写了安阳方言中的将行体助词"也"，语料丰富，观察细致，给我们很大启发。但她认为安阳方言中的一些形容词或有推移性的非时间、年龄名词也可以作将行体的谓语，而我们据自己的语感并调查了几位年龄从 20 岁到 70 岁的安阳本地人，并不认同她给出的例句及结论。这也许是安阳方言的名词和形容词本就不能或很少能充当将行体的谓语部分，也许原本可以，但受到普通话的影响，名词和形容词率先失去充当将行体谓语的功能，再或许我们调查研究还不够广泛，没能得出更真实的结论。事实上，现阶段安阳方言中形容词性词语表将然，与普通话有相同之处，都需要用时间副词"快""就""要"等和表实现的"啦"与形容词共现来表将然。如：

　　（334）天快阴啦，甭出去啦。天马上要变阴了，别出去了。

　　　　　＊天阴也，甭出去了。

　　（335）一会儿红薯就熟啦。一会儿红薯就熟了。

　　　　　＊一会儿红薯就熟也。

　　（336）天立马就亮啦，还不起？天马上要亮了，还不起床？

　　　　　＊天立马亮也，还不起？

　　（337）衣裳快干透啦！衣服快干透了！

　　　　　＊衣裳干透也。

　　（338）嘿，你都快大学生啦？瞧嘞还恁小嘞。嘿，你都快是大学生了？看起来还那么小呢。

　　　　　＊嘿，你都大学生也？瞧嘞还恁小嘞。

　　据我们调查研究，安阳方言中的形容词和多数名词不能充当将行体谓语，事实上，即便是动词作谓语的将行体，在现阶段的安阳方言中"VP 也"的说法用得越来越少。代替"VP 也"的是"VP 嘞"格式。这里的"嘞"不是体貌标记，而是语气词"嘞"，相当于普通话的"呢$_2$"，表示对将要发生事件的确认。这种变化的可能原因是：受周边河南官话的影响，用语气词"嘞"替代"也"。浚县方言中就有类似的用法，用语气词"嘞"表示对将要发生的事件加以确认。辛永芬（2007）指出，浚县方言"嘞"既是体貌标记，表持续，又是语气词。如："我洗衣裳嘞。""他开会嘞。"这两句话都有歧义，可以理解为动作正在进行，也可以理解为"表示指明事实的语气，动作不一定正在进行"[1]。安阳方言中，这两句话分别可以表述为：

将行体：

（339）俺洗衣裳也。

（340）他开会也。

持续体：

（341）俺洗衣裳嘞。

（342）他开会嘞。

用"也"表将要发生的事实，用"嘞"表持续体貌。现在，受中原官话影响，安阳方言表将行体的"也"正渐渐消失，而将行体也将随之消失。也许将来会和浚县方言一样，用"嘞"既表持续，也表对将要发生事实的确认。

6.8.2　将行体的否定形式

在动词或名词前加"不"或"不儿是"，将行体标记"也"要去掉。如：

（343）俺不睡觉。

（344）俺妈不去买菜。

（345）明儿不儿是腊八。

添加否定词"不/不儿"，表示否定事件即将发生或到来。这与完成体的否定形式需要用否定词"没"形成对立。

6.8.3　将行体的疑问形式

先看三组例子：

（346）他都走也？/他都走也么？/他都是不儿走也？/他都走不走？

（347）恁都去打球也？/恁都去打球也么？/恁都是不儿去打球也？/恁都去打球不去？

（348）明儿腊八也？/明儿腊八也么？/明儿是不儿腊八？/明儿是

---

[1]　参见辛永芬（2007）。

腊八不儿?

"VP"作谓语的将行体一般都有四种疑问形式,分别用语调、疑问语气词"么""是不儿"、正反问格式表示疑问。其中,正反问格式必须去掉"也"。因为"V 不 V"正反问本身就是对未发生事件的询问。

"NP"作谓语的将行体,在构成正反问时,要使用判断动词"是",如例(348)。

6.8.4 "也"的来源和性质

与"嘞、的"等体貌标记不同,安阳方言的将行体标记"也",不是来自动词,而是来自语气词"也"。在语法意义和功能上,安阳方言的"也"基本符合汉语语气词"也"发展过程中表现出的某些特点。

从上古汉语发展到近代汉语,"也"经历了从表语气到表体貌的发展过程。语气词"也"是历史文献中使用非常频繁的一个语气词,上古时期,最主要的用法是判断、论断,也可用在疑问句中。孙锡信(1999)认为,上古的"也"表静态,表当然;"矣"表动态,表已然和将然;而到了魏晋六朝时期,"也"发生了最主要的变化就是用如"矣",表示已经变化的事实或将要发生的情况。[①] 如(以下例句转引自孙锡信,1999):

(349)此儿头不烂,愿王自往临视之,是必烂也。(《搜神记·三王墓》)

但陈前瑞(2008)发现,动态"也"字句在上古时期就已经可以用于将来时间,句中有将来时间副词"殆"和"将","也"与时间副词共同表示将来。如(以下两例均转引自陈前瑞,2008):

(350)子贡闻之曰:"泰山其颓,则吾将安仰?梁木其坏、哲人其萎,则吾将安放?夫子殆将病也。"遂趋而入。(《礼记·檀弓上》)

(351)夫子曰:"赐!尔来何迟也?……予畴昔之夜,梦坐奠于两楹之间。夫明王不兴,而天下其孰能宗予?予殆将死也。"盖寝疾七日而没。(《礼记·檀弓上》)

但如果去掉时间副词,这两例就很难说是表将然。正如现代汉语

---

① 参见郭校珍(2008)。

中，语气词"呢"可以和"快要"等时间副词共用表将然，但却不能据此说语气词"呢"可以表将然。因而，本书还是较赞同孙锡信（1999）、罗骥（1995）等人的说法，"也"表将然出现于中古以后。再举几例魏晋唐宋时期用以表将然的"也"（以下例句352—356 转引自孙锡信，1999）：

（352）和尚曰："你应到西天也无？"对曰："若到即有也。"（《祖堂集》）

（353）与摩则千日销不得也。（《祖堂集》）

（354）初不相记，今即悟也。（《唐人小说》）

宋元时期，"也"进一步扩大了使用范围，可表感叹、呼唤、催促等，同时"也"功能也更为复杂，可用在疑问句、感叹句、祈使句末尾，也可用于句中表停顿，用在句尾表推测语气。而宋元时期使用语气词"也"的陈述句，也绝大多数表将然。如：

（355）归来应过重阳也，菊有残枝。（《全宋词》）

（356）可早到咱家门首也。（《元人杂剧选》）

罗骥（1995）对北宋时三种材料作了穷尽性统计，指出表事实变动已是北宋"也"的主要用法。其中表事实将要发生的"也"占了1/2 强。

明朝时依然保留表将来时用法的"也"，如（以下三例均转引自王琳，2010c）：

（357）二哥，你且坐一坐，我便来也。（《水浒传》二十四回）

（358）我今番死也。（《水浒传》一回）

（359）尔夫明日来也！（《熊龙峰四种小说》）

这几例"也"都表示事情将要发生或变化，表将然态。语气词兴替消长一番，明清后，"也"逐渐被写成"呀"，而其出现在疑问句中的机会也逐渐减少，最终被"呢"所代替。戴昭铭（2006）认为，《红楼梦》中，上古汉语语气词"也"已完成了向现代汉语"啊"的历史演变。虽然现代汉语普通话中已难以见到"也"表语气、表将然，但在方言中，"也"表将行体得以保留。晋语、吴语、闽语、齐鲁官话中，都有这一用法的保留，无论其读音、写法如何，它们都具有同源关系，均是由"也"发展而来。

"也"在宋元时期表将然的用法在很多方言中，如晋语、吴语、闽语、齐鲁官话例都得到了保留，有的写作"也"，有的写作"呀"。如在陕北晋语中，"也"表将来，邢向东（2002）认为"也"是将来时助词，"不表语气，只表时间"，他认为"表语气作用的萎缩从某种程度上凸显、刺激了表时制作用的发展"；张邱林（2007）称河南陕县话的"呀"是语气词，不过他一方面认为陕县话的"呀"可表将然，是语气词，另一方面又说"呀"并不造成句子语气的不同。查看这些方言所使用"也"或"呀"的句子，都表将然，句中所述事件都发生在将来，因而本质上，"也""呀"是表示将行体的体貌标记。诚如郭校珍（2008）所言，发展较缓慢的秦晋方言，当然也有其他一些方言继承并强化了近代汉语语气词"也"表事实将要发生的语法意义，并逐渐发展为将行体的体标记。

6.9　本章小结

汉语的体貌问题非常复杂，是语言学界着力较多的学术问题，而各方言的体貌系统和体貌问题与普通话相比，往往更为复杂多样。本章对安阳方言体貌的相关语言事实进行了较为全面和深入的描写和分析。

一、根据安阳方言的体貌特征，归纳出八种体貌。即实现体、持续体、起始体、短时体、尝试体、经历体、完成体、将行体。安阳方言的八种体貌，与普通话和其他方言相比，既有共性，也有个性。其中，将行体是安阳方言作为晋语的较为独特的一种体貌，普通话中没有相应的体标记，而安阳方言等晋语中广泛使用这一体貌形式。反复体是普通话和部分方言中较为凸显的体貌，但在安阳方言中，持续体和短时体、尝试体基本覆盖，包含反复体。动作的反复有时体现为某一时间段的动作持续，有时体现为短时间小量的反复，有时体现为动作的尝试。

二、对这八种体貌的体标记、准体标记，以及能体现出体貌特征的重叠等手段的句法分布进行了细致描写和分析。对于表现体貌的词汇手段，本书不作描写。这八种体貌的语法表现手段可以归纳为，详见表6-3：

表 6 - 3　　　　　　　　　八种体貌的语法表现手段

体貌	体标记	准体标记	其他语法手段
起始体	开、昂		
完成体	咾、啦₁、着	罢、过、昂	
持续体	正、的、嘞	在那儿、	重叠（VV、V 的 V 的、 V 啊 V 啊、一 V 一 V）
尝试体		一下、试试	重叠（VV）
经历体	过		
实现体	啦₂		
短时体		一下	重叠（VV、一 V 一 V）
将行体	也		

　　它们在句中的分布和使用有来自语义和语法的特定条件和制约。如：实现体在表达已然时，用体标记"啦"；在表达未然时，用体标记"咾"。

　　三、比较安阳方言各体貌、各标记的意义和范围，承认体貌之间的过渡及差别。如起始体和持续体、实现体，对动作行为事件的描述，若站在起点观察，那么体现为起始体，如："雨下开啦"，下雨这一事件有起始，而"下"这一动作产生后，就有动作实现的意义，因此，本句也使用了实现体标记"啦"。同时，下雨还具有一定的持续阶段，因此，起始体、实现体、持续体之间具有过渡性，难以截然分开彼此间的界限。但语言的表达也需要相对的清晰，因此，用起始体标记"开"，句子就凸显为起始体，而只用实现体"啦"，句子凸显为实现体，如："下雨啦！"本章还对体貌标记之间的意义和句法差异进行了描写和分析，实现体标记"啦、咾"，其意义和句法分布是有差别的。在表已然的实现时，用体标记"啦"，在表未然的实现时，用体标记"咾"。"衣裳洗啦，咱去吃饭嘞吧。衣裳洗咾，咱去吃饭嘞吧。"前一句，意思是衣裳已经洗完；后一句，意思是衣裳还没洗。对同形体貌标记的用法加以归纳。如"啦₁""啦₂"分别用在实现体、完成体中，虽然形式相同，但语义和语法特点完全不同，因而，当视为不同的体貌标记。

　　四、比较安阳方言体貌与普通话体貌的异同。从安阳方言的八个体貌类型来看，安阳方言的体貌表现形式较为丰富。如起始体，在安阳方言中有专用的体貌标记"开、昂"表起始，普通话中需要依靠"起来"这个趋向动词来表起始；在完成体和实现体中，安阳方言的"咾""啦"分别可以表示未然和已然，普通话中只有一个单一的"了"，从形式上较难区分未然和已然。

五、比较安阳方言与周边晋语和中原官话的异同。安阳方言的体貌跟周边的晋语有很多相似的地方，如将行体，在山西晋语中，普遍存在用体标记"呀""也"等标记的将行体①，而在普通话和中原官话中没有专门的体貌标记来表将行体。如普通话用时间名词提示动作将要发生，中原官话的浚县方言等用语气词"嘞"表示确认某事件或某动作将要发生。

六、对重要体貌标记的演变一一溯源。安阳方言的体标记"的、嘞、啦₁、啦₂、咾、也、着"，各有其渊源。可以列表展示这七个词的发展演变（见表6－4）。

表6－4　　"的、嘞、啦₁、啦₂、咾、也、着"的发展演变

体标记	对应普通话	渊源
的［tɛʔ］	着［˧tse］	著（附着义）—著（结果补语、方位介词）—的/着/倒/仔（持续意义）
嘞［˧lei］	呢	在、在里—哩—嘞
着［˧tsuo］	着［˧tsau］	著/箸（词汇义义动词）声母为［ts］—着₂（方位介词、结果补语）声母为［ts］—着₃（持续意义）声母为［ts］
咾［˧lau］	了₁	动词了［liao⁵³］—动结式补语"咾［lau⁵³］"—动补＋咾［lau⁵³］—完成体标记"咾［˧lau］"
啦₁［˧la］	了₁	动词了—完成体标记啦₁
啦₂［˧la］	了₂	动词了—句尾了₂＋也—句尾了₂＋啊—啦
也［˧ie］	无对应	语气词"也"表判断、论断—表已然、将然—表将然

---

① 参见郭校珍（2008）。

从表 6 - 4 中可以看到，安阳方言中高度抽象化语法化的七个体标记除了"也"，均是由表实在意义的动词发展演变而来。这体现了语言发展规律中，语法化由实到虚的演变特点。汉语的虚词，多来源于实词的语法化。洪波（1998）认为，汉语大多数的实词虚化都是受句法结构和句法语义的影响而发生的。

汉语的体是指行为动作、事件性态所处的阶段或动作过程中表现出来的情貌。汉语的句子核心动词或谓语是主干，而与核心动词或谓语发生句法语义关系的连动动词或状语和补语，由于处于附属地位，语义上是对核心动词或谓语的修饰或补充，最容易发生语法化。因而，从表 6 - 4 中可以看到，"的、嘞、着、咾"，都经历了从动词到补语成分再到体标记的发展过程。

根据本章的描写和分析可以得出以下结论：

1. 安阳方言体貌与普通话体貌相比，体貌标记多，手段丰富，分工明晰。

八种体貌类型，起始体、持续体、实现体、完成体、经历体、将行体等六种体貌具有典型的体貌标记。另运用准体标记、重叠、语法化形式、副词等手段来表达各种体貌意义。如持续体的表现形式，有持续体标记"的、嘞"；有准持续体标记"着［tsuo］"；有语法化形式"在那儿 V"；有动词的重叠形式"V 啊 V 啊，V 的 V 的，一 V 一 V"，另有副词"正"；等等。这些体貌标记和体貌形式分工也较为明晰，如前文所总结的，"咾"和"啦"表分别实现的将然和已然。

2. 体貌形式与体貌类型不一一对应。

有多种体貌形式对应一种体貌类型的，即几种性质、手段不同的语法形式都表达同一种语法意义。如安阳方言的实现体，既有体标记"咾、啦"，又有准体标记"着"；语法手段最为丰富的体貌类型当属前文述及的持续体，包括了体标记、准体标记、重叠、语法化形式、副词等五种手段类型。安阳方言中也有一种体貌形式对应多种体貌类型的，即同样的语法形式表达多种语法语义。如：动词重叠"V 啊 V 啊"，"一 V 一 V"既可表示持续体，又可表示尝试体、短时体。但体标记和准体标记一般与体貌类型是一一对应的。

3. 表示相同体貌意义的表达形式可以同现，构成复合式。

如持续体标记"的""嘞"同时出现，构成"V的嘞""外头下的雨嘞。"持续体标记还可以重叠形式、副词、语法化形式等组合，如："走的走的，还摔啦幺跟头。""正忙的嘞，电话还响啦。""正在那儿瞧的电视嘞，外头还下昂雨啦。"

表达不同体貌意义的语法手段也可以配合使用。实现体标记"咾"和已然体标记"啦"配合使用，表示动作实现，且这一事件已经发生。如："他已经回咾学校啦。"复合式与原式相比，功能、意义可能会发生变化。如，实现体标记"咾"后若有宾语，一般需要添加数量修饰成分才能完句，但如果和完成体标记"啦"共现，则不需要数量修饰成分，如："他一气儿吃咾三大碗饭。""他吃咾饭啦。"而持续体标记"的"，一般不能跟在光杆动态动词后，若和"嘞"同现，就可成句。如："＊雨下的。"不可说，而"雨下的嘞。"可成立。

4. 同一体貌其不同标记的用法不同。

实现体标记有两个："咾"和"啦"。都有相当于普通话"了₁"的用法，但这两个体标记在使用中有时可以互换，有时不能替换。不能替换的情况是：

A. 动词后有其他体貌形式，只能用"咾"，不可使用实现体标记"啦"。如：

学罢咾拼音就会查字典啦₂。学完了拼音就会查字典了。

＊学罢啦₁拼音就会查字典啦₂。

B. 如果补语是趋向动词，只能用"啦"不可用"咾"，如：

他跑出去啦。　　他拐过来啦。

＊他跑出去咾。　＊他拐过来咾。

5. 安阳方言的体貌标记保留了历时演变的踪迹，具有历史层次性。

安阳方言的体标记"的""嘞""着""咾""啦""也"不同程度地保留了汉语虚词演变的轨迹和阶段性。持续体标记"的"，语音反映出"著"字的原始状态，即知系读如端系，大概是古音底层的保留。加之语义语法特点同于普通话的"着"，可以看出"的"与普通话的"着"同源。持续体标记"嘞"，与普通话的"呢₂"对应，都源于近代汉语的"在"和"在里"，宋代至元明清写作"哩"。元已出现"呢"，并逐渐替代"哩",但"哩"消失的快慢，各地有所不同。安阳方言的"嘞"就是自宋以来就已使用的"哩"，今天，它依然在安阳方言中颇具活力地存在着，除表持续体外，还可表疑问。"着"，音［tsuo］，是安阳方言的准持续体标记，也来源于"著"，由"著"演化出表结果的意义和功能的"着"［tsuo］，并在表结果的基础上进一步虚化为表持续的"着［·tsɣ］"。看上去，"着"和"的"都源于"著"，但两者的演变途径和阶段有较大差别。可以说，"的"从"著"演化而来表结果，后表持续义，而原有的结果义由语音变化后分化出的"着"［tsuo］承载，表结果的"着"又虚化出表持续的功能。因此，"的"表持续的功能与"着"表持续的功能并不在同一历史层面上，"的"表持续先于"着"表持续。"咾"表实现，由古汉语动词"了"—表结果补语、能性补语"咾₁"—动补结构的粘着成分"咾₂"—实现体标记"咾₃"—准话题标记"咾₄"，安阳方言中完整保存了古汉语动词"了"的演变发展轨迹，相较于普通话的"了"，"咾"还有进一步的语法化的表现，即准话题标记。安阳方言"咾"的不同用法反映了这个词语在历史上各个发展阶段的特点，可分别与历史文献中的相关用法一一对应。语言是历史的产物，语言的共时状态是历时演变的结果，很多共时现象离开历时维度就无法解释。另一方面，共时语言状态中存在的交替形式和变异现象本质上体现的是正在进行之中的演变，也为语言的历时研究提供了重要线索。沈家煊（1998）也曾论及，"在历时线索还不明朗的情况下，可以先把精力集中于考察一个词在某一共时平面的各种具体用法，通过共时分析来'构拟'历时演变过程，然后用历史材料来验证和修正。"可以看到，安阳方言"咾"的多种用法，就可以借用来构拟"了"由古到今的演变过程。"啦"公认为是"了啊"的合音，是较晚起的体标记。在普通话中，"啦"主要表语气，而在安阳方言中，既是实现体标记又是完成体标记。安阳方言中的将行体"也"，是唯一一个在普通话中找不到对应词的体标记。"也"在历时发展过程中，从表判断、表论断的语气词发展为表将然义，这一特点既静态记录于历史文献中，也存留在安阳等地的动态方言生活中，可谓语言的活化石了。

6. 与山西晋语相比有共性也有差异，表现出处在晋语边缘地带，受中原官话、普通话影响的特点，具有过渡性特征。

安阳地处山西、河南交界地带，历史上几次山西移民，使得安阳方言的土著方言已荡然无存，其方言主体是晋方言；但安阳在历史上与中原在政治经济上的联系更紧密，往来更频繁，今天安阳市所辖的滑县、内黄县，其方言属中原官话。中原官话对安阳方言的影响不可小觑。今天，由于教育和媒体的发展，普通话对各地方言的影响是毋庸置疑的，这又使今天的安阳方言平添几许普通话的色彩。

在体貌研究中，可以看到，实现体标记"咾、啦"的分工；"的"保留上古发音特征，与普通话"着"同源；"也"标记将行体……这都是晋语很有特点的体貌表达形式，但在体标记的读音、语义语法的功能上又有较明显的差异，如娄烦等地晋语的"佬"[1]，已发展为成熟的话题标记，而安阳方言中的"咾"，只是准话题标记。也在并州、吕梁、五台、上党等地的晋语中，活跃度很高，甚至能用于很多非时间义的名词以及形容词后表将然，但安阳方言中的主要用在动词性词语后，除时间义名词外，基本不用于名词以及形容词后，另外，山西等地的晋语中，除了"也"还用"的/哩"作将行体标记，可见将行体在山西多地晋语中的活跃度，但安阳方言中没有"的/哩"这样的将行体标记。

安阳方言受到中原官话、普通话的影响表现在：表达实现，安阳方言有用"啦"替代"咾"的趋势，如："他买咾一套房的。他买啦一套房的。"老派安阳话倾向于用"咾"，新派倾向于用"啦"。而先行体"也"，有渐被"嘞"取代的趋势，"嘞"表对将然事态的确认。安阳方言的体貌大约表现出体貌类型缩减、体貌标记减少的倾向。而中原官话、普通话的体貌类型和体貌标记比起晋语等地方言来，可以说是较简省的。凡此种种，可以看到安阳方言虽属晋语，但安阳方言又不可避免地受到周边中原官话以及普通话的影响，表现出一种过渡性方言的特点。

---

① 参见郭校珍（2008）。

第 7 章　副词

副词，多用于修饰、限定形容词、动词以及其他充当谓语成分的词类或结构，常作状语。副词比其他虚词意义实在一些，是一种半开放的词类。在现代汉语普通话以及方言研究领域历来都是备受关注的对象。从 1924 年黎锦熙《新著国语文法》研究副词以来，副词的虚实、分类、归属、性质和意义都有较为充分和深入的研究。副词意义、用法内涵丰富，也是方言较易凸显特色的部分，因而各方言的研究也往往对副词有诸多描写、展示和研究、探讨。同样，安阳方言中的副词也具备特有的研究价值。根据副词的语法意义，安阳方言的副词可分为六类：程度、范围、情状、时间频率、语气、否定。安阳方言的副词与普通话相比，有些相同或相近，我们把这类副词归为 A 组，有些则是有鲜明方言特色的，我们将这类副词归为 B 组，本章主要对 B 组进行描写，探究其语义、语法功能方面的特点，并在必要的情况下，与普通话以及其他方言中的副词加以比较。

7.1　程度副词

程度副词主要修饰限定形容词、心理动词，表示某一性质或状态的程度如何。这些副词是：

A 最、太、实在、够、有点儿、真、怪

B 可 [kʰə⁵⁵]、可特 [kʰə⁵⁵ tʰɛʔ]、些 [ɕiɛʔ]、专 [tsuɑn⁵⁵]、还、将 [tɕiɑŋ³¹]、不很的、不咋（的）

7.1.1　可

安阳方言的"可"发音为 [kʰə⁵⁵] 既是程度副词，表高量级程度；又是语气副词，表评注语气①。程度副词"可"用在形容词、心理动词以及动词短语前，表示程度很高，意思相当于普通话的"很、挺"，但用法不尽相同。

1）"可+形容词/动词/动词短语+嘞"多用于对人、事、物进行判定和描写，多出现在句子的谓语部分。不能用于定语位置，这与普通话副词"很、挺"用法不同。如：

（1）今儿嘞俺妈做嘞红烧肉可好吃嘞。

（2）你咋不来俺家啦？俺奶奶可想你嘞。

（3）诺那个电影可有意思嘞，咱一块儿去瞧嘞吧。

（4）＊可好吃嘞红烧肉。

（5）＊她瞧啦一场可有意思嘞电影。

例（4）、（5）如果把定语位置的"可+形容词+/动词/动词短语+嘞"结构后移，变成谓语成分，句子合法。即红烧肉可好吃嘞。/她瞧啦一场电影，可有意思嘞。

这一结构常常重叠使用，强调程度深或表达强烈情绪，如：

（6）俺奶奶可想你可想你嘞。

（7）诺那个电影可有意思可有意思嘞。

（8）俺妈做嘞红烧肉可好吃可好吃嘞。

2）"可"只能用作状语，不能用作补语。如：

（9）俩人见咾面，可高兴嘞。

（10）诺孩的那个孩子可烦人嘞。

（11）他体育好，可能跑嘞，老拿第一名。

（12）＊俩人见咾面，高兴嘞可。

（13）＊诺那个孩的烦人嘞可。

（14）＊他体育好，能跑嘞可，老拿第一名。

普通话的"很"可出现在补语位置，通常和助词"得"同现。如：

（15）俩人一见面高兴得很。

（16）那个孩子烦人得很。

（17）天气热得很。

---

① 参见本章"语气副词"。

（18）动物园好玩儿得很。

安阳方言中也有表程度的"很"，但不用作状语，只出现在补语位置上，前边须有助词"嘞"。如：

（19）你说嘞好嘞很。

（20）小张办事儿麻利嘞很。

（21）别慌，这件事儿好办嘞很。

（22）说嘞那话难听嘞很。

"嘞很"还可以重复使用，强调程度深。如：

（23）你说嘞好嘞很嘞很。

（24）小张办事儿麻利嘞很嘞很。

（25）鼓楼广场那一家儿嘞包的好吃嘞很嘞很。

（26）涅可比你懂事儿嘞很嘞很。

一般重复一次，也可根据需要，重复两次，表示程度深到极限，如：

（27）你说嘞好嘞很嘞很嘞很。

（28）小张办事儿麻利嘞很嘞很嘞很。

（29）这两天嘞空气好嘞很嘞很嘞很。

（30）俺妈包嘞饺的比这香嘞很嘞很嘞很。

3）两种否定形式：

对副词"可"表程度进行否定，有两种形式："不很的""可不/没"。"不很的"相当于普通话的"不太"，如：

（31）衣裳还不很的干。

（32）可能他不很的喜欢你。

（33）孩的还不很的会说话嘞。

（34）天儿还不很的热嘞。

在安阳方言中，"不很的"使用频率很高，已经成为固定结构，表示程度所达到的量较小，我们也把"不很的"作为一个程度副词，在7.1.7 中进一步讨论、分析。

"可不/没"相当于"很不/没"，如：

（35）别瞧啦，可没有意思嘞。

（36）别瞧恁大啦，可没有眼色（不懂事）嘞。

（37）你在哪儿买嘞桌的？可不结实嘞。

（38）这孩的倔的嘞，可不听说嘞。

4）在语义上，“可”只表示非现时性信息。① 如：

（39）你以前可知道学习嘞，咋阳儿现在就知道玩儿？

（40）俺嘞新毛衣可暖和嘞。

（41）外头嘞雨下嘞可大嘞。

“你知道学习”“毛衣暖和”“小陈儿难过”，这些信息都是说者认为听者之前所不知道的或者非当前的信息②，因而可以用副词“可”表程度。而以下句子：

（42）＊你咋阳儿现在可知道玩儿嘞？

（43）＊你这身新毛衣可好瞧嘞。

（44）＊你瞧瞧这天儿，下嘞可大嘞。

由于听者在场，对信息都已知，因此说者传递的信息是“现时性信息”，不能用“可”表程度。王琳（2009）指出可以采取将形容词“指称化”的手段，用表程度的指代词“镇门、恁门”等来表述现时性信息。如：

（45）你咋阳儿现在镇这么知道玩儿嘞？

（46）你这身新毛衣镇门这么好看嘞。

（47）你瞧瞧这天儿，下嘞恁门那么大。

除此外，也可用其他程度副词，如“怪”“太”等来表述现时性信息。“怪”表述现时性信息下文细述。程度副词“可”这一语义特点，不同于普通话的“很”，而跟河南陕县的程度副词“统”意思和用法相似③。

7.1.2 可特

“可特”［$k^h ə^{55} t^h ɛʔ$］意思上相当于普通话的“相当、太”。有较强的主观意味，表述性状的程度超出可接受的范围，主观认为不理想。如：

---

① 参见王琳（2009b）。
② 参见王琳（2009b）。
③ 参见张邱林（1999）。

（48）他诺_{那个}人可特好生气，别搭理他啦。

（49）这天儿可特热啦。

（50）你可特有钱啦？买镇贵嘞东儿_{买这么贵的东西}。

例（48）—（50）"可特"分别限定"好生气、热、有钱"，这分别是具有贬义、中性、褒义色彩的词，在语用上都带有不满意、贬损等主观因素。这一功能与程度副词"可"不同，"可"只表示程度深。

"可特"在林州、安阳县西南等地方言中也使用，有的写作"可牒""可忒"，据谷向伟（2007），"可特"是合本系统声韵调的写法。"可""特"都有表示程度高的意思，因此两者连用，其表述程度就更深，王琳（2009）认为"可特"已经达到量的极限度，所以"可特 X"不能像"可 X"那样多次重叠表量的增加。如：

（51）＊作这个小孩儿可特淘神淘气可特淘神啦！

（52）＊你给俺盛嘞饭可特多可特多啦！

（53）＊俺可特想你可特想你嘞。

"程度副词＋被修饰限定成分"重复使用表量的增加，是常见的一种语用手段。"可特"是例外吗？经调查，安阳方言中，可以这样表述：

（54）作这个小孩儿可特可特淘神啦！

（55）你给俺盛嘞饭可特可特多啦！

（56）俺可特可特想你嘞。

这和普通话的"极其""特别""实在"的用法是一样的，即不能和被修饰限定成分一同重复使用，但可以自身重复后再修饰限定后边成分。我们认为，重复方式的决定因素是音节数量，单音节程度副词可以和所修饰限定成分组合后重复，而双音节程度副词只能先重复再组合所修饰限定成分，都表述主观强调的极高量度。

7.1.3　些

程度副词［ɕiɛʔ］，不知本字，用"些"字记音。相当于普通话的"特别""相当""非常"。可用在各种色彩义的形容词、心理动词、动词短语前，表述形状程度加深。如：

（57）涅_{人家}写了那字儿，些好看。

（58）考嘞那题，些难。

（59）他跑嘞些快，谁都追不昂他_{谁都追不上他}。

（60）诺孩的_{那个孩子}些喜欢打岔，老师些烦他。

"些""可"都是使用频率很高的程度副词。两者有相似的地方，也有一些差异，我们从意义到形式，将这两个词作一比较。

1）意义上，两者都可用在各种色彩义的词语前加深程度，都用在现时信息的表述上。但"可"修饰褒义的词语时，带有积极正面的满意意味，而"些"在修饰褒义词语时，虽然也表达满意，但带有略微的不可思议，意料之外的意味，受语境限制，部分褒义词语就无法与"些"共现。如：

（61）＊俺妈包嘞饺的些好吃，我吃了两大碗。——俺妈包嘞饺的可好吃嘞，我吃了两大碗。

（62）＊这东儿些管用。——这东儿可管用嘞。

（63）＊小陈些会照顾人。——小陈可会照顾人嘞。

例（61）—（63）"好吃"不具有意想不到的意思，不能用"些"，一般用结构"可……嘞"：

（64）别瞧饺的包嘞不好瞧，些好吃。

（65）东儿_{东西}不多贵，些管用。

（66）小陈瞧嘞粗手大脚嘞，些会照顾人。

例（64）—（66）"好吃""管用""会照顾"有意外意味，与前半句的情感色彩有转折，可以用"些"。

修饰中性义词语时，"可"表述满意，"些"略表夸张。修饰贬义词语时，"些"比"可"的贬损、消极意味更强。如：

（67）房的可大嘞。——房的些大。

（68）作这个_{这个}小孩儿跑嘞可快嘞。——作这个_{这个}小孩儿跑嘞些快。

（69）叫涅人家_{人家}揍啦，可窝囊嘞。——叫涅人家_{人家}揍啦，些窝囊。

（70）知道作这个事儿，俺爸心嘞可难过嘞。——知道作这个事儿，俺爸心嘞些难过。

2）语言形式上也有区别。首先，"可X"结构常和语气词"嘞"组合，修饰限定某一词语；而"些X"不能和语气词同现。如上例。

其次，"可X"可以重复以增强量度，而"些X"不能重复。如：

（71）俺妹的给俺织嘞新毛衣，可暖和可暖和嘞。

（72）新房的里头可亮可亮嘞。

（73）＊没有考昂一中，他心里头些难过些难过。

（74）＊这条裙的嘞颜色些深些深。

最后，"些 X"之间可添加判断词"是"，确认程度深，有增强语气的作用。"可 X"不能添加"是"，如：

（75）＊她说话可是好听嘞。

（76）她说话些是好听。

（77）＊这伤口可是疼嘞。

（78）这伤口些是疼。

（79）＊恁弟弟可是会拍马屁。

（80）恁弟弟些是会拍马屁。

3）语法功能上，"些 X，可 X 嘞"都不能出现在定语位置上。如：

（81）＊给你买件可好看嘞大衣。

（82）＊给你买件些好看大衣。

（83）＊走路可慢嘞老婆儿。

（84）＊走路些慢嘞老婆儿。

（85）＊谁都不愿意碰那可麻烦嘞事儿。

（86）＊谁都不愿意碰那些麻烦嘞事儿。

7.1.4　专

"专"发音为［tʂuan⁵⁵］相当于普通话的"挺、很、怪、真"，用来表述程度高。

1）语义上的特点是，一般只用在中性和褒义的词语前，不能用在贬义词语前，如：

（87）这孩的专大方嘞，啥都给别人。

（88）他专能说嘞，不拿稿的说啦俩钟头儿。

（89）跑嘞专快嘞，一转眼儿就没影儿啦。

（90）＊那家餐馆专难吃嘞，以后不去啦。

（91）＊汽车专挤嘞，还是骑车的自在。

（92）＊这苹果专烂嘞，别吃啦。

但用在表示具有某一能力、才干的短语前，不受褒贬义的限制，如：

（93）你专能骗人嘞，我都信啦。

（94）都甭跟他玩儿，他专会欺负人。

（95）作这个小孩儿专跳嘞高嘞，能进体校啦。

（96）恁家闺女专会画画儿嘞，瞧画嘞多好！

"专"常和表示褒义的"不 X"类形容词和动词短语同现。而前边提到的程度副词"可""些"一般不修饰限定这类"不 X"词语。如：

（97）这香蕉吃嘞专不赖嘞，多儿钱一斤？

＊这香蕉吃嘞可/些不赖嘞，多儿钱一斤？

（98）今儿嘞天专不冷嘞，不用穿羽绒服啦。

＊今儿嘞天可/些不冷嘞，不用穿羽绒服啦。

（99）小陈儿写嘞字儿专不难看嘞。

＊小陈儿写嘞字儿可/些不难看嘞。

但"不+能/会/愿意"类短语由于否定了具有某一能力、才干，也就无所谓具备某性状的程度量，因此这类结构不能受"专"修饰限定，如：

（100）＊你专不能骗人嘞！

（101）＊恁家闺女专不会画画儿嘞！

（102）＊俺专不愿意瞧电视嘞。

2）形式上的表现是，常和语气词"嘞"同现，组成"专 X 嘞"结构。如以上例（87）—（89）、例（93）—（96）各句。

7.1.5 还

安阳方言中表比较的程度副词用"还"，不用"更"，多修饰限定形容词、能愿心理动词及部分动词短语。如：

（103）他比他哥还能说嘞。

（104）今儿嘞可比昨天还冷嘞。

（105）甭臭神神气气啦，涅人家可比你还有钱嘞。

（106）俺妈对他比对俺还好嘞。

从上例可以看到，还 X 后一般也要有助动词"嘞"才能成句。在实际交际中，如果被比较的对象呈现出的性状程度与常态不同、超出预料，除使用正常语序表达外，还可以把"还"位移到句尾。如：

（107）那儿嘞饺的比咱妈包嘞好吃嘞还。

（108）路昂_{路上}堵的嘞，走路儿比开车快嘞还。

（109）小的儿比大的儿懂事儿嘞还。

（110）阳儿_{现在}坐火车比坐飞机省时间嘞还。

例（107）一般而言，妈妈包的饺子更香，那儿的饺子比妈妈包得香，是意料之外的；例（108）开车比走路快，但堵车时，走路更快；例（109），通常年龄大的更懂事，但这里年龄小的比年龄大的懂事，这是意料之外的；例（110）一般坐飞机比坐火车快，但现在的高铁速度快，且受天气影响小，就可能比飞机还快。安阳方言中的这一用法，是普通话程度副词"还"不具备的。比较安阳方言和普通话表程度的"还"，在意义和用法上，安阳方言的"还"范围更广。

7.1.6 将

在第 3.5.1 节中，我们已描写过时间副词"将将"的语义、语法特点。时间副词"将将"是时间副词"将"的重叠形式。而时间副词"将"又发展演变出表程度的程度副词"将"① 发音为 $[\text{tɕiaŋ}^{55}]$。程度副词"将"用在形容词、助动词或动词短语前，表示程度不深，跟普通话的"稍"意思和用法大致相同。如：

（111）这件儿嘞颜色比你那一件儿将红啦点儿。

（112）裤的将长啦点儿。

（113）今儿比昨天将冷点儿。

（114）我也不中，将会说一点儿"hello，goodbye"，哪能教孩的嘞？

可以看到，"将 X"常和"一点儿/点儿"搭配使用，表示性状程度不深。

程度副词"将"也有重叠式"将将"，例（111）—（114）中的"将"都可以替换为"将将"。重叠可以强化某一语言形式的语法意义和作用，这里的程度副词"将"表程度浅，重叠后，表达的程度义

① 参见辛永芬（2007）。

更浅。

7.1.7　不很的

前文第 7.1.1 节提到程度副词"可"有一种否定形式是"不很的"，表示程度浅。由于"不很的"使用频率很高，基本固化，语感上已经同词，因此本书将"不很的"视为表程度浅的副词。"不很的"用在形容词、能愿动词、心理动词以及部分动词短语前，表示性状程度不高。相当于普通话的"不很、不太"。如：

（115）饭不很的烧_烫啦，赶紧吃吧。

（116）这道题俺不很的会做，你教教俺吧。

（117）以前想家，阳儿现在不很的想啦。

（118）他身体不太好，不很的往外跑啦。

与普通话的"不很、不太"相比，"不很的"多了一个"的"，不能省略；"不很、不太"分别是程度副词"很、太"的否定形式，而"不很的"的肯定形式不是"很的"①，而是表程度的"可"。

7.1.8　不咋（的）

"不咋（的）"中，"咋"是"怎么"的合音，"不咋的"常用在形容词、能愿动词、心理动词或某些动词短语前表示程度不深，语感上也已凝固成词，因此本书也将此归入程度副词。如：

（119）这衣裳瞧嘞好看，就儿_就是不咋（的）暖和。

（120）老师都不咋（的）待见他。

（121）俺都还不咋（的）会唱嘞，再多练练吧。

（122）他不咋（的）玩儿这几样儿东儿啦，你拿走吧。

"的"可有可无，用"的"比没有"的"更有强调意味。我们说"不很的""不咋的"是短语凝固成词，在语形上似乎也可证明。这里的"的"不表义，但具有构词作用。这个构词的"的"相当于形容词位于状语和谓词之间的结构助词"着"，由于使用频率高，与状语成分逐渐凝固在一起成词，共同修饰后边的谓语成分。下文第 7.3.1 节"很

---

① "很的"在安阳方言中是一个情状副词，详见第 7.3.1 节分析。

的"和第 7.3.4 节"伙的"中的"的"也是同一类型。"不很的"中的
"的"一般必须出现,而"不咋的"中的"的"可有可无。在临近的浚
县,也有副词"不咋儿",用法意义相同,只是构词上一个用音节
"的",一个儿化。

需要补充的一点是:安阳方言中没有"X 极了"这一表程度极高
的副词短语结构,但有与此对应的表述方式"X 的嘞"。语气词"的
嘞"附加在形容词、助动词及某些动词短语后表程度极高。如:

(123)诺那个电影好瞧的嘞!

(124)昨天晚上热的嘞!

(125)作这个孩的能吃的嘞!

(126)俩人玩嘞好的嘞!

可见,相同的语义、情感表达,在不同的方言之间,往往使用不同
的语法手段和形式。

7.2 范围副词

范围副词用于限定范围。安阳方言中的范围副词如下:

(127)A 都、全、全都、一共、总共、只、单、也、净

(128)B 统共、拢共、统满、一满、只满、光、干、不拘

7.2.1 统共

"统共"发音为 $[t^h\ u\eta^{31}ku\eta^{213}]$ 是总括数量,用在谓词性成分前和
数量成分前。大致相当于普通话的"总共、一共"。安阳方言中也有
"总共、一共"这两个词表总括,不带有主观色彩,"统共"则含有认
为不多,偏少的意思,用"统共"是把数量往小里说的总括。[①]如:

(129)我兜里统共四十块钱,买不咾诺那个玩具。

(130)涅嘞学校,幺班统共就 20 多个人。人家的学校,一个班一共就 20
多个人。

(131)才统共学啦半个钟头,就使类慌啦就累了?

---

① 参见邢向东(2002)。

（132）统共瞧啦两页书还瞌睡啦？

例（129）"买不咾"，说明钱少；例（130）"就"强调人数少；例（131）"才"也是用于强调时间短；例（132）"还"相当于"就"，表示所瞧书数量少。"统共"常和这类表示数量少的副词等成分共现，即使这些成分不出现，"统共"也可表达主观认为量少。而"一共、总共"没有这一主观色彩。如：

（133）涅嘞人家的学校，幺班一个班统共 20 多个人，老师顾过来咾。

（134）涅嘞人家的学校，幺班一个班一共/总共 20 多个人，男生女生人数差不多。

例（133），含有认为人数不多的评判，例（134）只客观表述数量。

7.2.2 拢共

"拢共"［luŋ³¹kuŋ²¹³］和"统共"意义用法相同，都是把数量往小里说的总括，用在谓词性成分、数量成分之前。如：

（135）谁都不想的去种树嘞，拢共就去啦十来个。

（136）兜嘞兜里拢共没几个钱儿啦，明天再买吧。

（137）拢共没几天就立秋啦，别买空调啦。

（138）你瞧瞧，涅人家拢共就这几本书，比你嘞少多啦，涅人家学习咋比你好恁那么多。

例（136）用否定词"没"强调钱少。"拢共"和"统共"一样，都常和表示、强调少的副词共现，如"就、才"等常出现在使用"拢共"的句子中。同样，即便不使用强调少的副词，"拢共"也含有认为量少的意义。如：

（139）俺班拢共 11 个女生。

（140）他今天拢共吃啦几口饭。

（141）手头拢共四五百块钱。

（142）剩下拢共仨月嘞时间，抓紧吧！

7.2.3 统满

"统满"［tʰuŋ³¹man³¹］也是把数量往小里说的总括，常用在谓词性成分、数量成分前，如：

（143）他去嘞地昂_{地方}不多，统满就跑了三四个地儿。

（144）别瞧他天天使嘞累_得不行，幺_{一个}月统满也就拿两千来块钱儿。

（145）手嘞统满五百块钱，他就借走四百。

（146）开学前统满就认识十来个字儿，也不知道老师教嘞快不快。

7.2.4　一满

"一满" ［iɛʔman³¹］同样是把数量往小里说的总括，如：

（147）一满仨学生，就有俩请假。

（148）公司一满五个人，小公司。

（149）一堂课一满 40 分钟，光讲纪律就得讲 20 来分钟。

（150）钱包嘞一满就这点儿钱啦，都拿走吧。

相比较"统共、拢共、统满"，"一满"的使用范围略小，主要用在数量成分前，不用在谓词性成分前。

7.2.5　只满

"只满" ［tsɛʔman³¹］也是把数量往小里说的总括，但主要用在谓词性成分前，如：

（151）点啦一大桌的饭，只满花啦不到二百块钱。

（152）这点儿油，只满能跑十来里路。

（153）都 10 月啦，只满再热五六天就冷下来啦。

（154）恁家只满就恁俩闺女，恁爹妈不疼恁疼谁？

"只满"主要用在谓词性成分前，"一满"主要用在名词性数量成分前，用法互补。

7.2.6　光

"光"表限定范围，用来限定行为动作。普通话的"光"多用于口语，安阳方言的范围副词"光"比普通话的"光"意义用法更为丰富。相当于普通话的"只、仅、只是"等。如：

（155）别光吃，听听涅人家说嘞啥。

（156）光买书就买啦两三百块。

（157）孩的光喜欢打游戏，咋办？

（158）上大学以前光去过郑州。

（159）光顾的高兴啦，没有瞧着你。

（160）光急有啥用？想想办法不咋。

除了表限定范围，"光"还可表示经常、反复，是一个表频率的副词，和普通话里的"总是"相当。我们在7.4节中详细分析，此处仅举例，如：

（161）这两年光出差，都没有空儿管孩的啦。

（162）你光生病可不中啊。

（163）光上涅嘞人家的当，就不能长长脑的？

（164）光去涅人家家嘞蹭吃蹭喝，不怕涅人家烦你？

"光"还用在复句中表结果，跟"就会"相当，如：

（165）别喝啦！喝醉咾光误事儿。

（166）吃恁多还不干活光发胖。

（167）弄啥的都磨蹭，天天光迟到。

（168）不好好儿嘞学，光考不及格。

7.2.7 干

"干"用在谓词性成分前，相当于普通话的"只、光、一直"，安阳方言中"干"的使用频率较高，普通话中一些用"只、光、一直"的话语，安阳方言中偏于用"干"，意思是不做别的，只做某一件事，说话者用以表达反对、不认可的态度，如：

（169）别干等啦，他不会来啦。

（170）干喝酒嘞？不弄俩菜？

（171）干打雷不下雨。

（172）干瞧这几本教材就能考昂大学？

这四个例句中的"干"也可以用范围副词"光"，但两者表达的意思不同。用"干"强调不做别的事情，而现在做的这件事在达成目的上无效。用"光"强调只做目前的事情，并不暗示有效与否。

7.2.8 不拘

"不拘"相当于普通话的"不管",但没有"不管"使用范围广,一般用在含有疑问代词的句子中,如:

(173)不拘啥时候来,都中。

(174)不拘挪哪个人他都能给涅人家吵起来。

(175)俺媳妇就喜欢作样儿嘞这个样子的衣裳,不拘啥价儿俺都买。

(176)暑假咱去旅游嘞吧,不拘去哪儿都中。

普通话中"不管刮风还是下雨,都要来上课"这类句子,安阳方言中不能用"不拘刮风下雨,都得来上课",而应当用"管它刮风还儿下雨,都得来上课"。

7.3 情状副词

情状副词也有学者称之为"情态副词",这类副词只用于限定、修饰动词,与其他几类副词相比,情状副词意义较实在,更具开放性和能产性、数量更多,主观判断的意味更强[①]。张谊生(2002)曾收录了约460个之多的情状副词。在方言中,情状副词也是较能展现特色的类别。我们只对安阳方言中意义不那么实在,更具语法意义的情态副词加以描写分析。这些词如下:

A:胡、乱、随便、瞎、白、偷偷儿、直接、使劲儿、硬、楞、手把手、亲眼、专门、冷不防、冷不丁、一块儿、一起

B:很(的)、单门儿、单意儿、伙(的)、猛一的、利利儿

7.3.1 很(的)

第7.1.1节中说到安阳的程度副词"很"只能用在补语位置构成"X 嘞很"结构,以及凝固成"不很的",成为一个表较轻程度的副词。本节的"很"[xən53](的),是情状副词,只用在动词和动词短语前,表示行为动作持续、反复、不停止。相当于"一直、老是、一个劲儿

[①] 参见崔诚恩(2002)。

地""的"可有可无,用"的",语气更强烈。用情状副词"很"的句子,一般表示说者不满意、批评、责怪和劝诫的情绪和态度。如:

(177)这几天很(的)下开雨啦,下嘞人心烦嘞慌。

(178)饺的好吃就很(的)吃嘞?

(179)甭在这儿很(的)等啦,没有名额啦。

(180)恁妈不管你,你就很(的)打游戏嘞?

情状副词"很(的)"限定修饰动词后还可重复以强化情感表达,如:

(181)很(的)说很(的)说,还有完没完啦?

(182)很(的)往上扯很(的)往上扯,这裤的能不扯坏?

(183)很(的)哭很(的)哭,眼睛能不哭坏?

(184)很(的)蔵放辣椒很(的)蔵放辣椒,菜能不辣?

在河南浚县、周口、焦作等地都有这一用法的情状副词"很",但只有安阳方言中"很"后可添加"的"强化语气。

7.3.2 单门儿

"单门儿"[tan⁵⁵mɚ³¹]相当于普通话的"故意",多用在动词前表示故意、特地做某事,可以是出于好心也可以是出于歹意,如:

(185)咱妈单门儿给你留嘞馄饨,赶紧吃吧。

(186)我单门儿买嘞下铺,就怕你爬不了恁门高。

(187)他就是单门儿不借给你书嘞。

(188)你是单门儿拿沙的弄昂涅碗里头弄到人家碗里头嘞吧?

例(185)、(186),是出于好心;例(187)、(188)则被认为出于歹意。"单门儿"意思相当于普通话的"故意",但不能跟"故意"一样在判断句中用作形容词,如:

(189)恁别生气啊,俺不是单门儿嘞。

(190)这一瞧就是单门儿嘞。

(191)都知道你不是单门儿嘞,别难过啦。

必须如下表述:

(192)恁别生气啊,俺不是单门儿镇介的嘞我不是故意这样的。

(193)这一瞧就是单门儿搞破坏嘞。

（194）都知道你不是单门儿连钥儿_{钥匙}弄丢嘞，别难过啦。

例（192）中的"单门儿"仍是情状副词，用在指代行为动作的代词"镇介"前。

7.3.3　单意儿

"单意儿"〔tɑn⁵⁵i²¹³ɚ〕和"单门儿"意思用法大致相同，都表示故意或特地做某事，或出于好心或出于歹意，多用在动词和动词短语前。如：

（195）单意儿给你留啦一张票。

（196）俺单意儿早点起来跑步嘞。

（197）他就不想的好好儿跑，单意儿跑最末的留儿_{末尾}嘞。_{他根本不想好好跑，故意跑最后一名。}

（198）恁家孩的就儿_{就是}单意儿欺负涅嘞。

与"单门儿"不同的是，"单意儿"还可用于判断句，评判行事是否故意。如：

（199）你就儿_就是单意儿嘞。

（200）这不用说就是单意儿嘞。

（201）俺不儿_不是单意儿嘞，恁别生气啦。

（202）你是不儿_{是不}是单意儿嘞，想挨打嘞？

7.3.4　伙（的）

"伙"〔xuo⁵³〕（的），用在谓词性成分前，表示和他人一起行事，相当于普通话中的"一起、一块儿"，如：

（203）咱俩伙（的）用一条毛巾吧。

（204）书不多，恁俩伙（的）瞧吧。

（205）店是他俩伙（的）开嘞。

（206）手工是俺跟俺家孩的伙（的）做嘞。

7.3.5　猛一的

"猛一的"〔məŋ⁵³iɛʔʐ̩ʔtɛʔ〕相当于普通话的"猛然、一下子"，用在动词性或形容词性词语前，表事件突发，出人意料。如：

（207）将要过马路嘞，猛一的开过来一辆车。

（208）你猛一的一说，我都想不开想不起来他长嘞啥样儿啦。

（209）树昂猛一的蹦下来幺人，吓啦俺都一跳。树上猛地跳下一个人，吓了我们一跳。

（210）天猛一的就冷啦，这才十月份啦。

7.3.6　利利儿

"利利儿"［li²¹³li²¹³ɚ］，用在动词性词语前，表行为动作发生没有延缓、拖沓，而是很快发生，相当于普通话用作状语的"麻利""爽快"，后边须添加助词"嘞"，如：

（211）瞧见他对象喜欢，利利儿嘞就掏钱买下来啦。

（212）一出门，利利儿嘞还摔啦幺屁股墩儿。

（213）你利利儿嘞去吧，别说点的些没用嘞啦。

（214）作这个孩的自觉，回到家利利儿嘞写完作业就搬的恁厚嘞书瞧。回到家麻利地写完作业就抱着那么厚的书看。

7.4　时间频率副词

顾名思义，时间频率副词是和时间、频率相关的一类副词，与时间名词区别在于，时间频率副词只能出现在状语位置上，不能出现在定语位置。安阳方言的时间频率副词如下：

A　原先、正、立马、才、先、后、赶紧、快、要、经常、压根儿、总（是）、轻易、再、常、常常、从来、就、又、一直、还、老、成天

B　将、将将、光、随当、见天儿、常年介、不隔间儿、一弄/弄不弄

7.4.1　将、将将

前文第3.5.1节以及第7.1.6节中，我们分别描写分析过时间副词"将将"、程度副词"将、将将"。本节的"将［tɕiaŋ⁵⁵］、将将［tɕiaŋ⁵⁵tɕiaŋ⁵⁵］"都是时间副词，"将"是"将将"的重叠形式。3.5.1节只对时间副词"将将"作了简单描写。本节我们着重对时间副词

"将"的用法作描写和分析，并与重叠式"将将"稍作对比。

时间副词"将"和普通话时间副词"刚"是同一个词，语音发展不同步。[1] 用在动词或表变化的形容词前，表示动作行为、性质状态发生在不久前，如：

（215）将进屋儿，涅可找昂门儿来啦人家就找到门上来了。

（216）他将写罢作业，叫他耍儿一会儿吧。

（217）将去诺公司，可认识恁那么多人啦。

（218）前两天将瞧咾作这个电影。

有时后半句用语气副词"可"，相当于普通话的"就"，表示事件相隔很近，令人意外，如例（215）、（217）。

时间副词"将"还可用在表时间、重量、价格等数量名词前，表时间、数量不多不少，如：

（219）你将 100 来斤，胖啥的嘞胖什么胖。

（220）这件衣裳将 200 块钱，不贵，买吧！

（221）才将半个小时，离结束还早的嘞。

（222）这才将 5 点，起恁早咋嘞起那么早干什么？

例（221）、（222）"将"前常和时间副词"才"连用，强调还未到预想的时间。

以上安阳方言的时间副词"将"都可以替换为重叠形式"将将"，重叠形式比基式的语法意义更强，强调事件、动作发生时间离参照时间非常近。

7.4.2　光

前文 7.2.6 描写分析了范围副词"光"，提及"光"也是一个时间频率副词，相当于普通话"总是、一直"。如：

（223）这一年光生病，没上几天学。

（224）一天到晚嘞光玩儿可不中啊。

（225）光叫涅人家牵的鼻的走，就不能长长脑的？

（226）光去涅人家那儿嘞白吃白喝，不怕涅人家烦你？

---

① 参见辛永芬（2007）。

"光"用在这里表示强调某种行为或动作在某段时间里持续、反复,一般用于贬义,表达不满的态度,后边常有表规劝的话语。如例(225)、(226)。

7.4.3 随当

"随当"[sui³¹ taŋ²¹³]表示事件或动作紧接着某时发生或完成,相当于普通话的"马上""随即"。用在动词性词语前,后常紧跟"就"如:

(227)你先去,我随当就来。

(228)将到家,随当就有人敲门啦。

(229)书我瞧两天,随当还你。

(230)我到那儿瞧瞧,随当就回。

7.4.4 见天儿

"见天儿"[tɕian²¹³ tʰiar⁵⁵]相当于普通话的"整天、天天、经常、常常",多用在动词性成语前,表动作、行为、情况经常发生。如:

(231)他也不知道咋啦,见天儿生闷气。

(232)这见天儿下雨,被的被子都没法晒啦。

(233)你忙啥嘞?见天儿瞧不着人。

(234)你见天儿打麻将,孩的能学好咾?

"见天儿"表述经常发生的事情是令人不如意,不满意的。

7.4.5 常年介

"常年介"表示事情、行为"一年到头、一直"这样,用在谓词性词语前,如:

(235)那时儿穷嘞啊,常年介吃不着肉。

(236)他爸工作忙,常年介在外头出差。

(237)也不能常年介镇介的这样子熬夜啊,身体咋能受得了嘞?

(238)他小时儿身的弱,常年介吃药、住院,他爹妈真不容易啊!

7.4.6 不隔间儿

"不隔间儿"［pəʔkə⁵⁵tɕiɑr⁵⁵］用在谓词性词语前，表动作行为或情况是偶然发生，只作状语，相当于普通话"偶尔、有时"。如：

(239) 以前可没现在镇这么好，都儿都是不隔间儿才包一回饺的。

(240) 别怕，他不隔间儿才喝几口酒，喝不坏。

(241) 他不隔间儿才找你一趟，你就别嫌人家啦？

(242) 这儿人少，不隔间儿才来俩人，东儿东西不好卖。

7.4.7 一弄、弄不弄

"一弄"［iɛʔnuŋ⁵³］、"弄不弄"［nuŋ⁵³pəʔnuŋ⁵³］相当于普通话"动不动"，表示动作行为发生频繁，多表述令人不满意的情况，后面须跟"就"配合使用，如：

(243) 孩的身体不好，一弄就生病。

(244) 你瞧你咋回事，一弄就哭。

(245) 她脾气圪燎古怪，弄不弄就回娘家。

(246) 你这两天弄不弄就给我摆脸的，我招你惹你了啦？

这两个词可以相互替换，用"一弄"话语节奏稍快，"弄不弄"话语节奏稍慢。

7.5 语气副词

语气副词"是用在句中表示语气的副词"①。一般而言，所表达的主要是揣测、祈使、陈述、疑问等语气。安阳方言中的语气副词主要有以下这些：

A 恐怕、总得、到底、总是、正、保准、明明、非、非得、实在、当然、真、只管、怪不儿、都、才、偏、权当、好歹、约摸、多亏

B 看、情、清、亏嘞、亏当、可、当门儿、敢（是）

---

① 参见张谊生（2002）。

7.5.1 看

我们用字形"看"记录副词〔kʰɑn²¹³〕。"看"是一个表述多种语气意义的副词，用在谓词性词语前，以下分别描写"看"丰富的语气意义。

1）表事件、行为、情况的进行是所希望的，恰好的，或者是不希望发生、不凑巧的，普通话中用"正好、正巧、凑巧、不巧、偏偏"这类词表示，如：

（247）正说去找你嘞，你看来啦。

（248）别急，我看有几十块钱，够给你买这一本书啦。

（249）人家都去秋游嘞啦，他看发烧。

（250）夜个儿昨天想找你一块儿去瞧电影嘞，看你不在家。

例（247）、（248）表示事件发生如己所愿，很巧；例（249）、（250）表示事件发生不如意，不巧。

2）表事件、行为、情况与一般规律或预料的结果不同，普通话中用"但是、可是、偏偏"表示类似意义，如：

（251）别瞧涅人家个的小，涅人家看能跑第一名。

（252）他天天玩儿，也没见他咋学，看就回回儿考嘞好。

（253）你做饭好有啥用？涅看不喜欢吃。

（254）这衣裳不咋好瞧吧，看些贵偏偏很贵。

3）表意愿、态度故意与要求者相反对抗，普通话中多用"偏，偏偏"表述类似意义，如：

（255）这孩的，叫他往东，他看往西。

（256）叫你早点来，你看磨蹭到这会儿才来。

（257）爹妈都想让他学理工，他看要去学哲学。

（258）你想吃啥就吃啥？我看不给你做。

河南浚县①、扶沟②都有类似用法的"看"。浚县和安阳的用法更为接近，扶沟"看"的用法主要相当于普通话的"正好，恰好"并相当

---

① 辛永芬（2007）《浚县方言语法研究》。

② 李楠（2012）。

于时间副词"刚"。

7.5.2　情

"情"［tɕʰiŋ⁵³］是山东、河南等地方言中常用的语气副词，也有写作"赌"的，我们暂且用字形"情"记录这个词。安阳方言的"情"用在谓词性成分前，表示多种语气意义。

1）用于令说话人不满意的行为动作前，表述说话人对此生气又无奈的语气和情绪，普通话多用"只管……"来表述，如：

（259）你情在这儿哭吧，俺走啦。

（260）情打游戏吧，恁爹回来咾瞧揍你不揍。

（261）恁都_{你们}情别写作业啦，叫老师狠狠嘞批评恁都_{你们}。

（262）你情很的_{使劲}买吧，瞧你后半个月吃啥！

（263）恁情在这儿瞧电视吧，明儿考试瞧能考成啥。

"情"也常和情状副词"很"一起修饰谓词性词语，表示对某一行为事件极其不满意。

2）用在谓词性词语前，说话者语气是建议、支持的，普通话多用"尽管/只管……"表述相近意义，如：

（264）饺的多的嘞，大家伙儿别客气，情吃啦！

（265）下午没有课，情去踢球嘞吧。

（266）这纸没啥用啦，情拿走用嘞吧。

（267）真没良心，恁妈连你养镇这么大，你情胳膊肘儿往外拐吧！

3）固定用法"情等的 V"，V 可以是表示积极意义的谓词性词语，也可以是消极意义的谓词性词语，表示一种行为带来的可能结果。普通话中用"就等着……""只管等着……"表述相近意义，如：

（268）恁都_{你们}连窗玻璃踢碎啦，情等的挨揍啦！

（269）钱一下的_{一下子}花光啦，情等的喝西北风吧！

（270）恁家孩的镇这么有出息，恁就情等的享福吧！

（271）新家都装修好啦，情等的搬新家吧！

7.5.3　清

我们暂用"清"记录副词［tɕʰiŋ⁵⁵］，这个副词用在谓词性成分前，表示对某一行为不认同、感到可惜等，普通话用"白白、白"来表示这一意义，如：

（272）说好嘞，恁都_{你们都}没来，我清等啦恁一晚上。

（273）恁那么_{那么}好嘞书，清叫他给弄丢啦。

（274）那虾恁门_{那么}贵，清给搁坏啦。

（275）孩的是好孩的，清是叫他爹妈惯坏啦。

7.5.4　亏嘞

"亏嘞"用在谓词性词语前，引出说话人认为有利的因素，因为这些因素，避免了不理想后果的产生，语气带有侥幸色彩，如：

（276）亏嘞连被的拿进来啦，要不儿_{要不然}全淋湿啦。

（277）亏嘞我兜里有几块钱，要不儿_{要不然}就白来一趟。

（278）亏嘞没跟她走，走咾就回不来啦。

（279）他亏嘞有个好爹，要不儿_{要不然}能找到镇好嘞工作？

（280）亏嘞有恁帮忙，要不儿_{要不然}我一点儿法儿都没有。

（281）亏嘞小张在这儿，帮俺连恁沉嘞行李扛昂楼昂。_{帮我把那么沉的行李扛到楼上。}

例（280）、（281）两句，有利因素是"恁""小张"带来的，这两句话也带有说话人感激的语气。

安阳方言的"亏嘞"使用频率很高，相当于普通话"幸亏、亏得、多亏、幸好"的用法。后边常和"要不儿"搭配使用，"要不儿"相当于普通话的"要不然，不然的话"。

7.5.5　亏当

"亏当"［$k^hui^{55}taŋ^{55}$］和"亏嘞"是同义词，后边都附加谓词性词语，引出有利因素，表示由于这些因素而避免了不理想后果。但"亏当"在语气上不比"亏嘞"更感到化险为夷的侥幸，对由于某人带来的有益影响表感激多用"亏嘞"，不用"亏当"，"亏当"也常和"要不儿"搭配使用，如：

（282）亏当躲嘞快，要不儿就被汽车撞昂撞上啦。

（283）亏当没有搭理他，要不儿就叫他给骗啦。

（284）亏当恁妈在家，要不儿你这湿淋淋嘞就得在外头挨冻啦。

（285）亏当医院有人值班，给他止住血啦，要不儿他就没命啦。

7.5.6 可

安阳方言"可"既是一个程度副词，又是语气副词。前面7.1.1节我们已经描写分析了程度副词"可"，本节描写语气副词"可"。可以看到，安阳方言的程度副词"可"［kʰə⁵⁵］和语气副词"可"［kʰə⁵³］语音形式有差别，通过声调变化来区分语法功能。普通话中，"可"表程度表语气是同一语音形式［kʰə²¹³］。安阳方言的语气副词"可"跟普通话的"可"表语气时，语义、语法功能基本相同，也有差异。

相同处是都表强调：1）可用于陈述句中，表确认，如："他可比你强嘞多啦。"2）表终于有了令人满意的结果，如："恁家真难找啊，找啦半天，可找着你啦。"3）用于祈使句，有恳切劝导的意味，如："考试嘞时儿，你可千万别紧张啊！"

与普通话语气副词"可"用法不同的是：

1）用在谓词性词语前，表结果出乎意外，相当于普通话的"就"，如：

（286）我还没说啥嘞，她可哭开啦_{她就哭起来了}。

（287）这才十来度，她可穿昂_{穿上}T恤啦。

（288）才四月份，天可热开起来啦。

（289）几年没见，孩的可镇这么高啦？

2）不能用在反问句、疑问句中表反诘，如：

（290）＊你可还有钱？

（291）＊恁同学可喜欢吃咱家嘞饭？

（292）＊你可不儿_不是明儿出差嘞？

（293）＊可非得今儿去买嘞？

7.5.7 当么儿

"当么儿"［tɑŋ⁵⁵mɚ］在安阳方言中表猜测语气，使用频率较高，用法主要如下：

1）用在陈述句谓词性词语前，表示对行为动作的猜测，这一猜测倾向于肯定，相当于普通话的"大概、也许、可能"如：

（294）她那件大衣当么儿得五六千。

（295）你多喝点水，当么儿明天感冒就好啦。

（296）俺爸当么儿快下班啦，咱赶紧回去吧。

（297）当么儿不用写作业啦么？瞧他玩儿嘞欢嘞。

在实际语言运用中，"当么儿"的位置很灵活，可以用在句首、谓词之前，有时还可出现在句尾，如：

（298）当么儿涅人家也喜欢你，要不儿能给你买镇这么好嘞东儿？

（299）当么儿快放假啦，想想去哪儿玩儿嘞吧。

（300）出来镇这么早，考试题不难当么儿。

（301）镇这么闷嘞慌嘞，快下雨啦当么儿。

2）用在疑问句中，对不确定的事情表示疑问，语气犹疑。

（302）当么儿是我离嘞远离得远听错啦？

（303）书当么儿还没有送到嘞么？

（304）天当么儿快下雨啦么？

（305）你当么儿就儿老陈家二闺女么？

7.5.8　敢、敢是

语气副词"敢（是）"在现代汉语方言中常见，东北官话、中原官话、晋语、客家话、闽语等方言中都有。其意义也多表示揣测、可能。① 安阳方言中"敢（是）"用在谓词性词语前，对人、事情作趋向肯定的猜测，跟普通话的"可能是、大概是"用法近似，可用于疑问句、陈述句中。"敢是"比"敢"使用频率高，如：

（306）一的一直没见他啦，敢（是）生啥病了么？

（307）镇这么高兴嘞，敢（是）中啦大奖啦？

（308）他没来，敢（是）不同意这事儿吧。

（309）敢是这两天太冷，镇多人感冒。

（310）他都他们敢是太有钱啦，胡吃海喝嘞。

例（306）—（310）中的"敢（是）"都可以换成"当么儿"。但

---

① 参见王琳（2009a）。

在 7.5.7 节中，并非用"当么儿"的都可以换成"敢（是）"，"当么儿"和"敢（是）"在意义和用法上的区别主要有以下两点：

1）意义上，"敢（是）"比"当么儿"稍趋向于肯定。如例（295）感冒的痊愈是难以确定的，用"当么儿"表示不确定的猜测，而确定语气略强的"敢（是）"不能用在此类句中。而既可用"当么儿"也可用"敢（是）"的话语，用"敢（是）"就比用"当么儿"的信度略高，例（296）"俺爸当么儿快下班啦，咱赶紧回去吧"换成"敢（是）"，语气就增加了确定性。

2）用法上，"当么儿"位置灵活，如例（300）、（301）可出现在句尾，"敢（是）"不能用在句尾。

7.6　否定副词

否定副词是用在谓词前表否定的副词，安阳方言中主要有以下否定副词，副词"不"的用法同普通话，我们着重描写讨论 B 组各否定副词：

A　不

B　没、不敢、甭、休

7.6.1　没

普通话的"没"既可用在名词前，也可用在谓词前，兼有动词和副词功能，是兼类词。安阳方言中的"没"［mə?］也是兼类词，可用在名词前，如："没钱，没衣裳穿……"；本节分析"没"用作副词，后边跟谓词。如：

（311）外头没下雨。

（312）俺还没吃饭嘞。

（313）苹果还没红嘞，再等两天吧。

（314）他还没大学毕业嘞。

例（311）—（314）的"没"发音为［mə?］，相当于普通话"没有"，后边不能再添加"有"，这是跟普通话的"没"不同之处。但在正反问句以及单独用否定副词回答时，必须用"没有"，其中"没"发音为［mei^{31}iəu^{53}］，如：

（315）——你写完作业啦没有？

　　　——还没有嘞。

（316）——起床啦没有？

　　　——没有嘞。

7.6.2　不敢

"不敢"中的"敢"是助动词，相当于普通话的"可以、能"，"不敢"意为"不可以、不能"，用在祈使句中，劝阻不做某事，常和表强调的语气副词"可"连用。如：

（317）可不敢再去那坑嘞坑里耍儿啦啊！

（318）那东儿东西有电，可不敢摸。

（319）你要啥都行，诺那个可不敢要。

（320）作这个不敢多吃，吃多上火。

7.6.3　甭

普通话中"甭"是"不用"的合音，读作［pəŋ^{35}］，意义用法大致同"不用"。安阳方言中的"甭"也是"不用"的合音，但发音为［piŋ^{31}］。河南浚县话里也有"甭"，发音与安阳话中的"甭"相近。辛永芬对"甭"的语音语调变化有合理的阐释，认为方言中的"甭"合音尚未完全丢掉介音，"甭"强调否定，取了"不"变调形式，受去声"用"影响，声调变为阳平。这也可以用于描写解释安阳方言"甭"的语音特点。安阳方言中的"甭"意义用法如下：

1）用于祈使句，表劝阻、禁止，相当于普通话的"不要、不用"，如：

（321）甭瞧电视啦，赶紧写作业吧。

（322）甭给恁妈闹啦，没瞧见她都病啦？

（323）天热啦，甭穿恁厚嘞衣裳啦。不要穿那么厚的衣服了。

（324）你走嘞动儿走的时候甭忘咾关窗的。

2）用于表猜测、估计，相当于普通话"别、别是"，如：

（325）带昂带上水，甭渴咾没地昂地方喝水。

（326）多穿点，甭冻感冒咾。

（327）甭都毕业啦，还没弄清自己干啥的嘞。

（328）还没算出来嘞？给你讲啦半天甭又没听懂吧？

"甭"表"不用、不必"的意思时，只能出现在施动者后，不能在施动者前边，如：

（329）你甭担心哪，孩的好的嘞。

（330）＊甭你担心哪，孩的好的嘞。

（331）咱都甭去啦，人家能照顾好自己。

（332）＊甭咱都都去啦，人家能照顾好自己。

"甭"表"不用"意思时，后边也不能跟名词，如：

（333）＊他甭锤的，就能连钉的砸进去。

（334）＊你拿好你嘞钱，俺甭你嘞。

（335）＊甭抹布，用纸擦擦就中。

（336）＊这会儿俺甭电脑，你用吧。

例（330）、（332）、（333）、（334）这些句子如果换成"不用"，句子就合语法了，如：

（337）不用你担心，孩的好的嘞。

（338）不用咱都去啦，涅人家能照顾好自己。

（339）他不用锤的，就能连钉的砸进去。

（340）你拿好你嘞钱，俺不用你嘞。

同理，例（335）、（336）"甭"换用"不用"，就合乎语法了。普通话和方言中都有这类原形式和合音形式并存，分别承担不同语法功能的现象。以上我们看到，"甭"凸显的是副词功能，而"不用"有鲜明的动词特征。

7.6.4　休

安阳方言中的否定副词"休 ［xəu⁵⁵］"，意义大体上相当于普通话"先不要，先别"，用在谓词性词语前，表制止和劝阻，常常和"先"一起用，如：

（341）休慌，我给你瞧瞧。

（342）先休跑嘞，弄烂窗玻璃就得赔。

（343）先休掏钱嘞，试试是好的儿不儿。_{试试是好的不是。}

（344）先休哭嘞，赶紧叫医生来吧。

安阳方言中也有"退休、休息"这类词，其中的"休"，发音为
［ɕiəu⁵⁵］，跟否定副词"休"发音不同。在较早的白话中，"休"常用
以表禁止。据太田辰夫（2003《中国语历史文法》）、杨荣祥（1999），
"休"表禁止的用法出现在唐代，杨荣祥（1999）认为，这种否定副词
的用法由动词义"休止、停息"引申而来，晚唐五代后使用频繁，元
明时期北方话中使用率很高，明以后逐渐被"别"取代。我们转引太
田辰夫（2003）、杨荣祥（1999）等的例句如下：

（345）休唱贞元供奉曲（刘禹锡）

（346）休恋足色金和银，休想夫妻百夜恩。（元曲选《忍字记》第
二折）

（347）你切休慌，我还要在盖子上浇一下儿哩。（《金瓶梅》）

"休"的这一用法现在在北方方言中还有部分保留。除安阳方言
外，浚县等地也有否定副词"休"。在发音上，安阳方言动词"休"
［xəu⁵⁵］和否定副词"休"［xəu⁵⁵］的差异，是不同历史时期语音发展
演变的遗留，否定副词"休"［xəu⁵⁵］保留了较早时期的语音形式。

副词是一个半开放的词类，词义也有实有虚。尤其是情状副词、语
气副词，较难界定和统计，因而我们没有求全，只对方言特色突出的一
些副词分类描写分析。有时候，反映特点也许比面面俱到更有效。

7.7　本章小结

安阳方言的副词可分为程度、范围、情状、时间频率、语气、否定
等六类。这六类副词中有和普通话形式、意义、用法都相同的副词，也
有在某些方面有区别的副词，更有为地方方言独有的副词，如："情"
［tɕʰiŋ⁵³］（相当于普通话的"只管"）、"专"［tsuan⁵⁵］（相当于普通话
"很、挺、怪、真"）等，这些副词可以在普通话中找到大致对应的词，
但两者的语气情态无法完全对应，可以说这也正是方言词语独特的表达
魅力所在。我们重点描写分析了后两种副词，可以看到，正是这些独具
特色的副词使得安阳方言具有了独特的风貌特点。相比较普通话，安阳

方言的副词还保留有一些古汉语的特点，如："休"［xəu⁵⁵］，大意是
"先不要"的意思，晚唐五代后使用频繁，元明时期北方话中使用率很
高，在北方官话中，明以后逐渐被"别"取代，但直到今天在安阳方
言中仍高频使用。可以说，安阳方言的副词较多体现了方言的地方性和
历史性特征。

第8章　介词

有关现代汉语介词的研究丰富而深入，我们根据安阳方言介词的语义、语法特点，采用朱德熙（1982）、周小兵（1997）、陈昌来（2002）等人的传统观点，认为介词就是起介引作用，"引出跟动词所指动作行为或形容性质状态有关的对象、施事、受事、时间、处所、方向、方式、原因、目的、根据、范围等"①。从句法功能来看，介词的作用是"在句子中介引某些跟谓语中心相关的词语，标明这些词语跟句子中谓语中心的句法关系和语义关系"②。安阳方言中，介词基本都是前置介词，因此我们主要描写、分析这类介词，而对一些常用的框式介词结构也略作探讨。

根据安阳方言介词的语义、语法特点，我们将安阳方言介词分为介引时间方所、介引工具依凭、介引原因目的、介引施事受事、介引关涉对象五个类别，这五个类别中又根据需要分为若干小类。这些介词有的为安阳方言独有，也有的在普通话和安阳话中都用，但用法有区别。本章节将逐类描写分析这些介词，来展示安阳方言介词的大致面貌。

8.1　介引时间方所的介词

安阳方言介引时间方所的介词主要有：在、以、自、打、从、打从、到、赶、离、朝、朝的、往、上、沿、沿的、顺、顺的、照、照的、照住、对的、对住。跟普通话用法相似的有"在、打、从、到、朝、往、照、沿、顺"。根据安阳方言介词的意义用法，我们把这 22 个

---

① 参见周小兵（1997）。
② 参见陈昌来（2002）。

主要介词分为 5 个小类，分别是：

位置：在；

起点：以、自、打、从、打从；

终点：到、赶、离；

方向：朝、朝的、往、上、照、照的、照住、对的、对住；

经由：沿、沿的、顺、顺的、以；

我们逐类逐个对这些介词进行描写和分析。

8.1.1　在

普通话的"在"既可作动词也可作介词，读音为 $[tsai^{51}]$，意义和用法非常丰富。安阳方言的"在"有两个读音，分别是 $[tsai^{213}]$ $[tai^{213}]$，这两个读音不区分语法功能，而跟意义相关。详见下文。参照普通话"在"的义项和用法，来看一下安阳方言中"在"的动词和介词用法。

8.1.1.1　动词"在"

"在"作动词有两个发音，三个义项。

义项一：表示人在世，读音为 $[tsai^{213}]$。如：

（1）他奶奶去年就不在啦。

（2）诺人那个人都不在两年啦。

（3）俺爷还在嘞，身的骨儿身体可好嘞。

（4）几年没见啦，恁姥娘还在嘞么？

这里的"在"不能单独作谓语，不能单独回答问题，后边不能带除时量宾语外的其他宾语。须和"不、还"以及语气词一起使用。

义项二：表示责任归属，读音 $[tsai^{213}]$。"在于、由……决定"的意思。如：

（5）他是走是留，全在你啦。

（6）这一档的买卖能成不能成，就在你一句话啦。

（7）出去玩儿嘞吧，考嘞好不好也不在这一会儿。

（8）对老人好不好，不在这些儿钱，平常没事多去瞧瞧嘞。

这个义项的"在"可以跟多种形式的宾语。

义项三：表示人、物所处的位置，读音为 $[tai^{213}]$。

（9）你明儿在家不在？

（10）钥儿在桌的昂嘞。<small>钥匙在桌子上呢。</small>

（11）俺妈没在屋儿嘞。

（12）洋车的<small>自行车</small>没丢，还在那厢那儿嘞。

（13）你那几百块钱还在那儿嘞，放心吧！

（14）俺都<small>我们都</small>没走，还在这儿嘞。

这个义项的"在"可以带宾语，也可以根据语境省略宾语，如例（12），可以说"洋车的没丢，还在嘞"。不强调所在位置时，可以用"这儿/那儿/这厢/那厢"跟在动词"在"后，表事物存在。如：例（12）、（13）、（14）。"这儿/那儿"不可省略。这和普通话"在"表存在有不同，普通话可以不出现"这儿/那儿"，如：

（15）你那几百块钱还在，放心吧！

（16）我们都没走，还在呢。

（17）书包还在，没丢。

（18）找着没有？外套还在不在？

8.1.1.2 介词"在"

用法一：跟表示位置的词语组合，读音为：$[tai^{213}]$，如：

（19）他俩在院的嘞<small>院子里</small>玩水儿嘞。

（20）孩的<small>孩子</small>在姥姥家住嘞。

（21）还没找着？钥儿就在桌的昂搁的嘞<small>钥匙就在桌子上搁着呢。</small>

（22）这钱是在恁班<small>你们班</small>丢嘞吧？

普通话中，一部分表示"在某处 V"的句子也可以变换为"V 在某处"，如：

（23）孩子住在姥姥家。

（24）还没找着？钥儿就搁在桌子上呢。

（25）你坐在沙发上休息休息。

（26）趴在窗台上往里看看，有没有人。

安阳方言中没有"V 在某处"的结构，须用"V 昂某处"来表述近似意义。有关这一问题的阐释，详见第 14.3.4.3 节。

用法二：跟指示代词"这儿/那儿"组合，读音为 $[tai^{213}]$，如：

（27）俺在这儿写作业嘞。

（28）他在那儿做饭嘞。

（29）俺爸在那儿睡觉嘞。

（30）孩的在这儿瞧电视嘞。

（31）俺看书嘞在这儿。

（32）恁干啥嘞在那儿?

这里的"在这儿/那儿 V 嘞"，是前文第 6.2.3.2 节分析过的进行体格式。"在这儿/那儿"表示位置的功能已经非常弱化，可以说这两个介词短语已虚化为体貌标记成分，位置也很灵活，可以出现在句尾，如例（31）、（32）。值得注意的是，并不是"在这儿/那儿 V"都表示持续，如:

（33）俺在这儿写会儿作业。

（34）孩的在这儿瞧会儿电视。

（35）他在那儿玩儿小汽车儿嘞。

（36）俺奶奶在那儿包饺的嘞。

这两句不表示动作的持续，"在这儿/那儿"具有实在的处所义，表示行为动作发生的处所。

以上两种用法是安阳方言介词"在"的基本用法，与普通话相比，安阳方言的介词"在"在意义用法上比普通话的范围要小，具体差异如下:

1）必须用"这儿/那儿"构成的动宾短语表存在，而不能跟普通话一样单独用"在"表存在。

2）不能和表示时间的词语组合，普通话可以。如:

（37）＊在你上小学嘞时儿的候，咱家住北关。——在你上小学的时候，咱家住北关。

（38）＊这要在以前，我非揍他一顿不可。——这要在以前，我非揍他一顿不可。

（39）＊孩的平时都儿在九点以前上床。——孩子平时都在九点以前上床。

（40）＊在你五岁嘞时儿，咱去过一次北京。——在你五岁的时候，咱们去过一次北京。

安阳方言表述类似意思时，必须去掉"在"，有时需添加动词

"是"。如：

（41）你上小学嘞时儿的时候，咱家住北关。

（42）这要是以前，我非揍他一顿不可。

（43）孩的平时都儿都是九点以前上床。

（44）你五岁嘞时儿的时候，咱去过一次北京。

3）不能和表示能力、才干的名词或动词组合表示范围。如：

（45）＊在吃昂，他比谁都行。

（46）＊在学习昂，他谁都不如。

（47）＊在钢琴昂，花嘞时间越多，越弹嘞好。

（48）＊在衣服昂，没费多儿多少心。

安阳方言表述类似意思时，须去掉"在"，用"V昂/开"或"N昂"来表示范围，如：

（49）吃昂/开，他比谁都行。

（50）学习昂/开，他谁都不如。

（51）钢琴昂，花嘞时间越多，越弹嘞好。

（52）衣服昂，没费多儿多少心。。

4）不能和表示行为、条件主体的名词组合，如：

（53）＊在你这太简单啦。

（54）＊在爹妈那一辈儿，啥便宜啥好。

（55）＊在教育孩的昂，心急没用。

（56）＊在升温方面，这一种油汀效果最好。

安阳方言表述类似意思时，须要去掉"在"，或换成介词"对"，如：

（57）对你这太简单啦。

（58）爹妈那一辈儿，啥便宜啥好。

（59）教育孩的昂，心急没用。

（60）升温方面，这种油汀效果最好。

5）"在＋方所词语"不能出现在动词词语后，如：

（61）＊连单词记在本的昂。

（62）＊时间改在下午啦。

（63）＊你就睡在沙发昂吧。

（64）＊锅放在煤火台的昂啦。

安阳方言表述类似意思，须用"V 昂"结构，如：

（65）连单词记昂本的昂。

（66）时间改昂下午啦。

（67）你就睡昂沙发昂吧。

（68）锅放昂煤火台的昂啦。

有关"V 昂"的特点和用法，另详见第 14.3.4 节。

安阳方言的介词"在"不仅与普通话相比，意义用法范围小，与中原官话①中的介词"在"相比，也较简单。但语言和方言的自足决定了此消彼长，以上的比较我们可以看到，其他方言介词"在"的一些意义和功能被安阳方言的另外一些词语和语法手段所替代。这也正是方言各自的特色和魅力所在。

由以上分析，可以看到安阳方言的"在"有两个读音，分别为〔tɑi²¹³〕、〔tsɑi²¹³〕，与词性无关，跟意义相关。从意义角度看，当"在"表示在某一位置时，不管它是动词还是介词，甚至意义是否已经虚化，其发音都是〔tɑi²¹³〕，除此之外，表示人在世、责任归属等意义时，读音为〔tsɑi²¹³〕。从词性角度看，"在"作动词时，只有表位置时，读〔tɑi²¹³〕，而其他两种义项都读〔tsɑi²¹³〕；"在"作介词时，一律读〔tɑi²¹³〕。

8.1.2　以、自、打、从、打从

这是一组介引时间地点的介词，常和表起点的名词性成分组合，表行为动作起自某时某处。

8.1.2.1　以

"以"使用频率很高，多和方所词组合，表示行为动作从某处开始，也可以跟表时间的词语组合，表事件或行动起于某时，相当于普通话的"从"，如：

（69）以这儿去公园，得走半个钟头么？

（70）俺不去集合嘞呀我不去集合了，俺就以家走。

（71）咱就以上一次见面儿嘞诺地方见面的那个地方一块儿骑车去吧。

---

① 参见辛永芬（2007）。

（72） 以他记事儿起，就没见过他娘。

（73） 就以三年前起头儿说吧。

"以"和表时间的词语组合多要和"起""起头儿"一起使用，如：例（72）、（73）。

"以"还可以和有序列意义的名词语组合，表示行为动作依次展开，常和"起、开始"同时使用，相当于普通话的"从……开始"如：

（74） 以你这儿开始，幺幺嘞一个一个的回答问题。

（75） 第一排同学以头儿起从头开始报数。

（76） 以第三棵树这儿起，每一棵树都挂幺一个牌的。

（77） 以明儿开始，每天跑 5000 米。

安阳方言中还有"以某人圪截"这一固定用语，意思是"以某人为中心"行事，如：

（78） 你说咋弄咱就咋弄，以你圪截。

（79） 啥都以他圪截，瞧敬嘞他。

（80） 中中中，就以恁俩圪截。

（81） 以恁妈圪截吧，她说啥就啥吧。

"以"的这一用法相当于普通话介词"以"的用法，但除此外，安阳方言的"以"引介时间、方所、序列的用法是普通话的"以"不具有的。

8.1.2.2　自

"自"在安阳方言中使用频率较高，引介处所、方位和时间，如：

（82） 自家到学校得骑二十多分钟。

（83） 不用你下楼，自楼昂扔下来就中。

（84） 自北京回来，就没闲过。

（85） 自上小学，他就没少打架。

（86） 自去年开春，俺姥爷就下不来床啦。

以上例句的"自"都可以用"以"替换，但"以"更倾向于引介方所，而"自"更倾向于引介时间，以上用"以"的例句（77）换成"自"，用"自"的例（82）—（84）换成"以"更合语感。另外，安阳方言不用介词"自从"。

8.1.2.3　打、从、打从

"打""从"引介表时间和方所的词语，两者可以相互替换，如：

（87）也不知道他打/从哪儿弄来镇这么多木头。

（88）昨天才打/从乡下回来，还睡的嘞。

（89）明儿打/从恁家你家走还近些儿。

（90）打/从第二排开始，都给我站开起来。

（91）打/从六岁上起，他就会做饭啦。

（92）打/从毕咾业，就一的找不着工作。

"打从"只能引介表时间的复杂词语，不能引介表方所的词语，如：

（93）打从生咾病，他就没来过啦。

（94）打从上咾三年级，就成天介旷课。

（95）打从前年冬天起，他就老生病。

（96）＊打从家到学校，得走20多分钟。

（97）＊打从山下爬到山上，他中间不需要歇一歇儿。

（98）＊打从咱老家到省城，得坐仨小时嘞车。

例（93）—（95）都可以替换为"打""从""自"，不能用"以"。例（96）—（98）表示地点方所的变化，不能用介词"打从"。

8.1.3　到、赶、离

这是一组介引终点的介词，常跟表示方所、时间终点的词组合，表行为动作在某一处所或时间的结束位置的发生、发展情况。

8.1.3.1　到

安阳方言介词"到"与普通话介词"到"用法有差异，普通话的"到"可以引介处所终点，也可以引介时间终点，在安阳方言里，介词"到"主要引介表示时间终点的词语，如：

（99）到上咾幼儿园就好啦。

（100）到姥姥家以后记得来幺一个电话。

（101）衣裳也不知道到那时儿能干不能。

（102）到你当咾爹就知道咋回事啦。

例（100）"姥姥家"看似是地点，实际"到"引介的是"去姥姥家"这一事件发生的时间结束点。安阳方言多用"来、去"这两个动词表述位移终点，如：

（103）恁几个你们几个去楼下等的吧。

（104）去前头瞧瞧还有地方坐没有。

（105）来这儿吃吧。

（106）上屋嘞暖和暖和吧。

例（103）—（106），换成"到"也可以，但在安阳方言中使用"到"不如用动词"来、去"的频率高。

"到"往往跟"以、自、从、打"连用，构成框式介词①，这类框式介词引介处所或时间的起点和终点，如：

（107）以这头儿到那头儿有多长？

（108）以恁家出发到公园也就十分钟嘞路吧。

（109）自小到大没少挨打。

（110）自恁家到学校没多远。

（111）陪的他从北关到郊区逛啦一大圈。

（112）他从找对象到生孩的没让大人操过心。

（113）孩的身体不好，打生下来到上中学一的生病。

（114）打这儿跑到教室门口，瞧谁快。

8.1.3.2　赶

"赶［kɑn⁵³］"引介表时间终点的词语，表述一种预期发生的动作、行为、状态，相当于普通话的介词"到"，如：

（115）赶你十八岁，你想弄啥弄啥，我啥都不管你啦。

（116）再坚持坚持，赶考昂考上大学，就能轻松点儿啦。

（117）赶你放假，咱出国转一圈儿嘞。

（118）赶明年端午，他就回来啦。

8.1.3.3　离

和普通话用法基本相同，安阳方言的"离"介引方所和时间词语，表述到某一地点或某一时间点的距离，如：

（119）他家离火车站就5分钟嘞路。

（120）累啦吧？再走走，离那儿没多远儿啦。

（121）她住嘞离她娘家可远嘞。

---

① 参见刘丹青（2002）。

（122） 离高考没几天啦。

（123） 离你回来都大半年啦。

（124） 离过年剩下七八天啦。

例（119）、（120）也可以把"离"替换为"到"，表达的意义相近，但"离"在语义上强调两点间的距离长短、远近，"到"强调行动所达的终点。如例（119）强调的是"家"和"火车站"之间的距离长短，而用"到"强调的到达"火车站"这个参照终点需要多长时间。不表述行动所达的终点时，就不能用"到"替换"离"，如例（121）—（124）。

8.1.4　朝、朝的、往、上、照、照的、照住、对的、对住

这组介词介引动作行为的方向，"朝、往"是安阳方言和普通话共有的介词。其他介词不见于普通话，但在安阳方言中经常使用。

8.1.4.1　朝、朝的、往、上

"朝""朝的"都可以介引行为动作的方向或时间发展的趋势，"朝的"相当于普通话的"朝着"。如：

（125） 只管朝前走，走到路口儿左拐。

（126） 房的坐北朝南，不错！

（127） 诺那个老头儿朝/朝的百货大楼去啦。

（128） 你咋骑车儿嘞，朝的人就撞上去啦！

（129） 别怕，你只管买进（股票），咱就朝/朝的陪它几十万去嘞。

（130） 我可不年轻啦，这就朝/朝的六十走啦。

（131） 过咾腊八就朝/朝的年里头走啦。

"朝"既可以跟单音节词语组合，也可以跟多音节词语组合，如例（125）—（127）；"朝的"通常跟多音节词语组合，较少跟单音节组合，如例（128）—（131）。

"往"也介引行为动作的方向或时间发展的趋势，如：

（132） 往东走，走不几步远儿走不了几步，就能瞧着银行啦。

（133） 俺几个往头嘞前头坐，恁你们几个往后坐吧。

（134） 小偷往胡同里头跑啦。

（135） 过嘞太快啦，这就往五十奔啦。

（136）元旦一过，就往期末考试去啦。

"往"可以替换表动态方向的"朝、朝的"，如例（125）、（127）、（130）、（131），可替换为：

（137）只管往前走，走到路口儿左拐。

（138）诺那个老头儿往百货大楼去啦。

（139）我可不年轻啦，这就往六十走啦。

（140）过咾腊八就往年里头走啦。

例（125）、（127）、（130）、（131）中的"朝"都是表动态的，可替换为"往"；而例（141）—（144）中"朝"表静态，就不能替换为"往"，如：

（141）房的坐北朝南，不错！——＊房的坐北往南，不错！

（142）别乱丢，封皮儿朝上搁。——＊别乱丢，封皮儿往上搁。

（143）翻啦个底朝天也没找着。——＊翻啦个底往天也没找着。

（144）面朝黄土背朝天嘞干啦一辈的，也没挣下几个钱。——＊面往黄土背往天嘞干啦一辈的，也没挣下几个钱。

普通话的"往"还可跟在动词后表动作行为的方向，如："开往春天的地铁。""这批衣物送往贫困山区。"安阳方言的"往"没有这一用法。

"上"在安阳方言中有动词、方位词的用法，如："上楼、往上瞧"，另外也发展出介词的用法，使用频率也较高，引介行为动作的方向，也可引介行为动作的终点，后边跟处所词语，相当于普通话的"往、到"。如：

（145）咱上头嘞_{前头}瞧瞧去。

（146）将将_{刚刚}有幺_{一个}小孩儿上北去啦。

（147）恁礼拜天上哪儿去啦？

（148）俺爸上北京出差去啦，没在家。

（149）再上里屋找找，不会丢嘞。

例（145）、（146）引介方向，例（147）—（149）引介终点。

8.1.4.2　照、照的、照住、对的、对住

这组介词都可引介表示方向和位置的词语，表示行为动作对准某一方向，分别相当于普通话的"照、照着、对着"，这组介词主要跟表示具体事物的名词组合，这些事物名词表示的是某一方向，如：

（150）这孩的手真快，照/照的/照住俺家孩儿脸上就抓。

（151）别瞎写，照/照的/照住书上写。

（152）你是照/照的/照住涅家嘞人家里装修弄嘞吧。

（153）对的/对住麦克风唱，要不儿声音太小。

（154）别一的_{一直}对的/对住涅瞧，太不礼貌啦。

（155）恁_你老公恁_{那么}好，你咋整天对的/对住涅人家使脾气_{发脾气}。

这组介词也可以介引方位词，但使用频率不高，这一功能一般由"朝、朝的、往"承担。如：

（156）照/照的/照住前头呲水_{喷水}，别弄昂别人身昂_{别弄到别人身上}。

（157）照/照的/照住下边儿挖，挖深点好。

（158）对的/对住前头呲水_{喷水}，别弄昂别人身昂_{别弄到别人身上}。

（159）对的/对住下边挖，挖深点好。

"照、照的、照住""对的、对住"分别可以相互替换，意思基本相同。单音节比双音节的言语节奏更快，情绪也更强烈。"照的、照住""对的、对住"是"X 着"历史发展演变在安阳方言的存留，参见前文第 6.2.6 节。意义基本相同，到今天，"X 住"比"X 的"表示对的更准，更严密。

8.1.5　沿、沿的、顺、顺的、以

这组介词引介方所词语，表经由，相当于普通话的"沿、沿着、顺、顺着、以"。表示经由某一途径时，"沿、沿着"可以跟"顺、顺着"相互替换；"沿、沿着"还可以表示挨着某物边际延续，"顺、顺着"可以表示按照某一顺序进行，这种情况下，"沿、沿着，顺、顺着"不能相互替换，如：

（160）沿/沿的墙边儿排啦一扑流的桌的。_{沿着墙边儿排了一排桌子}

（161）孩的就喜欢沿/沿的路坷楞儿_{路边石}走。

（162）你就顺/顺的我给你指嘞路，只管往前走。

（163）小明早就会顺/顺的数数儿啦。

（164）沿/沿的/顺/顺的这一条路往前，走 50 米就差不多到啦。

（165）小偷就是沿/沿的/顺/顺的水管儿爬昂来嘞。

"以"既可表起点，见前文 8.1.2.1，又可表经由，引介方所词语。如：

（166）以这条路走就比那条路近多啦。

（167）俺天天上班以那儿过，咋就没有瞧见你说嘞诺那个卖红薯嘞？

（168）我上小学动儿时候都以百货大楼过。

（169）这几天以小东门经过好几回。

8.2　介引工具依凭的介词

8.2.1　使、用、拿

这组词介引工具、材料或方式类词语，普通话中不用"使"，用"拿、用"，如：

（170）别乱抓，使/用/拿筷的吃！

（171）使/用/拿肥皂洗，洗嘞干净。

（172）你这也干不了，那也干不了，你使/用/拿啥养活自己嘞？

（173）杯的使/用/拿塑料做嘞，摔不碎。

（174）使/用/拿手摸摸，这料的多好！

（175）甭用/拿恁爹是局的里头（在公安局工作）嘞吓唬人。

（176）你又用/拿涅人家当挡箭牌啦吧。

（177）俺用/拿俺嘞兔的换你嘞小猫儿吧。

三个介词一般可以互换，"使"的使用频率更高。但如果介引的是有生命的人或物，表示凭借某一方式的话，只能用"用/拿"，不能用"使"，如例（175）—（177）。

8.2.2　趁、趁的、趁住、按、按的、照、照的、照住、依、依的、依住、比的、比住、凭、凭的、论、可的、尽、尽的、尽住

这组介词介引可用来依据、凭借的词语。下面分别讨论。

8.2.2.1　趁、趁的、趁住

这三个介词对应普通话的"趁、趁着"，引介可凭借的机会、条件

类词语，多为谓词性词语，所跟引介的体词，也是具有变化状态的词语，如：

（178）趁/趁的/趁住年轻多学点东西。

（179）趁/趁的/趁住天气好赶紧晒晒被的。

（180）你就趁/趁的/趁住放假去瞧瞧恁姥姥嘞吧。

（181）趁/趁的/趁住热吃，热的儿好吃。

（182）趁/趁的/趁住还没有开学，再出去玩儿一趟。

"趁、趁的、趁住"三个介词可以互换，"趁、趁的"使用频率更高。

8.2.2.2　按、按的

这组介词引介标准类、依据类词语，相当于普通话的"按、按着"，如：

（183）别瞎填，按/按的涅嘞人家的要求弄。

（184）我按/按的/你给嘞样的画嘞，还不错吧？

（185）咱这儿是按/按的天数给你发工资。

（186）学校都是按/按的分数儿录取嘞。

（187）我读嘞不对，你按/按的书昂_{书上}念吧。

8.2.2.3　照、照的、照住

这组介词除可引介方向位置外（见前文 8.1.4.2 节），也可引介依据、标准类词语，基本相当于普通话的"照，照着"，引介标准类词语时，这组词可以相互替换，引介依据时，只能用"照"，不能用后两个介词，如：

（188）照/照的/照住这上头嘞说明办，别弄错咾。

（189）他不喜欢照/照的/照住老师画好嘞画，就愿意自己想的画。

（190）这就是照/照的/照住涅嘞人家的身材买嘞，咋能不合适嘞？

（191）照你镇介么说，谁都不如他好？

（192）照这几天嘞天气不穿棉袄也中。

（193）这要照我以前嘞脾气，早给他急_{起来}啦。

8.2.2.4　依、依的、依住

这组介词引介人的脾气、态度、性格、要求等所表达的依据类词语，相当于普通话的"依，依着"，如：

（194）依/依的/依住恁家孩的这学习，考哪儿都没问题。

（195）依/依的/依住我嘞经验，带孩的还是不能急。

（196）依/依的/依住俺爸嘞脾气，不揍他是不可能嘞。

（197）不能老依/依的/依住你嘞性的来，听听人家嘞想法中不中？

8.2.2.5　比的、比住

这组介词引介可以参照、模仿对象的标准，可以跟"照、照的、照住"互换，如：

（198）比的/比照/照的/照住尺的尺子画，画直点儿。

（199）你咋老比的/比住/照/照的/照住俺家嘞装修弄，那不重样儿啦？

（200）连你嘞毛衣借我用用，我比的/比住/照/照的/照住你嘞织一件儿。

（201）你就比的/比住/照/照的/照住我昨天跟你说嘞去跟他讲理去。

"按、按的，照、照的、照住，依、依的、依住，比的、比住"，这四组介词是近义词，在一定条件下可以互换。如：表示依照某种标准时，"按、按的、照、照的、照住"可以相互替换；而表示依照某人的性情、脾气时，"依、依的、依住、照"可以相互替换；表示参照模仿某一对象时，"照、照的、照住"可以跟"比的、比住"互换。

8.2.2.6　凭、凭的

这组介词引介可供依凭的对象或根据，相当于普通话的"凭、凭着"，"凭"比"凭的"使用频率更高，在表强调，语气激烈的语境下，只能用"凭"，如：

（202）就凭/凭的他那两下的能考昂考上一中？

（203）凭/凭的能说会道就当昂当上官啦。

（204）咱不坑蒙拐骗，咱凭/凭的自己嘞本事吃饭，晚上睡觉也安稳。

（205）恁你们凭啥回儿回儿不叫俺去，光叫他去。

（206）就凭涅人家比你能干能吃苦，就得选涅人家不选你。

8.2.2.7　论

这个介词引介量词表示依照某种单位为标准，或引介表示事物、状

态的名词、动词性词语，表示从某一方面或某一情况来说，同普通话的
"论"，如：

（207）这儿嘞鸡蛋不论斤，是论个儿卖嘞。

（208）旧书都儿都是论斤卖嘞。

（209）论身高论长相，涅人家都不如你。

（210）论机会还是在大城市机会多嘞多。

（211）咱班论跑步没有人比他快。

8.2.2.8　可的

"可的"［kə⁴⁵³tɛʔ］引介可以依凭的事物，表示充分利用这一事物
的大小、容积、范围等，相当于普通话"尽着"的意思。如：

（212）好不容易包顿儿饺的，你就可的肚皮吃吧。

（213）可的布嘞尺寸做吧尽着布的尺寸做吧，做大点儿能多穿几年。

（214）就镇大嘞筐的就这么大的筐子，可的筐的装吧。

（215）院的也不弄别嘞啥的，你就可的院的种菜吧。

8.2.2.9　尽、尽的、尽住

这组介词有两种意义用法，一是引介指人或指物的名词、名词性短
语，表示优先考虑；如：

（216）就这点儿苹果啦，还是先尽/尽的/尽住恁几个吧。

（217）这一回先尽/尽的/尽住恁妹的，下一回再给你买。

（218）先尽/尽的/尽住好的儿吃，别好的儿也放坏啦。

（219）借啦恁多嘞书，甭光尽/尽的/尽住那漫画儿瞧。

二是引介指人名词、代词，表示任由某人做某事。如：

（220）尽/尽的/尽住他编，瞧他能编出来多儿多少瞎话。

（221）这衣裳尽/尽的/尽住恁姐俩穿，喜欢哪件儿穿哪件儿。

（222）恁爹妈辛辛苦苦嘞尽/尽的/尽住你吃尽/尽的/尽住你穿，
你还想咋嘞？

（223）阳儿现在都一个孩儿，还能不尽/尽的/尽住他花钱？

有时，也可省略指人的名词代词，但只能用单音节介词"尽"，如：

（224）夜个儿昨天买嘞那毛豆，尽挑尽捡，才一块一斤。

（225）这是阅览室，尽看不尽借。

（226）恁你们咋镇这么好嘞，尽吃尽拿。

（227）连孩的搁那儿吧，尽吃尽玩儿，大人放心。

8.3 介引原因目的的介词

8.3.1 因为

安阳方言一般不用引介原因的介词表述原因，而是直接表述原因，有时为强调突出原因也和普通话一样，用介词"因为"引介原因，后跟作为原因的名词、代词、动词语等，如：

（228）又迟到啦，这一回因为啥？

（229）你跟他在一块儿是不儿因为涅家有钱？

（230）估计是因为放假啦吧，镇多学生。

（231）就因为这几块钱，俩人就吵啦半天。

8.3.2 为、为咾、为啦

"为、为咾、为啦"引介目的，相当于普通话的"为，为了"。"为咾"用于未然，"为啦"用于已然，"为"既可用于未然句也可用于已然句，可与"为咾、为啦"互换，如：

（232）为/为咾考昂考上好大学，每天只睡五个小时。

（233）恁爹恁妈为/为咾给你买房的，都几年没吃过肉啦。

（234）俺坐火车转汽车不就儿就是为/为啦来这儿瞧你一眼！

（235）就为/为啦你身上这身儿衣裳，他跑啦好几条街嘞。

8.4 介引施事受事的介词"叫、连、拿"

这类介词介引指人或指物的名词或代词，表施事或受事。安阳方言主要用"叫、连、拿"这三个介词介引施事和受事成分，其中"叫"介引施事成分，"连、拿"介引受事成分。后文第 12 章和第 13 章较为全面、充分地描写了安阳方言的处置句和被动句，其中有介词"叫、连、拿"的细致描写和分析。另受普通话影响，"把"也可介引受事成分，用法同普通话，但较少使用。为免于冗赘，本节不再专文描写分析这类介词。

8.5 介引关涉对象的介词

即介引的对象与行为动作有关联，这种关联关系包括"涉及、类比、替代、包含、除外"等。这些介词是："对""给""跟、跟的"；"替、比、比昂"；"连、连的、连昂、带、带的、带昂、连……带……"。

8.5.1 对、给、跟、跟的

这组介词都有行为动作趋向某一人物的意义。

"对"引介动作行为涉及的对象，后跟指人或指物的名词、代词，相当于普通话的"对、对于"，如：

（236）他在外头凶，在家嘞家里对他老婆好的嘞。

（237）这事儿你知道就中啦，甭对恁妈说。

（238）你对俺有意见吧，咋老不搭理俺嘞？

（239）你是不儿对涅人家小陈儿有啥想法儿？

普通话很多用"对、对于"引领话题的句子，安阳方言不用介词，而是把"对于"介引的成分置于句首，用位置突出话题，如：

普通话

（240）对自闭症，他最了解。

（241）我们大家对这件事儿都有责任。

（242）对于学钢琴，还是要看孩子喜欢不喜欢。

（243）对于考试，太紧张太放松都不行。

安阳方言

自闭症这回事儿他最懂啦。

这事儿咱都都有责任。

学钢琴还得瞧孩的喜欢不喜欢。

考试这事儿，太紧张太放松都不中。

"给"介引行为动作的接受者，有两种位置：一是置于动词前，一是置于动词后。置于动词前，"给"所介引的对象是行为动作的涉及对象；置于动词后，所介引的对象是行为动作的接受对象。如：

（244）给孩的剪剪头发吧，恁那么长啦。

（245）别给他使眼色挤眉弄眼啦，俺都_{我们}都瞧着啦。

（246）俺妈给俺买啦一件新衣裳。

（247）俺连捡嘞钱交给老师啦。

（248）拿醋递给恁姥姥。

（249）你过生日嘞动儿_{时候}，我送给你幺_{一个}好东儿_{东西}啊。

和普通话一样，置于动词后的"给"介词短语也可以位移至数量宾语后，如：

（250）你结婚嘞动儿，我送幺_{一个}好东儿给你啊。

（251）俺借啦几本书给他，他一的_{一直}不还啦。

（252）我买啦一堆书给孩的，慢慢瞧吧。

（253）涅人家送啦幺_{一个}苹果手机给涅人家媳妇儿。

普通话中，位于动词后的"给"，有观点不归入"介词"，同样，安阳方言中用于动词后的"给"也尚存动词意义。

"跟"有两种用法：一种是介引行为动作指向的对象，一种是介引一同做某事的对象。安阳方言一般不用介词"和"，"跟"覆盖了普通话的介词"跟、和、同、与"的用法。如：

（254）跟恁老师说一声，咱下午去打针，不上课啦。

（255）又跟涅人家打架啦？就不能好好嘞玩儿？

（256）今年嘞生意没法跟去年比啊。

（257）你跟/跟的谁学嘞这一套？

（258）俺明天跟/跟的俺同学一齐儿去旅游嘞。

例（254）—（256）中，"跟"介引说话、打架指向的对象或比较对象，不能替换为"跟的"；例（257）、（258）"跟"介引一同做某事的对象，可替换为"跟的"。"跟的"用法如上所言，介引一同做某事的对象，相当于普通话的介词"跟、和"。

"跟"还经常跟"样儿/一样儿"一起使用，构成框式介词"跟……样儿/一样儿"，"样儿"后不能再添加其他成分，"一样儿"后面可以出现被描述的对象、性质等，如：

（259）瞧你脸黑嘞，跟黑老包样儿嘞。

（260）跑嘞真不慢，跟飞嘞样儿嘞。

（261）恁弟弟长嘞跟恁妈一样儿嘞白。

（262）叫俺爸给俺幺跟你嘞一样儿嘞书包。

8.5.2　替、比、比昂

"替、比"引介替代、比较的对象，与普通话里的用法基本相同，"比昂"引介比较对象，偏动态，如：

（263）你不能老替恁家孩的写作业啊！

（264）明儿俺有事儿，小张替俺值班儿。

（265）都恁大啦，甬叫恁妈整天替你操心啦。

（266）瞧他那可怜样，谁都替他不值。

（267）她姐比/比昂她长嘞好瞧。

（268）阳儿现在可比/比昂以前好过多啦。

（269）这画儿画嘞一天比/比昂一天好啦。

8.5.3　连、连的、连昂、带、带的、带昂、连……带……

这组介词引介所连带、包括的对象，"连、连的、连昂、带、带的、带昂"这六个介词可以相互替换，其中"连昂、带昂"相当于普通话的"连上、带上"，偏动态；"连的、带的"相当于普通话的"连着、带着"，偏静态，因而根据想要表达意思的差异，可分别选用相应的介词，这六个介词常和"一齐儿"连用，如：

（270）红烧肉还是连/连的/连昂/带/带的/带昂皮一齐儿做好吃。

（271）你慢点薅，别连/连的/连昂/带/带的/带昂根儿拔。

（272）连/连的/连昂/带/带的/带昂家具一齐儿卖啦60多万吧。

（273）皮有营养，吃苹果连/连的/带/带的皮儿吃。

（274）连/连昂/带/带昂恁仁也就五个人，跟涅人家不儿不是对手。

有时，只能用偏静态或偏动态的介词。如：例（273）不能用"连昂、带昂"，例（274）不能用"连的、带的"。

"连……带……"可引介多个包含、连带对象，同普通话，如：

（275）瞧吓嘞他，连滚带爬嘞往家跑。

（276）他家连老带小七八口的嘞。

（277）就剩这些儿啦，你要要，连梗儿带叶的一块钱都给你。

（278）今儿这饭真好吃，连米带菜都吃净啦。

8.5.4　除唠

这组介词引介排除的对象，相当于普通话的"除、除了、除开、除去"，可表达三种意义：1）排除已知，强调新知；2）排除特殊，强调一致；3）排除两者之一。如：

（279）学校除唠中国人还有外国人。

（280）他饭量儿大，每顿除唠四五个馍，还能喝一大碗面条汤。

（281）除唠下雨不来，有时儿天气好他也不来。

（282）学校除唠中国人没有其他国家嘞人啦。

（283）他饭量儿不大，每顿除唠半个馒头，其他就不吃啥啦。

（284）除唠下雨他没法来，平时他都来这儿锻炼。

（285）除唠吃就是睡，你跟那猪有啥区别？

（286）除唠语文就是数学，这一学期就这两门课啦。

例（279）、（280）排除已知，强调新知。例（281）—（284）排除特殊，强调一致。例（285）、（286）排除两者之一，强调不出其外。

8.6　本章小结

安阳方言的介词和普通话介词一样，主要来源于动词。如：介引时间、方所的"在、到、赶、离、往、上、照、照的、照住、沿、沿的"；介引关涉对象的"给、跟、跟的、替、比、比昂、连、连的、连昂、带、带的、带昂、连……带……"；介引工具依凭的"拿、使、用、趁、趁的、趁住、按、按的、照、照的、照住、依、依的、依住、比的、比住、凭、凭的、论、尽、尽的、尽住"；介引原因的"为、为唠、为啦"；介引施事受事的"叫、拿"；等等。跟普通话相比，安阳方言的介词有一个很突出的特点：常和体貌助词组合使用，有成为固定结构的倾向，如：

1）与体貌助词"的"组合——照的、沿的、跟的、趁的、按的、依的、比的、凭的、连的、带的、尽的……

2）与体貌助词"住"组合——照住、趁住、依住、比住、尽住……

    3）与体貌助词"咾、啦"组合——为咾、为啦……

    4）与体貌助词"昂"组合——比昂、连昂、带昂……

    本书第 6 章对以上体貌助词都有详尽描写，体貌助词可表谓词的时体和时貌，由此可看到介词多源于动词。但发展为介词后，这些体貌助词表时体时貌的功能已退化甚至完全不再具有。如："为啦、为咾"仍存留表已然表未然的区别，但在日常交流中，介词后的"啦、咾"有混淆使用的趋势。"啦""咾"都可兼表已然和未然。这说明"咾、咾"在谓词后的区分体貌的功能在介词中已经淡化；而"照、照的、照住"这三个介词在所有语境中都可以互换，只是在语气舒缓、语言节奏上有所区别。

    本章节我们还看到，安阳方言的介词既有跟普通话共有的成分，也有为自己所独有的成分。独有的介词可以体现方言自身特色，如："可的""赶"等词，共有成分实则在运用中也有差异。如介词"跟"，在安阳方言中使用范围就比普通话中大，安阳方言中的"跟"覆盖了普通话介词"跟、和、同、与"的用法。为更清楚观察安阳方言介词的类别、功用及其与普通话的异同，我们用表格归总，详见表 8 - 1，表 8 - 1 中所列介词为常用介词，并非全部：

表 8 - 1   安阳方言常用介词

介词分类		安阳方言介词	与普通话共有成分
时间方所	1. 所在	在	在
	2. 起点	以、自、打、从、打从	从、打
	3. 经由	沿、沿的、顺、顺的、以	从、沿、顺
	4. 方向	朝、朝的、往、上、照、照的、照住、对的、对住	往、朝、照
	5. 终点	到、赶	到
	6. 距离	离、	离
施事受事	7. 施事	叫、让	让
	8. 受事	连、拿	拿

续表

介词分类		安阳方言介词	与普通话共有成分
关涉对象	9. 关涉	对、给	对、给
	10. 替代	替	替
	11. 协同	跟、跟的	跟
	12. 比较	比、比昂	比
	13. 包括	连、连的、连昂、带、带的、带昂、连……带……	连、连……带……
	14. 排除	除咾、除啦	
工具依凭	15. 工具	使、用、拿	用、拿
	16. 依凭	趁、趁的、趁住、按、按的、照、照的、照住、依、依的、依住、比的、比住、凭、凭的、论、可的、尽、尽的、尽住	趁、按、照、依、凭、论、尽
原因目的	17. 原因	因为	因为
	18. 目的	为、为咾、为啦	为

安阳方言介词可分为所在、起点、经由、方向、终点等18个小类。每个类别中都有和普通话用法相同的词语，也有语形相同，但用法有区别的词语。如介词"在"在安阳方言中不能用于动词后，表述东西放置的位置，此意义的表述须用安阳方言特有的位移标记"昂"。比较普通话和安阳方言的介词使用情况，可以从中看到方言独有的语法手段。在介词使用上，安阳方言介词数量比普通话数量更多，这使得这方面的方言表达也更为生动丰富。

第 9 章　连词

连词，是连接两个或两个以上词语或句子的虚词。由于连词只表示词语或句子之间抽象的逻辑关系或语法关系，不涉及具体的语义内容，在实际语言运用中，连词往往会被省略不用。方言作为口语性很强的语言形式，连词较少使用，这也是各地方言的共性。安阳方言中的连词有和普通话完全或基本相同的连词，也有特有的或跟普通话里用法不太相同的连词，我们将前者归为 A 组，后者归为 B 组，本书重点描写讨论 B 组连词。根据连词所连接的语言结构之间的语义关系，连词可分为两个大的类别：联合连词和偏正连词，在大类别下，又可分为并列、连贯、递进、选择四小类联合连词，以及因果、转折、条件、假设、让步、目的六小类偏正连词等。由于连词数量较少，我们分析描写过程中不再细分小类，只在本章末尾列表明示安阳方言连词的语义分类。

9.1　联合连词

安阳方言表联合的连词主要有如下词语：

A：和、再说、那、一来……二来……、一面……一面……、又又……、越……越……、要不……要不……、还是、不止……还……

B：跟、跟的、或的、甭说、再加昂、不光……还……、不光……也……不儿……就儿……、不递、不胜、就儿……也……

9.1.1　跟、跟的

安阳方言里的"跟、跟的"除作动词、介词外，还作连词，用在体词或谓词性词语之间，不能用在句子之间，表示词语之间是并列关系，相当于普通话"和、与、同、及"，如：

（1）小红跟/跟的明明<small>都儿</small>都是四班嘞。

（2）俺家晚昂吃嘞包的跟/跟的鸡蛋汤。

（3）我报嘞是短跑跟/跟的跳高。

（4）弹钢琴跟拉小提琴都可难嘞。

"跟、跟的"多数情况下可以互换，例（4）不用"跟的"当是并列词语的音节数量多，用"跟的"，节奏拖沓，因而只用"跟"。安阳方言中也用连词"和"，但使用频率不如"跟"。

9.1.2 或的

"或的"表示两个或两个以上的选项中有一项或几项，表并列关系，相当于普通话的"或、或者"，可连接体词、谓词性的词语或句子，如：

（5）你来，或的恁爸恁妈来，都中。

（6）今天下午或的明儿吧。

（7）好好儿学，考昂大学或的成天玩儿，靠恁爹妈一辈的，你说挪<small>那个</small>好？

（8）给她买件衣裳或的买条围巾当礼物吧。

9.1.3 甭说

"甭说"可用于关联词语或句子，用在某种情况前，以贬抑一种情况，衬托另一情况，表递进关系，相当于普通话的"别说，不要说，不用说"，如：

（9）甭说你啦，他爹来都不中。

（10）作业都弄不明白嘞，甭说啥奥数啦。

（11）甭说别嘞，你先给三千块钱儿再说。

（12）夜个儿<small>昨天</small>恁那么好嘞太阳，都不敢下水游嘞，甭说今儿下镇这么大嘞雨啦。

（13）走还走不稳嘞，甭说骑啥车的啦。

9.1.4 再加昂

"再加昂"连接词语或句子，表条件的递进，相当于普通话的"再加上"，如：

（14）上班儿、做家务、再加昂夜校，可连她累坏啦。

（15）寒假也不能歇的，学英语、练钢琴、打篮球，再加昂画画儿，早就排满啦。

（16）他就知道玩儿，再加昂天天生病，能学习好咾？

（17）这点儿钱吃饭、穿衣，再加昂还得月月儿还房贷，根本就不够。

9.1.5　不光……还……，不光……也……

"不光……还……、不光……也……"主要关联句子，表递进关系，"不光"引领一种情况，"还、也"引领另一种情况，可用在主语前后，"还"表突出强调某一情况，"也"表前后情况相似。两者有时可以互换，有时不能。相当于普通话的"不只/仅……还/也……""不但……而且……""并且"等，如：

（18）房的不光大，还/也透光通风，真不错。

（19）涅人家不光长嘞排场帅，还/也会挣钱，你有啥不愿意嘞？

（20）现在嘞小孩儿，不光学嘞多，还/也学嘞难，真不容易啊。

（21）你不光不干活儿，还天天打游戏，想弄啥嘞？

（22）恁都你们不光吃涅嘞人家的喝涅嘞人家的，还拿涅嘞人家的，真不像话。

（23）不光你得去，俺都我们也得去。

（24）不光学生做错啦，老师也做错啦。

9.1.6　不儿……就儿……

相当于普通话的"不是……就是……"这是表示选择关系的关联连词，连接词语或句子，可表示两种意义：一、两种情况必居其一；二、两种情况反复交替，相当于普通话的"不是……就是……"。如：

（25）明儿不儿不是星期三就儿就是星期四。

（26）东儿东西不儿他拿走嘞，就儿小张儿拿走嘞。

（27）俺妈盘馅儿嘞，不儿吃包的就儿吃饺的嘞。

（28）你说你整天不儿丢书就儿丢笔嘞，能上点儿心不能？

（29）过年能干啥？不儿打麻将就儿喝酒。

（30）这孩的省心，不儿瞧书就儿自个儿琢磨围棋。

9.1.7　不递、不胜

"不递、不胜"表示选择关系，连接短语或句子，表示其后的情况是更值得选择的，相当于普通话的"不如"，如：

（31）孩的还太小，现在送幼儿园不递/不胜明年送去。

（32）学跆拳道不递/不胜学太极拳。

（33）天天堵，开车不递/不胜走路嘞。

（34）你去卖报纸不递/不胜在家好好写篇文章更有长进。

"不递/不胜"可以互换，意义相近，"不递"使用频率更高些。

9.1.8　就儿……也……

这是表选择关系的关联连词，相当于普通话的"就是……也……"连接句子，可表述两种意义：一是表示宁愿选择前一种情况，而不愿意选择后一种情况；二是表示选择某一情况是为了另外一种情况的出现。跟普通话的"就是……也……""宁愿……也……""宁肯……也……"，意义相当，如：

（35）就儿拿包的给狗吃，也不叫你吃。

（36）我就儿累死，也不求你帮忙。

（37）就儿再大嘞雨，也挡不住咱去。

（38）你放心，我就儿熬夜，也要给你弄完这事儿。

例（35）、（36）表述的是第一种意义，例（37）、（38）表述的是第二种意义。

9.2　偏正连词

A：因为、不过、只是、不管、除非、只要、只有、要儿……就……、哪怕、为

B：就儿、甭管、要儿……（嘞话）、要不儿、免嘞、省嘞

9.2.1　就儿

相当于普通话的"就是"，安阳方言中没有"却、但（是）、可（是）"这类表转折的连词，而是用"就儿"表转折，"就儿"相当于普通话的"就是"，连接句子，一般用在后一分句前，如：

（39）地长嘞不赖，就儿有点儿黑。

（40）作这个小孩儿啥都好，就儿不好学习。

（41）这地方好玩儿是好玩儿，就儿太远啦。

（42）今儿这太阳多好嘞，就儿有点风。

9.2.2　甭管

"甭管"表条件关系，其后跟条件从句，表示各种条件下，结果是一样的。相当于普通话的"不管、别管、无论、不论"等词，如：

（43）甭管俺都说啥，涅人家都不搭理。

（44）甭管好赖，拿一件穿吧。

（45）甭管考试题有多难，都难不住涅家孩的人家的孩子。

（46）甭管是包的还是面条儿，他都喜欢吃。

（47）医生可忙嘞，甭管白天晚昂，有事儿就得往医院跑。

9.2.3　要儿……（嘞话），就……

"要儿……"，相当于普通话的"要是……"，用在前一分句，提出假设条件，"嘞话"用在前一分句句尾，可用可不用，"就"用在后一分句，表某一结果。相当于普通话的"要是/如果……的话"安阳方言中不用表假设的"如果、假如、倘若"等连词，如：

（48）要儿明儿天好（嘞话），咱就去公园儿逛逛。

（49）你要儿还镇介的这样子胡闹（嘞话），别怪我不客气啦。

（50）要儿想考昂考上好大学（嘞话），就好好儿嘞学吧。

（51）要儿恁几个都不想的去（嘞话），咱就在家瞧电视吧。

9.2.4　要不儿

"要不儿"相当于普通话的"要不是""不然"，用在后一分句，表反转，提出跟前一分句相反情况的结果，如：

（52）你听话啊，要不儿不给你买烤红薯啦。

（53）俺是没法儿啦，要不儿恁你们再去试试吧。

（54）他不是觉得他能的嘞，要不儿就叫他幺一个人去吧。

（55）亏嘞跑嘞快，要不儿就被城管抓住啦。

9.2.5 免嘞、省嘞

这两个词都表目的关系，用在后一分句中，表示力图避免不希望情况的发生，相当于普通话的"免得、省得"，如：

（56）多拿点钱去，免嘞/省嘞不够再跑一趟。

（57）好好儿复习，免嘞/省嘞考不好你又急嘞哭。

（58）俺住校，免嘞/省嘞天天路昂路上跑。

（59）扔咾再买幺新嘞吧，免嘞/省嘞破破烂烂叫涅人家笑话。

（60）见咾恁老师记得请假啊，免嘞回头又挨批评。

（61）饭前洗手，免嘞又拉肚的。

"免嘞、省嘞"多数情况下可以互换，"省嘞"有怕麻烦的意思，"免嘞"没有这一意味。"免嘞"用在避免较严重的情况发生，这一情况下不能用"省嘞"替换，如例（60）、（61）。

9.3 本章小结

安阳方言的连词从意义上可分为联合和偏正两大类别。排除语音上的差别，与普通话连词的意义和用法差别不大。本章逐一列举了安阳方言中的主要连词，并列表展示安阳方言的连词与普通话的异同。

安阳方言连词和其他方言连词一样，数量较少，使用频率较低。下面我们仍用图表归纳一下安阳方言连词的类别及其与普通话连词共用情况（见表9-1）。表9-1中为常用连词，不是全部。

表 9 - 1　　　　　　　　　　安阳方言的常用连词

连词分类		安阳方言连词	与普通话共有成分
联合	并列	跟、跟的、或的	和、再说、一来……二来……、一面……一面……、又……又……
	递进	再加昂、不光……还……、不光……也……	越……越……、不止……还……
	选择	不儿……就儿……、不递、不胜、就儿……也……	还是、要不……要不……
偏正	顺承		那
	转折	就儿	不过
	条件	甭管	只要、只有、哪怕、不管、除非
	假设	要儿……（嘞话）、要不儿	要是……就……、就算……也……
	目的	免嘞、省嘞	为
	因果		因为
	让步		就算……也……

第 10 章　语气词

　　有话语交流就有语气，语气是"说话的口气"①，体现说话人的情感、情绪、态度和倾向。每一种语言或方言都有自身完整的语气表达系统，语调、重音、语气副词、助动词、叹词、语气词、句子结构（如主谓倒装常用来表示感叹语气）等都可以表达形式多样、丰富复杂的句子语气系统。语气词是表述语气的一种重要手段，是说话者在言语交际过程中为表达某种语气的需要而配合语调在句中或句末使用的一类虚词，它不具备词汇意义，不作句法结构成分，具有表音性和灵活性，往往无本字可求或无固定写法（在很多方言中根本没有相应的字），也没有固定的调值，在方言中往往自成系统②。语气词也是口语性强的方言里极为活跃的成分，有时一个语气词就能带来浓郁的乡土气息，如西南官话的"抄"，北方方言的"不咋"，等等。因而，将方言中的语气词研究清楚，对于揭示方言特点特色的意义不言而喻。

　　研究语气词可从句法位置、句法功能、语义功能等角度进行分类。无论哪种分类方式，语气词都会交叉出现在各类别中。考察安阳老城区方言的语气词，计 10 个，即"嘞、啦、啊、介、也、吧、唻、嘅、么、不咋"，全部可以用在句末，有的还可以出现在句中位置；而在语义句法话语层面，多数语气词往往集多项功能于一身，以某一功能分类，也起不到厘清类别的作用，如："么"，既可用在句中，突出话题，又可用在句末表示疑问；"咾"既可用于句中表停顿，又可用在句尾表确认；等等。鉴于此，我们不对安阳方言的语气词分类，只逐一对这 10 个语气词进行描写，并从语义和句法角度进行分析。本章还将对语气词

---

① 参见赵元任（1926）。

② 参见李小凡（1998）。

连用现象作一考察。

10.1　语气词

10.1.1　嘞（欵、呐、喂）

语气词"嘞"，语流音变中又发 – ei、– nei、– uei 音，可用"欵、呐、喂"记音，主要用在陈述句和疑问句的句末，相当于普通话的"呢"，我们在第 11.3.2 节有详细的描写和分析，此处不赘述。

10.1.2　啦（呀、哪、哇）

前文我们描写了完成体和实现体标记"啦"，普通话中"啦"是体貌标记"了"和语气词"啊"的合音，因而，普通话的"啦"兼有表体貌和语气的作用。安阳方言的"啦"也应是动词"了"虚化并与语气词"啊"合音而成，因而安阳方言的"啦"也在表体貌时兼表语气，出于此，也将"啦"放在语气词里略作描述。表语气的"啦"，主要用在陈述句和疑问句中，我们用"呀、哪、哇"分别记录其在语流音变中的发音。以下是"啦"在陈述句和疑问句中的使用情况。

一、用于陈述句句末，表提醒、确认的语气，如：

(1) 恁忙吧，俺走哇。

(2) 外头下开起来雪啦！

(3) 中啦，装不下呀！

(4) 明年俺就儿就是小学生啦。

二、用于疑问句句末，表疑问语气，对已实现情况的疑问，如：

(5) 他咋走哇？

(6) 你还连饭做好哇？

(7) 将才恁多人找你，你在哪啦？

(8) 这今天没见着你，出差呀？

在前文第 6.4 节中，我们分析了实现体标记"啦"，可以说由于"啦"是"了、啊"合音，因而，6.4 节中的"啦"在句中既标注实现体貌，也表示一种确认、强调语气。而以上八例，"啦"除了表确认、提醒、疑问，也自然带有表实现的语法意义。

10.1.3 啊（呀、哪、哇）

安阳方言的语气词"啊"在语流音变中跟"啦"一样变化为"呀、哪、哇"音，虽然发音相同，记音的字也相同，但语气词"啊"和"啦"的使用和所表意义还是不同的。

一、用于陈述句句末，表解释、提醒或申辩语气，如：

（9）咱往前头坐坐吧，这儿瞧不清啊。

（10）他家那条件能出么一个大学生可是不容易呀！

（11）没钱娶不昂娶不上媳妇呀！

（12）身体好也架不住镇介的这样子熬呀！

（13）涅人家没说你不好哇，你生啥气嘞？

（14）咋说都没用，孩的不跟的跟着俺来呀。

虽然语气词"啊"也在陈述句中表确认、提醒的语气，与语气词"啦"有相似处，但语气词"啊"在陈述句中没有表情况已实现的体意义，这与语气词"啦"不同，两者不能互换。

二、用于祈使句句末，表催促、请求、命令等语气，如：

（15）涅人家恁门那么相信你，你可得好好干哪！

（16）吃呀，客气啥的嘞！

（17）快点进屋儿呀，都等的你嘞。

（18）别着急呀，急也没用！

三、用于疑问句句末，起到缓和语气作用，如：

（19）你到底去不去呀？

（20）恁都你们不去呀？

（21）这瓶的你还要不要哇？

（22）给你一讲，你还觉得难不难哪？

四、用于感叹句句末，表感叹语气，如：

（23）天可真冷啊！

（24）真好吃啊，我得再吃一碗！

（25）这人真能吹呀，谁信他！

（26）涅人家对你可真不赖呀，你真有福气！

感叹句中"啊"常和表程度高的"真"同现，构成"真……啊"感叹格式表感叹，如例（23）—（26）。

五、用于句中停顿处，用在人称后，起到引发听话人注意的作用；用在几个列举项后，列举事实，以此支持说话人态度和情感倾向，如：

（27）同学们哪，都好好儿嘞学吧，考昂考上大学再玩儿。

（28）你呀，笨死啦！

（29）老杜哇，别想不开啦，孩的大啦，就随她去吧。

（30）涅家娶媳妇儿嘞，电器呀、家具呀、被的呀、衣裳啊……装啦几车的。

（31）涅小陈儿工作啊、人品哪、学历呀啥都比你强，你有啥可神嘞？

（32）现在嘞小孩儿啥都学，钢琴啊、英语啊、画画呀、跳舞啊……也真不容易。

六、用于重叠结构，一般在单音节动词后，表反复或持续时间长，如：

（33）你以后能准时点儿不能，大家都等啊等，等你半天啦。

（34）恁走嘞哪条路？俺几个后头撵啊撵啊，愣是瞧不着恁嘞影的你们的影子。

（35）孩的哭呀哭呀，哭了半天都没见大人管。

（36）衣裳攒嘞太多啦，我这一天洗呀洗呀，到夜嘞才弄完。

10.1.4　介

用在陈述句句末，表夸张语气，常跟"些、镇、镇门、恁、恁门"这些表程度的副词和代词同用，如：

（37）诺那个家伙些非常能喷吹牛介。

（38）别瞧个头儿小，跑嘞些非常快介。

（39）啥书镇（门）这么好看介。

（40）说嘞那话恁（门）这么难听介。

去掉"介"，这些例句都成立，但语气上就没有那么强烈夸张了。

10.1.5　也

前文第6.8节我们描写分析过将行体标记"也"。在发展演变中，

"也"也虚化发展为纯表语气的语气词，主要用在陈述句和疑问句中。

一、用于陈述句句末，表确认、肯定语气，有时带有夸张色彩，也可表列举，如：

（41）俺一会儿走，俺还做的饭也。

（42）桃儿还没熟也，过两天来吧。

（43）这酒喝嘞真不赖也。

（44）一会儿瞧电视也，一会儿吃东儿_{东西}也，就不好好儿写作业。

（45）不儿作_{这个}找你也，就儿诺_{那个}找你也，天天忙死啦。

二、用于疑问句，主要表述三种语气意义：

A 用于特指问、选择问句末加强疑问语气，如：

（46）恁去哪儿也？

（47）想吃啥也？

（48）他找谁也？

（49）想吃面条儿还是想吃饺的也？

（50）恁开车去还是地蹦儿_{走路}去也？

B 用于简略问和假设问句末，表疑问，如：

（51）恁姐姐也？

（52）上午上课，下午也？

（53）要儿_{要是}明儿_{明天}停电也？

（54）不放假也？咱请假去？

如果去掉"也"，句子就不再具有疑问功能，主要是由于这类疑问句已经省略了表疑问的部分词句，句子本身的疑问功能减弱，而经常出现在疑问句句尾的"也"起到提示疑问功能的作用。

C 用于反问句，加强反问语气，如：

（55）光知道哭，哭能管啥用也？

（56）恁咋会买不起也？

（57）俺都_{我们}咋能不管你也？

（58）镇_{这么}简单嘞题，咋能不会也？

语气词"也"和语气词"嘞"表语气的功能近似，以上各例句的"也"都可以替换为"嘞"。安阳方言中语气词"嘞"的使用率高于语气词"也"，很多年轻人只用语气词"嘞"，已不再使用语气词"也"。

10.1.6 吧

和普通话"吧"表语气用法接近，可用在陈述句句末、祈使句句末以及疑问句句末。

一、用于陈述句句末，表确认、赞同语气，如：

（59）我记得那儿有幺一个电线杆的吧，不太远。

（60）他学啦两三年，画嘞还凑和吧。

（61）他家人不多，也就两三口的吧。

（62）恁你们也别争啦，我去吧。

二、用于祈使句句末，表建议、请求、催促、命令等意义，用"吧"可使语气更缓和，如：

（63）快走吧，都等的等着你嘞。

（64）试试这一件儿吧，那件儿大啦。

（65）叫恁家大人来吧，你弄不了。

（66）先歇歇，一会儿再做饭吧。

三、用于疑问句句末，在不同类型的疑问句后，表述的语气不同，

A 在一般疑问句句末，表推测语气，倾向于委婉的肯定、确认，如：

（67）你就儿就是小李吧？

（68）俺侄女儿，长嘞齐整吧？

（69）那几个还没来嘞吧？

（70）车走哇吧？

在一般疑问句句末，"吧"常和疑问语气词、体貌标记"嘞、啦"等连用，疑问语气主要由"吧"前的虚词承担，"吧"主要起舒缓语气的作用。如例（69）、（70）。

B 用于特指疑问句或选择疑问句句末，带有不满、质问语气，如：

（71）恁你们想的弄啥嘞吧？

（72）你说咱给涅人家咋交代嘞吧？

（73）到底去不去吧？

（74）你那一堆到底拾掇不拾掇吧？

四、用于句中表停顿语气，如：

（75）中吧，就依恁说嘞弄。

（76）你吧，就儿就是太死心眼儿啦。

（77）这事儿不好办，答应他吧，那就坏啦规矩啦，不答应他吧，他娘天天来找嘞。

（78）坏咾就坏咾吧，也不值啥钱。

10.1.7 唻（哎）

"唻"可用于陈述句和疑问句，语流音变中声母脱落，读轻声，记为"哎"。具体发音分别记为［·lɑi］、［·ɑi］。

一、用于陈述句句中，表停顿。提请注意、表犹豫。如：

（79）我说啥唻，他不中就儿就是不中。

（80）恁能恁去弄，俺哎，俺就歇的。

（81）快来瞧瞧哎，他俩又打开啦。

（82）你说说哎，放的好好儿嘞工作不干，非得去北漂。

二、用于是非问、选择问句末，表询问语气，有完句功能。

（83）恁夜个儿昨天上南关唻？

（84）晌午吃饺的唻，还儿还是吃面条儿唻？

（85）今儿不用上班哎？

（86）咱同学都一齐儿去哎？

（87）他都他们今儿嘞走哎，明儿走哎？

语气词"唻"在安阳方言中使用频率较低。

10.1.8 嘡

一、用于陈述句句末，表惊讶、意外语气，常跟在语气词"啦"后，如：

（88）真快啊！孩的十好几啦嘡！

（89）这一转眼，快过年哪嘡。

（90）能吃的嘞着呢，吃啦三碗啦嘡。

（91）涅人家快生孩的啦嘡，你还没对象嘞。

二、用于是非疑问句句末，表猜测、询问语气，对不太确定的事加以确认，如：

（92）恁都_{你们}放假啦嘍？

（93）饭做好啦嘍？

（94）衣裳将_刚一上午就磨烂啦嘍？

（95）孩的该考大学啦嘍？

（96）这一小会儿就写完作业啦嘍？

"啦嘍"使用频率很高，有固化趋势，也可以把"啦嘍"视为双音节语气词，我们在下文 10.2.1 节对此也有描写。

10.1.9　么

后文 18.2.2 节提到安阳是非问句有"么"字是非问，这是一种非真性问问句。"么"在这类问句中表猜测和反问语气。其用法如：

（97）恁几个都住那儿么？

（98）五一以后改时间么？

（99）你是啥人我还不清楚么？

（100）甭想好事儿啦，这还能捂住么？

这是语气词"么"在是非问句中的用法，强化猜测反问语气。此外，"么"还可在陈述句句中和句末表不同语气。

一、用于陈述句句中，表停顿，引起听话者注意，使语气舒缓，如：

（101）这事儿么，不能急，咱慢慢儿想法儿。

（102）找对象么，别光盯的_{盯着}有钱没钱，得找心眼儿好嘞。

（103）不就儿_{就是}减肥么，管住嘴儿，迈开腿儿，就瘦哇。

（104）前两年将_刚上班儿么，没钱，就在外头替涅人家写写稿的。

构成"V 就 V 么"格式，表停顿，表确认语气，引出下文反转意义，表示上文的事件不受下文影响，如：

（105）来就来么，怕他？

（106）自己就自己么，稀罕恁_{你们}来。

（107）写作业就写作业么，别光想的瞧动画片儿。

（108）换就换么，换咾谁也别再说后悔话。

二、用于陈述句句末或句中表确认，表一种确定无疑的语气，如：

（109）涅人家为啥能考昂_考上好大学？涅人家学习好么！

（110）就在那厢_{那边}嘞，俺明明瞧见啦么。

（111）他就儿_就是诺那个见天儿_{整天}逃课嘞家伙么。

（112）你做嘞饭好吃么！

三、用于陈述句句末，表述一种惊讶、感到意外的语气，有时有戏谑意味，如：

（113）没想到你画嘞还怪好瞧嘞么。

（114）你去吧，就你能么。

（115）个的_{个子}不大，跑嘞倒不慢么。

（116）平时脾气怪好，厉害开_{起来}还怪吓人嘞么。

四、用于祈使句句末，表催促、命令语气，如：

（117）快点儿给恁爸开门嘞么。

（118）镇这么好嘞天儿，晒晒被的么！

（119）吃完饭别坐的_坐着，去溜达溜达嘞么。

（120）连椅的摆整齐么。

10.1.10　不咋

语气词"不咋"是很有方言特点的语气词，在安阳方言中更进一步发展为话题标记，其作为语气词的性质特点和句法功能，我们在第11.1节中有详细描写和分析，此处不赘述。

安阳方言的语气词主要有以上 10 个，有些语气词尚存有表体貌的功能，在一些具体语句中兼具表体貌和表语气的功能，如："俺走啦！""啦"既表确认、提醒语气，又表实现体貌；而"他在那儿瞧电视嘞。""嘞"既表确认、肯定语气，又表持续体貌。本书将具有这类用法的词归入体貌标记，只有纯粹表语气的词我们才归入语气词。"啦、嘞"在一定的语境下都可单表语气，归入语气词。

10.2　语气词连用

两个或两个以上的语气词可以连用，可以表述较为复杂的语气、情感。安阳方言的语气词连用，一部分是纯粹的两个语气词连用，一部分是其他虚词如体貌标记与语气词高频同现，主要用于表语气，我们将这两类连用都归入语气词连用范畴。安阳方言中的语气词连用主要有以下 22 种：

啦嘡、啦么、啦啊、啦吧、啦介、啦不咋、咾吧、咾嘞、咾嘡、咾
啊、嘞不咋、嘞嘡、嘞么、嘞呀、嘞也、嘞介、介嘞、吧呀、的嘞、的
嘞呀、的嘞介、的嘞不咋

这 22 种连用形式都用于句末，下面我们一一分析其意义和用法。

10.2.1　啦嘡

一、用于陈述句句末，表示对已发生事件和行为的感叹、惊
讶，如：

（121）诺那个新商场早就开业啦嘡！

（122）高压锅就儿就是快，十来分钟就熟啦嘡。

（123）这是恁家孩的？都镇这么大啦嘡！

（124）才一会儿功儿功夫，就写啦十几页儿啦嘡。

在这些句子中，"嘡"可用可不用，不用"嘡"，语气会稍弱，没
有夸张和惊叹的意味。"啦"具有表事件完成或实现的意义。

二、用于是非疑问句句末，表猜测和惊叹，如：

（125）你毕业啦嘡？

（126）恁搬家啦嘡？

（127）才 5 点多点就醒啦嘡？

（128）他当爷啦嘡？

这类问句主要是对较为确定事件的求证，"啦嘡"连用，表对已发
生事件的惊讶和询问。

10.2.2　啦么

一、用于陈述句句末，表对已发生、已实现事件或行为的确认，语
气确定，如：

（129）俺夜个儿昨天就连书还给他啦么。

（130）涅人家早就告给你说告诉你啦么。

（131）他家去年就搬走哇么。

（132）涅戴昂人家戴上红领巾啦么。

二、用于是非疑问句句末，表对已发生、已实现事件或行为的问

询，有时可用于反讽，如：

（133）老张已经退休啦么？

（134）要下雨啦么？

（135）你就儿就是长本事啦么？

（136）不用恁哥护的护着你呀么？

"啦"与"么"连用，陈述句中的确认语气，疑问句中的疑问以及反讽意味都更强烈。

10.2.3　啦啊

用于感叹句，表对已发生或已实现事件、行为的确认、强调，"啊"音受前字音影响，常发"呀"音，如：

（137）恁忙吧，俺先走啦啊！

（138）去睡吧，都九点啦啊！

（139）过咾年就 10 岁啦，大闺女啦呀！

（140）才记得去年过端午，这又到端午啦呀！

"啊"在句末，可用可不用，用"啊"，句子的情感、语气更为强烈。

10.2.4　啦吧

用于是非疑问句句末，表对已发生或已实现事件的问询，如：

（141）恁姑来啦吧？

（142）写完作业啦吧？

（143）天阴啦吧？

（144）打不过涅啦吧？

语气词"吧"的使用使句子的语气更为舒缓。

10.2.5　啦介

用于陈述句句末，对已发生、已实现事件表确认，如：

（145）他俩早就离婚啦介。

（146）涅人家学习好，考昂考上清华啦介。

（147）她三年前就出国啦介。

（148）俺早就会织毛衣啦介。

句末用"介"，语气更为确定无疑。

10.2.6　啦不咋

用于因果关系复句的后句句末，表确认语气，"啦"有时产生语流音变，发"呀、哇"音，如：

（149）叫俺用恁嘞你们的橡皮啊，俺嘞忘啊带啦不咋。

（150）你还不知道嘞？他昨天就走啦不咋。

（151）多给孩的买点儿书，都三年级呀不咋。

（152）星期天哪儿都没去，在家修空调哇不咋。

这类陈述句多为表因果关系复句的后一句，用来陈述、明确原因。"不咋"可用可不用，用"不咋"可使语气和缓。如果将这类复句的前后句交换位置，复句表达的意思基本不变，但"不咋"就不再是语气词，而是话题标记了，如：

（153）俺嘞橡皮忘啊带啦不咋，叫俺用用恁嘞橡皮啊。

（154）他昨天就走啦不咋，你还不知道嘞？

（155）都三年级呀不咋，多给孩的买点儿书。

（156）都恁大嘞闺女啦不咋，该懂点规矩啦。

10.2.7　咾吧

一、用于祈使句句末，表请求、催促、命令，如：

（157）饭都凉啦，赶紧吃咾吧！

（158）动画片演完啦，关咾吧！

（159）饭都死介馊啦，倒咾吧！

（160）东儿又好又便宜，买咾吧。

二、用于是非疑问句句末，表商量、猜测，如：

（161）作这个西红柿算长红咾吧？

（162）咱连那一半西瓜也吃咾吧？

（163）兔的没有跑咾吧？

（164）想去云南嘞？等考完试咾吧。

这里的"咾"是体貌助词，"吧"在句中起到舒缓语气的作用，在疑问句中具有完句功能，表疑问。

10.2.8 咾嘞

一、用于陈述句句末，表确认、强调，多用在表不如意、消极意义的句中，多和表反讽的语气副词"可"同现，如：

（165）你想嘞倒美，涅人家可要搭理你咾嘞。

（166）他挣嘞那俩钱，可够你镇介的这样子花咾嘞。

（167）你不赶紧写，下课前瞧你能写完咾嘞。

（168）要吃就吃，不吃就一边儿去，可敬的你咾嘞可由着你呢。

二、用于简略疑问句句末，表对一种不如意情况发生的担心、猜测，如：

（169）给他打幺一个电话吧，他要儿走咾嘞？

（170）不抓紧不中，叫他跑咾嘞？

（171）快起吧，饭凉咾嘞？

（172）不用蚊帐晚上有蚊的咾嘞？

这类疑问句省略了"咋办"这一疑问词，"嘞"在句末有表疑问的作用。

10.2.9 咾嚄

一、用于陈述句句末，表确认、惊叹语气，如：

（173）没瞧见他俩已经走咾嚄。

（174）几年没见都镇这么大咾嚄。

（175）他家这一会儿都睡咾嚄。

（176）一会儿功儿他可都吃完咾嚄。

二、用于是非疑问句句末，表猜测、惊讶语气。

（177）恁你们还放假咾嚄？

（178）恁你们装修好房的咾嚄？

（179）又瞧电视，作业写完咾嚄？

（180）镇小嘞这么小的孩儿，瞧懂恁厚嘞书咾嚄？

"啦嚄""咾嚄"在对已实现事件的确认时，可以相互替换，意义没有区别，但在是非疑问句句末，用"咾嚄"表示猜测、疑问的语气强于用"啦嘞",因为"啦"常用于表已然,"咾"用于表未然。

10.2.10　咾啊

一、用于陈述句句中或句末,表确认语气,"啊"常发为"哇"音,如:

(181)　这果的将_刚红咾哇,过两天摘吧。

(182)　这孩的天天跟二流的混,没治咾哇!

(183)　别急的走,连椅的给涅放好咾哇_{把椅子给人家放好了啊}。

(184)　俺家孩的都上高中咾啊,你不知道?

二、用于是非疑问句或反问句,表猜测语气,如:

(185)　恁多书,瞧完咾哇?

(186)　那仁人走咾哇?

(187)　苹果放镇么些天,还不坏咾哇?

(188)　这事儿搁她身昂,还不气死她咾哇?

10.2.11　嘞嘞

用于是非疑问句句末,表询问,有意外意味,如:

(189)　恁这会儿就走嘞嘞?

(190)　俺还没忙完嘞,恁你们阳儿_{现在}就吃饭嘞嘞?

(191)　还没毕业嘞,就买镇这么贵嘞衣裳嘞嘞?

(192)　才养啦俩月就下地走嘞嘞?

"嘞"相当于普通话的"呢",表疑问,后面添加"嘞",增添了惊讶、意外的语气。

10.2.12　嘞么

一、用于陈述句句末,表确认语气,如:

(193)　我没有多买,就买呀三块钱嘞么。

(194)　急啥嘞,明儿才开业嘞么。

(195)　等等俺,俺跟恁_{你们}一齐儿去嘞么。

(196)　下午嘞英语课,他仁一块儿唱嘞么。

"么"可用可不用,用"么"增强了表确认的语气。

二、用于是非疑问句句末，表求证语气，对事件进行询问、确认，如：

（197）你就儿_{就是}想的跟恁大姐去北京嘞么？

（198）明儿是星期三嘞么？

（199）孩的一的_{一直}哭，想吃奶嘞么？

（200）这书才是适合小学低年级瞧嘞么？

10.2.13　嘞呀

一、用于陈述句句末，表确认或邀约，如：

（201）俺夜个儿_{昨天}去俺姥姥家嘞呀。

（202）饭熟嘞呀，就在这儿吃饭吧。

（203）走，去逛大街嘞呀。

（204）别等他俩啦，他俩瞧电影嘞呀。

由于"嘞"有多个意义用法，"嘞呀"的使用也有差异，一般用在对已实现事件的确认，"嘞"仍有表体貌的意义。如例（201）、（202）；而例（203）、（204）中，"嘞"是表趋向的成分，可用于已然或将然句。"呀"强化确认肯定的语气。

二、用于特殊疑问句以及是非疑问句句末，表猜测询问，如：

（205）瞧你急急忙忙嘞，干啥去嘞呀？

（206）恁昨天上涅人家_{人家}谁家嘞呀？

（207）找你没在家，上医院嘞呀？

（208）恁去逛公园嘞呀？

这四个例句中"嘞"都表趋向，表体貌的"嘞"在疑问句中一般要用"啦"来询问已实现的事件和行为，如："恁夜个儿去恁姥姥家啦？／饭熟啦？"

10.2.14　嘞也

一、用于陈述句句末，表确认、评判语气，如：

（209）恁再玩儿会儿吧，俺得走嘞也。

（210）天已经晴嘞也，出去走走吧。

（211）这饺的怪好吃嘞也。

（212）瞧他个儿不高，跑嘞还怪快嘞也。

二、用于特殊疑问句句末，表疑问，如：

（213）都镇这么晚啦，你找涅人家谁嘞也？

（214）他家到底在哪儿嘞也？

（215）中午吃啥饭嘞也？

（216）恁姑姑啥时候走嘞也？

其中，"嘞"相当于普通话的疑问语气词"呢"，"也"仍保留有未然体貌标记的用法。

10.2.15　嘞介

一、用于陈述句句末，表确认，多针对不如意事件或状态的，如：

（217）这孩的气嘞我没法儿没门儿一点办法没有嘞介。

（218）换一件儿吧，这一件儿恁那么大嘞介。

（219）这才二月份，天就镇这么热嘞介。

（220）你脚崴啦？走镇这么慢嘞介。

二、用于是非疑问句、特殊疑问句句末，表疑问，多用于对不如意、不满意事件的质疑，如：

（221）一的没瞧见你啦，就恁那么忙嘞介？

（222）恁几个又在那儿弄啥嘞介？

（223）表坏啦？咋走嘞镇快嘞介怎么走得这么快呢？

（224）咋今天嘞作业镇这么少嘞介？

"嘞"相当于普通话表确认的语气词"呢"，"介"可用可不用，但用"介"可夸大强化语气。

10.2.16　介嘞

"介嘞"和"嘞介"可以相互替换，如上 10.2.15 中的例句都可将"嘞介"替换为"介嘞"，意义不变。但用"嘞介"，语言节奏稍舒缓；用"介嘞"，语言节奏紧促，语气也更强烈。

10.2.17　嘞不咋

用于复句后一小句句末，陈述原因、理由，对正在进行或将要发生的事情加以确认，如：

（225）关小点儿声儿，孩的写的作业嘞不咋。

（226）等一会儿中不中，没有瞧的_{看到}在这儿忙嘞不咋。

（227）给俺弄两张票，俺明儿跟的_{跟着}俺对象去嘞不咋。

（228）买几斤月饼，明儿中秋节嘞不咋。

用于陈述句中，表确认语气，这里的"不咋"已发展为话题标记，如：

（229）将_刚要走嘞不咋，他可还回来啦。

（230）俺画嘞不咋，好瞧不好瞧？

（231）涅仨_{人家}三个人想嘞不咋，这主意不错吧？

（232）小衣裳是俺奶奶做嘞不咋，暖和吧？

10.2.18　吧呀

用于祈使句句中和句末，表请求、命令、催促、劝告，多针对不理想情况，如：

（233）就不能仔细点儿？长点儿脑的吧呀！

（234）你快点儿走吧呀，快迟到啦！

（235）小祖宗，好好儿吃点吧呀，瞧你瘦嘞！

（236）快起床吧呀，都 12 点哪。

"吧"用在祈使句中表建议、规劝，"呀"起到强化语气的作用。

10.2.19　的嘞

"的嘞"相当于普通话的"着呢"，可用于陈述句句末，表行为动作的持续，"的"保留表持续体貌的作用，"呢"有缓和语气的作用，如：

（237）走快点儿，涅都_{人家}都在那儿等的嘞。

（238）锅还在火昂_火上开的_{沸腾着}嘞。

（239）外头还下的嘞，一会儿再走吧。

（240）还吃的嘞，半个钟头后再给你打电话吧。

"的嘞"用于感叹句句末，表感叹，通常用于积极正面的意义，如：

（241）俺妈给俺买啦一件新裙的，好瞧的嘞！

（242）别瞧涅人家瘦，有劲儿的嘞！

（243）考啦一百分，高兴的嘞！

（244）做开出来这道题啦，得意的嘞！

　　无论是在陈述句还是感叹句句末，"的嘞"都不能省略，可以说"的嘞"和普通话的"着呢"一样，已经凝固为一个复合双音语气词。

10.2.20　的嘞呀

用于感叹句句末，表感叹语气，对事件、状态表感叹，如：

（245）俺妈包嘞饺的，好吃的嘞呀！

（246）去啦一趟沃尔玛，人多的嘞呀！

（247）他说嘞那话难听的嘞呀！

（248）那药苦的嘞呀，喝不下去。

　　"的嘞呀"相当于普通话的"着呢"后添加表感叹语气的"啊"，第10.2.19节"的嘞"和"的嘞呀"用法近似，两者互换后句子意思不变，但"的嘞呀"比"的嘞"语气更强烈。

10.2.21　的嘞介

用于感叹句句末，表感叹语气，用于对某状态的感叹、语气夸张，如：

（249）多穿点，外头冷的嘞介。

（250）你买嘞那啥衣裳，紧的嘞介。

（251）俺妈瞧见你呀，高兴的嘞介。

（252）他家孩的考昂考上武大啦，他天天儿美的嘞介。

　　"的嘞介"和"的嘞呀"用法接近，也可以相互替换，但"的嘞介"比"的嘞呀"表达略夸张。

10.2.22　的嘞不咋

用于复句句末或前一小句句末，对正持续事件或状态的确认，如：

（253）去屋嘞吧，电视开的嘞不咋。

（254）不陪恁你们喷吹牛哪，俺嘞锅还滚沸腾的嘞不咋。

（255）正瞌睡的嘞不咋，老师还提问开起他啦。

（256）外头还下的嘞不咋，再坐坐，甭慌的走。

以上语气词连用，可以看到大致有两种类型：1. 纯粹语气词的组合，如"吧啊、介嘞"等，这类连用由两个原本就只表语气的词组合在一起，表达更丰富细腻的语气。2. 体貌助词与语气词组合，这类连用占据了我们所说的语气连用的大多数，如："啦嘎、嘞嘎、啦不咋、嘞么、咾嘞、咾啊、的嘞呀"等。这类连用的首词往往是表体貌的助词，在句中承担表行为、动作、状态持续、进行、完成等体貌意义，后面的语气词表语气。我们之所以不把这类用法归入单个语气词使用，是因为这些体貌助词经常跟语气词连用，经常出现在句末，有时出现在句中，虽然仍可表体貌，但语句整体的意义更倾向于表语气，如："的嘞"相当于普通话的"着呢"，"着呢"就被认为趋向于固化的双音节语气词，尽管"着"仍具有表时体的功能，但这两个词的高频同现，让我们更认同这个组合在句中的语气功能。正是基于功能和用法，我们将高频同现的体貌助词和语气词组合归入语气词连用。另外，"啦、嘞、咾"这三个词本身有时是表体貌的助词，有时是表语气的助词，在第6章"体貌"中，我们有必要细加区分，但当词语连用，凸显语气功能时，细分也就不是必须和必要的了。

10.3 本章小结

安阳方言的语气词很丰富，从语形上看，多为单音节语气词，还有一个双音节语气词，"不咋"，这个双音节语气词是古汉语在安阳方言中的存留，具有地方特色。从语义上看，安阳方言的语气词可用于表确认、感叹、夸张、疑问、请求等各种丰富多样的语气意义。从句法环境看，语气词可用在陈述、祈使、疑问、感叹等各类句子中，具有成句或加强句子语气作用。从语用来看，安阳方言语气词可以两个或三个灵活组合在一起使用，语气词连用使得语气的表达更为丰富强烈。方言的强口语性使得语气词的类别和使用都比普通话更为丰富活跃。

我们将安阳方言的语气词用图表归总如下（见表 10-1），可以更清楚地看到这些语气词的形式、语义用法的对应。

表 10 - 1　　　　　　　安阳方言的语气词及其连用

语气词 ＼ 用法和功能	句法位置	语气
嘞（欸、呐、喂）	用于陈述句句末	表肯定、列举
	用于疑问句句末	加强疑问或反问语气
啦（呀、哪、哇）	用于陈述句句末	表提醒、确认语气
	用于疑问句句末	表疑问语气
啊（呀、哪、哇）	用于陈述句句末	表解释、提醒或申辩语气
	用于祈使句句末	表催促、请求、命令等语气
	用于疑问句句末	缓和语气
	用于句中停顿处，人称后；用在几个列举项后	引发听话人注意；列举事实
	用于重叠结构，一般都在单音节动词后	表反复或持续时间长
介	用于陈述句句末	表夸张语气
也（呀、哪、哇）	用于陈述句句末	表确认、肯定语气，也可表列举
	用于疑问句	加强疑问语气
吧	用于陈述句句末	表确认、赞同语气
	用于祈使句句末	表建议、请求、催促、命令等语气
唻（哎）	用于陈述句句中	表停顿，提请注意、表犹豫
	用于是非问、选择问句末	表询问语气
嗻	用于陈述句句末	表惊讶、意外语气
	用于是非疑问句句末	表猜测、询问语气
么	用在是非问句句末	强化猜测反问语气
	用于陈述句句中	表停顿，使语气舒缓
	用于陈述句句末或句中	表确认
	用于陈述句句末	表述惊讶、意外的语气，有时有戏谑意味
	用于祈使句句么	表催促、命令语气

续表

用法和功能 语气词	句法位置	语气
不咋	用于祈使句句末	语气和缓
	用于答句句末	表确认和解释
啦嚛	用于陈述句句末	表感叹、惊讶，语气强烈
	用于是非疑问句句末	表猜测、惊叹，语气强烈
啦么	用于陈述句句末	表确认、确定
	用于是非疑问句句末	表问询，表反讽，语气强烈
啦啊	用于感叹句句末	表确认、强调，语气强烈
啦吧	用于是非疑问句句末	表问询，语气舒缓
啦介	用于陈述句句末	表确认
啦不咋	用于因果关系复句的后句句末	表确认
咾吧	用于祈使句句末	表请求、催促、命令
	用于是非疑问句句末	表商量、猜测
咾嘞	用于陈述句句末	对不如意、消极状况表确认、强调
	用于简略疑问句句末	表担心、猜测
咾嚛	用于陈述句句末	表确认、惊叹
	用于是非疑问句句末	表猜测、惊讶
咾啊	用于陈述句句中或句末	表确认
	用于是非疑问句句末或反问句句末	表猜测
嘞嚛	用于是非疑问句句末	表询问，有意外意味
嘞么	用于陈述句句末	表确认
	用于是非疑问句句末	表求证、询问、确认
嘞呀	用于陈述句句末	表确认、邀约
	用于特殊疑问句、是非疑问句句末	表猜测询问

续表

用法和功能 语气词	句法位置	语气
嘞也	用于陈述句句末	表确认
	用于特殊疑问句句末	表疑问
嘞介	用于陈述句句末	多针对不如意事件或状态的表确认
	用于是非疑问句、特殊疑问句句末	对不如意、不满意事件表疑问，语气略舒缓
介嘞	同"嘞介"，用于陈述句句末、是非疑问句、特殊疑问句句末	语言节奏紧促，语气也更强烈
嘞不咋	用于复句后一小句句末，陈述原因、理由	对正在进行或将要发生的事情加以确认
	用于陈述句中	表确认
的嘞	用于陈述句句末	缓和语气
	用于感叹句句末	表感叹，意义积极正面
吧呀	用于祈使句句中和句末	表请求、命令、催促、劝告
的嘞呀	用于感叹句句末	表感叹
的嘞介	用于感叹句句末	表感叹、语气夸张
的嘞不咋	用于复句句末或前一小句句末	对正持续事件或状态的确认

第 11 章　特色虚词

汉语语法没有严格意义上的形态变化，主要借助于虚词和语序的变化来表示语法关系和语法意义。可以说，方言与普通话的虚词，有较大差异。我们在考察安阳方言时，注意到安阳方言中有很多富有地方特色的虚词。这在我们前文各章节的研究中已有所见。但还有若干特色虚词，囿于研究框架，未能涉及。我们研究方言的目的之一就是要揭示方言的特点，既然有虚词尤其能展现安阳方言的独特之处，就应当着重加以描写、研究。因此，本章我们将具有鲜明安阳方言语法特色的虚词集中起来加以描写和分析。

我们所说的特色首先表现在：普通话和一些方言中没有，只在安阳方言中出现的虚词。如：双音节语气词"不咋"，时间助词"动儿"，不见于普通话，即便在普通话中能用意义大致相等的词语表达相关意义，但替代词语的用法和意义也难以和这两个虚词完全对等。其次，安阳方言的一些虚词虽然在普通话和一些方言中有类似的用词，但其意义和用法的范围存在明显的差异。如安阳方言的"嘞"，分别与普通话的语气词"呢"、结构助词"的""得"等对应，中原官话如浚县方言、河北饶县方言等也有助词"嘞"，但安阳方言的"嘞"其使用范围更广，表达的意义也更多。以下，我们将逐一对这三个虚词加以描写和分析，考察其在安阳方言中的使用及其历时发展状况。

11.1　不咋

11.1.1　语气词"不咋"与话题标记"不咋"

安阳方言中的"不咋"读音为 $[\text{pə}ʔ^3\ \text{tsɑ}^{31}]$，冯春田（2006）认

为，安阳方言的"不咋"以及山东方言的"罢咋"可以认定为"同一个语气词的方言变体，一般放在句尾"，即句尾语气词。经冯春田（2006）考证，"吧咋/不咋的形成有其所依据的句式和语义基础。"

即 VP 罢 + 怎么（疑问代词）＞ VP 罢 + 咋 ＞（"怎么"合音）＞ VP + 罢咋（代词"咋"进一步虚化跟前面的"罢"融合成复合双音语气词）。

"不咋"和"吧咋"皆为"罢咋"的变体，可用于祈使句，同"吧"，表和缓语气①。如：

（1）快点儿来不咋。

（2）给大家说说不咋。

（3）把书拿过来不咋。

这几个祈使句去掉"不咋"，句义不变，但语气上更显强硬些。

"不咋"还可用于陈述句，此类陈述句往往句式不完整，语义不自足，多用于问答句的答句部分，紧承问句，对事件作出解释或确认。如：

（4）——谁得嘞的第一名？

　　　——我不咋。

（5）——你买几斤？

　　　——两斤不咋。

（6）——叫我咋的嘞？喊我有什么事？

　　　——有人找你不咋。

（7）——你咋怎么认识他啦？

　　　——他也在一中教书不咋。

这几例中，"不咋"都可去掉，句义不变，只是语气上更直接生硬。因而，语气词"不咋"在陈述句中，也表和缓语气。另外，答句部分若脱离问句单说，语义上就显得不完整，从语感上看，"陈述句 + 不咋"无法独立使用。去掉"不咋"，句子的独立性增强。如：

（8）——谁得嘞的第一名？

---

① 高增霞（2000）认为语气词"吧"并不表示祈使或疑问，而是在疑问句中降低询问的疑问性、在祈使句中降低祈使的强制性，缓和句子的语气。冉永平（2004）也论述了语气词在语用中的"缓和标记"功能。

——我。

（9）——你买几斤？

——两斤。

（10）——叫我咋的嘞？喊我有什么事？

——有人找你。

（11）——你咋认识他啦？

——他也在一中教书。

这几例去掉“不咋”后，句义自足，可以单用。经比较，可以看出陈述句句尾语气词的使用，可强化句子对语篇的依存度。普通话的陈述句句尾语气词“嘛”也有类似的语用价值。如：

（12）——谁得的第一名？

——我（嘛，还能有谁？）。

（13）——你喊我有什么事？

——有人找你（嘛，不然我喊你干什么？）。

用“嘛”的句子比不用“嘛”的句子更依赖上下文语境。

除了冯春田已经述及的“不咋”用作句尾语气词，在安阳方言中，我们还发现“不咋”也可用作话题标记。辛永芬（2013）也指出，“不咋”在安阳方言中已经发展为一个话题标记。从最初表疑问的语气词到具备话题标记的用法，这一点跟普通话的“吧”“嘛”“呢”“啊”相同，它们的来源都是疑问语气词①。

董秀芳（2012）指出，一些话题标记往往还有其他功能，但“当其在句中标引话题时，性质是比较单一的，除标引话题外，没有另外的句法和语义功能，也就是说，当其标引话题时是不能从结构功能上分析成其他成分的”。安阳方言“不咋”正是这样的话题标记。如：

（14）你这个人不咋，可特好管闲事儿啦！你啊，太好管闲事了！

（15）有咾孩的不咋，就没时间转大街啦。有了孩子啊，就没有时间逛街了。

在例（14）、（15）中，“不咋”仅起到标引话题，引发后文的作

① 刘丹青考察了话题标记的四种来源，其中有疑问标记 > 话题标记，转引自董秀芳（2012）。

用，不表祈使和判断。

在此，我们可以将冯春田（2006）对"不咋"的语法化进程进一步描写为：

VP 罢 + 怎么（疑问代词）＞VP 罢 + 咋（"怎么"合音）＞VP + 罢咋（代词"咋"进一步虚化跟前面的"罢"融合成复合双音语气词）＞话题 + 不咋（话题标记）

安阳方言的"不咋"作语气词时，用法功能基本等同于普通话的"吧"，不赘述。下面我们将以句类分布为线索，着重考察"不咋"作为话题标记的语法、语义、语用特点。

11.1.2　"不咋"的话题标记功能

11.1.2.1　"不咋"在陈述句中用作话题标记

和普通话以及多数方言一样，"不咋"在陈述句中可以用作话题标记。"不咋"作为话题标记，可标记的话题从词性上看，有名词性、动词性成分、介词结构。如：

（16）诺小的_{那个小男孩儿}不咋，可特淘神_{太调皮}啦。

（17）明儿不咋，俺爸带俺回老家嘞呢。

（18）丹尼斯（商场名）不咋，明天搞活动嘞呢。

（19）从那以后不咋，他就不来找我玩儿啦。

（20）从恁你家不咋，到这儿得几个小时？

（21）跑步不咋，我跑不过你。

（22）吃咾了饭不咋，咱就去瞧瞧他。

（23）他昨天睡嘞的太晚啦不咋，现在还没起来也。

作为话题标记"不咋"的句法作用是引出话题、标识话题，没有强制性。可以用"不咋"构成有标话题，也可以不用"不咋"构成无标话题，两者在句法、语义上没有明显差别。上述各例，去掉"不咋"都可以成立。名词性话题、介词结构的话题，去掉"不咋"，话题跟述题间的停顿可有可无，可转换成普通句子，如例（16）—（20）；而动词性结构作为话题，除动词拷贝结构外，不用"不咋"的无标话题和述题之间依然有明显停顿。如例（22）"吃咾饭，咱就去瞧瞧他嘞。"例（23）"他昨天睡嘞太晚啦，现在还没起来也。"不用"不咋"，话题和述题之间仍有停顿。而例（21）"跑步我跑不过你。"不用"不咋"，话题和述题间无停顿。下面我们以词类为引导，考察"不咋"的话题标记特征。

11.1.2.1.1 "不咋"标记名词性话题

名词性成分最易成为话题，"不咋"可以出现在表人、事物、时间、地点等各类名词前标引话题。从语义类型上看，有关涉话题、框架式话题①。"不咋"前面的名词性话题必须是定指的，不定指的名词性词语不能充当话题。如：

（24）这桌子不咋，不结实。

（25）小李不咋，跟他老婆离婚啦。

（26）*桌子不咋，不结实。

（27）*人不咋，跟他老婆离婚哪。

例（24）、（25）话题部分由表示人或事物的名词或代词充当，是关涉话题，"这桌子""小李"是论述关涉的对象，通常是句子的施事或受事。也有表示事物的名词性词语充当框架设置式话题。如：

（28）这个电视机不咋，都瞧看啦好几年啦。

（29）诺刀不咋，切菜利的嘞。那把刀，切菜锋利着呢。

例（28）"这个电视机"、例（29）"诺刀"，是框架式话题，为后面的述题设置论述框架，表示述题中动作发生所凭借的对象或工具。再如：

（30）昨天下午不咋，我去啦一趟东区。

（31）诺那个水库不咋，我一到夏天就去那儿游泳。

例（30）、（31）由时间名词、处所名词充当话题，是框架设置式话题，"昨天下午""诺水库"为后面的述题设置论述框架，表示述题中动作发生的时间和地点。

安阳方言中由话题"不咋"标记的名词性话题，没有位于句内的话题，全部是外位话题，或称为出位话题②。

外位话题成分前面往往可以添加话题标记"就"，构成前后都有话

---

① 参见徐烈炯、刘丹青（1999）对话题的分类。

② 参见刘丹青（2008）。

题标记的形式，如：

（32）就那个小的小男孩儿不咋，可特淘神太调皮啦。

（33）就明儿不咋，俺爸带俺回老家嘞呢。

（34）就丹尼斯（商场名）不咋，明儿搞活动嘞呢。

外位话题后的述题部分可以有代词复指，如：

（35）小张儿不咋，涅"人家"可会写毛笔字儿嘞呢。

（36）诺叫花的那个叫花子不咋，我还给过他两块钱嘞呢。

"小张儿"由述题中的主语位置移位到句首外位，主语位置留下语迹，语迹由代词"人家"取代，形成有代词复指话题结构。"小张儿"与"涅"所指完全相同。"叫花的"由述题中的宾语位置移位到句首外位，宾语位置留下语迹，语迹由代词"他"取代，形成有代词复指话题结构。"叫花的"与"他"所指完全相同。

处所名词充当话题成分，其后的述题也可以有代词复指，如：

（37）丹尼斯不咋，明儿那儿搞活动嘞呢。

（38）华联超市不咋，我夜个儿昨天在那儿买嘞的皮渣（安阳的一种风味小吃）。

"丹尼斯"由述题中的主语位置位移到句首外位，由代词"那儿"复指，表示那儿发生了什么事情。"华联超市"作为外位话题成分，与句中介词"在"引导的代词"那儿"同指，表示动作发生的地点。

11.1.2.1.2 　"不咋"标记动词性话题

安阳方言中的动词及动词性短语也可作话题，以"不咋"标识，成为全句论述的对象；动词性话题，常构成拷贝式话题结构，述题中的复指成分是拷贝式动词的一部分。如：

（39）走路儿不咋，得走三十来分钟。

（40）游泳不咋，他一口气能游二三十米。

"走路儿""游泳"，这些居于句首外位的成分，都由句中的动词话题化移位而来，在原来的位置上有"走""游"复指，作句子的谓语中心语。

用"不咋"标记的动词性话题可由双音或多音复合动词、动宾结构充当，不能由单音节动词充当。单音动词充当话题，必须是无标记形式。如：

（41）跑，我跑不过你。

（42）＊跑不咋，我跑不过你。

（43）跑步，我跑不过你。

（44）跑步不咋，我跑不过你。

动词性话题成分有关涉话题类和框架设置话题类。关涉话题类，有复指结构，如上；框架设置话题类没有复指结构。如：

（45）打电子游戏不咋，恁都你们都不中。

（46）喝茶不咋，涅人家南方人可讲究嘞呢。

（47）下棋不咋，诺那个老头儿厉害的嘞着呢。

在语义上，这类话题－述题句表示的意义是：某行为动作，是述题和命题成立的前提或条件。句法上，框架设置类话题没有复指成分。这类动词性框架设置话题句，可变为普通陈述句：

（48）恁都打电子游戏都不中。

（49）涅人家南方人喝茶可讲究嘞呢。

（50）诺那个老头儿下棋厉害得嘞着呢。

"不咋"还可标记主谓结构话题。如：

（51）小张买咾一张彩票不咋，还真中啦大奖啦。

（52）后儿后天上课不咋，咱都得去。

主谓结构充当话题，位于句首外位，语义上为后面的述题设置话题框架，为后面述题的成立限定了条件。

11.1.2.1.3 "不咋"标记介词结构话题

介词短语在句法上常作状语，对谓语的主要动词修饰限定。安阳方言中，介词结构也可由"不咋"标记，构成话题。如：

（53）从那以后不咋，我就再也不吃零食啦。

（54）从恁家不咋，到学校得走几分钟？

（55）在那一片菜地嘞里不咋，他都他们发现啦一个箱的箱子。

由"不咋"标记的介词结构话题，还可以跟前置话题标记"就"连用，构成前后都有话题标记的形式。如：

（56）就从那以后不咋，我就再也不吃零食啦。

（57）就从恁家不咋，到学校得走几分钟？

（58）就在那一片菜地嘞里不咋，他都他们发现啦一个箱的箱子。

11. 1. 2. 1. 4 "不咋"标记次话题

"不咋"还可以标记次话题，如：

（59）这点钱，涅俩人家两个人不咋，根本瞧不到眼嘞看不上眼。

（60）过年这两天，早上饭不咋，都不用吃啦。

（61）这事儿啊，涅人家小李不咋，早就弄好啦。

"这点钱""过年这两天""这事儿"是主话题，处于句首，有明显停顿，可由语气词标明停顿；"涅俩""早上饭""涅小李"，是次话题，居主话题后面，主话题和次话题都居于句子外位。

主话题若使用"不咋"标记，次话题就不能再使用"不咋"标记。否则句子不合语法。如：

（62）＊这点钱不咋，涅俩不咋，根本瞧不到眼嘞。

（63）＊过年这两天不咋，早上饭不咋，都不用吃啦。

（64）＊这事儿不咋，涅小李不咋，早就弄好啦。

以上是在安阳方言的典型陈述句中，"不咋"作话题标记的事实。正如汉语其他方言，如上海话、连城客家方言等一样，安阳方言的易位陈述句中也不能出现话题标记"不咋"，证实了汉语话题标记"对话题、述题的排序有一定要求"。如：

（65）＊开线啦，诺裙的不咋。

（66）＊中啦大奖啦，涅小刘儿不咋。

强星娜（2011）指出，从跨语言的角度看，日语、韩语易位话题结构中仍可使用话题标记，这是日语、韩语的话题标记在这两种语言里高度语法化、句法化的结果；而汉语话题标记的语法化、句法化程度都相对较低，所以还难以扩展到易位话题结构的领地。

下文，我们继续考察"不咋"在祈使句、疑问句、感叹句中的使用情况。上文已考察话题标记"不咋"与不同词类组合的情况，下文只简单考察话题标记"不咋"在祈使句、感叹句、疑问句中的分布。

11. 1. 2. 2 祈使句中的话题标记"不咋"

项梦冰（1998）认为汉语典型祈使句中不能出现话题标记。强星娜（2011）则根据调查及话题等级序列，指出祈使句中可出现话题标记；另外，强星娜（2011）还进一步归纳出话题标记的句类选择规律，即典型陈述句可出现话题标记；话题和述题易位的陈述句和所有疑问句中不能出现话题标记；感叹句中，有的方言可出现话题标记。在安阳方言的语言事实中，我们也发现了用于祈使句的话题标记"不咋"。

在安阳方言中，祈使句第二人称带话题标记"不咋"，是自然而然的现象。如：

（67）你不咋，赶紧打电话问问吧，瞧是咋回事看是怎么回事。

（68）恁都你们不咋，别玩儿啦，快写恁嘞你们的作业吧。

（69）你这个人不咋，还不快点儿去撵昂涅闺女儿嘞还不快点儿去追上人家闺女啊。

可以看到，"不咋"在祈使句中，可用在第二人称单数和复数后面作话题标记，还可用在第二人称+复指后面作话题标记。

宾语提前的祈使句中，"不咋"也可作话题标记，如：

（70）那几个学生不咋，你给安排一下。

（71）那瓶酒不咋，你拿走吧。

安阳方言的话题标记"不咋"可用于祈使句，这与强星娜（2011）的观察和结论是一致的。

在安阳方言中，我们还发现了部分超出强星娜（2011）观点的语言事实。这些语言事实，也许有助于我们对汉语话题标记语法化、句法化程度的高低有更进一步的考量和认识。

11. 1. 2. 3　感叹句与话题标记"不咋"

安阳方言的典型感叹句一般不用"多么"标记，而是用"A（形容词）+的嘞""可特+A""镇/恁（这么/那么）+A""真是+V死了"等。如：

（72）恁你买嘞的衣服不咋，咋镇好瞧嘞怎么这么好看呢！

（73）他说嘞的那话不咋，可特太难听啊！

（74）涅人家那一家儿卖嘞的凉皮不咋，好吃的嘞好吃着呢！

（75）你这个人不咋，真是气死我啦！

以上各例，去掉"不咋"，句义基本不变。项梦冰（1998）说连城客家话中，带话题标记的形式比不带话题标记的形式语气上较舒缓。安阳方言与此同。

11. 1. 2. 4　疑问句与话题标记"不咋"

在安阳方言中，"不咋"可以出现在疑问句中，按照强星娜

（2011）考察疑问句的类别，我们也对安阳方言中的极性问、选择问、正反问、特指问逐一考察。

11. 1. 2. 4. 1　极性问与"不咋"

极性问即是非问，安阳方言中的极性问可以出现话题标记"不咋"。如：

（76）诺那个男的不咋，真会修汽车？

（77）这几道题不咋，恁你们俩人都不会？

（78）那一筐的子土豆儿不咋，老王都削好啦？

安阳方言极性问还可添加语气词"么"，用法近似于普通话的"吗"，上述各例，如果添加上"么"，句子语义不变。"吧"也可出现在安阳方言的极性问中，用法同普通话。如：

（79）诺那个男的不咋，真会修汽车么？

（80）这几道题不咋，恁你们俩人都不会么？

（81）那一筐的子土豆儿不咋，老王都削好啦么？

（82）诺那个老外不咋，是美国人吧？

（83）街边儿那一棵树不咋，就儿就是你说嘞的老槐树吧？

11. 1. 2. 4. 2　选择问、正反问与"不咋"

安阳方言选择问、正反问中可出现话题标记"不咋"。如：

（84）恁孩儿你孩子不咋，好喜欢吃面条儿还是好喜欢吃米饭？

（85）恁孩儿不咋，老师待见喜欢他还是不待见喜欢他？

（86）恁孩儿不咋，好喜欢吃面条儿不好喜欢？

（87）恁孩儿不咋，老师待见喜欢他不待见喜欢他？

11. 1. 2. 4. 3　特指问与"不咋"

安阳方言中的特指问也可出现"不咋"，如：

（88）老三嘞的媳妇不咋，在哪儿上班嘞呢？

（89）这顿饭不咋，谁做嘞？

经过考察，可以看到安阳方言中的各类问句都可以非强制性使用话题标记"不咋"。"不咋"在疑问句中可以省略，中间有的须停顿，句义基本不变。如：

（90）诺那个男的真会修汽车？

（91）恁孩儿你孩子好喜欢吃面条儿还是好喜欢吃米饭？

（92）恁孩儿你孩子老师待见不待见喜欢不喜欢他？

（93）老三嘞的媳妇在哪儿上班嘞呢？

强星娜（2011）考察了普通话、话题度程度较高的上海话、连城话，发现其各种类型的疑问句都不能添加话题标记。而从上文可知，安阳方言除主语有"wh"疑问词的特指问句外，其他各类疑问句都可添加话题标记"不咋"。刘林军（2013）认为，话题标记实质具有两方面的功能：一是可凸显话题，达到关照听话人认知需要的目的；二是当述题部分较难处理时，话题标记的使用可以赢得时间，以关照说话人自己的认知诉求。据此推理，话题标记的分布应当不受句类的限制。那为什么在普通话以及某些方言中，话题标记不能用在疑问句中？

我们看到，安阳方言中除了"不咋"，另有话题标记"嘞""啊"。这两个单音节话题标记几乎不能出现在疑问句中。[1] 那么疑问话题句出现话题标记的条件是否跟音节数量有关？即在汉语的疑问话题句中，不能出现单音节话题标记，可以出现双音节话题标记。冯胜利（1997）提出汉语的韵律对词法、句法都有制约作用。比如：可以说"种树"，不可说"种植树"[2]。再如：可以说"他们正在浇灌大白菜"，不可以说"他们正在浇灌花"。[3] 我们推测，"不咋"之所以能普遍分布于各种句类中，尤其是可以出现在各种类型的疑问句中，跟该话题标记是双音节有关。而普通话和其他方言的话题标记都是单音节，所以无法用在疑问话题句中。当然，这仅是初步的推测，期待有更多语言事实和研究结果来更好地解释这一现象。

11.2　动儿

安阳方言中的"动儿"常附着在谓词性词语后面，构成"VP 动

---

① 安阳方言的"嘞"相当于普通话的"呢"和"啊"，都可用在非疑问话题句中，不能用于疑问句中，与强星娜（2011）的考察结果一致。

② 转引自冯胜利（1997）。

③ 同上。

儿"① 结构。其中"动儿"发音可记为"［tuŋ²¹³·ə]"，"VP 动儿"，表义近似于普通话"……的时候"，但两者并不相同，从语言的历时演变来看甚至差别较大。"动儿"本身无实义，是一个辅助表示时间的虚词，我们称之为"时间助词"。

11.2.1 "VP 动儿"的构成及语义特点

能与"动儿"组合的只有谓词，即动词、动词性短语、形容词、形容词性短语。"VP"表示某种行为动作或性质状态，而"VP 动儿"，在语义上表示行为动作、性质状态产生或持续的时间，表义相当于普通话里的"……的时候"。这一结构中，"动儿"本身并无实义，但谓词性词语后添加"动儿"后，语义就从指行动、性状变为指某段时间，因而，"动儿"是一个辅助表示时间的虚词，我们称之为"时间助词"。如："吃饭动儿"，表示"吃饭"这一行为动作开始并持续，意思上相当于"吃饭的时候"。"动儿"在复句中居前位，与其他成分组合，可表示现在、过去、将来的时间，表述已然、未然、惯常性事态。

11.2.1.1 "动儿"用在动词/动词短语后

VP 是动词或动词性短语，如：

（94）吃动儿，别说话。

（95）走动儿，记得拿伞。

（96）夜个儿昨天瞧电视动儿，拿毛衣打完啦。

（97）这个小孩写作业动儿，老说话。

与其他晋方言地区②的"动""动儿"一样，能进入"VP 动儿"结构的动词部分必须是语义上表无界概念的动作动词。非动作动词"进行、认为、同意、赞成"，以及表有界概念的"打破、吃饱、写完"等动词/动词短语不能进入该结构。VP 是动宾短语时，"动儿"位于宾语后面。如：

（98）洗衣服动儿，加点儿热水。

---

① 本书用"VP 动儿"来指称安阳方言中可以容纳动词、动词短语、形容词、形容词短语的构式。

② 这里指邱闯仙在《平遥方言的助词"动"和"嗓"》（《语文研究》2012 年第 2 期）一文中的表述，安阳方言里也有同样的语义特点。

（99）下午打球动儿，记的叫上我。

11. 2. 1. 2 "动儿"用在形容词后

VP 是形容词或形容词性短语，如：

（100）小动儿，俺俩可好嘞。

（101）天冷动儿，也别老呆在屋里。

（102）心里边儿难受动儿，就出去走走。

能进入"VP 动儿"的形容词，一般是表示年龄、心理变化的形容词。如：年轻、小、难受、高兴……一些有［＋推移］义的正反形容词也可进入该结构，如：冷、热、干、湿……［＋推移］正反形容词，是指随着时间变化，其表示的性状会由一端向另一端转变的正反形容词。所表性状不随时间推移而变化的形容词，不能进入该结构。如：

＊这裙子红动儿好看。

＊核桃硬动儿，咬不动。

11. 2. 1. 3 "VP 动儿"的语义功能

11. 2. 1. 3. 1 "VP 动儿"的过程义

"VP 动儿"对动词和形容词的选择表明，该结构只能容纳语义特征具有随时间推移而发生变化的谓词性词语。这类谓词语进入"VP 动儿"，就不再单单是行为动作和性状的指称，而具有了过程性。如："吃饭"指称一种动作，而"吃饭动儿"表示"吃饭"的动作开始并持续。因此，安阳方言里的"动儿"，是一种表时间的助词。普通话里没有相应的助词与之对应。

11. 2. 1. 3. 2 "VP 动儿"的时间性与背景化

在复句中，"VP 动儿"一般居前一分句，复句前一分句的位置多安置背景化的小句，由"VP 动儿"构成的复句，也不例外，如：

（103）你上大学动儿，花了家里多少钱？

（104）天热动儿，还是呆在空调屋里得劲儿。

上面两例，"上大学""天热"所在的小句在复句中承担背景句角色，例（103）表述的意思不是讨论"你上大学"的事件，而是将这一事件所发生的时间凸显出来，讨论该时间段内，"你花钱多少"的问题。例（104）表述的意思也不是有关"天热"的问题，而是传递在"天热"的这段时间内，人"呆在空调屋里得劲儿"的信息。这让我们看到，"动儿"不仅使 VP 的语义激活过程性，还使 VP 具有时间标志性。"VP 动儿"所在的时间段成为另一小句所表述事件发生的时间。这也证明了汉语只要把动作与为数不多的表时间的词组合，就可以清晰地表达在时间中演进的动作①。从类型学角度看，汉语以及汉藏语系的其他一些语言都具有这一特点。

11.2.1.3.3 "VP 动儿"所在复句的时间表达与事态

（105）夜个儿昨天你上课动儿，睡觉啦吧？

（106）这几天你咋一到上课动儿就睡觉？

（107）这会儿别睡，一会儿上课动儿再睡。

上面三个例句，"上课动儿"可以和"夜个儿""一会儿""这几天"等时间名词组配，表示过去、现在和将来的时间段。"上课动儿"本身无法表示过去、现在、未来这类时间概念。邱闯仙（2012）认为平遥方言的"X+动"可以表示过去、现在和将来的时间，从她所举的例句来看，实质是"X+动"所在小句的其他成分，如时间名词、关联词在表示时间，与"X+动"无关，这一点平遥方言与安阳方言相同。

"VP 动儿"常居于所在复句的前一小句，与时间名词等一起构成后一小句主体事件的时间背景，即主体事件发生在 VP 事件和性态持续的时间段内，可以等同或少于 VP 持续的时间，不能超过这一背景时间。整个复句可以表述已然事态，如：

（108）前个儿前天去学嘞学校里动儿还碰见他了。

（109）你找工作动儿花了多少钱？

例（108）中，"去学嘞""碰见他"，都发生在说话前，整个句子表示已然事态，表示对过去事件的表述。例（109）"找工作""花钱"，发生在说话前，整个句子表示已然事态，表示对过去事件的询问。"VP 动儿"分句可以和表示过去的时间名词组合，如例（108）"前个儿"。

"VP 动儿"复句还可以表惯常事态，如：

（110）上班动儿别上网。

（111）走路动儿瞧的点儿。

同前，例（110）、（111）背景和主体事件都是惯常事件，两句都

---

①　储泽祥 2012 年在华中师范大学系列讲座中曾提及此论述。

表示惯常事态。常用祈使句表示说话人希望听话人按照指令行事。因惯常事态是反复经常发生的行为动作，因此，"VP 动儿"不与表示过去或将来的时间词共现。如例（110）不能说"以前上班动儿别上网"。如果加上表将来的时间词，如："以后上班动儿别上网。"句子就不再表示惯常事态，而是未然事态。之所以惯常事态和未然事态能在某些情况下通过添减时间成分相互转化，我们认为，在表述惯常事态的时候，主体行为动作往往处于持续或未启动状态，因此未然事态和惯常事态具备相互转换的条件，而已然事态表述已经发生过的事件，因此不能与惯常事态相互转换。

"VP 动儿"复句表述未然事态，如：

（112）以后包饺的动儿叫上我。

（113）明天看电影动儿再说吧。

例（112）、（113）的背景事件和主体事件都发生在说话之后，整句都表示未然事态。"VP 动儿"可以和"明天"等表将来义的时间名词组合。

综上所述，"动儿"在复句中居前位，与其他成分组合，可表示现在、过去、将来的时间，表述已然、未然、惯常性事态。

11. 2. 1. 3. 4 "VP 动儿"的句法位置

我们看到如前所示，"VP 动儿"一般在紧缩复句的第一小句，构成背景化时间。但在对话中，"VP 动儿"也可以单独回答问题。如：

（114）——你啥时候拿那本书？

　　　　——走动儿。

（115）——啥时候跟大家说这件事？

　　　　——一会儿开会动儿吧。

从这两例来看，"VP 动儿"单独回答问题时，和"……的时候"功能相同，都表示某一时间。我们注意到：问句必须用"啥时候"来对时间提问，而回答可以用"VP 动儿"来表述时间。提问功能使"VP 动儿"由时间背景转化成焦点。

11. 2. 1. 4 "VP 动儿"与"VP 嘞动儿"

有时说"VP 嘞动儿"，语义功能完全相同，可互换，语气略有不同。如：

（116）走动儿叫上我。——走嘞动儿叫上我。

（117）扫地动儿撒点水。——扫地嘞动儿撒点儿水。

"嘞"，是语气词，用在 V 和"动儿"之间，可使语气舒缓、平和。

11.2.2　"VP 动儿"的语法化

11.2.2.1　"VP 动儿"表假设

邢向东（2006）认为"动（儿）"这个词在晋语中运用得非常广泛，有的只表"……的时候"，有的兼表"……的时候"与虚拟语气。安阳方言的"VP 动儿"兼表两者，但主要还是表示时间。表"……的时候"如前文所示。表假设，如：

（118）天天都得上课，下雨就好啦，下雨动儿不用去。

（119）替我看着点儿衣服，刮风动儿收进来，别刮跑咾。

例（118）"下雨动儿"和例（119）"刮风动儿"都是对天气状况的假设，意思是"如果下雨""如果刮风"，引出其后相应的对策。这里，"动儿"已经由表时间进一步语法化为表假设，假设未然的情状。但安阳方言的"VP 动儿"表假设只能表示对未然事态、惯常事态的假设，如例（118）、（119）假设未然情状。再如：

（120）上课动儿你就好好学，不上课动儿你再好好玩儿。

这句话可以视为对惯常事态的假设。

可以看到，例（118）—（120），"动儿"表虚拟语气的作用往往需借助上下文才能显现。例（118），"下雨就好啦"，预设现在没有下雨。例（119）"替我看着点儿衣服"，预设衣服晒在外面，外面没下雨。这使得后面的"动儿"具有了表假设语气的条件。还可以看到，"动儿"在安阳方言里语法化进度并不完全，表假设的"动儿"仍然具有表述时间的功能。不表述时间的纯假设语气不能用"动儿"表示。如：

（121）＊你不来动儿，我就不去了。

"你不来"只是一个条件，无法成为时间背景，因此不能用"动儿"来表假设语气。

安阳方言的"VP 动儿"不能表示对已然事态的假设。对已然事态的假设由"要是"等其他语法形式辅助表示。

11.2.2.2 "动儿"的语法化历程

邢向东（2006）称，吴建生（2003）认为，"动"本音无考，本字当为"动"。近代汉语文献中，找不到"动"表时间和假设的记载。在《金瓶梅》《红楼梦》中有如下句子（以下四例均转引自邢向东，2006）：

（122）早晨看镜子，兀那脸皮通黄了，<u>走动</u>却似闪肭了腿的一般。（《金》54回）

（123）目下恶露不净，面带黄色，饮食也没些紧，<u>走动</u>便觉烦劳。（《金》55回）

（124）凤姐儿道："……这些日子也闷得很了，家里<u>唱动</u>戏，我又不得舒舒服服的看。"（《红》第29回）

（125）宝钗道："惟有妈，<u>说动</u>话就拉上我们。"（《红》第56回）

邢向东（2006）认为，例（122）、（123）可以理解为一个复合动词，也可按照现代晋语的用法，理解为"走＋动"，即"走的时候"。这提示我们"动"表时间、假设，跟它在词根后构成复合词功能有关。例（124）、（125）中的"动"表示时间。

安阳方言的"动儿"也有类似的语法化进程。即动词"动"＞表可能＞表时间＞表假设。最初动词"动"表"振动、摇动"，后发展出"行动、举动"等义，在北方官话和晋语中，"动"还可放在［＋移动］义的动词后，构成"V动"格式，"动"作可能补语。如：走动/走不动，拿动/拿不动，等等。"V动"的语义也进一步泛化、虚化。"V动"如处在另一个谓词性成分前作状语或小句，那么"V动"就会背景化，成为后面小句行为动作的时间背景或条件，表示"V的时候"的意义。

"V动"被重新分析为"V的时候"。随着"动"结合范围的扩大，"V动"变成"VP动"，甚至"X＋动"①。Goldberg（2007）认为，假如说C是一个独立的构式，当且仅当C是一个形式和意义的结合体，而且其形式和意义的任何特征都不能完全从C这个构式的组成成分或其

---

① 安阳方言中"VP"的位置没有进一步容纳名词等成分，据邱闯仙、吕向伟等称平遥方言、林州方言等可以容纳名词性成分。

它的构式中预测，就称之为构式。据此，我们可以将安阳方言的"VP动儿"看做一个构式，这个构式表示 VP 持续的时间段，为下文事件的展开提供背景。接下来，"VP动儿"进一步语法化为表假设语气。在晋语其他方言中，"动"直至语法化为可表虚拟语气，甚至表提顿的话题标记。

11. 2. 2. 3　阻碍"VP动儿"进一步语法化的内因和外因

那么安阳方言的"动儿"为什么没有如同平遥方言中的"动"进一步语法化为话题标记呢？这既有语言发展的内部原因，也有语言之外的原因。

从语言内部来看，"VP动儿"可表假设，在安阳方言中，另有表假设的"要是……""……的话"如：

（126）要是明天不下雨，咱都咱们就去公园玩儿。

（127）要是你做完啦，就来帮帮咱。

（128）要是天天都能吃上一碗扁粉菜（安阳特色小吃），那才美也。

（129）吃饱的话，就别强吃了，别撑着了。

（130）明天休息的话，就把那几件衣服洗洗。

（131）经常生病的话，就太影响学习啦。

相比较而言，"要是……""……的话"是更强势的表假设的语法形式，可用来表示对将然、惯常、未然事态的假设。如以上六例。显然，在安阳方言中，表虚拟语气的语言形式已足以满足语言运用，且这些语法形式的功能覆盖了全部事态的虚拟，这就使"VP动儿"表假设的功能发展受到阻碍。

我们文章开头提及安阳的地理位置，即地处豫北，与晋冀交界；交通较为畅达——京广铁路、京珠高速、大广高速都从安阳穿行而过。这样的地理位置使安阳晋语更易受到中原官话、普通话的影响。在中原官话和普通话中，"……的时候"主要用来表时间，也可用来表假设，兼跨时间范畴和假设范畴。受此影响，"VP动儿"也由表时间发展为可表假设。但同样是受"……的时候"影响，"VP动儿"没有进一步发展出纯虚拟语气的用法并直至语法化为话题标记。

11.2.3 "VP 动儿"与"……的时候"

在研究晋方言的文章中，习惯将"VP 动儿"的意思表述为"……的时候"。这会让人误以为"动儿"与"时候"意义与功能相同或相似。上文在研究"VP 动儿"的语法化的部分中，我们已经看到"动儿"与"时候"是两个完全不同的词语。他们表示时间意义的路径也并不相同。谷向伟（2007）认为，"动"处在紧缩复句第一个小句末尾，是广义的体貌标记，而"……的时候"则是体词性短语，标志是"……的时候"可以跟"当"组合使用，组配成"当……的时候"构式，而"VP 动儿"则不能。我们认同这一观点，并在对比分析的基础上进一步区别两个构式的不同。

11.2.3.1 两个构式都表示时间意义，并使时间背景化。

（132）看电视的时候，别离得太近。

（133）小朋友玩儿的时候最开心。

（134）不下雨的时候再出去吧。

（135）热的时候再脱衣服。

以上四例，都是"谓词性词语 + 的时候"，表示行为动作或性状，进入"……的时候"构式后，体词化并成为后面事件的时间背景。

11.2.3.2 "VP 动儿"和"……的时候"表事态与表假设

前文已说"VP 动儿"可表示已然、未然、惯常事态，而只能表示对未然、惯常事态的假设。再来看"……的时候"。

（136）每到天晴的时候，就把被子拿出去晒晒。

（137）去超市的时候给我买双袜子。

（138）他急了的时候就管他们叫刚柔相济。

例（136）是惯常事态，例（137）是未然事态，例（138）是已然事态。可以看到，"……时候"可以表示惯常、未然、已然事态；但表假设时不能表示对已然事态的假设：

（139）天晴的时候，就把被子拿出去晒晒；阴天就算了。

（140）你去不去超市？去超市的时候给我买双袜子。

（141）他急了的时候，我们再去；他不急，我们就不去。

例（139）表示对惯常事态的假设，例（140）表示对未然事态的假设，例（141），这句话表假设，"他急了"发生在说话之后，是对未然事件的假设。因此，"……的时候"，同样不能表示对已然事件的假设。

表 11 - 1 呈现两者的异同，我们用"＋"表示具备该特点，用"－"表示不具备该特点：

表 11 - 1　　　　　　"VP 动儿"表事态与表假设的异同

构式	VP 动儿	……的时候
表时间意义	＋	＋
时间意义背景化	＋	＋
表事态	未然（＋） 惯常（＋） 已然（＋）	未然（＋） 惯常（＋） 已然（＋）
表假设	未然（＋） 惯常（＋） 已然（－）	未然（＋） 惯常（＋） 已然（－）
表示时间意义的路径	"动儿"语法化为时间助词	使用"的"使短语体词化
与"当""在""到""等"搭配	－	＋
进入构式的词语为谓词性	＋	＋
进入构式的词语为体词性	－	＋

从表 11 - 1 可以看出，"VP 动儿"与"……的时候"在语义和语法方面同中有异，其差异是两者表述时间意义的路径不同。这种差异导致"VP 动儿"不能跟"当、在、到、等"搭配使用，而"……的时候"可以与之搭配使用。表 11 - 1 还让我们看到，安阳方言的"VP 动儿"与普通话"……的时候"的语言功能差别不大，且"……的时候"功能还强于"VP 动儿"，在语言生活中，"VP 动儿"的竞争力也就不如"……的时候"，这一问题我们后文还有表述。

11.2.4 "动、动儿"在晋方言区的形式及功能差异

"X + 动"构式在晋方言区使用广泛，变体较多。语形和功能都有明显差异，有必要做一番梳理。邢向东（2006）已经考证，晋语的"动、动儿、动了/咾、顿、顿儿/咾……"类词，本字为"动"和"了"。"儿"是晋方言和其他一些方言中都存在的"儿尾"。在安阳方言中，就有这样的用法：

（142）他不敢动儿啦。

（143）你动儿一下试试。

"动 + 儿"，表示小量。这应该也可证明"VP 动儿"这个更语法化的"动"，源自实义动词"动"。

晋语的这类用法有哪些不同呢？从语形和功能上我们归纳如下（见表 11 - 2）：

表 11 - 2　　　　"动、动儿"在晋方言区的形式、功能差异

	语形	方言点	X 的性质	X + 动的功能	所表事态
1	X + 动	安阳、平遥			
2	X + 动 + 了₁	襄垣、定襄、沁县			
3	X + 宾 + 动	安阳、林州、包头			
4	X + 宾 + 动 + 了₁	太原、襄垣、阳曲	动词 形容词 名词	背景化时间 表虚拟 话题标记	已然 未然 惯常
5	X + 动 + 宾	呼市、乌盟、大同			
6	X + 动 + 宾 + 了₁	太原、太谷、清徐			
7	X + 了₁ + 动	林州、神木			
8	X + 了₁ + 宾 + 起动起	神木			

从表 11 - 2 中可以看到，晋语各方言点的 X + 动，语形丰富，X 不仅可以由动词充当，还可以是形容词甚至名词。在语言功能上，"动"已经语法化为一个构式标志，可表示时间、表示虚拟，有的方言里还可充当话题标记。

有的方言用"了"来区别事态，如林州方言，X + 动表示已然、惯

常事态，X＋动＋了可表示未然事态，形成互补。而安阳方言、平遥方言等，不需用"了"来表示未然事态。且安阳方言中 X＋动格式，不能和"了"共现。

从各地方言资料来看，越是语形变化多的，"动"的语法化程度越高，X 不仅可以是动词、形容词等谓词性词语，还可以是名词性词语。如平遥方言、林州方言中 X 可以是名词语：

（144）下礼拜动咾再说。（平遥方言　邱闯仙，2012）

（145）庆子十八动就结了婚了。（林州方言　吕向伟，2007）

这正好与语法化理论相合：越是使用频率高的越容易语法化。

11. 2. 5　"VP 动儿"的使用现状

我们做了一个小调查，看"VP 动儿"在安阳的使用区域和使用者的年龄分布。结果表明：绝大多数被调查者都听说过这一用法，并有少数人使用这一结构，从调查结果看不出使用这一结构的年龄差异。但据生于 20 世纪 60 年代的人讲，他自己使用这一结构，以前经常听到周围人也这么说，现在说的人少了。而一个生于 20 世纪 90 年代的被调查者说自己不讲，只是偶尔听过别人用这个结构，大多数情况下，周围人用"……的时候"来表达同样的意思。

"VP 动儿"在安阳方言中呈现出式微之态。这是语言接触也是语言教育的必然结果。有可能取代"VP 动儿"的"……的时候"，从语法层面上具有涵盖"VP 动儿"的功能；从语义层面上看"……的时候"在表述时间意义上更显豁，汉语是语义突出型语言，这使"……的时候"比"VP 动儿"更具表义优势；从语言使用层面上"……的时候"具有更普遍的社会认同性，教育、传媒的发展，使新一代安阳人越来越认同"……的时候"的表达方式。这是语言替换的必然规律，无可阻挡也不必阻挡。

11.3　嘞

安阳方言中的助词"嘞"，音［·lei］，受前字韵母影响，在语流音变中又发［·ei］、［·nei］、［·uei］，使用频率很高，可充当结构助词、语气词、体貌标记、方位标记、表趋向的音节助词、构词语素等。在许多方言中都可见到类似安阳方言"嘞"的助词，如河南全境都有这一语言成分，山西娄烦、山东、福建也有类似发音和用法的助词。分别写作"的"（贺巍，1989）、"咧"（翟富生，1999）、"哩"（贺巍，1991；郭熙，2005）、"嘞"（辛永芬，2007）等。其中，郭熙（2005）、辛永芬（2007）对中原官话的"哩"/"嘞"作了非常详尽的描写和分析，辛永芬（2007）还对这一成分的来源和发展演变进行了深入探究。但各地这一助词的意义和功能并不完全相同，有的只用作语气词，有的不具有构词语素的功能……安阳方言的助词"嘞"与各方言中的这一成分也有同有异，相比较而言，安阳方言的"嘞"承担的意义和功能还是很丰富的，我们下文将从结构助词、语气词、体貌标记、方位标记、表趋向音节助词、构词语素六个功能角度将"嘞"区分为九个，逐一描写"嘞"，并对其来源和分布试作探寻。

11.3.1 结构助词"嘞"

结构助词的主要功能就是附加在某个语言成分后，改变或标志被附加语言成分的结构功能。安阳方言的"嘞"，是重要的结构助词。主要有四种类型。

11.3.1.1 嘞$_1$：附加于各类词或短语后，构成名词性成分

"嘞$_1$"相当于普通话的"的"，即朱德熙（1999）所说的"名词性单位的后附成分"，即"的$_3$"。辛永芬（2007）将浚县方言里与之对应的"嘞"称为"名词性成分标记"。可以附加"嘞$_1$"的有：名词、代词、动词、形容词、数量短语、动宾短语、偏正短语、动补短语、主谓短语、连动短语、联合短语、兼语短语，甚至复杂的小句都可附加"嘞$_1$"。如：

A：老陈嘞$_1$、他嘞$_1$、喝嘞$_1$、跑步嘞$_1$、贵嘞$_1$、干净嘞$_1$

B：半斤嘞$_1$、俺妈包嘞$_1$、路昂捡嘞$_1$、卖衣裳嘞$_1$、我送给他嘞$_1$、洗嘞干净嘞$_1$、俺和俺妹嘞$_1$

C：我送给他嘞$_1$、叫他去参加比赛嘞$_1$、不同意恁俩结婚嘞$_1$、去年在上海瞧嘞$_1$

A组为词+嘞$_1$，B组为短语+嘞$_1$，C组为复杂短语或小句+嘞$_1$。

以上语言成分加上"嘞$_1$"后语义上多表转指①，语法功能上表现为名词性成分，可作主语、宾语、定语、谓语等。如：

（146）白嘞$_1$是小丽儿嘞$_1$。　　　　　　　　（主语、宾语）

（147）便宜嘞$_1$多买点儿，贵嘞$_1$少买点儿。　　（主语）

（148）西瓜是前儿个儿$_{前天}$买嘞$_1$。　　　　　　（宾语）

（149）一个卖扁粉菜嘞$_1$，一个卖豆腐脑儿嘞$_1$。　（谓语）

（150）诺那个$_{那个}$展览俺去年在上海瞧嘞$_1$。　　（谓语）

例（150）可以转换为"是……嘞"结构，相当于普通话的"是……的"结构，即

（151）诺展览俺是去年在上海瞧嘞$_1$。

朱德熙（1990）、袁毓林（2003）将普通话中的"是……的"结构中的"的"分析为结构助词，安阳方言中"是……嘞"结构中的"嘞"，同样是结构助词，这个结构本身增强了语义上的确认和确定，但这里的"嘞$_1$"也是名词性成分的标记，使短语或小句具有名词性的功能。

安阳方言中形容词除了可以附加结构助词"嘞$_1$"，构成名词性成分外，还可附加儿化的"的"，构成名词性成分。如：

红的儿、紫的儿、大的儿、贵的儿、便宜的儿、结实的儿、快的儿、慢的儿……

这个"的儿"应当是受普通话的结构助词"的"影响产生的，使用范围非常有限，只能用在形容词后，且必须儿化，使之具有名词性意义和用法。其语法意义和用法同普通话"形容词＋的"构成的名词性成分。

11.3.1.2　嘞$_2$：附加于各类重叠式、生动形式或具有描状性短语后，构成形容词性成分

"嘞$_2$"相当于普通话的"的"，即朱德熙（1999）所说的"的$_2$"，是形容词性单位的后附成分，辛永芬（2007）将浚县方言里这种用法的"嘞"称作形容词性成分标记。如：

A：道道儿嘞$_2$、花儿花儿嘞$_2$、一晃一晃嘞$_2$、一骨隆一骨隆嘞$_2$、

---

① "自指"和"转指"参见朱德熙（1983）。

吱吱扭扭嘞₂

B：瘦瘦儿嘞₂、白花花嘞₂、亮堂堂嘞₂、舒舒服服嘞₂、冰凉冰凉嘞₂

C：酸不拉叽嘞₂、白不叉叉嘞₂、没大没小嘞₂、黑不出嘞₂、蔫头奄脑嘞₂

除副词重叠式外，不管何种词性的重叠式，添加"嘞₂"后，都变成形容词性成分。对某些重叠式来说，"嘞₂"还是强制性的，没有"嘞₂"这些重叠式在句法中不能独立运用。A 组是名词/数量词/拟音词/动词的重叠式和"嘞₂"组合，B 组是形容重叠式 + 嘞₂，C 组是各种生动形式或描状性短语 + 嘞₂。

这类附加"嘞₂"的结构，其语义具有描状性，句法上主要作谓语、补语、定语、状语，如：

（152）诺那个小闺女儿利利亮亮儿嘞₂，谁见咾了都喜欢。 （谓语）

（153）你咋回事儿，整天没大没小嘞₂。 （谓语）

（154）电灯一开，屋嘞里变嘞得亮堂堂嘞₂。 （补语）

（155）涅人家连把衣裳洗嘞得干干净净嘞₂。 （补语）

（156）花儿花儿嘞₂纸包礼物好瞧。 （定语）

（157）红红嘞₂脸蛋真好瞧。 （定语）

（158）他喝啦点儿酒，晕头晕脑嘞₂迷路啦。 （状语）

（159）诺那个人一瘸一拐嘞₂走昂来啦。 （状语）

11.3.1.3　嘞₃：附加于某些语言成分后，构成副词性成分

这里的"嘞₃"相当于普通话的"地"，即朱德熙（1999）所说的"的₁"，是副词性单位的后附成分，辛永芬（2007）将浚县方言里这种用法的"嘞"称作副词性成分标记。安阳方言的副词性成分标记"嘞₃"，主要附加于形容词重叠式、拟声词、数量短语、固定短语或和这些结构功能意义相同的短语后，如：

慢慢儿嘞₃、偷偷儿嘞₃、不停嘞₃、挨家挨户嘞₃、么一个学生么一个学生嘞₃

附加上副词性成分标记"嘞₃"的结构，其语法功能同副词，用在谓词性成分前，只能作状语。如：

（160）慢慢儿嘞₃说，别慌。

（161）孩的不好受，不停嘞₃哭。

（162）她天不亮就挨家挨户嘞₃给涅人家送报纸。

（163）老师幺一个学生幺一个学生嘞₃送回家。

需要注意区分形容词性成分标记"嘞₂"和副词性成分标记"嘞₃"：一些结构成分附加"嘞"后，既能作状语，又能作谓语、定语、补语，这个"嘞"就是形容词性成分标记"嘞₂"，如 11.3.1.2 中"嘞₂"的用法。只有当附加"嘞"的成分只能用作状语，不能充当其他语法成分时，"嘞"才是副词性成分标记"嘞₃"；如 11.3.1.3 中"嘞₃"的用法。

11.3.1.4　嘞₄：附加于谓词性成分后，后边必须出现补语成分

这里的"嘞₄"仍然是结构助词，但与前面"嘞"的用法不同。前面的几个"嘞"可附加于多种性质的语言成分后，并使被附加的语言成分显示名词性、形容词性或副词性的语法特征，而这里的"嘞₄"，只能附加于谓词性成分后，且其后必须出现补语成分，即"嘞₄"具有连接述补成分的功能。辛永芬（2007）将这个"嘞"称为补语标记。"嘞"后出现的补语主要是结果补语、程度补语、情态补语，如：

（164）字儿写嘞₄些特别难瞧。（结果补语）

（165）饺的子都包嘞₄差不多啦。（结果补语）

（166）头疼嘞₄不得了。（程度补语）

（167）别吃啦，都胖嘞₄没法儿啦。（程度补语）

（168）气嘞₄他一个劲儿哭。（情态补语）

（169）他爸忙嘞₄没空儿回家。（情态补语）

这里的"嘞₄"还可构成一种句式："看/瞧 + VP 嘞₄"，如：

（170）瞧连把你能嘞₄！

（171）看你拽神气嘞₄！

（172）瞧那字儿写嘞₄！

（173）瞧他胖嘞₄！

该句式里的"VP"可以是处置式形式、主语为施事或受事的主谓短语形式等。句首要用动词"看/瞧"，用以凸显说话当时的场景[1]。辛

---

[1]　参见辛永芬（2007）。

永芬（2007）认为这类句式是一种口语中的特殊句式，是以说话时的现场状况为隐性补语的一种省略句。发话人、听话人都能看到当时的场景，因而不需要说出后面的情形。这种分析是有道理的，我们还进一步认为，这种句式常用于表述和评价一种不令人满意的场景，因而，这一句式具有贬义色彩。从语用上来看，这是一种主观化的句式，用以表达发话人对人或事物的主观评价和态度，这种评价和态度一般是消极的、负面的。其中的"嘞₄"后虽然没出现补语，但它的性质没发生变化，仍可称为补语标记。

安阳方言的补语标记"嘞₄"相当于普通话"得"的部分用法，普通话"得"连接述补关系，其后补语除了跟安阳方言一样可以是结果补语、程度补语和情态补语外，"得"还可以置于述语和结果补语或趋向补语之间，表示动作行为的可能性。如：

（174）这箱子我拿得动。

（175）作业今天写得完。

（176）东西装得下。

安阳方言的补语标记"嘞₄"，不能用于表述动作行为的可能性。在表述这一意义时，要么用助动词"能"，要么须用助词"咾"，构成"谓词＋补语＋咾"结构。浚县方言中有一个类似安阳方言的"了"，辛永芬称之为能性标记"了"，并认为这个"了"是表可能性的助词。安阳方言中"咾"的用法和意义与浚县方言的"了"相同，如：

（177）作箱的我拿动咾这个箱子能拿动。

（178）作业今天写完咾。

（179）东儿东西装下咾。

其疑问形式为"谓词＋补语"的正反问格式，否定形式为"谓词＋不＋补语"，如：

疑问形式：　　　　　　　　　　否定形式：

（180）作箱的你拿动拿不动？　　（181）作箱的我拿不动。

（182）作业今儿写完写不完？　　（183）作业今儿写不完。

（184）东儿装下装不下？　　　　（185）东儿装不下。

11.3.2　语气词"嘞₅"

这个"嘞₅"总是位于句尾，给句子添加某种语气意义，与普通话

的"呢"相同。在不同句子中,语气词可表达不同的语气意义。安阳方言的"嘞$_5$"主要表示下面几种意义:

11.3.2.1　用在陈述句中,主要表达两种语气意义

A 指明事实,表示肯定语气,有时带夸张、感叹色彩。如:

(186) 还剩两块钱嘞$_5$。

(187) 葡萄还没熟嘞$_5$。

(188) 怪不错嘞$_5$。

(189) 作这个电影有意思的嘞$_5$。

B 表列举,有舒缓语气的作用,如:

(190) 一会儿吃西瓜嘞$_5$,一会儿尿尿嘞$_5$,就不好好儿嘞$_3$写作业。

(191) 不儿作这个找嘞$_5$,就是诺那个找嘞$_5$,天天忙死啦。

11.3.2.2　用在疑问句中,主要表达三种语气意义

A 用在特指问句和选择问句中,加强疑问语气。如:

(192) 恁你们去哪儿嘞$_5$?

(193) 你想要啥颜色儿嘞$_5$?

(194) 咱地蹦儿走路去还是骑车儿去嘞$_5$?

(195) 想吃饺的子嘞还是想吃面条儿嘞$_5$?

以上句子中,即使不用"嘞$_5$",句子仍表示疑问,因此,这里的"嘞$_5$"不具备表示疑问的作用,只有加强疑问语气的作用。

B 用于假设问句中和简略问句中,表疑问。如:

(196) 恁你弟弟嘞$_5$?

(197) 上午去公园玩儿,下午嘞$_5$?

(198) 他要不去嘞$_5$?

(199) 明儿要下雨嘞$_5$?

这里的"嘞$_5$"具有表疑问的作用,如果去掉"嘞$_5$",句子就不表疑问。如例(196)和例(197)的"嘞$_5$"实则省略了疑问项,例(198)根据语境的不同,可以补出疑问项"在哪儿",或"多大啦?","喜欢啥的",等等。例(197)根据语境不同,可以补出"你还去不去啦?""咱咋办?",等等。

C 用在反问句中,加强反问语气。如:

(200) 恁你妈哪能不管你嘞$_5$?

（201）他咋会不知道嘞₅？

（202）现在说还有啥用嘞₅？

这里的"嘞₅"只起加强反问语气的作用，去掉后，句子仍是反问句。

安阳方言的语气词"嘞₅"相当于普通话的"呢"，朱德熙（1982）、吕叔湘（1996）、刘月华（2001）都将"呢"看作语气词或语助词。并认为"呢"用在陈述句句尾可表进行或持续。但我们认为，还是应当将"呢"的用法区分为表语气和表体貌。如这句话："我洗衣服呢。"在不同语境下，表示的意义并不相同。

语境一：

——（只看到"我"正在放水，不知道做什么用）你放这么多水干什么？

——我洗衣服呢。

语境二：

——你跟我们一起去逛街吧。

——不去了，我洗衣服呢，快洗完了。

在语境一中，"呢"并不表动作行为的进行，只表对事件的确认和强调。语境二中，"呢"表示动作行为的进行，也可表示对正在进行的事件加以强调。"我洗衣裳呢"在语境一中可添加"要、想、打算"这一类动词，指事件将要发生。而语境二可添加"正""着"这些表进行和持续的词语，指动作正在进行。因此，还是应当将"呢"表语气和表体貌的作用适当区分。在安阳方言中，"嘞"同样有这样的区别，我们根据"嘞"的这两类用法分别称之为语气词"嘞₅"，体貌标记"嘞₆"。有时，我们需要语境和上下文来区分"嘞"是表进行持续还是表确认强调的语气，当表确认强调时，动作行为不一定正在进行。

11.3.3　体貌标记"嘞₆"

体貌标记嘞₆和语气词嘞₅有区别。"嘞₆"，可作持续体标记。这在前文6.2.3节已有讨论。这个"嘞"相当于普通话表持续的"呢"，朱德熙等将这种用法的"呢"归入语气词的类型。我们认为安阳方言的"嘞₆"，在表进行、持续时，兼有确认、肯定的语气，如果将这个

"嘞"归入语气词就模糊了"嘞"在语法意义方面的丰富性和它语法功能的多样性。因此，我们将"嘞"表体貌的功能独立出来，以更好地分析"嘞$_6$"在表动态体貌方面的作用。而用在疑问句中只具有语气作用的"嘞"，我们区分为"嘞$_5$"，上文已有描写和分析。我们前文6.2.3 节已描写、分析了体貌标记"嘞$_6$"，这里再归总一下体貌标记"嘞$_6$"的意义和用法。

安阳方言的持续体标记"嘞$_6$"一般用于句尾，有时与表处所的成分、表时间的副词以及其他体貌标记如"在、在那儿、的、正"等共现，表动作行为的进行或持续。如：

（203）我做饭嘞$_6$，你自己去吧。

（204）俺妈在家包包的嘞$_6$。

（205）她在那儿写作业嘞$_6$。

（206）俺正瞧电视嘞$_6$。

（207）涅正在那儿瞧书嘞$_6$。

（208）锅还在火昂炖的嘞$_6$。

（209）电视昂正播的新闻嘞$_6$。

（210）他在门口儿等的嘞$_6$。

（211）我背的书包嘞$_6$。

（212）诺烤箱小陈用的嘞$_6$。

例（203）中的"嘞$_6$"都是句法强制性成分，有很强的完句功能，与其他成分共同表示进行或持续的意义。这个"嘞$_6$"相当于普通话表进行或持续意义的"呢"。在疑问句中，普通话表进行或持续的"呢"用在"吗"字是非问中，与此相对应的安阳方言的"嘞"用在正反问中，如：

（213）还下的雨嘞没有？还在下雨呢吗？

（214）丁丁在那儿写作业嘞没有？丁丁在那儿写作业呢吗？

（215）锅里头熬的小米儿稀饭嘞没有？锅里熬着小米稀饭呢吗？

（216）钥儿在桌的昂搁的嘞没有？钥匙在桌子上搁着呢吗？

但普通话的疑问句往往会省略表进行持续的"呢"，只用"吗"表疑问，其进行和持续的意义由句中其他表进行或持续的成分承担，如"在、着、在那儿"等。安阳方言的"嘞$_6$"在正反问中仍是句法强制性成分，不能省略。

11. 3. 4　方位标记"嘞₇"

只能跟在表处所的名词后，表处所、事物的内部。相当于普通话的"……里边/里头"。如：

屋儿嘞₇、教室嘞₇、书包嘞₇、兜儿嘞₇、碗儿嘞₇、

勺的嘞₇、肚的嘞₇、心嘞₇、眼嘞₇、城嘞₇、家嘞₇

"嘞₇"只出现在名词后，不能单用或出现在词语首位置，也不能用于表某群体范围之中的意义。如：

*嘞₇头、嘞₇边儿、嘞₇外

*同学嘞₇、那一堆书嘞₇、你认识嘞₁人嘞₇

而必须说：

里头、里边儿、里外

同学里头、那一堆书里头、你认识嘞₁人里头

这个"嘞₇"应当是在词后位置的方位词"里"读音弱化的结果，只是这个弱化应该尚未完成，只在表位置意义的词后位置发生了弱化，而在表范围意义的词后位置尚未弱化。这种现象在山东东明方言中也有所见。[①]

11. 3. 5　表趋向的音节助词"嘞₈"

安阳方言中，"嘞₈"还可以用在动词后表趋向，安阳方言中，表趋向的"嘞₈"只能用于两种语言环境中：

A"嘞₈"在句中位于连谓结构的第二个动词位，"嘞₈"在句中还承担表义功能，意义相当于普通话的动作动词"去"。如：

（217）他瞧电影嘞₈呀。

（218）恁干啥的嘞₈呀你们干什么去了？

（219）俺上课嘞₈呀。

B"嘞₈"作兼语结构中第二动词的补语。如：

（220）猪跑啦，叫人找找嘞₈吧！

---

①　参见张莎莎（2010）。

（221）　这事儿你托人说嘞$_8$啊没有？

这里的"嘞$_8$"相当于普通话的趋向动词"去"。安阳方言中表趋向的"嘞$_8$"还可以和动作动词"去"同现，如：

（222）　他去瞧电影嘞$_8$呀。

（223）　恁你们去干啥的嘞$_8$呀？

（224）　俺去上课嘞$_8$呀。

（225）　猪跑啦，叫人去找找嘞$_8$吧！

（226）　这事儿你托人去说嘞$_8$啊没有？

由于句子意思只能理解为位移对象远离说话人所在位置，因此，只能添加"去"，而不能添加"来"。

河北饶县①方言中也有类似用法，如（以下四例均引自符新卷，2007）：

（229）　他干什么哩了？

（230）　他上课哩了？

（231）　别等着人家送来了，招让个人儿拿哩吧。

（232）　你家那车刚让小偷开上汽车道，赶紧派人儿截哩吧。

符新卷（2007）认为，这个"哩"是由趋向动词"去"虚化而来，从语义上看，"哩"在句中的语义与趋向动词"去"所表示的语义并无太大区别，二者都有"位移、移动"的含义，且远离对话人所在位置。

从语音上来看，"去"的声母〔tɕʰ〕为舌面、送气、清、塞擦音。发音时舌面前部靠近硬颚前部，软颚上升，堵塞鼻腔通道，先用较强的气流将舌面阻碍冲开一条窄缝，然后让气流从窄缝中挤出，摩擦成音，声带不颤动。而"来"的声母〔l〕为舌尖中、浊、边音。发音时舌尖抵住上齿龈，软颚上升，堵塞鼻腔通道，让气流从舌头两边流出，声带颤动。符新卷（2007）认为两者无论在发音部位还是发音方法上都非常接近，而且发〔l〕音比发〔tɕʰ〕音要明显省力得多。因此，〔tɕʰ〕有可能弱化为〔l〕。

从语法上来看，徐丹（2005）对趋向动词"去"的研究表明，趋向动词"去"是汉语中较容易发生语法化现象的一个成分，她指出，

---

① 参见符新卷（2007）。

"趋向动词容易发生语法化是语言中的一种共性"。趋向动词"去"容易发生语法化的句型为"去＋φ＝移动（去向/终点不明）"结构。这一结构的特点是："去"后不带地点词，因此去向不明确，只有"移动、移位"意义。文章指出不带处所宾语的"去"给"去"的语义转变作了必要的准备。不带地点词的"去"是"去"语义转变的第一步。因此"去＋φ＝移动（去向/终点不明）"有机会使"去"的具体意义模糊。从例句可知，安阳方言中的"嘞"也只是出现在不带处所宾语的情况下，恰好是"去"发生语法化的有利条件。

我们认同徐丹（2005）分析的方言中的"去"往往会有语法化现象产生，但符新卷（2007）从语音角度推测"哩"源于"去"似论证尚不够充足。安阳方言"嘞"与"去"的关系也尚待进一步考证。

目前只能说"嘞$_8$"已经取得了一种单纯作音节助词的用法。所谓"音节助词"是指只起凑足音节的作用，既无词汇意义，也无语法意义，去掉后句子仍然成立的语言单位。此项用法的出现条件是：句法结构上"嘞$_8$"必须处于且只能处于本来由"去"充当第二动词的连谓结构，或本来由"去"充当的兼语结构第二动词的补语位置。"嘞$_8$"前必须要有一个动词性成分，整个句子通常用来回答别人对自己将要进行的某个动作的提问或者是命令对方去做某事。这种表示动作趋向的"嘞$_8$"与趋向动词"去"有密切关系。

饶县方言中的"哩"表趋向时还可用在动词＋趋向动词结构后边，如例（231）—（236）：

（231）小猫爬上哩啦。

（232）桶没拿好，掉下哩啦。

（233）把鸡撵轰出哩！

（234）明天就要交上哩呀，快点写吧！

安阳方言中无这种用法。

11.3.6 构词语素"嘞$_9$"

11.3.6.1 V＋嘞$_9$

在安阳方言中，"嘞$_9$"常和一些动词同现，构成"认嘞$_9$、记嘞$_9$、懂嘞$_9$、觉嘞$_9$、亏嘞$_9$、显嘞$_9$、免嘞$_9$、省嘞$_9$"等"V＋嘞$_9$"结构，这类结构较为固定常用，相当于动词，与普通话中的"认得、懂得、觉得、亏得、显得、免得、省得"对应，在句中作谓语。如：

（235）你还记嘞$_9$不记嘞$_9$啊？

（236）这点儿事，他懂嘞$_9$。

（237）这件儿衣裳显嘞$_9$你瘦。

（238）多吃点儿，省嘞$_9$一会儿饿。

11.3.6.2　……嘞话

"嘞$_9$"还用在助词"……嘞话"[①]中，表示假设语气，如：

（239）雨还不停嘞$_9$话，安阳河嘞又该发大水啦。

（240）走嘞$_9$话，得半个钟头儿吧。

11.3.6.3　复合语气词"的嘞$_9$"

"的嘞$_9$"相当于普通话的"着呢"，朱德熙（1982）将普通话的"着呢"称为复合语气词，由表体貌的"着"、表语气的"呢"固化而来，我们认为很有道理。安阳普通话的"的嘞$_9$"，也是复合语气词，由体貌标记"的"、语气词"嘞"固化而来。如：

（241）你吃过皮渣没有？好吃的嘞$_9$！

（242）诺小闺女儿漂亮的嘞$_9$！

这里的"的嘞$_9$"，跟表动作、行为持续进行的"V 的嘞$_6$"不同，表进行和持续的"V 的嘞$_6$"结构是"（V＋的）＋嘞$_6$"，而语气词组合中，"的嘞$_9$"结合紧密，跟在谓词后，其结构为"V＋（的＋嘞$_9$）"表感叹强调的语气。在其他方言中也有类似用法，如山东阳谷方言、甘肃秦安方言[②]等。

可以说安阳方言的构词语素"嘞$_9$"，其来源并不相同。对照普通话来看，主要跟"得""的"有关，安阳方言中，在特定的条件下，"得""的"弱化为"嘞"，相应的构词语素也类推弱化为"嘞$_9$"，如："……嘞$_9$话""认嘞$_9$、懂嘞$_9$"等，但这种弱化一般发生在双音节、多音节靠后的位置上，单音节或双音节、多音节靠前的位置上，一般语音不弱

---

① 邢福义（1997）指出"嘞话"是一个表示假设语气的助词，安阳方言的"嘞话"相当于普通话"的话"。

② 参见王琳（2010d）、吴银霞（2012）。

化，如："得到""瞧他得嘞""不得了啦"等，"得"的音节都不弱化。复合语气词"的嘞。"中的"嘞。"来源于语气词"呢"在安阳方言中的类推弱化。

11.3.7 "嘞"的共现与合并

由于安阳方言的"嘞"类别和意义较多，在实际语言运用中，常出现几个"嘞"共现的现象，有时又会因为几个"嘞"合并，只出现一个"嘞"。

"嘞"共现的情况有两种，一是不相连共现，如：

（243）雨下嘞大的嘞。

（244）他嘞作文儿写嘞不错。

（245）涅唱嘞好听嘞很嘞。

（246）恁家嘞人买嘞衣裳都贵嘞没法儿。

（247）他嘞书叫他藏嘞紧嘞很嘞。

（248）你嘞鞋的比俺嘞贵嘞多嘞多。

（249）我觉嘞你嘞字儿写嘞比俺嘞好嘞多嘞多嘞。

例（245）—（251）中，"嘞"都是不相连共现。例（243）、（244）是两个"嘞"共现，例（245）、（246）是三个"嘞"共现，例（247）、（248）是四个"嘞"共现，例（251）是七个"嘞"不相连共现。其中的"嘞"分别是结构助词、语气词、体貌标记和构词语素。因为"嘞"的位置不连接，这些"嘞"的意义和功能还是很清晰易于辨别的。

二是可相连共现，如：

（250）你嘞嘞？

（251）俺家嘞嘞？

（252）这是涅嘞嘞！

这种相连共现，也称叠加，常出现于陈述句或疑问句句尾。在浚县方言中，还有三个"嘞"在句尾叠加的情况，用以强调多。如：

（253）多嘞嘞嘞！

（254）那个红红儿嘞嘞嘞？

当叠加出现时，由于意义和功能并不相同的同音成分连接在一起，容易造成结构和表义的混乱，因而，语言中会有一种排斥相连共现的力量。其常用的手段是替换或兼并。替换如普通话中不说"给给他礼物"，而说"送给他礼物"。不说"到到哪儿了?"而说"走到哪儿了?"兼并在普通话中常提起的是句尾"了"。一个"了"表完成，一个"了"表实现，两个"了"都处于句尾位置时，就合二为一，成为一个"了"，虽然语音是一个"了"，但表完成和表实现的语义完全保留。安阳方言中，"嘞"在句中或在陈述句尾出现叠加时，往往会产生兼并现象，如：

（255）诺杀猪嘞刀忘昂这儿啦。那个杀猪的刀忘在这儿啦。

（256）他喜欢吃酸酸儿嘞。

（257）这是涅嘞! 这是人家的!

由于例（255）是两个结构助词"嘞"兼并，且这两个"嘞"一个指人，一个关联物体，因而兼并后会产生歧义。即句中的"嘞"关联物体时，句子的意思是这把刀是杀猪用的刀，被忘在这里了；"嘞"关联人时，句子的意思是这把刀是杀猪人的刀，被忘在这里了。

安阳方言中，句中或陈述句句尾叠加的"嘞"都需被兼并为一个"嘞"；而疑问句句尾的两个"嘞"不能被兼并，或者兼并后语义发生变化，如：

（258）你嘞?

（259）俺家嘞?

例（260）、（261）对"你、俺家"本身表示询问，但前面例（250）和例（251）是对"你、俺家"所领有的人或物表示询问。

11.3.8　"嘞"的来源和分布

安阳方言的"嘞"与浚县方言的"嘞"，类型和用法大致相同。辛永芬（2007）根据已有的研究的成果认为，河南话中的结构助词"嘞""哩"应该是共同语中"的"的变体。她的依据是 18 世纪清代河南作家李绿园用河南话写的长篇白话小说《歧路灯》，其中与共同语"的₁、的₂、的₃"① 对应的形式既可写作"的"，又可写作"哩"，多写作

---

① "的₁、的₂、的₃"是朱德熙（1999）对共同语中"的"的用法的分类。

"哩"。因此，浚县方言"嘞"的几种用法也分别对应于"的₁、的₂、的₃"，这几种用法的"嘞"与"的₁、的₂、的₃"是历史同源词，源自近代汉语的"地""底"。吕叔湘（1984）、曹广顺（1995）、江蓝生（1999）也有相应的考察，发现近代汉语的"地"主要用在形容词和副词后，一起作状语和谓语，"底"主要用于名词、形容词、动词后，一起作主语、宾语和定语。几位学者所说情况基本相合。我们认为，辛永芬（2007）的考察主要依据共同语的历史发展情况，有很大的参考价值，但事实上，方言中的演变情况也许有所不同。《歧路灯》中"的、哩"共现，并不能说明这两个词的来源是一样的，也有可能是作者本人家乡方言与清朝时期的官话（当时的普通话）杂糅的结果。因此，可以说安阳方言"嘞"的结构助词用法也许有别的解释。

石毓智（2000）、冯春田（1991）的研究进一步指出近代的结构助词"底"是由指示代词"底"发展而来的。冯春田援引的指示代词"底"的例子为：

（260）怜底众生病，餐尝略不厌。（寒山诗）

（261）会得底人意，须知胫寒（五灯①郓州四禅禅师）

史秀菊（2003）在描写分析临猗的结构助词"哩"时，指出临猗方言中的结构助词"奈"和"哩"有可能来自远指代词"那"。项梦冰（2001）认为，现代汉语方言里确实存在指示代词演变为结构助词的现象。而黄伯荣（1996）汇集了多种方言的结构助词，从北到南的方言中，都有声母为 [l] 的结构助词，这也许存留了远指代词"那"发展为结构助词的痕迹，如：

1）普通话的"的""地""得"在河南多数市县合而为一：只有一个"哩"，读 [li] 或 [lɛ]，均为轻声。如：这是我～书/老师意味深长～对我说/这辆汽车开～快。

2）山东东明话结构助词读"咧"[le]。如：我～帽子/过去没吃～，没穿～/写～清楚。

3）山西和顺的"哩₁ [lei³¹]"和"哩₂ [lei⁰]"，如：今儿哩₁戏比夜来哩₁强哩₂多/这本书是我哩₁，那一本书是他哩₁/慢哩₂走/忙哩₂

---

① "五灯"指五部禅宗灯录。

厉害。

　　4）安徽歙县话的结构助词"哩"：好好～走/里里外外～寻/急～肚里都爬出脚来罗。

　　5）江苏海门话的助词"来"：我肚子饿～咕咕直叫。

　　6）上海话的助词"来"［lE²³］：侬烫～蛮好，下趟还要侬烫。

　　7）浙江通园话的结构助词"来"［lɛ］：走～蛮快。

　　8）福建福州话的助词"礼"［lɛ³］：面涂～红记记脸抹得红乎乎的。

　　9）广东潮仙话结构助词"哩"：高～有份，矮～无份

　　另外，据贺巍（1993），获嘉、洛阳方言中的结构助词都读"哩"［li］。

　　这些方言的结构助词可以出现在定中关系、状中关系和述补关系中。从读音及功能来看，这些方言中的结构助词应该是同一个来源，大都经过了在虚化中不断弱化的过程，总趋势是声母由鼻音向边音过渡，韵母是由低元音向高元音过渡，直到［i］为止（声调向轻声过渡）。只不过这种弱化过程在有的方言中快一些，在有的方言中慢一些：有的方言仍读［nA］（博山、沂源等），有的方言读［lɛ］或［lE］（福州、通园、上海等），［lei］或［le］（和顺、东明等），而有的方言已完全弱化为［li］（河南大多数方言）。

　　因而，可以说普通话和各地方言中结构助词的来源一致，都源于代词，但共同语中的结构助词源于指代词"底"，因而普通话的结构助词发音为"［te］"；而诸多方言中的结构助词源于远指代词"那"，因而多地方言中的结构助词发音以［n/l］为声母。这种分析我们觉得更贴近语言事实。

　　安阳方言结构助词读"嘞"，与山西和顺读音相似。也应当是远指代词"那"的发展和弱化，而非"地、底"的发展和弱化。

　　安阳方言的"嘞"还是补语标记，相当于普通话"得"的部分用法。普通话中"得"的来源，学者们意见不一，主要有两种看法：一种看法认为"V得C"述补结构的"得"从表完成的"V得"的"得"虚化而来，而表可能的述补结构中的"得"，从表可能的"V得"的

"得"虚化而来。① 一种看法认为这里的"得"由获得义转化为达成义，再进一步虚化，就成为动词的词尾"V 得"，如果后面接谓词性成分，那么结构就变成了述补结构，"得"也逐渐演变成结构助词，用作补语标记。② 第一种看法认为今天普通话中表可能性的"得"与其他述补结构中的"得"来源并不一致；第二种看法，认为这两种用法的"得"来源是一致的。辛永芬（2007）认同第二种观点，我们认为从语法化的一般规律来看，具有相似功能的语法现象往往有着相同的源头，因此，第二种观点似乎更符合这一规律。

"得"在发展过程中有时也写作"的"，明清时期的《水浒》《红楼梦》就有见例。③ 方平权（1987）认为这是由语音弱化引起的，这是很有道理的。在《歧路灯》中，补语标记也有被写作"的""哩"的。这让我们看到，在河南方言中，补语标记"得"也发生了弱化，先写作"的"，后又跟结构助词"哩"同形。这也就不难解释为何在安阳方言以及其他地方的方言中补语标记与结构助词同音了，即安阳方言的补语标记和结构助词都是"嘞"，浚县方言等地也是如此。

安阳方言中的"嘞"还是语气词，语气词"嘞"相当于普通话"呢"的部分用法。普通话的"呢"可以分成两个：一个表疑问语气，一个不表疑问语气。江蓝生（1986）将这两个"呢"记为"呢₁""呢₂"。安阳方言的语气词"嘞"与"呢₁"和一部分"呢₂"的意义、用法对应。"呢₂"源于早期用在句尾的"在、在里"，并由于语法化作用，虚化为表确认强调的语气词。"呢₁"源于唐五代时期的语气词"聻"，后写作"你、你、哩、呢"，清代后期统一为"呢"。而在《歧路灯》中，对应于普通话的"呢"有两个形式："呢"和"哩"。"呢"对应于普通话的"呢₁"，表疑问语气。"哩"对应于"呢₁""呢₂"的用法，也就是既可表疑问也可表确认、肯定。这也就是说《歧路灯》里，"呢₁"既可写成"哩"也可写成"呢"，而"呢₂"只能写作"哩"。辛永芬认为这说明河南方言中的"呢"在向"哩"转变，这造成了今天河南方言中结构助词、语气词、体貌标记使用同一语音形式的

---

① 参见岳俊发（1984）。

② 参见王力（1980）、蒋绍愚（1994）、吴福祥（2002）。

③ 参见方平权（1987）。

格局。我们认为这种推论很有道理。而普通话却是"里、裹、哩"向
"呢"转变，与河南方言不同。安阳方言的表语气的"嘞"跟《歧路
灯》中的"哩"同源，对应于普通话的"呢$_1$"和"呢$_2$"，一部分来自
"礼"，一部分来自"在、在里"。

　　构词语素"嘞"，主要有三种，分别与动词"得"和结构助词"的"
以及语气词"呢"有关。普通话中的动词"得"有获得、达成义，而
"获得、记得、认得、免得……"这类复合词中，"得"仍保留有动词性，
在安阳方言以及浚县方言中，这类具有"获得、达成"义的"得"，当其
在词语中的位置在后时，受历史上同类语素"得"在河南方言中平行类
推的影响，其发音在河南方言中也变成"嘞"，但其位置在词语前面或单
用时，仍读"得"，如"得意、得劲、得奖、得啦幺孙的_{得了一个孙子}"。

　　而助词"……嘞话"，对应于普通话中的"……的话"，这里的
"嘞"与名词性标记，结构助词"的"有关，"……的话"，表示假定的
某种状态或情况。因而，这里的构词语素"嘞"是受同类语素"的"
在河南方言中演变的影响，最后虚化为构词语素。

　　复合语气词"的嘞"，相当于普通话的"着呢"，这个"嘞"与语
气词"呢$_2$"有关，受"呢$_2$"在河南方言中演变的影响，演变成复合
语气词"的嘞"，"嘞"成为构词语素。

　　方位标记"嘞"，我们已分析过，认为当是"里"读音在词后部位
置的弱化读音。其合理性待考。

　　表趋向的音节助词"嘞"与趋向动词"去"有密切关系，前文第
11.3.5 节已有详细论述。

　　类似安阳方言助词"嘞"的用词，在河南、山西、山东、甘肃、
福建的长汀、仙游等地都有分布。各地资料上的发音和字形有所不同，
意义和用法有所不同，但来源或与共同语的对应有很多相同之处。

　　河南省内各地相当于"嘞"的用法，虽有差别，但基本用法都在
上文列举的 6 类用法范围之内。即结构助词（对应于普通话"的、地、
得"）、体貌标记（对应于普通话进行体标记和将然体标记"呢"）、语
气词（对应于普通话"呢、了"）、构词语素（对应于普通话"得、
的"）以及方位标记（对应于普通话"里、里边"）、表趋向的音节助词
（对应于普通话的"去"）。其中要说明的是，在我们见到的研究资料

中，多数河南地区的"嘞"作体貌标记时，兼有语气词的作用，相当于普通话的"呢"和"着"，表持续和进行时，安阳方言的"嘞"常和持续体标记"的"① 同现，而舞阳方言中的"哩"常和持续体标记"着"同现，浚县方言中的"嘞"常和 D 变韵共现，也就是说，在河南方言中，"嘞"一般作持续体标记或表已然或将然，相当于普通话的"呢"。但濮阳方言中的"咧"表持续体貌时，并不相当于"呢"，而是相当于普通话的"着"；还可表完成，相当于普通话的"了"，如："班里来咧两个女生。""他穿咧一身新衣服。/墙上贴咧幅画。/门口围咧一群人。/床上睡咧个人。"这种用法在河南多数地方的方言中是由其他词担负的，如："了、啦、咾"表完成，"着、的"表持续，等等。而在表语气时，多数河南地区"嘞"的意义和用法对应于普通话的"呢"，而濮阳话的"咧"② 可用于正反问句中，对应于普通话的语气词"了"。如："你吃咧冇？/晚上休息好咧冇？/衣服做好咧冇？/他走咧冇？""嘞"作方位标记的除了安阳外，濮阳方言中也有这一用法。可见，"嘞"这个集多种功能和意义于一种形式的语言成分，在整个河南方言中都广泛存在，但其用法和意义以及读音还是有较明显的差异。

除河南省外，山西、山东、甘肃、福建等地也有类似"嘞"的词。河北东南部的饶阳，山东东明、阳谷，甘肃张掖、秦安，山西太原、和顺、娄烦、临猗等地的"哩、咧"与河南方言的"嘞"一样，都是同一词形兼具几类意义和用法。其中，饶阳、东明、阳谷、太原、秦安，其体貌标记用法与河南大部分地方方言相似，都相当于普通话表持续的"呢"，常需要和持续体标记"的"同现。而甘肃张掖、山西和顺等地方言中的"嘞"相当于普通话持续体标记"着"，张掖的"嘞"还可表完成体，娄烦方言的"嘞"充当语气词时相当于普通话的语气词"了$_2$"。这是与河南多数地方不太一样的。在河北饶阳，"嘞"有几种用法是较少见的。一是"嘞"具有动作趋向功能，如：

（262）我们昨天晚上跳舞哩了。

（263）他找村长哩了？

---

① 安阳方言的持续体标记"的"相当于普通话的持续体标记"着"。

② 参见翟富生（1999）。

（264）新媳妇儿快来呀，已经派人催哩啦。

（265）别等着人家送来了，招让个人儿拿哩吧。

（266）把鸡撵哄出哩！

（267）明天就要交上哩呀，快点写吧。

这里的"哩"许是趋向动词"去"虚化而来，这种用法安阳方言中的"嘞"也具有，但在其他河南方言中尚未见到。安阳方言中没有例（266）和例（267）的用法，这两个例句中"哩"用作复合趋向补语的一个语素成分。另外，河北饶阳的"哩"还可用作介词表位移，连接行为动作和位移终点，这种用法也较少见，相当于安阳方言的位移标记"昂"，如：

（268）小明跑哩前边那座小山上去了。

（269）大风一起，鸡毛飞哩天上去了。

（270）把水洒哩街上去。

（271）把脸扭哩一边儿里去。

（272）我家搬哩村东里去了。

但"哩"只能用在狭义处所词语前，而安阳方言的"昂"使用范围更广，可用于广义处所词语前。可参见 14.3.4.3"昂$_2$"的意义和表位移的用法讨论。

南方福建等地方言中的"嘞、哩"等词，其意义和用法就比较单一。如长汀方言的"哩"，相当于普通话的语气词"呢"，表确认肯定。而仙游方言的"嘞"只用于消极意义动词的完成体。可见，相当一部分地区的北方官话以及晋方言，是"嘞"类词分布使用较为广泛的区域，在我们见到的文献材料中，河北、山东等地的提到"嘞"的方言研究中都多少提及明清山西移民的历史，似乎"嘞"类词与移民有关，但都无更多论证。今天，从各地方言来看，很难说这个"嘞"就是晋语原产，并随移民扩散开来，我们能确定的只有一个事实，即在中国中部、北部地区，"嘞"类词普遍分布。

11.4　本章小结

本章对具有鲜明安阳方言特点的三个虚词"不咋、动儿、嘞"作了全面深入的描写和分析。

一、安阳方言的"不咋"可以作语气词，可用于祈使句，同普通话的"吧"，表和缓语气；还可用在问答中的答语，表确认。此外，安阳方言的"不咋"已发展为话题标记。"不咋"在句类选择上要比汉语普通话、上海话、连城客家话以及其他一些方言的范围要更大一些。除了"可以出现在常规陈述句、祈使句中，不能在话题述题易位的陈述句"中使用外，还可以在感叹句中出现，在主语为"wh"的特指问句之外的各类型疑问句中出现。"不咋"在各句类中的分布，显然比普通话及部分方言的话题标记要广泛得多。我们也期待有更多方言事实以及汉语史的发现来对这一问题作进一步研究。

二、"动儿"常用在谓词性词语后，"VP 动儿"，在语义上表示行为动作、性质状态产生或持续的时间，表义相当于普通话里的"……的时候"，如："吃饭动儿"，表示"吃饭"这一行为动作开始并持续，意思上相当于"吃饭的时候"。"动儿"本身无实义，是一个辅助表示时间的虚词，我们称之为"时间助词"。"动儿"在复句中居前位，与其他成分组合，可表示现在、过去、将来的时间，表述已然、未然、惯常性事态。晋方言中普遍存在这一用法，但普通话中没有相对应的词语。从文献资料可以大致构拟安阳方言的"动儿"的语法化进程。即动词"动" > 表可能 > 表时间 > 表假设。与其他晋方言相比，安阳方言的"动儿"的使用范围和生命力都呈缩减趋势，在语义和功能上相似的"……的时候"正逐渐替代"VP 动儿"。

三、根据安阳方言"嘞"的意义和用法，可以将安阳方言的"嘞"区分为六类九个：

结构助词嘞$_1$、嘞$_2$、嘞$_3$、嘞$_4$，分别相当于普通话的"的、地、得"。

语气词嘞$_5$，相当于普通话表语气的"呢"。

体貌标记嘞$_6$，相当于普通话表持续的"呢"。

方位标记嘞$_7$，相当于普通话用在名词后的方位词"里""里头"。

表趋向的音节助词嘞$_8$，相当于普通话的用在动词后表趋向的"去"。

构词语素嘞$_9$，相当于普通话构成助词"……的话"的"的"、

"……着呢"的"呢"、"V 得"结构的"得"。

像"嘞"这种集诸多语法、语义与同一语音形式的语言现象,在普通话和其他方言中都是较为少见的。

本章考察了这六类共九个"嘞"的来源,这九个"嘞"的来源和发展有同有异。我们认同普通话的结构助词源于指代词"底",因而普通话的结构助词"的、地、得"发音为"[te]";而诸多方言中的结构助词源于远指代词"那",因而多地方言中的结构助词发音以 [n]、[l] 为声母。在安阳方言中,补语标记"得"发生弱化,先写作"的",后又跟结构助词"哩"同形,这也是为何在安阳方言以及其他地方的方言中补语标记与其他结构助词同音的缘由。构词语素"嘞"分别是普通话"呢""的""得"在方言中的发音受平行类推影响所致。方位标记"嘞"是方位词"里"在名词后的语音弱化所致。表趋向的"嘞"与趋向动词"去"有密切关联。

第 12 章 处置句

处置句是黎锦熙（1924）最先描写，王力（1944）最先定名的一种句式（李蓝、曹茜蕾，2013）。王力先生最早提出"处置式"，他指出处置式"就是用助动词'把'（或'将'字），把目的语提到叙述语的前边"，"把字所介绍者乃是一种'做'的行为，是一种'施行（execution）'，是一种处置"。其后学界对处置式的研究角度和方法众多，成果丰硕且深入，对处置式的意义、功能的认识都不尽相同，如吕叔湘（1984）认为这类句子并"不都表处置"；崔希亮（1995）认为部分表"处置"，部分表"情态矢量"；金立鑫（1997）认为表"结果、情态和动量"；沈家煊（2002）认为表"主观处置"；等等。本书认为，研究结论的差异主要源于研究者的视角、方法不同，但都揭示了句式本身的特点和使用规律。本书之所以采用王力先生的"处置"说，一是这种说法更能凸显这类句子的典型意义和用法，二是这一说法已被广泛接受，影响也最大。因此本章的讨论也将这类句式称为"处置句"。

安阳方言的处置句与普通话有很多相似的地方，但也有明显的特点，如，主要用"连"表处置，而不是用"把"表处置；除了用词不同，在句法上也有较为独特的表现。本章主要对安阳方言表处置的连字句进行描写和分析。对其他表处置的格式也简单涉及。

12.1 处置标记

根据处置句标记的不同，可将安阳方言的处置句分为两类："拿"字处置句和"连"字处置句。安阳方言的处置句跟普通话有相似的表现，都使用表处置的词将名词性成分提前。但所使用的词有所不同，普通话主要用"把"也可用"管、拿"，安阳方言主要用"连"也可用"拿、叫"。如：

安阳方言：　　　　　　　　　　普通话：

大家伙都叫涅叫老蔫。　　　　　大家都管他叫老蔫。

俺都拿他没法儿。　　　　　　　我们拿他没办法。

连门的锁昂。　　　　　　　　　把门锁上。

普通话中的"管"可替换为"把"，是命名式处置句（李蓝曹、茜蕾，2013）。安阳方言中没有相应的处置句，而是用"叫 O_1 叫 O_2"格式表达对某人某物的称名。这一格式只能用"叫"，不能用其他动词。可以说"叫 O_1 叫 O_2"是安阳方言中一种固化的命名式处置句式，用来表述对人、物、事的称名。再如：

（1）阳儿现在叫作这个叫啃老。现在管这个叫啃老。

（2）诺东儿俺叫它叫小火箭。那个东西我管它叫小火箭。

例（1）、（2）都用前一个"叫"引出代词，指代某一对象，再用后面的"叫"引出对这一对象的称名，是一种代词复指型处置式[①]。可以看到，前一个"叫"虽保留有"称呼"的动词义，但主要用于引介对象，有了"处置"义；而后一个"叫"，只有动词用法，是"称呼"义。由于前一个"叫"仍有明显的动词义，我们不把它视为"处置标记"。但其用法与普通话的"管"还是相当接近的。当然，也可用更简单的格式"VO_1O_2"，即例（1）、（2）可以变为："阳儿现在叫啃老。诺东儿叫小火箭。"这是一种非处置式的表达形式。

12.2　"连"字处置句

普通话用"把"的句子，安阳方言中都可以用"连"对应。下文主要研究安阳方言中表处置的"连"字句，并追溯"连"字处置句的来源和发展演变问题。

12.2.1　"连"的几种用法

安阳方言中的"连"，读音 $[lian^{31}]$，可作动词、副词、连词、介

---

① 参见辛永芬（2011）。

词、表强调的语法标记成分①。动词表示连接的意思，如"心连心""连在一块儿"。副词表示动作行为连续，如"连开三枪"。介词有两种用法，一表示包括在内的意思，如："连他一共去仁人。"二表示处置，相当于普通话的"把"介引名词。如：

（3）他连书包丢啦。他把书包弄丢了。

（4）雨连衣服淋湿啦。雨把衣服淋湿了。

焦点标记词，附着在名词、名词性结构、动词等前边，起强调作用，后边用"都、也"之类呼应。如：

（5）就这点儿钱，连一个包的也买不了连一个包子也买不了。

（6）那几本书，他连翻也没有翻。

可以看到，安阳方言"连"的用法与普通话大致相当，不同之处在于安阳方言的"连"作为介词除表示包括义外，还可表"处置义"，构成处置句。本书研究的对象即表处置义的"连"字句。以下简称为"连"字句。下文如无特别说明，"连"字句都指安阳方言中含有"连"字的处置句。

12.2.2　表处置义的"连"字句

安阳方言"连"字处置句与普通话"把"字句的结构、用法有同有异。

12.2.2.1　"连"字处置句的基本结构

从结构上看，安阳方言的"连"字处置句与普通话"把"字句基本平行。"连"字处置句的结构有九种。

（一）动体式"连"字句。指包含结构"连+名+动词+动态助词（了、着、过、好、下去、上……）"的句子。如：

（7）厂的连他开除啦。厂子把他开除了。（表完成态）

（8）诺人连头伸的。那个人把头伸着。（表进行态）

（9）我连这个事儿好好儿嘞想过。我把这件事好好地想过。（表经历态）

（10）别慌，连这封信瞧完，就知道咋回事啦。（表继续态）

（二）动结式"连"字句。指包含结构"连+名+动结式动补短语"的句子，如：

（11）火连房的烧塌啦。火把房子烧垮了。

（12）这歌连我听烦啦。这首歌把我听烦了。

（13）小英连诺人恨足〔tɕyɛʔ〕啦。小英把那个人恨透了。

（14）这件事连大家气死啦。这件事把大家气死啦。

这类"连"字句，补语多为形容词或表情态的动词，语义表结果，如例（11）、（12）；呈现情绪达到的程度，也可视为行为动作的某种结果，如例（13）、（14）。补语语义都指向受事成分。

（三）动宾式连字句。指包含结构"连 + 名 + 动宾短语"的句子，如：

（15）她连衣裳包啦个包儿。她把衣裳包了个包袱。

（16）他连这块儿地种啦菜啦。他把这块儿地种了菜。

（17）俺妈连那菜剁成饺的馅儿啦。俺妈把那菜剁成饺子馅儿了。

动宾短语的动词和宾语之间往往需要添加动态助词，如例（15）、（16）"啦"，例（17）"成"。"连"后的名词多为材料、处所。

（四）动嘞（得）式连字句。指包含结构"连 + 名 + 动 + 得 + 补语"的句子，如：

（18）这几句话说嘞，连他笑嘞直不开腰。这几句话说的，把他笑得直不起腰。

（19）小明连那篇文章背嘞滚瓜烂熟。小明把那篇文章背得滚瓜烂熟。

（20）俺妹的连屋儿收拾嘞可干净嘞。俺妹妹把屋子收拾得可干净了。

"嘞"相当于普通话的"得"，是结构助词。前后两个谓词之间是"致使"关系。

（五）动量式连字句。指包含"连 + 名 + 动量短语"结构的句子，如：

（21）你连衣兜儿翻翻。你把衣兜翻翻。

（22）恁几个连教室好好布置布置。你们几个把教室好好布置布置。

（23）连桌的抹一抹。把桌子擦一擦。

（24）老师连小陈儿批评啦半天。老师把小陈儿批评了半天。

用两种表示动量的方式作谓语，一是动量短语 VV/V — V，如例（21）—（23）；一是用动 + 数量，如例（24）。

（六）状动式连字句。指包含"连 + 名 + 状 + 动"结构的句子，如：

（25）他连书包一丢，就跑出去玩儿嘞呀。他把书包一丢，就跑出去玩儿了。

（26）你咋能连钱随便搁嘞？你怎么能把钱随便放呢？

（27）别连蝇撇的乱扔，用嘞动儿又找不着啦。别把苍蝇拍乱扔，用的时候又找不着了。

这类格式分两类，一是动词前必须用"一"，数词"一"是完句成分，不可缺少，且后边必须有后续句，否则句义不完整，如例（25）。一是形容词构成状语成分，如例（26）、（27）。这类"连"字句的动词通常是及物动词。

（七）动介式"连"字句。指包含"连 + 名 + 动介联合体"结构的句子，如：

（28）俺连东儿还给涅啦。俺把东西还给人家了。

（29）诺人连这事儿告给俺妈啦。那个人把这事儿告诉我妈了。

（30）他连钥匙拿给他姐啦。他把钥匙拿到他姐那里去了。

安阳方言中，只有一个介词"给"可以构成动介式连字句，其他介词如："在、到、往"等，都无法构成动介式连字句。安阳方言用表空间位移的"昂"构成空间位移连字句。

（八）空间位移连字句。这是安阳方言中很有特点的一类"连"字处置句。如：

（31）连包儿挂昂墙昂吧。把包挂在墙上吧。

（32）连花儿搁昂桌的昂。把花儿搁在桌子上吧。

（33）他想连车的开昂哪儿嘞？他想把车开到/往哪儿呢？

（34）冬冬连老奶奶搀昂马路那一边儿啦。冬冬把老奶奶搀过马路去了。

（35）他都连家具抬昂楼底下啦。他们把家具抬到楼底下了。

（36）奶奶连好吃的都端昂院儿里头啦。奶奶把好吃的都端出屋子了。

（37）服务员连碗拿昂来呀。服务员把碗拿过来了。

普通话的动介式"把"字句，语义多表事物所处的空间发生了变化，结构上多用"在/到/往 + 处所词语"表示位移终点。安阳方言不用介词"在""到""往"构成的结构表示位移终点，而是用"昂"来标注空间位移。也正是同样的原因，安阳方言中不存在动趋式"连"字句，而是用"昂"来标注事物的趋向性和位移。"昂"是空间位移的标注词，普通话里没有与之对等的词语。通常，安阳方言不区分趋向性，只表述事物的位移，如安阳方言"他连钥匙拿昂来啦"，这句话的意思用普通话表述，有多种可能："他把钥匙拿过来/下来/上来/回来/进来/出来了。"再如普通话"他把钥匙拿下去/出去/上去/过去/回去/进去了"。安阳方言一般表述为"他＋连＋钥匙＋拿＋昂＋处所"，强调事物的位移，如："他连钥匙拿昂楼下啦"；或用动介"连"字句表述，强调事物被移交给的对象，如："他连钥匙拿给他姐了。"

（九）代词复指型连字句。这类处置句广泛分布在各方言区，安阳方言中也有代词复指型处置句，基本格式为：受事成分＋施事成分＋介词（把/拿/连）＋第三人称复指代词＋动词短语，辛永芬（2011）称之为介代短语型代词复指处置句。这里只考察安阳方言中介词为"连"的代词复指处置句。如：

（38）那块儿布我连它做啦条裙的。那块儿布我把它做了条裙子。

（39）那幅画恁连它拿昂家吧。那幅画你把它拿回家去吧。

（40）小陈诺孩的恁都连涅咋介的啦？小陈那个孩子，你们把人家怎么了？

在这类格式中，复指性代词常与起介引作用的介词共现，组成介代短语，出现在动词前。代词用来复指出现在动词前的受事成分。普通话里的介词为"把"，安阳方言用"连/拿"，泉州方言用"护"，潮州方言用"甲"，等等。安阳方言中这类格式可以变为一般"连"字句。

（41）俺连那块儿布做啦条裙的。

（42）恁连那点钱花喽吧。

（43）恁都（你们）连小陈诺孩的咋介的啦？

将受事成分由句首移至介词"连"后，强调性降低。并不是所有"连"字句都能变成代词复指格式，能够出现在句首的受事成分，生命度在生命度等级系列中居后。也就是生命度越低的越容易出现在句首，构成该类格式。人称代词的生命度最高，因此，人称代词作受事成分时，不能居于句首。如："＊她老师连她叫昂办公室嘞呀。"

普通话里少数光杆动词"把"字句，受语境限制多，独立性差。安阳方言中则不存在自足的光杆动词"连"字句。如，普通话里的自足句"你别把简单的事情复杂化"。安阳方言中表述为："恁别连简单嘞事儿弄复杂啦。"书面语"复杂化"被替换为口语化的动补结构"弄复杂"。

12.2.2.2 "连"字处置句的语义特点和语法意义

（一）"连"字处置句中动词的语义类型。安阳方言"连"字处置句的动词与普通话"把"字句一样，多为动态动词，即"连"字句中的动词是表示动作、活动、评价、感觉、生理运动的动词。我们将前面的部分例句引证如下，后面的中括号注释画横线的动词语义类型：

（44）他连书包丢啦。他把书包弄丢了。［动作］

（45）小英连诺人恨足［tɕyɛʔ］啦。小英把那个人恨透了。［感觉］

（46）这几句话说嘞，连他笑嘞直不开腰。这几句话说的，把他笑得直不起腰。［生理运动］

（47）恁几个连教室好好布置布置。你们几个把教室好好布置布置。［活动］

（48）老师连小陈儿批评啦半天。老师把小陈儿批评了半天。［评价］

表示存在、关系、性质、结果、行为的静态动词，以及能愿、前置、谓宾这些附属动词不能构成连字句。动词分类表格参见崔希亮（1995）。

（二）安阳方言的"连"字处置句可表结果处置、情态处置、位移处置。这三类语义类型互补分布于前面提到的九类"连"字格式中。第九类代词复指型"连"字处置句，一般表结果处置和位移处置。可用前面的例句作为例证。中括号表示连字句的结构类型，如：

结果处置：

（49）厂的连他开除啦。厂子把他开除了。［动体式］

（50）这歌连我听烦啦。这首歌把我听烦了。［动结式］

（51）她连衣裳包啦个包儿。她把衣裳包了个包袱。［动宾式］

（52）小明连那篇文章背嘞滚瓜烂熟。小明把那篇文章背得滚瓜烂熟。［动嘞式］

（53）俺连东儿还给涅啦。俺把东西还给人家了。［动介式］

（54）那块儿布俺连它做啦条裙的。那块儿布我把它做了条裙子。［代词复指式］

情态处置：

（55）你连衣兜儿翻翻。你把衣兜翻翻。［尝试态动量式］

（56）老师连小陈儿批评啦半天。老师把小陈儿批评了半天。［动量式］

（57）他连书包一丢，就跑出去玩儿嘞呀。他把书包一丢，就跑出去玩儿了。［即时态状动式］

（58）你咋能连钱随便搁嘞？你怎么能把钱随便放呢？［状动式］

位移处置：

（59）连包儿挂昂墙上吧。把包挂在墙上吧。［空间位移式］

（60）他都连家具抬昂楼底下啦。他们把家具抬到楼底下了/抬下去了/抬下来了。［空间位移式］

（61）服务员连碗拿昂来呀。服务员把碗拿过来了/拿上来了/拿下来了。［空间位移式］

（62）那幅画恁连它拿昂家吧。那幅画你把它拿回家去吧。［代词复指式］

我们以表格来显示这种对应关系（见表 12－1）。

表 12－1　　　安阳方言的"连"字处置句结构与语义关系表

结构 语义	动体式	动结式	动宾式	动嘞式	动介式	状动式	动量式	空间位移式	代词复指型
结果处置	+	+	+	+	+				+
情态处置						+	+		
位移处置								+	+

如表 12－1 所示，安阳方言的"连"字处置句的格式和语义的对应关系是比较整饬的。动体式、动结式、动宾式、动嘞式、动介式一般表示结果处置义，状动式、动量式一般表示情态处置义、空间位移式表示位移处置。代词复指式一般表结果处置和位移处置，可以变为一般连字处置句，但强调意味变弱。

"连"字处置句多用于陈述和祈使，在陈述句中表示已然情况，在祈使句中表示未然情况。如：

（63）明天连被的晒晒。明天把被子晒晒。［未然］

（64）俺家孩的连礼物送给老师啦。俺家孩子把礼物送给老师了。［已然］

12.2.3 "连"字处置句的地域分布及语法化途径

12.2.3.1 连字处置句的地域分布情况

"连"用作处置标记，并不是只见于豫北安阳；山东东平、德州、微山、济宁，河北永年、魏县，宁夏银川等地方言中也有"连"处置标记。也就是说，从目前已有的资料看，"连"字处置句分布于豫北冀南的晋方言区，山东西北的冀鲁官话区，山东西南的中原官话区以及宁夏兰银官话区。是点分布还是面分布，我们还无法确定。现有资料的"连"字处置句目前我们只看到若干例句，由于资料不全，我们无法知悉这些地方"连"字处置句的使用情况，也无法比较各地"连"字处置句的异同。这一问题有待日后解决。

12.2.3.2 "连"字处置句的语法化途径

"连"是安阳方言处置句里最常用的处置标记，李蓝（2013）提及具有拿持义、给予义、得到义、趋向义、使令义、连接义、助益义、言说义的词语都可虚化成处置标记。安阳方言表处置的"连"就是由具有"连接义"的动词"连"虚化而来的。文章开头我们已经描述了安阳方言"连"的义项，安阳方言的"连"义项覆盖了普通话"连"的义项，并多了表处置义的功能。既有的研究成果已经梳理出"连"从名词到动词，继而虚化为语法标记的发展演变过程。蔡永强（2006）从认知的角度，论证了"连"从表空间到表时空的范畴演进过程；邢志群（2008）用语法化理论分析了"连"虚化的动因和机制，作者认为语用促成了"连"的虚化，主观化在"连"语义演变过程中起决定性作用。两人都认为，"连"语义演变过程中，词义是增加的，而非替代的。目前的研究尚未提到"连"表处置义及其语法化途径。我们试据既有的文献资料，并在学者们已有的研究成果基础上探究"连"表处置义的语法化途径。

蔡永强（2006）梳理出的"连"义位的发展脉络为：

"连"字的原始意义"古代由单人拉的一种车"体现出人和车之间"相属不绝"的关系。这种关系由具象而抽象，引申为更广泛的"连接、连续"关系。这一引申义正是"连"向语法标记以及表处置义的

"连"原始意义：古代由单人拉的一种车，有别于双人拉的"辇"。

⇓

"连"实义衍生：1 古代的行政单位　2 姻亲关系　3 现代军队的编制单位　（名词性）

⇓

1 连接、连续　2 联合联络　3 牵连连累　4 牲畜交配　5 属于　6 兼得　（动词性）

⇓

"连"虚义衍生：1 包括在内　2 从　3 语法标记与都、也呼应

图 12 - 1　"连"义位的发展脉络

介词演化的语义基础[①]。

图 12 - 1 没有"连"虚化后表处置的义项。在普通话中"连"的虚化义主要是表强调。查相关文献，从宋朝起，"连"就有表强调的用法，也就是我们所说的用作语法标记成分。如：

（65）今人连写也自厌烦了。（《朱子语类》宋·黎靖德）。

"连"的虚化义中，还有表示包括的意思。这一用法从唐宋时期开始出现，到今天也成为常用的义项。如：

（66）若属西山得道者，连予便是十三人。（《西山静中吟》唐·施肩吾）

（67）只是连着诚意说。（《朱子语类》宋·黎靖德）

（68）还有两个丫头，连上各房的奶娘站了一车人。（《红楼梦》清·曹雪芹）

"连"表处置，直到明清，才见到少量用例。虽然数量少，但也可兹证明"连"字处置句产生发展的路径。看下面的例子：

（69）当下方妈妈反输一帖，只得安排酒饭，款待了公差。公差还要连闰娘带去，方妈妈求免女儿出官。（《二刻拍案惊奇》明·凌濛初）

（70）太守回衙，想起荆公嘱付要取瞿塘中峡水的话来。初时心中不服，连这取水一节，置之度外，如今却要替他出力做这件事，以赎妄言之罪。（《警世通言》明·冯梦龙）

（71）又恐秀姑知觉，到放个空，教得贵连秀姑奸骗了。邵氏故意欲责秀姑，却教秀姑引进得贵以塞其口。（《警世通言》明·冯梦龙）

---

① 参见冯春田（1991）。

（72）我们看见他这等说，以为可以有点望头了，就连那班指拿出来给他看，说明白是人家寄卖的。他看了那班指，也十分中意。（《二十年目睹之怪现状》清·吴趼人）

（73）当时大家商量，无法可施。后来决定，索性连石人找了回来吧，可以做个凭证，大家研究研究，广广见识。（《上古秘史》清·钟毓龙）

我们找到的语料中，"连"表强调、表包括义的语料非常丰富。"连"表处置义出现于表"强调"、表"包括"之后。那么"连"是怎样发展出表处置的义项的？表处置跟表强调、表包括的义项有关系吗？是怎样的关系？我们先来看几个例子：

（74）摩诃萨道："且莫说你，连你的父亲我也认得他，我也晓得他的名字。"（《三宝太监西洋记》明·二南里人）

（75）今日连三太子都死于南人之手，不得生还。三太子既死，我岂可独生。（《三宝太监西洋记》明·二南里人）

（76）牧童跳下牛来，磕两个头，连铁笛连白牛，都送与佛母，牧童腾空而去。（《说唐全传》[清]）

（77）细问老道曹玄清。曹玄清一语不发。汪平说："把他杀了就完了。"连曹天兴二人一并绑赴营门枭首示众。（《康熙侠义传》清·贪梦道人）

（78）甚么是肯罢兵！象酗酒的凶徒一般，越扶越醉。你外婆劝劝，连把外婆也顶撞起来。（《醒世姻缘传》清·西周生）。

例（74）、（75）是典型的"连"表强调的用法，分别用"也""都"辅助表义。但并非有"连"和"都"标记的句子就是表强调，如例（76），"连"表示包括，连同的意思。例（77）没有"都"，但可以添加"都"变成："……连曹天兴二人一并（都）绑赴营门枭首示众。"句义不变，"连"仍然表包括，一起的意思。例（76）、（77）可以变成把字句，且句义基本不变：

（76）′牧童跳下牛来，磕两个头，把铁笛和白牛，都送与佛母，牧童腾空而去。（《说唐全传》[清]）

（77）′细问老道曹玄清。曹玄清一语不发。汪平说："把他杀了就完了。"把曹天兴二人一并绑赴营门枭首示众。（《康熙侠义传》清·贪梦

道人)

这似乎表明表示包括义的"连"后，如果是受事成分，"连"不仅表包括，还有一些表处置的意义。再看例（78），"连"后用"把"，两个介词连用，"连"表强调，"把"表处置。这种用法在近代汉语语料中极其罕见，我们只找到一例。但从这个例子可知，表强调的"连"后的受事成分，可以被视为受到处置的对象。

现代汉语中，宋玉柱（1981）指出有的"连"字句（"连"为表强调的语法标记）可以变成"把"字句，如（以下两例均转引自宋玉柱，1981）：

（79）二姨说"怎么呀？小旦也分果实？在上河，连走狗都斗了，你们这里怎么还给那些人分东西"。

（80）他连爱人亲手做的荷包也送给别人。

这两句话都可以用"把"替换"连"。用"连"字句，强调的意味更强，用"把"，对受事成分的处置性更强。

再看下面几例：

（81）言讫，在袖中取出十两银子，说道："碎银几两，送与二兄路中买茶。"金甲、童环推辞不得，连书信收了，就起身作别，众豪杰相送，叔宝送到城外，珍重而别。（《说唐全传》［清］）

（82）宝玉道："你也不用剪，我知道你是懒待给我东西。我连这荷包奉还，何如？"说着，掷向他怀中便走。（《红楼梦》清·曹雪芹）

（83）伯母听了叹一口气，推开了粥碗，旁边就有一个佣妇走过来，连茶几端了去。（《二十年目睹之怪现状》清·吴趼人）

这三例，如果抽离出来，静态观察画线的"连"字句，会误以为这几句的"连"表处置。但这里的"连"表包括、连同。例（81），结合语境，才能判断出"连"表包括，"收"的是"碎银"连同"书信"。例（82），了解了宝玉黛玉闹矛盾的前前后后，才知道黛玉给宝玉的除了有荷包还有未完工的一个香袋。因此，这里的"连"也表包括义。例（83），根据语境，才知"连"是连同的意思，是"连粥碗带茶几都端走"的意思。这三例的"连"都可以换成"把"。

近代汉语和现代汉语的语料表明，当"连"字句后面的成分为受事时，不管"连"表强调还是表包括，"连"字句，多少都带有处置义。石毓智（2006）指出汉语处置句的形成遵循了"结构赋义"的规律，我们认为这个规律同样适用于方言语法中"连"字处置句的形成。正是由于受事成分的提前，"连"除了表包括、表强调外，还产生了表"处置"的意义。我们可以用图1-2表示"连"从"连接、连续"这一语法化基础语义演变至处置义的途径：

图12-2 "连"从"连接、连续"语法化基础语义演变至处置义的途径

"连"在安阳方言中具有更为丰富的义项和语法功能。这也正是安阳方言中为何没有"把"字句的原因。而普通话中，"把"表处置具有更显著的优势，加之"将""以"等表处置介词的积极竞争，"连"表处置失去了进一步发展的可能。

在安阳方言等众多方言中，"连"除了发展演变出与普通话相同的义位外，还发展出表"处置义"的义位，产生了使用频率很高的"连"字处置句，具有一定的类型学意义，值得进一步研究。安阳方言"连"字处置句的演变和特点说明，现代汉语方言语法与普通话语法各成系统；方言语法系统的演变与普通话语法系统的形成路径存在诸多差异。我们需要就此做更多更深入的研究。

12.3 "拿"字处置句

普通话用"拿"的处置句，后面的谓词仅限于"没办法、当、开心、开玩笑、怎么样"等有限的几个。（吕叔湘，1984）从表义功能看，普通话的"拿"字处置句可表充当、比较、方法等，可以跟"把"互换。安阳方言的"拿"字处置句也具有如上特点，如：

（84）别拿恁妈嘞话当耳旁风，好好想想。（表充当）

（85）就没有拿他当人看。　　　　　　　（表充当）

（86）又拿我给涅都比嘞是不儿?　　　　　（表比较）

（87）别整天拿孩的比来比去。　　　　（表比较）

（88）真是拿你没办法儿。　　　　　　（表方法）

（89）你说能拿他咋介的。　　　　　　（表方法）

但这些"拿"字处置句都属于特殊的"处置"类型，并非典型的处置用法。石毓智（2006）认为"拿"字处置式已经开始向普通处置式发展，如（以下五例均转引自石毓智，2006）：

（90）可是对汽车一窍不通，人家拿她耍笑着玩儿，象捉弄小孩子一样任意欺侮她。（蒋子龙《赤橙黄绿青蓝紫》）

（91）她今天纯粹是拿他耍着玩，和这样的人打交道是永远得不到好处的。（蒋子龙《赤橙黄绿青蓝紫》）

（92）我劝诸位还是不要拿鸡蛋往石头上碰。（郭宝昌《大宅门》）

（93）虽然这两种态度互相矛盾，但咱们也不能拿脑袋往城墙上撞。（王小波《未来世界》）

（94）我是花钱没数，可以不能拿钱往水里扔！（郭宝昌《大宅门》）

可以看到，例（90）—94中"拿"后的谓语部分，多是熟语类的成分，并非普通处置义的动词性成分。因此，很难说普通话中的"拿"具有了表典型处置义的功能。

12.3.1 "拿"字处置句的语法和语义特点

跟普通话中"拿"字处置句的局限相比，安阳方言的"拿"字处置句已经具有典型的处置义，"拿"可用在各种类型的谓语结构前表处置。能用"连"标记的九种处置句的句法格式，也都可以用"拿"。如：

［动体式］厂的拿他开除啦。厂子把他开除了。

［动结式］火拿房的烧塌啦。火把房子烧垮了。

［动宾式］她拿衣裳包啦个包儿。她把衣裳包了个包袱。

［动嘞（得）式］小明拿那篇文章背嘞滚瓜烂熟。小明把那篇文章背得滚瓜烂熟。

［动量式］你拿衣兜儿翻翻。你把衣兜翻翻。

［状动式］他拿书包一丢，就跑出去玩儿嘞呀。他把书包一丢，就跑出去玩儿了。

［动介式］俺拿东儿还给涅啦。俺把东西还给人家了。

［空间位移式］拿包儿挂昂墙昂吧。把包挂在墙上吧。

［代词复指式］那块儿布我拿它做啦条裙的。那块儿布我把它做了条裙子。

"拿"字处置式从语义角度也可分为结果处置、位移处置、情态处置三种处置类型，"连"字处置句格式类型与语义分类的对照表同样适用于"拿"字处置句。此处不赘述。可见，在安阳方言中，处置句中的"拿"已经高度语法化，不再具有普通动词的一些特点，而是跟处置句中的"连"一样，成为真正的处置句标记。

那是否安阳方言的两个处置句标记"连、拿"意义和用法完全重合呢？从语言的规律来看，如果两个词语的意义用法完全重合，就违背了语言经济性的原则，这样的情况在某种语言和方言中是不允许存在的。安阳方言处置句的两个标记"连、拿"虽然在用法和意义上多数情况下可以自由替换，但两者仍然在语义和语用上有明显的区分，各有存在的价值。

首先，语义上"连"的覆盖范围更广，如谓语为非及物动词语时，一般不能换成"拿"。如：

（95）听他恁介一说，连俺妈笑嘞，都直不开腰啦。

＊听他恁介一说，拿俺妈笑嘞，都直不开腰啦。

（96）这歌连我听烦啦。这首歌把我听烦了。

＊这歌拿我听烦啦。

（97）小英连诺人恨足［tɕyɛʔ］啦。小英把那个人恨透了。

＊小英拿诺人恨足［tɕyɛʔ］啦。

其次，虽然"连"可用于方法类的处置句中，但方法类处置句用"拿"，情感色彩更强。如：

（98）小陈诺孩的恁都连涅咋介的啦？小陈那个孩子，你们把人家怎么了？

（99）小陈诺孩的恁都拿涅咋介的啦？

（100）还能连他咋样儿？

（101）还能拿他咋样儿？

例（99）比例（98）更具有批评责备的意义，例（101）比例（100）多一些无奈的意义。

虽然"拿"跟"连"比起来，其分布范围略小，但毋庸置疑，在安阳方言中，"拿"已经是一个成熟的处置句标记。不只安阳方言中"拿"已发展为处置句标记，在吴方言中，也有"拿"字处置句，其用法范围比北方各方言的"拿"字处置句广泛，几乎等同于普通话的"把"字句。黄伯荣（1996）、于红岩（2001）也指出，江苏泰兴话、上海话、湖南炎陵县客家话的处置式都用"拿"标记。如：

（102）你好拿个地下扫扫了。（江苏泰兴）

（103）她拿个儿子媳妇说啊没得开口。（江苏泰兴）

（104）拿旧书旧报侪卖脱伊。（上海话）

（105）拿枕头摆摆好，帐子挂挂好。（上海话）

（106）拿己只鸡子犀核。把这只鸡杀掉。（湖南炎陵县客家话）

12.3.2 "拿"字处置句的来源

安阳方言的"连"字处置句、"拿"字处置句以及普通话的"把"字处置句等都属汉语有标记处置句。对有标记处置句的来源，已有很多深入研究。现在，主要观点有如下四种[①]：

1. 来源于连动式结构"将/把 + NP + V_2"中动词"将/把"的语法化。祝敏彻（1957）最早提出这种看法，贝罗贝（1989）有更深入的论证。持这种看法的学者还有王力（1958）、石毓智（2006）等。

2. 承继上古汉语中具有提宾功能的"以"字结构。持这种看法的有 Bennett（1981）、陈初生（1983）等。

3. 处置式有不同的次类，不同次类的处置式来源不同。这种观点现已成为近代汉语学界的主流看法，蒋绍愚（1994、1997、1999），Sun（1996），魏培泉（1997），曹广顺、遇笑容（2000），刘子瑜（2002），等等从不同角度探讨了不同类型处置式的来源问题。

4. 处置式语义上的不同类别是同一句式发展演变的结果。冯春田（1999）、吴福祥（2003）、杨平（2002）有此看法。

种种看法都承认拿持类标记词都是从动词义演变而来，各地方言事实也支持这种结论。因此，拿持义的处置标记如"把、拿"等起源于连动结构，这一结论似乎更为可信。

---

① 参见李蓝、曹茜蕾（2013）。

安阳方言中表处置的"拿"来源于动词"拿",现在安阳方言中的"拿"仍有动词意义,即表示"用手抓、持、握某一物体",在句子中作谓语,可单用,可添加宾语、补语、状语等成分,如(以下五例均通过北京大学 CCL 语料库筛选而来):

(107)叫他拿吧,你拿不动。

(108)我拿书,你拿箱的吧。

(109)能拿完不能?

(110)连衣裳拿过来。

(111)镇门多东儿,好拿不好拿?

历史上"拿"的动词义与此相同。石毓智(2006)认为,一个词汇向某一特定语法范畴发展要满足两个条件:一、合适的语义基础,二、适宜的句法环境。"拿"的动词意义和历史上出现的处置式标记"把、将"的动词意义都属拿持义,因此也具备向处置式标记发展的语义基础。而"拿"所带的宾语同时也是紧随其后的另一个动词受事,"拿 NP"与"VP"之间关系疏松,可以是两个独立的小句,也可以是表示前后两个相继动作的连动结构,这是"拿"处置义产生的句法环境。如:

(112)因拿起骰子来,狠命一掷,一个作定了五,那一个乱转。(《红楼梦》二十回)(独立小句)

(113)胡四进门后四面望望,拿出手帕掩住鼻子。(曹禺《日出》)(连动结构)

(114)众人便拿兰哥得中,家道复兴的话解了一番。(《红楼梦》一二〇回)(连动结构)

虽然普通话中"拿"尚未发展为一个成熟的处置式标记,但从石毓智对普通话"拿"表处置义的历时研究中,可以看到安阳方言"拿"从动词"拿"演变为典型处置标记"拿"的过程。这一过程并不孤单,和所有从拿持类动词演变而来的处置句的产生规律相同。

但并非所有的处置标记都源于拿持类动词,据李蓝(2013),汉语方言中的处置标记多达 113 个,比时间跨度长达两千年的文献资料中的处置标记要多得多。拿持义、给予义、得到义、趋向义、使令义、连接义、助益义、言说义动词都可虚化成处置标记。安阳方言中除了有拿持义动词演变而成的"拿"字处置标记，还有从连接义动词演变而来的"连"字处置标记。比起普通话来，可谓渠道更广，类型更丰富。安阳方言的处置标记"连、拿"通常可以互换，但由于"拿"源于拿持义，在表达处置性很强的意义时，更倾向于使用"拿"。如：

（115）拿他没法儿。

（116）拿这咋办嘞？

安阳方言中也使用"把"表处置，但这个词应当不是安阳方言自身发展演变的结果，当是普通话在安阳方言中的渗透，使用群体一般为文化程度较高、较年轻的人群。

12.3.3　（瞧）连/拿 + NP + V/A 嘞

普通话中有"看把 NPV/A 得""把 NPV/A 得"句式，这里的 NP 包括名词性词语以及体词性代词，例如：

（117）看把你累得！

（118）这番话把他气得！

（119）把你高兴得！

《现代汉语八百词》认为，"得"后的话不说出来，有"无法形容"的意味。《现代汉语虚词》认为得后是"零补语"，在对话中隐含了表状态的补语，"得"相当"得样子"。北方各地方言中多见这类用法，如，山西北区、南区以及内蒙古西部都有这种结构，乔全生（2000）认为这类"把"不是处置句，只是引进名词或代词，表意功能主要是描述情状。呼和浩特方言中（黄伯荣，1996），"把"字前面不再出现主语，所介引的名词或代词放在形容词前。加上"看"表示说话有一种主观评价，带有轻视的感情色彩。例如："（看）把你美的。/把你日能的。"陕西神木方言（邢向东，2000）中，动词表心理活动，全句表示贬斥。例如："把他大方得！/把你规矩得！/把他还恼得！"陕西宝鸡方言（王宝红，1999），"把"字引进谓语的陈述对象。例如："看你把屋里弄得脏的！/看把他难过的煞！"湖北丹江方言中（苏俊波，2007）不用"把"，用"叫"，如："看叫他气得。/看叫我吓得。/叫他气得糠糠撒（发抖）。"

安阳方言中也有类似结构和用法，不用"把"而用"连"或

"拿"，有时出现相当于普通话看的"瞧"。基本格式为："连/拿＋NP＋V/A 嘞，瞧连/拿＋NP＋V/A 嘞"，如：

（120）瞧连/拿你累嘞。

（121）你说嘞那话连/拿他气嘞！

（122）连/拿你高兴嘞！

12.3.3.1　"（瞧）连/拿＋NP＋V/A 嘞"的结构特点

普通话中的"NP"多为表示人或动物的名词或代词，是后面"V/A"所陈述的对象。"V"是"NP"发出的动作行为，只能由表示心理感受或生理感觉的动词充当。例如：

喜欢、高兴、难过、难受、满意、得意、快活、讨厌、无聊、烦躁、激动、后悔、可怜、美、烦、气、吓、羞、急、慌、怕、恼（心理感受）

恶心、疼、痒、酸、冷、冻、热、烫、麻、辣、累、晕、饿、撑（生理感觉）

以上的"V"在安阳方言中也使用，另外，安阳方言中还使用"得劲（舒服）"等具有地方特点的心理词语。除此之外还可以是一般的行为动词，如："祸摆（弄乱弄坏的意思）、哭、笑、跑、吃、喝、坐、□〔pɑn²¹³〕（摔）、扭、碰、撞、噎"等。

普通话和安阳方言中的"A"是修饰限制"NP"的性状形容词，如：

坏、烂、破、能（聪明、能干）、笨、蠢、精（精明）、扣（小气）、神（得意）、猴（臭美）、恶囊（脏）、忙、闲、懒、勤快、摸扭（做事慢）、大方、老实、干净、丢人、糊涂

"V"和"A"须单用，不能是复杂形式，如：重叠式、受副词修饰、带程度补语、带时体标记，形容词的生动形式等，如：

（123）（瞧）拿这饭祸摆嘞。　　＊（瞧）拿这饭祸摆的嘞。

（124）（瞧）连恁妈神嘞。　　　＊（瞧）连恁妈可特神嘞。

有些动词或形容词能以"得"为标记添加补语，构成述补结构：

（125）（瞧）连你忙嘞晕嘞。

（126）（瞧）拿他扣嘞一分钱都舍不得掏。

（127）（瞧）连这屋的翻腾嘞乱七的八遭嘞。

（128）（瞧）拿这衣裳弄嘞脏嘞。

例（125）—（128），补语表"V"或"A"导致的某种状态，如果补语是简单形式的动词或形容词，例（125）、（128）还可以拆分成两个意义表述相近的句子，如：

（129）瞧连你忙嘞。

（130）瞧连你晕嘞。

（131）瞧拿这衣裳弄嘞。

（132）瞧拿这衣裳脏嘞。

如例（127）用"乱"代替"乱七八糟"，也可以拆分为：

（133）（瞧）连这屋的翻腾嘞。

（134）（瞧）连这屋的乱嘞。

有时，和普通话一样安阳方言的这一格式前还可出现一个主语，明确行为动作的实施者，后面只能跟动词。充当主语的可以是生命度高的指人名词，也可以是无生命度的指事物名词，构成"（瞧）NP$_1$连/拿 NP$_2$ + V 嘞（+补语）"，如：

（135）（瞧）你连恁妈气嘞哭。

（136）（瞧）这件事拿他气坏啦。

（137）（瞧）涅小张儿连玻璃擦嘞！

（138）（瞧）老王拿他老婆怕嘞！

普通话和安阳方言的这类格式，有时无法或没有必要补出前面的主语或后面的补语，也就是说其成分已经成语化[1]，变成了一个惯用的固定的格式，不能随意添减成分。如："（瞧）连你能嘞！（瞧）连他气嘞！（瞧）连你猴嘞！……"这些常用格式一般都不在前边添加主语成分，或在后边补出其他成分。

12.3.3.2　"（瞧）连/拿 + NP + V/A 嘞"格式的语义特点

"（瞧）连 NP + V/A 嘞"，一般不说或无法说出其后的补语成分，表示"NP"处于一种"非常"状态中，而"V/A"达到极致的程度，格式带有强烈的或厌恶，或鄙夷，或讥讽，或同情，或怜悯等具有消极

---

① 参见苏俊波（2007）。

意义的感情色彩①。如句子，"（瞧）连恁妈气嘞！"，"恁妈"处于一种与平常状态不同的生气状态中，且生气达到了极高程度，虽没有具体形容词加以描述，但这句话已经传达出"恁妈"处于极端生气的情形，传递出一种说话者强烈的情感色彩，即对妈妈的强烈同情，对让妈妈生气的人或事带有厌恶，或愤慨的情绪。而句子"（瞧）连恁妈气嘞哭。"后面的补语补足了妈妈生气的程度，被"气哭"。但两相比较，没有补语的格式，留出了空位，反而增添了一种"言外之意"，具有更强的夸张效果和情感意义。有时，还可在句尾添加加强情感色彩的语气词"啊"并延长语音，进一步增强表达效果，"（瞧）连恁妈气嘞啊——"

其他地方有这类句子的方言，如神木方言、呼和浩特方言等，其研究者分别用"轻视"②、"贬斥③"等具有消极色彩的词语来描述这一结构的语义特点。而事实上，这一格式的确是一种具有强烈主观性的格式。根据沈家煊（2001），"主观性"是指在话语中多多少少总是含有说话人"自我"的表现成分。即，说话人在说话时表明自己的立场、态度和感情，在话语中留下自我的印记。语言是带有主观性的东西，语言为表现主观性而采用相应的结构形式或经历相应的演变过程，是一种"主观化"过程。Traugott（1993）从历时的角度来看待主观化，认为主观化和语法化一样是一个渐变的过程，是一种语义—语用的演变，局部的上下文、说话人的语用推理在引发这种变化中都起到很大的作用。说话人越来越从自我的角度出发，用会话隐含义或语用推理来表达未用语言形式表达的意义，结果是主观化程度越高，相应的表达形式越少。而语用推理之所以产生是因为说话人在会话时总想用有限的词语传递尽量多的信息，这包括说话人的态度和感情。（详见沈家煊，2001）

"瞧连 NP + VP 嘞"句式，表达一种主观的认识和感情色彩意义。这种主观意义不是它自身具有的命题意义，而是在一定的语境中推导出来的。这种句式在句法上省略了一部分成分。其前提是省略的内容可以由语境或上下文补足，交际双方不会产生歧义。说话人故意省略了一部分内容不说，一是提请对方注意这没说出来的内容，这是结构本身表达

---

① 参见苏俊波（2007）。

② 参见黄伯荣（1996）。

③ 参见邢向东（2000）。

的具体的、客观的意义。这些省略的内容对说话人造成了特殊的影响，说话人对所谈及的对象本身抱有主观性很强的判断和观点，有话要说、有感情要表达。有的可赋予言辞，有的甚至让人有无法言传的感受，例如："瞧连这屋的拾掇嘞！"在房屋干净整齐的场景下，说话人也许是想赞扬屋子被收拾得干净整齐；但也许说话人对收拾者一贯过于干净的"洁癖"抱有鄙夷，也会说出相同的话语，不是赞赏而是讽刺贬斥。具体的语境不同，隐含的言外之意也不相同，说话人所要表达的意义和传递的情感也就不同。这样，语用推理的反复运用和会话隐含义的最终凝固化，结果就形成了"瞧连 NPVP 嘞"结构具有主观性的表达。

12.4　本章小结

安阳方言处置句中，"连"字处置句使用频率最高，另有使用处置标记"拿""叫"的处置句，没有使用处置标记"把"的处置句。"连"字处置句可以分为九种结构类型，三种语义类型，从结构到语义基本与普通话的"把"字处置句平行。但在具体的语句中，由于虚词的差异，而显示出与普通话较为明显的差异。如：补语标记用"嘞"而不是用"得"，表位移的句子用位移标记"昂"，而不用介词"在"或"到"。从历时语言学角度看，"连"表处置在近代汉语阶段应当有其萌芽，但在共同语中并未继续发展为表处置的标记，在安阳等地的一些方言中，"连"发展为表处置的标记。

"拿"字处置句与"连"字处置句意义、用法基本相同，但当谓语为非及物动词语时，一般只能用"连"，不能换成"拿"。安阳方言的"拿"从"拿、持"义发展为处置标记，其语法化途径同于普通话中表处置的"拿"的发展。

而"叫"字处置句只分布在命名式处置句中，构成"叫 O_1 叫 O_2"的处置格式，其中，前一个"叫"意义虽仍保留有"称呼"的动词义，但主要表处置，后一个"叫"是实义动词，是"称呼"的意思。表处置的"叫"其意义和用法相当于普通话命名式处置句中的"管"。

第 13 章　被动句

被动句是汉语的基本句式之一。普通话中主要用"被""让、叫、给"等标记被动句。安阳方言主要用"叫、让",不用"被"。事实上,今天的北京口语中,一般也不用"被","被"只用在普通话书面语中。①据石毓智(2006),在普通话同为口语的 3 个被动标记中,"让"的使用频率最高。而安阳方言中,"叫"的使用频率远高于"让"的使用频率。陕北晋语神木方言(邢向东,2002)、湖北丹江方言(苏俊波,2007)、中原官话浚县方言(辛永芬,2007)、叶县方言(张雪平,2005)中,都用"叫"表被动,不用"让"。"叫"表被动大约产生在明清之际,"让"产生于 20 世纪上半叶。②各地方言使用"叫"表被动当承自明清。

13.1　被动标记"叫"

"叫"的被动用法是从动词义逐步发展出来的,汉语史上,"叫"在唐代只是普通动词,义为"叫唤""喊叫",宋以后用在兼语中,石毓智(2006)将这一时期叫在兼语中的语义特征分为 5 类:1. 用言语通知某人某事;2. 使令、支使某人做某事;3. 称呼某人为什么;4. 容许、任凭某人做某事;5. 使得、致使某人做某事。16 世纪以后的文献中发展出了被动标记用法。可以说普通话和安阳方言中都保留了"叫"的动词"叫喊"义—在兼语式中表多项意义—被动标记,这样的语义、说不语法功能演变的过程。如:

---

① 参见石毓智(2006)。
② 同上。

（1）别叫啦，他听不见。（动词义叫喊）

（2）叫小丽明儿来咱家吃饭嘞吧。（告诉某人做某事）

（3）别气啦，我叫他给你赔不是来啦。（支使某人做某事）

（4）你叫他哥嘞？（称呼某人为什么）

（5）我要没住院，能叫你评昂上模范？（容许、任凭某人做某事）

（6）我嘞钱包儿叫小偷儿偷啦。（被动标记）

其中，"叫"的容任义和支使义是"叫"向被动标记演化的语义基础，当"V"具有及物性时，具备以下的句法环境，"叫"字兼语句可向被动结构演变：

1. 兼语式的主语不出现，V 的宾语承前省略。

2. 受事名词被话题化。

3. 主语既是"叫"的施事，又是兼语后 V 的受事。

详尽论述参见石毓智（2006）。安阳方言的"叫"字被动句当有相同的语义发展脉络和句法环境要求。

13.1.1　"叫"字被动句的结构特点

安阳方言的"叫"字被动句句式很单一，只有一种形式，即"NP1 + 叫 + NP$_2$ + （给）VP"。"VP"可以是各种形式的动词短语，如"V + 体标记啦"；"V + 性状补语"；"V + 方所短语"；"V + 趋向补语"；等等。"NP$_2$"不可省略，如无法知晓或不方便指出施事，一律用"涅"来指代，这一点与普通话被动句可以不出现施事有明显不同。

（7）窗的叫那几个孩的（给）砸啦。

（8）衣裳叫俺妈（给）洗干净啦。

（9）钥儿叫他（给）搁昂桌的昂啦。

（10）车的叫俺弟弟（给）骑走啦。

（11）他叫涅_{人家}（给）打啦一顿儿。

（12）自行车叫涅_{人家}（给）补好啦。

石毓智（2006）认为出现在被动句中的"给"并不是被动标记，而是"一个介词，其后省略了一个代词，该代词与受事主语形成回指"，可用可不用。如：例（7）、（8），可添加代词"它"：

（13）窗的叫那几个孩的给它砸了。

（14）衣裳叫俺妈给它洗干净啦。

另，普通话中，"给"还可以充当被动标记，安阳方言中没有这种用法。如（以下两例均转引自石毓智，2006）：

（15）房子给土匪烧了。

（16）树给炮弹打断了。

需要提及的是，安阳方言的部分"连"字处置句、"拿"字处置句也可出现"给"，前文所提到的九种处置句格式，其中动体式、动结式、动宾式、动嘞式、位移式、代词复指式这六类连字处置句可添加"给"，而其他三类都不能添加"给"。如：

（17）他连/拿书包给丢啦。

（18）火连/拿房的给烧塌啦。

（19）她连/拿衣裳给包啦个包儿。

（20）服务员连/拿碗给拿昂来呀。

（21）小明连/拿那篇文章给背嘞滚瓜烂熟。

（22）那幅画恁连/拿它给拿昂家吧。

其他三类动量式、状动式、动介式都不能添加"给"。如：

（23）＊你连衣兜儿给翻翻。

（24）＊他连书包给一丢，就跑出去玩儿嘞呀。

（25）＊俺连东儿给还给涅啦。

处置式的"给"实际上也是介词，其后省略了一个代词，这个代词替代的是动词的与事，有时候这个与事可以出现在句中。如：

（26）服务员连/拿碗给咱拿昂来呀。

据石毓智（2006），在《红楼梦》时代，处置式"给"后的与事全部不能省，现代汉语的省略用法是后来的发展。安阳方言中的"连/拿"字处置句多不能出现与事，也应是在近代汉语该句式基础上的进一步发展。

"让"字被动句在安阳方言中没有"叫"字被动句使用频率高，但凡可用"叫"的句子都可用"让"。从汉语史上看，"让"表被动比"叫"表被动晚了很多，似乎可以推测，安阳方言中"让"表被动是受普通话影响而发展起来的。由于其用法和"叫"表被动相同，此处不赘述。石毓智（2006）指出，"让"和"叫"在语义和用法上有很多相似之处，这使它们都发展出表被动的用法。但两个被动标记，"让"在普通话中使用频率更高，"叫"在安阳等地方言中使用频率更高。这也许是方言比普通话保存近代汉语成分更多，而普通话比方言发展更快的一个例证。

安阳方言中的"叫"字句只表被动，但在其他方言中，"叫"不仅可表被动，还可表处置，如河南叶县的"叫"字句，湖北丹江的"叫"字句，等等。例如"叫"表处置：

（27）你叫问题搞复杂咾。（丹江方言）

（28）他叫事情想歪咾。（丹江方言）

（29）他叫腿伸着。（叶县方言）

（30）你快叫我吓死了。（叶县方言）

据苏俊波（2007）"叫"作为被动标记，产生后一直沿用在北方方言口语里，后进入到共同语中。而"叫"的处置标记用法，分布并不广泛。在方言中同时表达处置和被动关系的，仅限于中原官话的南鲁片如叶县、舞阳、郾城等地，西南官话的鄂北片如丹江等地。

苏俊波（2007）认为，湖北丹江方言的"叫"，其语法化过程为：

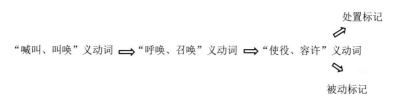

图 13 - 1　湖北丹江方言"叫"的语法过程

其中，先发展出被动标记，后发展出处置标记。安阳方言"叫"的语法化过程与丹江方言的"叫"的语法化过程基本相同，但安阳方言由于承继了近代汉语中"连、拿"表处置义，限制了"叫"的处置义的发展。因此，"叫"只发展出被动标记的用法。

有的方言研究中将被动句的标记记为"教"，"教"和"叫"是怎样的关系呢？蒋绍愚（1994）指出：用"教"表被动始于唐代，用"叫"表被动始于清代。"叫"代替"教"表被动，是一种同音替代的结果。赵茗（2003）说："我们倾向于认为'叫'用作使役和被动是从

'教'而来的，是对'教'的取代。'教'从唐代开始在语音上分化出平声表使役，但是其去声并没有消失；而'叫'字读作去声，与'教'的去声同音，这样'教'的使役用法就被笔画简单的'叫'逐渐取代了。"但石毓智（2006）认为，元明时期，"教"只用于"使令"的含义，缺乏叫所具有的"容任"义，主语一般限于人，不能是客观情况或事物。因此，"教"没有向被动标记发展的语义基础和句法环境。本书认为，从文献考证以及音韵发展变化角度来看，蒋绍愚（1994）、赵茗（2003）的论述更为合理。这也正是当前方言研究者在记录被动句中时，有的考虑到本字，用"教"，有的考虑到语言的发展变化用"叫"的缘故。本书从语言发展变化和当前的语言实际，用"叫"来表被动标记。

13.1.2　"叫"字被动句与处置句的套合

安阳方言中还有一种被动句套合处置句的形式，在实际对话中这种句子通常无主语，可看作一种特殊的非主谓句。被动句语法标记"叫"可以出现在这种句子中，"让"一般不用在这类句子中，这也证明"叫"比"让"在被动句中的分布和使用更广泛。处置句标记"连""拿"也可以出现在这种句子中。基本格式为："叫 + NP$_1$ + 连/拿 + NP$_2$ + VP"。根据"NP$_1$"的语义差别可以将这类格式分为两个小类。

13.1.2.1　生命式

这一小类"叫/让"引介的是与人、动物相关的名词或代词，指称有生命能发出动作和行为的人和动物。语义特征为［＋生命］。如：

（31）叫小刚连/拿老师灌醉啦。

（32）叫孩的连/拿玩具摔烂啦。

（33）叫猫连/拿小鸡儿吃啦。

（34）叫虫的连/拿树啃啦。

（35）叫你天天迟到，连/拿老师气嘞。

（36）这一下的没叫诺买东西嘞连/拿诺老婆儿诀死。这一下子那个买东西的把那个老太婆骂死了。

（37）就为点小事儿叫张老三连/拿他哥们儿告昂到法院嘞啦。

这一小类的特点是：1. 动词是自主动词，带有体标记"啦"、表结果或表趋向的补语，以及"没""这一下的"等各种状语形式。2. "叫"介引语义特征为［＋生命］的人名、动物名、人称代词等，有的指人名词还可带谓语，整句为复句。3. "连/拿"后的名词短语指人或物均可。

这类句子主要是陈述施事对某人/物处置并产生了较严重后果。整个句式强调被动关系和"不如意"。这类句子如用普通话表达，一般对应于被动句式。在句法成分上，这个句式既强调施事，又强调动作和结果。如去掉句首的"叫"，也可成句。如句首有状语，须将状语作相应调整。如：

（38）小刚连/拿老师灌醉啦。

（39）猫连/小鸡儿吃啦。

（40）你天天迟到，连/拿老师气嘞。

（41）这一下的诺买东西嘞连/拿诺老婆儿诀死啦。

（42）就为点小事儿张老三连/拿他哥们儿告昂法院嘞啦。

转换成施事主语句后，不再具有强调施事的作用，也不如带"叫"的句子更口语化、更常用。可见"叫"的作用主要是把焦点前移到施事。

有时也可把受事放在句首，句中用代词复指：

（43）秦老婆儿硬叫她儿媳连/拿她气嘞哭。

（44）诺那个小偷儿楞硬是叫院儿嘞人连他差些儿打死。

这一小类可叙述如上已然事实，也可用于预测可能发生的事情或表达祈使义。表可能义时，也同时表达说话人的不满或警告对方，句末语调为升调，如：

（45）叫恁几个连/拿房的点咾！

（46）叫他连/拿钱儿丢咾！

（47）叫孩的连头磕咾。

祈使句用来提醒、警告听话对象，句首用"操心"，"连/拿"后是人称代词。如：

（48）操心叫我连/拿你揍一顿儿。

（49）操心叫拐的连/拿你拐跑。

（50）操心叫涅连你骗咾。

生命式中还有一种句子，动词为表认知、评价的"说成、当成"等，有时动词前带语气副词"倒"，表不该如此。有时句首可添加语气副词"可""真"等。V成后要有宾语。"叫""连/拿"只介引指人名词和代词。如：

（51）叫我连/拿他当成骗的啦。

（52）可叫涅连/拿你当成宝啦。

（53）真叫你连/我说成啥的啦。

（54）叫恁都倒连/拿俺老头儿说成怂包啦。

这类句子特别强调"叫"后的"施事者"，带有强烈的不满情绪。去掉"叫"，句首的语气副词须后移，移至动词前，句子成立，但强调的意味和不满的情绪都会减弱。如：

（55）我连/拿他当成骗的啦。

（56）涅可连/拿你当成宝啦。

（57）你连/拿我真说成啥的啦。

13.1.2.2 非生命式

这一小类"叫"介引的名词为指物名词，语义特征为［-生命］，所指事物没有生命，也不能发出动作。但仍能对"连"后的对象施加影响。如：

（58）叫桌的连/拿衣裳挂破啦。

（59）这下的叫风连/拿树刮倒啦。

（60）差点儿叫烟连/拿我呛着啦。

（61）叫几块钱连他为难嘞。

（62）叫几本书连他高兴嘞。

这一小类的特点是：1. 动词多为非自主动词，或表情绪和情感的形容词，表情绪和情感的形容词不具有及物性，只能用介词"连"不能用"拿"。2. 叫介引的名词为［-生命］类。3. "叫"后的成分都是无定的，如："桌的、风、烟"，有的带数量词作修饰语，强调其微不足道性。"叫"前可带状语，如"这下的、差点儿"等。

语义上，句子叙述某人或某事因外力影响而遭到损害（动词谓语）或有所反应（形容词谓语）。这种局势强调动作和结果以及施事。这类句式去掉"叫"，也仍然成立，但去掉"叫"后不再强调施事。安阳方言中，使用"叫"的形式更口语化，频率更高。

这一类句子也可用来预测可能发生的事情或句首添加"操心"表

具有提醒、警告义的祈使语气，句末为上升语调。如：

（63）叫钉的连/拿手刮破。

（64）叫几块钱连/拿咱难着。

（65）操心叫玻璃连/拿手扎着。

（66）操心叫雨连/拿衣裳淋唛。

与普通话相比，套合句似乎只是在"把"字句前添加了一个"叫"，但两者的表达重点是不同的。普通话"把"字句强调突出动词后的宾语，而安阳方言的套合句突出的是对比焦点，即"叫"后的施事。

除安阳方言中有这类套合句外，陕北各地晋方言中也多存在这类套合句，且形式更为多样，除了有被动句中套合处置句的类型，即"教 NP + 把 NP + VP"；还有处置句中套合被动句的类型，即"把 NP + 教 NP + VP"，处置句的标记为"把"，其被动句的标记为"教"。例如：

（67）把那后生直教那些打死。

（神木）

（68）把那么一盆好花儿，教你放在院起冻死了。

（神木）

（69）把一颗西瓜全教他吃了。

（绥德）

（70）把个孩儿教你务营成个甚了。（孩子教你抚养成什么样子了？）

（佳县）

（71）教你倒得粪多了，把花儿也熏死了。

（神木）

（72）教张师傅把这个地砖打烂了。

（佳县）

（73）教冷子把凉棚打烂去也。

（清涧）

（74）教你倒把我看成个草包了。

（清涧）

以上例（67）—（70）为处置句中套合被动句，邢向东（2006）认为这种句式可用来强调"把"后的成分，"把"字可将话语焦点前移到句首。例（71）—（74）为被动句中套合处置句，这类句式和安阳方言中的一样，都将话语焦点前移至句首处置标记后。可见，在多地晋方言中都有使用处置句和被动句套合形式来将话语焦点提前，突出所需要强调的语言成分。

13.1.2.3 近代汉语中被动句与处置句的套合

近代汉语中有较多被字句内套合处置句的句式。一般认为起源于宋代，唐宋以后特别是明清时期的语料中，"把（将）、被"同现句比较普遍①。如（以下三例均转引自唐钰明，1988）：

（75）老汉王林，被那两个贼汉将我那女孩儿抢将去了。（《元曲选·李逵负荆》三折）

（76）我失了脚掉下去，几乎没淹死，好容易救了上来，到底被那木钉把头碰破了。（《红楼梦》第38回）

（77）师父分明是个好人，必然被怪把他变做虎精。（《西游记》第30回）

例（75）—（77）都有主语，而其后"将""把"所带的宾语与主语分别是隶属关系，如例（75）、（76），和复指关系，如例（77）。在安阳方言中，也仍存这种用法，只是较少。如前文的例例（43）、（44）就是复指关系，隶属关系如以下两例句：

（78）俺婆的叫俺连她嘞衣裳洗洗。

（79）诺那个孩的叫涅人家连头打流血了。

近代汉语中还有大量套合结构没有主语，如：

（80）被利欲将这个心包了。（《朱子语类》卷十八，转引自蒋骥骋、吴福祥，1997）

（81）哥哥，好吃酒的也。（唱）被你把头巾来污。（《杀狗劝夫》第二折，转引自邢向东，2006）

邢向东（2006）认为，带主语的句子，施事在表达上的作用仍然不够突出。比较起来，无主句是更典型的被动式、处置式套合句，更能强调、凸显施事。

近代汉语中的"被"字句和"把/将"字句的套合句式，与今天安

---

① 参见兰宾汉（2011）。

阳方言及其他地方的晋方言语义特点一致，都表达不满意、不如意的情绪。其不同之处是：1. 近代汉语中表被动的词，绝大多数是"被"后期极少数用"教"，而安阳方言只能用"叫"，不用"被"。2. 近代汉语的这类句子有的有主语，有的没有，安阳方言的这类句子一般都没有主语。3. 近代汉语这类句子中没有出现表认知和评价类的动词，安阳方言中表认知和评价的动词可以进入这类句子。本书认同邢向东（2006）所说，这应当是在近代汉语套合句式基础上类推出来的，是套合句式的新发展，这也可以证明"叫"已经从单纯的施事标记语法化为话语焦点标记。

近代汉语中，"被/教"在前的套合句远多于"把/将"在前的套合句。今天各地方言中，这两类套合句并存的方言中，也存在这种不平衡性，而安阳等地方言中也只有被动句中套合处置句。这种不平衡性，邢向东（2006）从结构和语义特点两方面加以解释，他认为从结构上看，"把"及其后的受事成分和动词的关系密切，一般不允许用其他状语隔开，被"NP"置于句首，更符合汉语语法结构要求。而从语义和语用上看，"把"字句中，受事是有标记成分，已经得到突出，要突出"把"字句中本无标记的施事，只有用被类标记成分使它成为对比焦点。本书认为，这同样适于解释为什么安阳方言中只有处置句中套合被动句的类型，以及该类型的句子所具有的结构和语义的特点。石毓智、李讷（2001）认为，处置式和被动式套合的句式在现代汉语中不见了。但事实上，安阳方言中仍保存有这种套和句式，另据邢向东（2006）初步调查，内蒙古晋语、关中、陕南方言、吴语苏州话、高淳话，徽语休宁话老派，闽语泉州话、汕头话都有被动式、处置式的套合句式。其形式、用词、语义特点各有不同。因此，只能说现代汉语普通话中没有这类句子，而各方言中这种处置句和被动句的套合句仍活跃在人们的口头语言生活中。而各地方言中这类句子存在着较为复杂的情况，需要作更深入的调查研究。

13.2　本章小结

本章描写了安阳方言的被动句。

安阳方言的被动句不用"被"标记，而是用"叫""让"标记。

"叫"字被动句使用频率高于"让"字被动句。其格式和语义特点与普通话的"被"字句基本相同。

处置句和被动句的套合在普通话和方言中都存在，安阳方言的处置句和被动句的套合格式只能使用"叫"，不能使用"让"。

安阳方言中有被动句中套合处置句的类型，没有处置句中套合被动句的类型。

本章还追溯了近代汉语中被动句和处置句套合的句法现象。

第 14 章　位置句和位移句

　　现代汉语研究中，对空间关系表达的研究主要体现在对一些表述空间的介词、趋向动词、方所名词等的研究上，其中，以文炼（1956）、范继淹（1982）、廖秋忠（1983、1989）、方经民（1987、1992）侯敏（1992）、徐丹（1992）、齐沪扬（1994、1997、1998、1999）、刘宁生（1994）、储泽祥（1998）等的研究较为突出，而齐沪扬（1994、1997、1998、1999）尤为着力于现代汉语空间问题的发掘与研究，他对现代汉语空间问题作了系统、全面的研究，对诸如现代汉语的方向系统、形状系统、位置系统、位置句、位移句等进行了广泛深入的思考，建立起一个较为全面的体系。但在方言语法研究领域，对空间关系表达的研究就稍显薄弱。研究者多在研究方言中的介词、方位词、存现句时，对方言中的空间问题有所提及，较少集中描写、分析各方言中的空间表达问题。这也许是因为对多数方言而言，空间问题往往是散布于各种各样的词汇表达和语法表达中，较难抽离所致。但这不应成为阻碍挖掘方言特点、展示语言多样性的理由。安阳方言在表达空间问题时，有和普通话相似之处，主要表现在表达空间系统的方向系统、形状系统上[①]；也有很明显的差异，这种差异尤其表现在表达位置和位移方面。这种差异对全面认识和理解汉语表达空间问题具有一定的意义和价值。位置和位移的表达是语言表达空间关系的重要组成部分，又是安阳方言与普通话差别较大的内容。本章将通过对位置句和位移句描写和分析来试着探讨安阳方言的部分空间表达问题。

---

　　①　参见齐沪扬（1999）。

14.1 位置与位移

语言表达中的位置是指句子中某物体与另一个物体之间占据、变化的关系。这里，位置是描述某物体的，另一个物体是指"参考位置"，参考位置可以是词语指称的显性位置，如："屋儿嘞有人。""屋儿嘞"是显性位置，也可以是无词语指称的隐性位置。如："有人。"隐去了表位置的"屋嘞、外头"等词语。本书采用齐沪扬（1999）的概念和方法，将位置区分为静态位置和动态位置。静态位置是指物体在某一位置相对于参考位置来说是静止不动的。动态位置是指物体在某一位置相对于参考位置来说是运动着的，且是有方向的。用以表达静态位置的句子可以称为位置句，用以表达动态位置的句子可称为位移句。为了在字面上更好地区别这两种空间关系，我们将静态位置称为位置，将动态位置称为位移，下文如无特别指明，位置一律指静态位置，位移一律指动态位置。现代汉语"表达空间关系的方式和手段所涉及的因素，包括方位词、介词、趋向动词、动词、处所名词等各个方面"[①]。可以说，这些表达空间关系的方式和手段都反映在位置句或位移句中。本章并不打算将方位词、介词、趋向动词、动词、处所名词等分类逐一描写，而是要根据安阳方言的特点，将安阳方言的位置句和位移句的结构形式、意义特点加以描写和分析，并对安阳方言的特殊用词"昂"着力研究；另从普方古角度对空间问题进行比较分析。

14.2 位置句

安阳方言表达静态位置的句子主要有零动词句、"的"字句、动词"在"字句、介词"在"字句。

14.2.1 零动词句

安阳方言和普通话中都存在一种零动词位置句，即没有动词，只有

---

① 参见张斌（1999）。

名词或名词短语表达物体本身以及物体运动的处所。如：

（1）他家（嘞）一屋的嘞人—屋子的人。

（2）院的嘞院子里一地玉米。

（3）胳膊昂上几个血不淋的伤口。

（4）衣裳昂上一大片油花的子。

（5）脸昂上满脸麻的子。

在这类句子中，陈述部分由一个名词性偏正短语担任，原有的指称功能转变为陈述功能。并非所有的名词性偏正短语都能进入这类零动词句，而应是数量词修饰的短语，这个数量修饰语的出现具有强制性，如果缺少数量修饰语，句子不成立。其数量修饰语在语义上具有虚指性，也就是说，名词前的数量词不表示明确的数量概念，只有修饰作用。如上述例子中："一屋的""一地"意思分别是"满屋、满地"，另如"满脸"即"一脸"，都表示多；"几个""一大片"都表示对数的模糊判断。

表处所的词语一般为"N＋方位词"。邢福义（1997）也将方位词称为"方位标"，方位标以所附事物为方位参照点，指明方位。根据邢福义（1997）对方位标的分类，我们将安阳方言表处所时常用的方位词总结如下（表 14－1）：

表 14－1　　　　　　　　安阳方言常用方位词表

	附着	独立
典型方位标	昂、前、后、外、嘞	上、下、左、右、东、西、南、北、里
准方位标	边儿、头儿、榜儿、密儿、角儿、腰、脚儿、口儿	
复合方位标	东西、南北、里外、上下、左右、前后、上边儿、下边儿、东边儿、南边儿、西边儿、北边儿、里边儿、外边儿、四密儿、东密儿、南密儿、西密儿、北密儿、这一密儿、那一密儿、上头、下头、里头、外头、东头儿、南头儿、西头儿、北头儿、中间、底下、这一榜儿、那一榜儿、顶昂、边儿昂、腰昂、口儿昂、角嘞	

安阳方言中的典型方位标有的可单独使用，有的须附在别的语言成分后，类似于词尾的成分。准方位标附在别的语言成分后使用，词汇意义强于附着性的典型方位标。复合方位标既可单独用也可附着在别的语言成分后使用。特别要注意的是，安阳方言的方位标"上"和"里"在单独使用以及复合方位标的前一成分时，发音为本音 [sɑŋ²¹³]、[li⁵³]，如："往上瞧/上头/往里走走/里边儿"而充当附着成分时，发音为轻声的 [·ɑŋ]、[·lei]，我们记为"昂"如："桌的昂桌子上/俺班昂我们班上/心嘞心里/屋儿嘞屋里"。用在零动词句中的方位标以"昂""嘞"多见。由于安阳方言的方位标与普通话的方位标语法功能基本相似，我们本章节不对这些方位标展开描写和讨论。

范芳莲（1963）、范开泰（1988）都认为零动词句是一种省略动词的句式。但齐沪扬（1998）指出，零动词句中仅有一部分可看作省略了动词，而另有些零动词句无法视为省略动词的句子。如例（1）—(5)，似都可视为省略了动词"有、是"的句子。但在下面的例句中，并不适合添加动词"有"或者"是"，如：

（6）病房嘞里一片乱糟糟儿。

（7）脑的嘞脑子里一团糟。

这两句话是一种较为特殊的零动词句，其陈述部分的核心词不是名词而是形容词，但其中的形容词并不表修饰或限定，而是表具有这类性状特征的事物，可在后补出"景象、样子"等名词。这类句子不能添加动词"有"，但可以添加"是"，但这个"是"不是表存在的"是"，而是表关系判断的"是"。而"病房嘞""脑的嘞"也不再是处所，而变为指称事物。

零动词句以及含有"是/有"的存现句都可表达人或物在某位置上的存在，句式语义一般为：某地或某位置存在某物。其存在方式是静态而非动态。从语用角度来看，零动词句和"是/有存现句"的位置是前景，人或物是背景。这与本书下面研究的其他位置句或位移句有所不同，下文的位置句和位移句，人或物是前景，处所和位置是背景。这也是齐沪扬（1997）并不倾向于将存现句并入位置系统的一个原因。本书认为研究位置和位移无法绕开存现句这种句子形式，不仅在零动词句和存现句纠葛中会触及存现句，在下文的"的"字句、包含"昂"的位移句中都会涉及存现句。因此存现句也是我们要考察的对象，但我们并不将存现句单独归类，而是在位置句和位移句的各类型涉及存现句时，自然地加以描写和分析。

14.2.2　"的"字句

14.2.2.1　"的"字句的结构特点

安阳方言进行体标记"的"相当于普通话的进行体标记"着"。前文已对这个体标记进行了详细描述和分析，本章只关注表位置的"的"字句。本章如无特别标注，"的"字句都指"的"字位置句。如：

（8）墙角嘞蹲的么一只猫。

（9）外头下的雨嘞_{下着雨呢}。

这类句子主语部分由处所词组成，谓语部分由"V＋的＋N"构成。其他类型的"的"字句不在本章讨论之列。

14.2.2.2　"的"字句的语义类型

例（8）和例（9）表面看结构类型相同，但其内部隐含的语义结构关系并不相同，先看如下变换：

（10）墙角嘞里蹲的着么一只猫。——a 么一只猫在墙角嘞里蹲的着嘞。——*b 墙角嘞里正蹲么一只猫嘞。

（11）外头下的着雨嘞。——*a 雨在外头下的着嘞。——b 外头正下雨嘞。

这两例的变换呈现出对立互补，例（10）可以变换成句式 a，不能变换成句式 b，而例（11）刚好相反，可以变换成句式 b，不能变换成句式 a。可见例（8）和例（9）虽都属位置句，表达的是静态位置关系，但句子的语义结构并不相同。从体貌角度看，例（8）表现出的是一种状态的存在和持续，例（9）表现出的是动作的持续和进行。我们将例（8）代表的"的"字句称为状态"的"字句，将例（9）代表的"的"字句称为动作"的"字句。

14.2.2.3　"的"字句动词语义特点

先来看状态"的"字句。状态"的"字句的动词都是非动作动词①，全句表示某动作之后状态的存留，如：

（12）箱的子里头藏的着恁那么多钱。

（13）脑的嘞脑子里记的着那事儿嘞。

（14）身昂上穿的着三件儿毛衣。

（15）这儿埋的着他亲爹。

由于"大多数状态动词都有相对的同形动作动词"（李临定，1990），例（12）—（15）中的动词也有相同的情况，但当这类动词加上"的"后，其状态性也就是非动作性就表现出来了。因此，可以把状态"的"字句的动词语义特征描写为［–动作］。

而纯粹的动作动词加上"的"后，仍表示动作的持续，如：

（16）电视昂上唱的着戏嘞。

（17）后头跑的着幺一个人。

（18）广场昂上跳的着舞嘞。

动作"的"字句的动词语义特征为［＋动作］。动作持续句表示动作的持续，其句中的动词不能是"死、开始"这一类的瞬间动词，而须是有持续性的动作动词。如"唱、跑、跳"等。状态"的"字句、动作"的"字句的动词都具有持续的语义特点，所带宾语有时要求是受事，如：

（19）墙昂挂的幺书包。墙上挂一个书包。

（20）床下边藏的着恁那么多好东儿。

（21）锅嘞里熬的着小米儿稀饭。

有时是施事成分，如：

（22）地昂躺的幺人。地上躺着一个人。

（23）门里头圪蹴的着俩人。

（24）头昂上冒的着热气。

（25）台的昂演的邦的戏。台子上演着梆子戏。

动作"的"字句中，"动词＋的"表示一种动作的持续，不一定用"的"才能表动作持续，用相应的时间副词也可表动作持续，如：

（26）台的昂正演梆的戏嘞。台子上正演梆子戏呢。

---

① 动词的分类参见第6章表6–1。

（27）锅嘞里正熬小米儿稀饭嘞。

14.2.2.4　"的"字句与"啦"字句

表静态位置的"的"字句与前文安阳方言含有完成体标记"啦₁"的句子具有一定的对应性。如：

（28）床昂躺的幺人。_{床上躺着一个人。}

（29）床昂上躺啦幺人。

（30）门口儿站的着一扑流的_{一排}人。

（31）门口儿站啦一扑流的_{一排}人。

（32）墙昂上挂的一张画儿。

（33）墙昂上挂啦一张画儿。

（34）桌的昂桌子上搁的一本书。

（35）桌的昂桌子上搁啦一本书。

（36）衣裳昂上绣的一朵花儿。

（37）衣裳昂上绣啦一朵花儿。

但并非所有动词都可以既进入"的"字句又进入"啦"字句。有的动词只能进入"的"字句，有的只能进入"啦"字句，如：

（38）火昂熬的稀饭_{火上熬着稀饭}。　　＊火昂熬啦稀饭。

（39）电视昂上演的着新闻。　　＊电视昂演啦新闻。

（40）监狱嘞里跑啦俩犯人。　　＊监狱嘞跑的俩犯人。

（41）枕头底下留啦一百块钱。　　＊枕头底下留的一百块钱。

朱德熙先生（1981）认为，表示位置点留存有动作状态这种意义的"着"字句，句中动词须具有"附着""遗留状态"两种特征。当这类句子变换成"了"字句，动词仍保持"附着""遗留状态"两种语义特征。安阳方言中的状态"的"字句就具有这一特点，如前面的例（28）、（30）、（32）、（34）、（36）。而动作"的"字句表达的是动词所代表的动作进行过程中的情况，就不能变成"啦"字句，如例（38）、（39）。还有的动词不具备持续义，可以用在"啦"字句中，不能用在"的"字句中，且表达的不是静态位置义而是动态位移义。如例（40）"犯人"从监狱里位移至监狱外，例（41）"钱"从别的地方位移至枕头下。可以看出，用"的"和用"啦"的句子，虽然意义上有相似处，但用"的"更突出动作或状态或结果的持续，而用"啦"则突出动作的完结性，因动作的完结也意味着结果的保持，所以满足条件的一些动词既可以出现在状态和动作"的"字句中也可以出现在"啦"字句中。除安阳方言外，普通话、海盐方言（胡明扬，1988）、上海方言中（于根元，1984）都存在着一定条件下，动词后用"着"和用"了"相对应的语言现象。

14.2.3 "在"字句

这里所说的"在"字句是指能表示相对静态位置关系的"在"字句，即动词"在"字句；以及充当介词，介引状态或动作、事件发生发展的位置的介词"在"字句。安阳方言中动词"在"和表介引位置的"在"读音都为"［tɑi²¹³］"。

14.2.3.1 动词"在"字句

动词"在"，表达某人或某物存留于某一位置，有时以静止状态存在，有时以动态形式存在，如：

（42）他在家嘞。

（43）饭在桌的昂嘞。

"他"，具有［＋生命］特征，因而，例（42）这句话中，"他"有可能是以静态的方式在家，如："他在家，他躺着。"也有可能是以动态变化的形式在家，如："他在家，他正做饭嘞。"但无论是人或物的存在是静态还是动态，相对于家这个空间位置，都是静态存在，没有发生位移。

动词"在"字句的语义框架为：

存在者—存在—处所

存在者可由处所名词担任，但并不表处所，而是表事物，也可由非处所名词担任，非处所名词可以是有生名词，也可以是非有生名词。处所由"处所词＋方位词"组成。如：

（44）一大家的都在院的嘞。

（45）小猫儿在桌的底下。

（46）安阳一中在东南边儿。

动词"在"的语义特点表现为："在"单纯表示物体的存在，具有［＋存在］、［−动作］、［−状态］的语义特征；只能以光杆形式出现。

14.2.3.2 介词"在"字句

情况较为复杂,举例如下:

(47) 钥儿钥匙在桌的昂上搁的着嘞。

(48) 书包在墙昂上挂的着嘞。

(49) 俺妈在家包饺的着嘞。

(50) 你咋又在墙昂上乱画嘞?

例(47)、(48)是状态"在"字句,例(49)、(50)是动作"在"字句。两者的相同点主要是都有"在+NP"这一形式,"说明在这一空间位置上的物体,从空间位移的角度来说,是相对静止的"(齐沪扬,1999)。两者的区别是从时间位移的角度考虑,就有可能产生在"在+NP"这个位置上有相对静止的状态和在"在+NP"这个位置上伴有动作这两种情况。齐沪扬(1999)认为,根据这种区别,可将表达相对静止状态的"在"字句称为状态"在"字句,将表达伴有动作的"在"字句称为动作"在"字句,这两种"在"字句都表静态位置。下面一一描写这两种"在"字句的结构、语义特点。

14.2.3.2.1 状态"在"字句

安阳方言的状态"在"字句主要有如下两种形式:

(一)NP+在+处所+V的嘞。

(51)帽的子在门后头挂的着嘞。

(52)小陈在沙发昂上坐的着嘞。

(二)NP+在+处所+V嘞,如:

(53)孩的子在床昂上睡嘞。

(54)他都他们在校门口儿等嘞。

格式(二)往往可变成格式(一),如:

(55)孩的子在床昂上睡的着嘞。

(56)他都他们在校门口儿等的着嘞。

但格式(一)不一定能变成格式(二),如:

(57)*帽的在门后头挂嘞。

(58)*小陈在沙发昂坐嘞。

格式(一)中的"V"持续性意义必须在和持续体标记"的"在一起时,才能体现出来。而格式(二)的"V"本就具有持续性意义,因此不用"的"也可表状态持续。

状态"在"字句在语义上的主要表现为，人或物呈现出在某空间位置的某一状态的持续。主语若具有［＋生命］语义特征，可添加副词"正"，如：

（59）小陈在沙发昂上正坐的着嘞。

（60）猫在桌的子底下正趴的着嘞。

（61）孩的子在床昂上正睡嘞。

（62）他都他们在校门口儿正等嘞。

若主语为［–生命］语义特征，不可用"正"，如：

（63）＊帽的在门后头正挂的嘞。

（64）＊钥儿在椅的昂正搁的嘞。

A、B 两组的句子都可以去掉表持续的"的"，添加完成体标记"啦"，以及表时段的时量词，变换为以下结构：

（65）帽的子在门后头挂啦俩月。

（66）小陈在沙发昂上坐啦半天。

（67）孩的子在床昂上睡啦仨钟头。

（68）他都他们在校门口儿等啦一下午。

例（65）—（68）表明，在时段词表示的某段时间内，某种动作或状态一直在某空间位置上持续，仍呈现出静态特点。

跟普通话不同，安阳方言中没有"NP＋VP＋在＋处所结构"，这种结构在安阳方言中必须用"NP＋在＋处所＋V 的嘞"或"NP＋V＋昂＋处所"格式表示，如：

（69）小陈坐在沙发上。（普通话）

（70）小陈在沙发昂上坐的着嘞。（安阳方言）

（71）小陈坐昂在沙发昂上。（安阳方言）

范继淹（1982）、侯敏（1992）都注意到普通话中"NP＋VP＋在＋处所"格式的歧义性。范继淹（1982）认为这类句子可表瞬间的动作，也可表持续的状态。侯敏（1992）认为"在沙发上"这个介词短语既可表"坐"这一状态呈现的处所，又可表他因"坐"这一动作影响所居的处所。我们赞同对这类歧义性句子的分析，并且认为，这两个意义，一表静态持续，即"坐"这个动作造成的状态在沙发上的持续。一表动作的位移，即预设是"小陈"本来不在沙发上坐，现坐了上去。安阳方言不存在这种歧义句，而是用两个不同的格式分化歧义，用"NP + 在 + 处所 + VP"结构表示静态持续，用"NP + V + 昂 + 处所"表示动态位移。

根据以上分析，还可以看到，能够进入状态"在"字句的"V"具有如下特点：

1. 部分是及物动词，部分是不及物动词。

2. 可以和"的""啦"共现，可以和时段词结合。

14.2.3.2.2　动作"在"字句

动作"在"字句与状态"在"字句不同，上文已有分析，简单说，状态"在"字句表示在空间位置中状态的持续。动作"在"字句表示在空间位置中，动作发生的处所或动作达到的处所，两者在空间位置上都没有变化，但在时间上，状态"在"字句无变化，动作"在"字句有变化。动作"在"字句与位移句也有所不同，动作"在"字句表示的动作在空间上是没有变化的，而位移句在空间位置上产生变化。动作"在"字句，如：

（72）小孩儿在墙昂上画画儿嘞。

（73）他在房顶昂上瞧涅嘞院的人家的院子嘞。

（74）俺在家嘞里洗衣裳嘞呢。

其句子结构为：NP + PP + 处所 + V + O + 嘞

例（72）—（74），对应的普通话为：

（75）小孩儿在墙上画画儿呢。

（76）他在房顶上看人家的院子呢。

（77）我在家里洗衣服呢。

安阳方言由于其口语性强，句中一般要求用语气词"嘞"，但普通话的研究对象常为书面语体，因此，在很多语法书的研究中，这类句子一般不出现语气词"呢"。例（75）—（77）分别代表了人或物占据的位置与参考位置重合①的三种情况。朱德熙（1981）对此作了细致区分，本书关注"V"与其所在的空间位置的关系，也即范继淹（1982）

---

① 参见齐沪扬（1997）。

所说这类句子都表示"动作发生的处所"。下面描写分析动作"在"字句的语义特点、句法特点。

齐沪扬（1997）指出这类句子中的"V"在语义上主要表现为非状态性、非移动性，这是相对于状态"在"字句的特点所作的描述。非移动性是说动作自始至终在某一空间位置发生、进行和完成，并没有产生位移。安阳方言中的动作在字句的"V"同样表现出这样的特点。

（一）"V"具有非状态性与非持续性。

可以说非状态性也就是指"V"本身的动作意义更强，往往有动作的施受者。这类句子通常反映的是某人或某物在某空间位置进行某动作，而非动作进行或结束时产生的某种状态的持续，并非说这类句子不能表述动作持续。这类句子都可以添加表动作进行和持续的"正""的"，这两个词根据具体的语境可以同现，也可以只用其中一个，或两个都不用，如：

（78）小孩儿在墙昂上（正）画（的着）画儿嘞。

（79）他在房顶昂上（正）瞧（的）涅嘞院的人家的院子嘞。

（80）俺在家嘞里（正）洗（的）衣裳嘞。

用不用"正"和"的"，句子的意义有所不同，用"正""的"表动作进行和持续，只能用在方然和已然，不能用于未然。如：

（81）将才刚才诺那个小孩儿还在墙昂上画的着画儿嘞。（已然）

（82）这一会儿不咋，诺那个小孩儿在墙昂正画的画儿嘞。（方然）

（83）＊明儿诺那个小孩儿还在墙昂画画儿嘞。（未然）

可以看到，这类句子中"V"本身不具有状态性和持续性，持续义由添加"正、的"来表示。

（二）"V"具有非移动性。

动作"在"字句的人或物并非相对静止，而是在进行某一动作，随时间推移而变化，但这种动作在某一空间位置上是相对静止的，动作只在某一位置点上进行，不离开这一空间位置，"V"的非移动性是指相对于处所的非移动性，并非如齐沪扬（1997）所说的动词具有［－移动］的语义特征，且不能使用表示移动的趋向动词。齐沪扬举的例子是：

（84）＊他在黑板上写出字。

（85）＊他在木盆里搓出衣服。

但这两个例子似乎不能说明非移动动词不能使用趋向动词，稍作改变：

（86）他在黑板上写出一个"好"字。

（87）他在木盆里捞出衣服。

这两句都可成立。因此，不能说动作"在"字句中的动词本身具有非移动性，不能带趋向动词。正如上面所述，"V"的非移动性是指相对于处所的非移动性，而且可以带趋向动词。如：

（88）小孩儿在墙昂上画画儿嘞。

（89）她在柜的子里头翻开一条裤的。

"画画儿"并不是在一个位置点完全不移动，但其移动一直处在"墙昂"这个位置范围内，因此可以视作相对静止，没有离开"墙昂"这个空间位置。再如例（89），"翻"具有移动性，且使用了安阳方言中使用频率很高的趋向动词"开"，但其移动并未离开空间位置"柜的里头"，因此仍然具有相对的静态性。齐沪扬（1997）认为类似例（89）的句子是不合格的，应把介词"在"改为"从"，但汉语方言和普通话中这类句子普遍存在，理论阐释似乎更应建立在尊重语言事实基础上，而非让语言事实屈从某种推论。

动作"在"字句的句法有如下特点：

（一）普通话中有的动作"在"字句可以将"在＋N"前移至句首，安阳方言也如此，如：

（90）在夜校嘞他学会不少东儿。

（91）在网昂他俩说开小时候嘞事儿。

但下面两句话不能将介词短语提前：

（92）奶奶在里屋瞧电视嘞。——＊在里屋奶奶瞧电视嘞。

（93）他在本的昂本子上练钢笔字儿嘞。——＊在本的昂他练钢笔字儿嘞。

范继淹（1982）认为是处所和动词的关系影响了介词短语的前移。但齐沪扬（1997）提出的观点，本书更为赞同。齐沪扬（1997）认为，句法上单、双音节结构，语用上的表达才是介词短语能否前移的限制条件。凡是单音节动词构成的动作"在"字句，介词短语不能前移至句首。如：

（94）他在书本里找例句。——＊在书本里他找例句。

（95）他在书本里寻找例句。——在书本里他寻找例句。

同样在安阳方言中也是如此，甚至对宾语音节也有要求，如：

（96）他在夜校嘞学东儿。——＊在夜校嘞他学东儿。——＊在夜校嘞他学会东儿。——在夜校嘞他学会不少东儿。

可以说，安阳方言中，动作"在"字句的动词和宾语的形式越复杂，介词结构"在＋处所"前移至句首，其成立的可能性越大。

以上对安阳方言中表静态位置的状态"在"字句和动作"在"字句作了描写和分析。这两类句子的结构形式、语义特点、句法特征各有特色。介词"在"字句中虽也常用"的"，但其主语部分为指人或指物名词，而"的"字句主语部分为处所名词，因而，两类句子还是很容易区分的。

动词"在"字句，介词"在"字句中的状态"在"字句和动作"在"字句，这三种位置句在形式、语义句法上的异同可以用表14 –2加以概括：

表14 –2　　　　　　　　安阳方言的位置句

		动词在字句	状态在字句	动作在字句
结构形式		N1 + PP + N2	NP + PP + 处所 + V（的）嘞	NP + PP + 处所 + V + O + 嘞
例句		1. 俺妈在家。 2. 超市在学校东边儿。	1. 孩的在沙发昂睡嘞。 2. 帽的在墙昂挂的嘞。	1. 他在屋儿嘞瞧电视嘞。 2. 孩的在墙昂画画儿嘞。 3. 小陈在汽车昂瞧着你啦。
语义特点	1. 空间意义	1. 相对静止 2. 绝对静止	1. 相对静止 2. 绝对静止	1. 相对静止
	2. 名词语义特点	［＋/－生命］	［＋/－生命］	N［＋生命］ O［＋/－生命］
	3. 动词语义特点	未完成、持续、非移动、状态	完成、持续、非移动、状态	未完成、持续、非移动、非状态
			V后都可添加表持续表状态的"的"	V多为复杂形式，PP结构可前移至句首

14.3　位移句

如前所述，位移句是反映物体在空间位置上发生变化的句子。物体相对于它运动的处所来说是运动着的，有方向的。不同的语言或方言可以用不同的手段表示路径（转引自刘丞，2010）。具体来说，可以有以下几种：1. 用动词表示（路径动词）；2. 名词修饰语表示（介词＋方位名词组）；3. 副词表示（"动词词缀"或"短语动词内的副介词"）。普通话中这三种类型都有，如：第一种：快来！请进！第二种：从前边、向学校。第三种普通话中使用短语动词内的副介词，即通常所说的"动词＋趋向动词"，如："跑出去、走进来"等。第三种类型中的动词词缀，普通话中没有，北京方言中有一个相当于"在、到"的"de"，如："坐 de 椅子上"，郭锐（1986）、赵金铭（1995）等都对此有过论证。安阳方言中，这三种类型也都有，但在第三种类型中，安阳方言趋向动词欠发达，只有"来""去""上""上来""开"五个趋向动词，可跟在 V 后表示空间位移；更多的位移句须使用动词词缀"昂"。下文将安阳方言的位移句分为这三种类型加以描写和分析，与普通话类似的类型和表达方法从简论述，着重描写安阳方言中用动词词缀"昂"表达空间位移的情形。这个使用频率很高的"昂"在表达位置和位移范畴时具有重要的作用，其意义用法、发展演变，我们还将在本章第14.3.4 节专文加以描写分析。安阳方言动词后的趋向动词"上""上来"，其中"上"的发音弱化为［ɑŋ］，下文我们将含有这两个趋向动词的位移句与含有动词词缀"昂"的位移句合并描写分析。

14.3.1　路径动词位移句

即本身具有［＋移动］语义特征且能成句的动词，如"走、跑、进、来、去、上、下"等动词。这类表位移的路径动词通常用在祈使句中，表示要求对象按照指令产生行动，使位置发生相应的变化，如："快走！别跑！请进！你先上。慢慢下。"用在第三人称时，表示对第三人称意愿的客观陈述，如："他来。他上。"用于第一人称时，是第一人称意愿的表达，如："俺走。俺去。俺都_{我们}来。"

14.3.2 "介词 + 处所词语"位移句

安阳方言以介词引出方所词语，置于谓词性短语前，表位移的起点、经由、方向和终点。我们参考李如龙、张双庆（2000）的做法，将位移句涉的介词分为 4 个类别，将安阳方言与普通话位移句中介引处所的常用介词归纳、对照如下（表 14 - 3）：

表 14 - 3 安阳方言介词和普通话介词对照表

介词类别	安阳方言所有	普通话所有	共有
1. 起点	打、从、以、自	打、从、自	打、从、自
2. 经由	打、从、以、沿、沿的、顺的、顺着［tʂuo³¹］	从、沿、沿着、顺、顺着、经、经过	从、沿
3. 方向	往、朝、照、照的、对的、对着［tʂuo³¹］、奔、奔的	往、朝、朝着、向、向着、照、照着、对着	往、朝、照
4. 终点	昂［ɑŋ］	在、到	

处所词语指可表处所的名词、方位词及其组合。①

"介词 + 处所词语"表示位移中的源点和终点。源点即位移的起点，终点即位移的最终到达地。齐沪扬（1999）认为，现代汉语空间位置系统中，表达物体的位移一要有位移源点和位移终点，二要有位移方向，位移方向由位移轨迹显示。"介词 + 处所词语"由于只指示位移源点或终点，不能指示位移的轨迹和方向，因此，除非在特定的语境中，"介词 + 处所词语"是不自主的，不能单独用来表述位移。这种手段须与第一种或第三种表达空间位移的类型联合起来使用，如和第一种表达类型联合使用：

（97）快从这儿走！

（98）俺以学校走。

（99）别朝人多嘞地方去。

---

① 参见储泽祥（1998）。

（100）他到北京出差。

（101）躺到沙发上。

（102）搁在桌子上。

例（97）—（100）是"PP 短语 + VP"，例（101）、（102）是"V + PP 短语"。可以把这两种表达方式概括为"前部式"和"后部式"。安阳方言的"前部式"与普通话同，不赘述，"后部式"与普通话有较大差异，如例（101）、（102）要表述成：

（103）躺昂沙发昂。

（104）搁昂桌的昂。

具体论述将在下面 14.3.4 节中详细展开。

14.3.3 "V + 趋向动词"位移句

安阳方言趋向动词欠发达，只有五个，即"来、去、开、上、上来"。下面先逐一描写分析"来、去、开"。

14.3.3.1 V + 来

结构和语义特点同普通话，如：

（105）出来吧，他走啦。

（106）记得下午给我带来那一本书。

（107）过来幺一个老头儿。

（108）起来吃饭吧，别瞌睡啦！

意义用法基本与普通话相同，不赘述。

14.3.3.2 V + 去

意义用法同普通话，如：

（109）我先下去啦，恁你们几个也快点儿！

（110）恁你们先过去几个人帮帮涅人家嘞去。

（111）出去玩儿嘞去吧。

（112）他进去一瞧，吓啦一跳。

14.3.3.3 V + 开

安阳方言的趋向动词"开"使用范围比普通话趋向动词"开"要大。普通话单音节趋向动词"开"，以及"起来""出来""开来""开去"这些双音节趋向动词表达的意义，在安阳方言中通常由"开"一个词承担。如：

（113）推开窗户。

（114）作这个人咱见过，想开起来啦没有？

（115）天不冷啦，厚衣裳都收开起来吧。

（116）坐好，掏开出来书，好好儿听老师讲。

（117）你认开出来他是谁啦没有？

（118）连把盒的拆开开/开来就知道是啥东儿啦。

（119）俺才不稀罕你嘞东儿嘞，快拿开。我才不稀罕你的东西呢，快拿开去。

安阳方言趋向动词个数少，"V+趋向动词"表位移的功能欠发达。普通话中 V+趋向动词表位移的丰富形式，在安阳方言中要么被某一个动词合并表达，如"开"担负了普通话中"开、起来、出来、开来、开去"五个趋向动词表位移的功能。但这并不是说，普通话中这五个趋向动词表达的位移义，都可以用安阳方言中的"开"来表述。含有这五个趋向动词的位移句，在安阳方言中有些并不能用"开"。"开"只是部分对应普通话这五个表位移的趋向动词的用法。如：

（120）从屋里走出来两个人。　　*从屋嘞走开俩人。

（121）你从哪儿冒出来的？　　*你从哪儿冒开嘞？

趋向动词"出来"的一些用法在安阳方言中就无法用"开"表述，必须用下文含有"昂"的位移句。而趋向动词"起来"的用法，在安阳方言中都可以用"开"，也许，这是因为"起来"和"开"的本义都含有"起始"的意义。安阳方言中没有"开来/开去"这两个趋向动词，普通话中这两个趋向动词的功能在安阳方言中集于单音节趋向动词"开"。

"开"在安阳方言中使用频率很高，这使得"开"具备了语法化条件。在安阳方言中，"开"的语法化过程为：普通动词>趋向动词>体标记。本书6.1.1节我们曾描写过作为起始体标记的"开"。

14.3.4 "昂"字位移句

14.3.4.1 安阳方言中的"昂₁"和"昂₂"

根据意义和用法，安阳方言的"昂"可分为两个："昂₁"和

"昂₂"。"昂₁"和普通话表示方位和位移的"上"部分用法相同；"昂₂"和普通话的"在""到"部分用法相同。"昂₁"和"昂₂"都可表位移。"昂"的语音形式和意义用法都较为复杂，在实际应用中，"昂"的发音受前面一个字发音的影响有所变化，但都是轻声，如：

撞〔·aŋ〕墙〔·aŋ〕、包〔·aŋ〕咱身〔·naŋ〕、栓〔·naŋ〕树〔·uaŋ〕、飞〔·iaŋ〕天〔·naŋ〕、拿〔·laŋ〕屋儿嘞、写〔·laŋ〕本的〔·laŋ〕

当"昂"前的语音韵尾为〔n〕，"昂"读为〔·naŋ〕；当"昂"前的语音韵尾为〔u〕，"昂"读为〔·uaŋ〕；当"昂"前的韵尾为〔i〕，"昂"读为〔·iaŋ〕；当"昂"前的韵尾为〔a〕、〔e〕以及入声韵尾时，"昂"读为〔·laŋ〕。本书用"昂"字记录安阳方言表位移和位置的〔·aŋ〕及其诸多语音变体。

14.3.4.2 "昂₁"的意义及其表达位移的用法

"昂₁"是"上"的语音弱化形式。普通话的"上"，其意义和用法较为丰富，"上"可用作方位词和动词，并能构成多个合成词。我们对应《现代汉语八百词》中"上"的用法发现，安阳方言"上"的用法和意义与普通话基本相同，但读音不同。安阳方言的"上"也可以用作行为动词、趋向动词、方位词。大致来说，用作行为动词的"上"，读音为〔saŋ²¹³〕，如："上楼、上班、上超市、上来、上去"等。趋向动词"上"，用在行为动词后，读音为轻声〔·aŋ〕，如："拿昂₁、关昂₁、戴昂₁"等。复合趋向动词"上来""上去"，其中的"上"在安阳方言中读为〔aŋ〕，如："走昂₁来，捧昂₁来，爬昂₁去"。用作方位词的"上"，单用以及用在介词后、用在名词前、用在合成词时都读〔saŋ²¹³〕，如："上有老，下有小；从上往下瞧、上周、上学期、上面、上边"等。方位词"上"出现在名词后时，读音为轻声〔aŋ〕，如："地昂₁、天昂₁、电视昂₁、墙昂₁"等。可以看到，"昂₁"相当于普通话的"上"，表方位或动作的趋向，多出现在短语或词的后位，由于位置和用法的影响，原本读音为〔saŋ²¹³〕的语音发生了弱化，读为轻声的〔aŋ〕，"昂₁"实则是"上"由于句法位置形成的语音变体。下面我们只关注安阳方言中"昂₁"表位移的用法。

（一）"V＋昂₁"＋O。

（122）过节啦，挂昂灯笼吧。

（123）天冷，连恁妈给你织嘞围巾戴昂把你妈给你织的围巾戴上。

（124）他连伞拿昂才出门儿。他把伞拿上才出门。

（125）诺人骑昂洋车的就走啦。那个人骑上自行车就走了。

"V＋昂₁＋O"表事物随动作产生向上的位移，有时可用介词将"O"提前。如例（123）、（124）。可用在祈使句或一般陈述句中。

"V＋昂₁（＋O）"格式还可表动态。普通话中"V＋上"还可以表动作开始并持续下去，强调开始的意义，少数形容词也可以用在这类格式中。安阳方言中的"昂₁"也具有这一用法，且已经发展为起始体标记，对"昂₁"表起始的用法我们在6.1.2节中有详细的讨论，这里只简单加以说明。如：

（126）锅炖昂₁啦，一会儿下饺的。锅炖上了，一会儿下饺子。

（127）还没有做好嘞，恁几个还吃昂₁啦？还没有做好呢，你们几个还吃上了？

（128）外头下昂₁雨啦。外面下起雨了。

（129）开昂₁汽车啦没有？开上汽车了没有？

"起始"的概念与时间相关，"趋向"的概念与空间相关，认知语言学认为，语言中表述时间的形式往往源于对空间的表述，这种具有表示起始意义的用法当从表趋向的功能衍生而来。

（二）V＋昂₁＋来（＋O）。

上文说到安阳方言的复合趋向动词"上来"用在动词后时，"上"发音变为轻声［ɑŋ］，即"V＋昂₁＋来"结构表示动作的发展朝着说话人所在地。如：

（130）爬昂₁来幺人。爬上来一个人。

（131）搬昂₁来一张桌的。搬上来一张桌子。

（132）他都追昂₁来啦。他们追上来了。

（133）你那成绩能撵昂₁来不能？你那成绩能赶上来不能？

这里的"昂₁＋来"表趋向和位移，位移终点是朝向说话人或某一参照点的。这是"昂₁"表位移的用法。普通话中"上来"，既是行为动词又是趋向动词。安阳方言中也有兼有行为动词和趋向动词的"上来"。

作行为动词时，不管"上来"离合与否，"上"读音都是［sɑŋ²¹³］，如："快上来！""上这儿来！"。作趋向动词时，"上来"读音为［ɑŋ］+［lɑi］，两个音节都是轻声，"昂₁+来"是"上来"的语音弱化形式，不能单用，必须黏附在某一动词后表趋向。如：例（130）—（133）。相比较普通话趋向动词"上来"，安阳方言表趋向和位移的语音形式"昂₁+来"独立性更差，意义和功能也要弱很多。普通话中"上来"还可有其他多种用法，安阳方言中则不能用"昂₁+来"，而须用其他方式表述。具体表现在：

第一，普通话中"上来"可表人或事物随动作由较低部门到达较高部门。如：

（134）他最近才被提拔上来。

（135）你的学费交上来没有？

（136）他们搜集上来很多民间小曲。

这一类句子，安阳方言中，不用复合趋向动词表述，而用轻声单音节"昂₁"表述：

（137）他最近才提拔昂₁。

（138）你嘞学费交昂₁啦没有？

（139）他都找昂₁不少民间小曲儿。

第二，普通话中"上来"还可以表示成功地完成了某一动作。如：

（140）看几遍，他就能背上来。

（141）这问题他答不上来。

（142）这其中的原因你能说上来吗？

安阳方言中用轻声单音节"昂₁"表述：

（143）瞧几遍，他就能背昂₁啦。

（144）这问题他答不昂₁。

（145）这里头嘞原因你能说昂₁不能？

第三，普通话中"上来"还可表示状态发展，范围有扩大的趋势。如：

（146）晴了几天，天气热上来了。

（147）喝了一杯酒，脸就红上来啦。

安阳方言中用趋向动词"开"表述：

（148）晴啦几天儿，天儿就热开啦。

（149）喝啦一杯酒，脸就红开啦。

由上可知，普通话中趋向动词"上来"的一部分功能，在安阳方言中由"上"的弱化语音形式"昂$_1$"以及趋向动词"开"分担。

另外需要注意的是，普通话中，"V＋上＋处所"可表示人或物随动作从低处到高处，安阳方言中没有相对应的形式，即不能用"V＋昂$_1$＋处所"表示人或物随动作从低处到高处，不说：

（150）＊汽车开昂$_1$啦盘山公路。

（151）？一口气儿跑昂$_1$三楼。

例（150）不合语法。例（151）强调的是行动最后所至的地点且有歧义，只知道发生了位移，但无法明确是从高处到低处还是从低处到高处。这里的"昂"，实则是下文要论述的"昂$_2$"，表位移，而非表趋向。安阳方言中要强调从低处到高处，必须用"V＋昂$_2$＋处所＋昂$_1$"格式，"处所＋昂$_1$"表示位移终点位于高处：

（152）汽车开昂$_2$盘山公路昂$_1$啦。汽车开到盘山公路上了。

（153）一口气儿跑昂$_2$三楼昂$_1$。一口气儿跑到三楼上。

要注意的是，"开昂$_2$""跑昂$_2$"看似同于普通话的"开上""跑上"，但实则更接近普通话的"开到""跑到"，也就是安阳方言中"V＋昂$_2$＋处所（＋昂$_1$）"对应的不是普通话的"V＋上＋处所"，而是"V＋到＋处所（＋上）"。这将在下文细述。

普通话的"V到"搭配的处所词后，可使用方位词"上"，而"V上"所搭配的处所词后，一般不能再用方位词"上"。如：

（154）＊汽车开上盘山公路上了。

（155）汽车开到盘山公路上了。

（156）＊一口气跑上三楼上。

（157）一口气跑到三楼上。

这应该是由于表达位移的"到""上"的语义内涵不同所致。普通话中用"到""上"区别语义侧重于位移终点还是位移方向，语义侧重位移终点用"到"，语义侧重位移方向用"上"；安阳方言中则由处所词后是否出现方位词"昂$_1$"来区别这一差异。如：

（158）汽车开昂$_2$盘山公路啦。汽车开到盘山公路了。

（159）汽车开昂₂盘山公路昂₁啦。汽车开到盘山公路上了。

（160）一口气儿跑昂₂三楼。一口气跑到三楼。

（161）一口气儿跑昂₂三楼昂₁。一口气跑到三楼上。

例（158）、（160）表达位移终点为"盘山公路""三楼"；例（159）、（161）处所词后使用了"昂₁"表达位移方向为由低到高。

可以看到，安阳方言的"昂₁"实质是兼具方位词和趋向动词功能的"上"的语音弱化形式。

14.3.4.3 "昂₂"的意义和表达位移的用法

安阳方言的"昂"除了是"上"的语音弱化形式外，还相当于普通话中表位移的"到"和"在"，我们记为"昂₂"。但这并不是说安阳方言的"昂₂"等同于普通话的"在""到"。事实上，安阳方言中也有兼具动词和介词①功能的"在"和"到"，其中"在"读音为 $[tɑi^{213}]$，声母为舌尖中音，而非舌尖前音。其用法如：

"在 $[tɑi^{213}]$"：	"到 $[tɑu^{213}]$"：
动词：俺妈在家嘞。	到站啦，下来吧。
你在哪儿嘞？	你到咾杭州给我打一个电话。
介词：俺妹的在一中上学嘞。	咱到图书馆儿瞧书嘞吧。
在抽屉嘞找找，瞧瞧有没有。	到床昂₁睡嘞吧。

仅在动词后表位移时，安阳方言才用"昂₂"，而不用"在""到"。此外，普通话用趋向动词表位移的格式，安阳方言也多用"V + 昂₂ + 处所"来表示，这些内容都将在下文详细论述。前面提到"昂₁"也有表位移的用法，但必须是跟"来"组合在一起才能表位移，且"昂₁"后的宾语为施事或受事宾语，而非处所宾语。如：

（162）爬昂₁来幺人。爬上来一个人。

（163）搬昂₁来一张桌的。搬上来一张桌子。

（164）连钢琴搬昂₁来吧。把钢琴搬上来吧。

（165）围昂₁来一群鱼。围上来一群鱼。

---

① 对出现在动词前的"在/到"，各家观点不一，有的认为是介词，有的认为是动词，我们采用黄伯荣、廖旭东（2002）、张斌（2002）等人的观点，将"在/到 + 处所 + V"结构中的"在/到"一概称为介词。

（166） 他都追昂₁来啦。_{他们追上来了。}

（167） 你那成绩能撵昂₁来不能？_{你那成绩能赶上来不能？}

除此之外，表位移的"昂"，都是"昂₂"。下面我们来描写分析"昂₂"表位移的格式。

14.3.4.3.1　V＋昂₂＋处所

这里的"昂₂"相当于普通话中位于动词后表位移的"在/到"，后面须添加表示行为或动作到达的终点，可以是处所词语或有处所意义的词语。如：

（168） 坐昂₂沙发昂₁。——坐在/到沙发上。

（169） 放昂₂抽屉里头。——放在/到抽屉里。

（170） 绑昂₂树昂。——绑在/到树上。

（171） 记昂心嘞。——记在心里。

安阳方言中趋向动词欠发达，因而，普通话中由趋向动词表达的位移句，在安阳方言中也要用"V＋昂₂＋处所"表述，如：

（172） 搬昂₂三楼昂₁。——搬上三楼去。——搬上三楼来。

（173） 扔昂₂楼底下。——扔下楼去。——扔下楼来。

（174） 拿昂₂教室外头。——拿出教室去。——拿出教室来。

（175） 抬昂₂大厅嘞。——抬进大厅去。——抬进大厅来。

（176） 放昂₂柜的嘞。——放回柜子里去。——放进柜子里去。

（177） 翻昂₂窗户这一榜儿。——翻过窗户来。

（178） 翻昂₂窗户那一榜儿。——翻过窗户去。

普通话中表趋向的"来、去"有很重要的主观参照作用，标明了发话人说话时的位置，例（172）"搬上三楼去"，"搬上三楼来"，前句表示发话人在三楼以下，后句表示发话人在三楼，而安阳方言"搬昂₂三楼昂₁"只能表明受话人此时的位置在三楼以下，这一点与普通话同；但安阳方言无法标示出发话人此时的位置在三楼还是在三楼下，这与普通话不同。而例（177）、（178），用指示代词"这""那"来区分位移方向，也很有安阳方言的特点。由于使用了近指和远指，发话人和受话人的位置都得以确定。但除了"过来""过去"在安阳方言中分别对应近指"这"和远指"那"，其他趋向动词在安阳方言中表位移终点时都无法确定发话人的位置。发话人位置的缺失在实际语言交际中并不影响交流和沟通，因为发话人说出这类位移句时，关注的并非自己所处的位置，而是位移对象要抵达的位置。安阳方言中如位移对象是发话人自己，那么发话人的位置因其成为位移对象本身而得以明确，但受话人由于不是位移对象，其位置无法确定。如：

（179）俺几个走昂₂屋里头啦。——我们几个人走进屋子来了。——我们几个人走进屋子去了。

（180）我跑昂学校外边儿啦。——我跑出学校来了。——我跑出学校去了。

以上安阳方言中，只能明确发话人的位置，即"我们"在"屋里头"，"我"在"学校外边儿"，受话人的位置不可知。普通话中，发话人在"屋子里"和"学校外"，用"来"的句子，受话人很有可能和发话人在相同的位置，即都在"屋子里"或"学校外"；而用"去"的句子，受话人与发话人不在同一位置，而是在"屋子外"和"学校里"。

以上的描写和分析，可知安阳方言中"V＋昂₂＋处所"表达的语义是人或事物随动作发生了位移，从空间的某一点到达另一点。从位移表达的语义角度来看，普通话中，由于有丰富的趋向动词，"V＋趋向动词"结构及可以表位移终点，也可表位移源点，如：

（181）老师走进教室了。——老师走出教室了。

（182）他们跑上三楼来了。——他们跑下三楼去了。

安阳方言的"V＋昂₂＋处所"只能表述处所是位移终点的意义。如：

（183）老师走昂教室里头啦。

（184）他都跑昂三楼昂啦。他们跑到三楼上了。

教室、三楼都表示位移终点。如要表达从位移源点出发，安阳方言必须用"PP＋处所词＋V＋趋向动词/处所词"这个结构表述，如：

（185）老师以教室里头出来啦。

（186）他都打三楼昂跑昂下边儿啦。

可见，安阳方言中的V＋昂＋处所位移句，专用于表述动作和行为使人或物位移至终点的意义。而表述动作和行为使人或物由位移源点出发离开，则须用"介词＋位移源点"的形式表达，由于趋向动词欠发达，因而出现位移源点的句子往往也伴随出现位移终点，如例（186）。

普通话用意义相反的趋向动词区别源点和终点，而安阳方言用不同的句子格式来区别。

安阳方言"V + 昂 + 处所"位移结构常与介词 + 位移源点同现，完整表述人或物从源点到终点的位移过程，如：

（187）从外头走昂屋儿嘞。

（188）以这儿开昂路口儿。

在语言交际中，"V + 昂 + 处所"这一位移结构可用于表述处置、被动意义，如：

（189）连书包挂昂墙昂。　　　　　　　（处置）

（190）拿桌的移昂窗户边儿昂。　　　　（处置）

（191）书叫老李扔昂楼底下啦。　　　　（被动）

（192）被的叫俺妈送昂幼儿园嘞啦。　　（被动）

14.3.4.3.2　V + 昂₂ + 时间

从认知语言学角度看，语言中时间的表述往往源自对空间的表述。我们在表述动作的进行从时间的某一点推移到另一点时，也可用上面类似的语言结构来表述，只需将处所词语改换成表示时间意义的词语。而这类句子的语义实则是某种动作或行为的发展在时间轴上达到的位移终点。

（193）他天天学昂₂半夜两点。_{他天天学到半夜两点。}

（194）忙昂₂下午两点，总算连一堆衣裳都洗完啦。_{忙到下午两点，总算把一堆衣服都洗完了。}

（195）一吃饭就吃昂₂这时候，还咋干活儿嘞？_{一吃饭就吃到这时候，还怎么干活儿呢？}

这里的时间是时间点，表示动作行为在时间上进行到的某一相对的终止时刻。如用表时间段的名词，那表示的就不是动作和行为在时间轴上的所处的位移终点，而是行为和动作的持续。这里的"昂"不是表位移的"昂₂"，而是表动作行为持续长短的"昂₁"，相当于普通话趋向动词"上"的一种用法。如：

（196）他连的学昂₁仨钟头儿都不觉得使嘞慌。_{他连着学上三个钟头都不觉得累得慌。}

（197）忙昂₁半个小时，头就有点儿晕。_{忙上半个小时，头就有点儿晕。}

（198）一吃饭就吃昂₁四个钟头，还咋干活儿嘞？一吃饭就吃上四个钟头，还怎么干活儿呢？

14.3.4.3.3　"昂₂"的性质

从上面的说明中可以看到，"昂₂"不同于"昂₁"，"昂₁"是"上"的语音弱化形式，意义用法同"上"；"昂₂"的意义和用法更接近普通话用在动词后的"在、到"，语音上却与"在、到"没有任何关联。

在用法上"昂₂"和普通话的"在/到"相比，有很多不同。首先，"昂₂"不能充当动词。普通话的"在/到"都可以用作动词。如：

（199）他在图书馆呢。

（200）明儿下午我在这儿，你来吧。

（201）到了没有？

（202）我到北京了，放心吧。

"昂₂"没有这类用法。如前文所述，相应的表述在安阳方言中分别用"在 $[tai^{213}]$ /到 $[tau^{213}]$"。

其次，"昂₂"并非介词。普通话的"在/到"可以用作介词，置于动词前。如：

（203）别在那儿生闷气了，一起出去走走吧。

（204）他在椅子上坐着。

（205）咱们到操场上跑步去吧！

（206）到外头一瞧，一个人都没有。

安阳方言的"昂₂"不能这么用，相应的表述须用"在 $[tai^{213}]$ /到 $[tau^{213}]$"表示。

"昂₂"在动词后表位移是一种动态位移，如要表述静态位置，须用"在 $[tai^{213}]$ +N+V"结构。普通话中的"V+在+处所"结构是一个有歧义的结构。如：

（207）挂在墙上。

（208）坐在椅子上。

这两句话，既可以表述静态位置，又可以表达动态位移。其具体的含义要由语境辅助确定。如：

（209）打开门一看，画就挂在墙上，没被偷走。

（210）你把画挂在墙上吧。

例（209）表达的是静态位置，例（210）表达的是动态位移。

安阳方言中则不存在这种歧义。表述静态位置时，用"在［tɑi²¹³］＋处所＋V"，表述动态位移时，用"V＋昂₂＋处所"，如：

（211）推开门儿一瞧，画儿就在墙昂₁挂的嘞，没叫偷走。推开门一看，画儿就在墙上挂着呢，没被偷走。

（212）你连画儿挂昂₂墙昂₁吧。你把画儿挂在/到墙上吧。

可见，安阳方言采用不同的句式以及不同的语音手段来分化动态和静态的意义。而普通话中则须通过上下文语境来作区分。

安阳方言的"昂₂"只能用在动词后，表空间位移和时间推移。这种用法近似于普通话中用在动词后表位移的"在"和"到"，但用法并不完全等同。对于普通话中动词后表位移的"在/到"，如"坐在/到椅子上"，研究者们一直纠结于是将"在/到"分析为介词还是分析为紧跟动词的补语成分。这在安阳方言中，似乎不用纠结。因为"昂₂"既无法和处所词语构成"昂₂椅的昂₁""昂₂外头"之类的结构，也无法单说"坐昂₂""记昂₂"，等等。因此，"昂₂"既不是介词也不是充当补语成分的动词或别的什么词类。"昂₂"只是一个轻声标记。除了安阳方言外，与安阳相邻的林州，也用"昂₂"表位移，刘丞（2010）将这一用法的"昂₂"称为动词词缀，用来标记位移。我们认为是合适的。在北京话，以及长沙话等一些方言中，我们也看到类似的轻声标记，发音近似"［tə］"。在有些方言学者笔下，这个"［tə］"被归入介词。但我们在他们的研究成果中，可以清楚看到，这个轻声标记只能出现在动词后，用来表述位移终点，不能与名词构成一个介宾单位。如：

黟县话：蹲得门口吃烟。

坐得乃侬吃，不要倚得乃侬吃。（转引自伍魏，2000）

北京话：把灯放的桌子上。

他死的深州了。

罐子埋的后院了。（转引自徐丹，1995）

长沙话：今晚就睡得你屋里。

干脆把两样东西放得一起。

走得火车站要半个钟头。

尾巴翘得天上去哒。（转引自张大旗，1985）

另参看徐丹（1995）文章，河北昌黎、辽宁长海、苏北赣榆等地方言中也有这样的位移标记"儿"。如：

昌黎话：放儿桌子上　　坐儿椅子上

长海话：掉儿井儿去了　睡儿炕上

赣榆话：挂儿墙上　　　把盘儿搁儿桌上

显然，将各方言中这类只能出现在动词后，专表位移终点的轻声音节，归入动词词缀更为合适。徐丹（1995）认为当"V＋X＋地点词"中的"X"轻音化时，"X"具有标记动词"体"的功能，并将北京话的这个"的"与动态助词"着、了、过"相提并论。我们认为，由于"昂₂"等成分只出现在表处所意义的词语前，因此将"昂₂"等成分归为位移标记更合适一些。这也给我们一个通过方言观察普通话的角度，普通话中"V＋在/到＋处所"结构中的"在/到"之所以难以归类，是不是因为这个位置上的"在/到"正在发展、形成类似于方言中位移标记的用法？

14.3.4.3.4　包含"昂₂"的格式中 V 的语义类型

根据谷向伟（2004）研究，普通话的"V＋在/到＋处所"结构中，"在""到"对进入格式的动词是有选择的，其对动词的选择主要取决于动词本身的语义类型是单位点、双位点还是多位点。谷向伟认为，依据动作发生时占据的位置，可将动词分为单位点动词——所表动作只有源点一个位置，如"憋、跟、死……"；双位点动词——所表动作只包含起点和终点两个位置，如："坐、挂、摔……"；多位点动词——所表动作经过多个位置，如："跑、闹、修……"。单位点动词只能与"在"组配，多位点动词只能与"到"组配，双位点动词既可以和"在"又可以和"到"组配。

但在安阳方言中，V 的语义类型并不影响其进入"V＋昂₂＋处所/时间"格式，也就是说只要是用以表达空间位移或时间推移的，各类型动词都可进入该格式。如：

（213）待昂₂屋儿嘞。——待在屋里。＊呆到屋里。

（214）跟昂₂涅人家屁股后头弄啥嘞？——跟在人家屁股后头干什么呢？＊跟到人家屁股后头干什么呢？

（215）躺昂₂床昂₁睡。——躺在床上睡。躺到床上睡。

（216）掉昂₂地昂₁啦。——掉在地下了。掉到地下了。

（217）闹昂₂单位嘞啦。——＊闹在单位里了。闹到单位里了。

（218）领昂₂马路那一榜儿。——＊领在马路那一边。领到马路那一边。

例（213）、（214）中，"呆""跟"是单位点动词，在普通话中只能与"在"搭配；例（215）、（216）"躺""掉"是双位点动词，可以和"在""到"搭配；例（217）、（218）"闹""领"是多位点动词，只能和"到"搭配。在安阳方言中，这些动词都可与"昂₂"搭配。

比较以上普通话和安阳方言的不同，这似乎可以从另一方面证明"昂₂"是意义虚化的更完全，因而也更纯粹的位移标记，凡具有〔＋位移〕义的动词都可与之构成表达位移意义的句子。北京话、黟县话、昌黎话等方言中的位移标记当也是这类纯粹的位移标记。

14.3.4.4 "昂₂"与"昂₁"的关系

前文已述，"昂₁"是表方位和表趋向的"上"在特定句法环境下的语音弱化形式；位移标记"昂₂"与"昂₁"语音相同，但语义和用法与"上"的联系似乎并不紧密。"昂₂"与"昂₁"没有关联吗？非也。在研究中，我们看到"昂₁"与"来"组合时也可表位移。如："爬昂₁来幺人/搬昂₁来一张桌的。"方位、趋向、位移三者的语义是很容易相互沟通的，这在普通话中并不少见，如"爬上山头/走上工作岗位"其中的"上"表趋向，也表位移，即表示"向上的位移"意义。另如一些复合趋向动词"进来""上来""过来"等均可既表趋向也表位移。但普通话中，表述到达某一终点的"位移"义主要由"在/到"表示，可以猜测也许这是普通话中"上"没有进一步发展出表"位移"功能的一个原因。而在安阳方言中，"上"出现在词语或短语后位时，语音虚化为"昂"，"昂"的意义和用法由表方位、表趋向扩展为表位移，由此分化为"昂₁"和"昂₂"，"昂₁"主要用以表方位和趋向，"昂₂"专用于表位移。这是安阳方言较有特点的一种现象。

14.3.5 复合式位移句

以上分别描述了三种表示位移的语言手段，其中第二种类型和第一、第三种类型互不排斥，可以共现，构成复合式位移句。前文已描述过第一种类型和第二种类型共现表达位移的情况，第二种类型和第三种类型共现的情况，普通话中的表达格式有两种：1. 介词＋处所$_1$＋V＋趋向动词＋O；2. 介词＋处所$_1$＋V＋趋向动词＋处所$_2$。在"介词＋处所$_1$＋V＋趋向动词＋O"这个句式中，有时"V＋趋向动词"与前面的成分共现，有时与后面成分共现，有时前后成分与"V＋趋向动词"共现，趋向动词与宾语同现时，有多种表达方式。如：

（219）从楼下搬上来一张桌子。

（220）从楼下搬上一张桌子来。

（221）从楼下搬上来。

（222）搬上来一张桌子。

（223）搬上一张桌子来。

（224）搬了一张桌子上来。

安阳方言表达这类意思时，也有类似格式一的表达方式，但动词、趋向动词和宾语的排序只限于"V＋趋向动词＋宾语"一种，如：

（225）从楼底下搬昂来一张桌子。

（226）＊从楼底下搬昂一张桌子来。

（227）从楼底下搬昂来。

（228）搬昂来一张桌子。

（229）＊搬昂一张桌子来。

（230）＊搬啦一张桌子昂来

普通话表达格式二"介词＋处所$_1$＋V＋趋向动词＋处所$_2$"中，"V＋趋向动词"可以只跟前面的成分同现，或只跟后边的成分同现，或与前后成分共现，如：

（231）从三楼搬上八楼去。——从三楼搬上去。——搬上八楼去。

（232）从阳台上收进屋里去。——从阳台上收进去。——收进屋里去。

把"V＋趋向动词"与前边成分共现称为前部式，与后边成分同现称为后部式，与前后成分共现称为全部式，安阳方言表达这类意思时，前部式与普通话同，全部式和后部式与普通话有较大区别。例（231）、（232）在安阳方言中应当这么说：

（233）从三楼搬昂八楼昂。——从三楼搬昂去。——搬昂八楼昂。

（234）从阳台昂收昂屋儿里头。——从阳台昂收进去。——收昂屋儿里头。

由上文论述可知，安阳方言在表达位移时，与普通话存在较大不同。主要表现在趋向动词欠发达，相关句式不丰富；但安阳方言发展出了位移标记"昂"，因而在位移表达上，安阳方言仍然是生动丰富的。这让我们看到每种语言和方言自身的体系都是平衡的、和谐的、自足的，这使得每一种语言或方言在传情达意上都足够使用，没有缺憾。

14.4　本章小结

安阳方言的空间问题表述和共同语一样丰富而复杂，本章主要描写了安阳方言空间位置以及空间位移的表达问题。位置句和位移句构成了安阳方言对空间关系的主要表达：

位置句 { 1 零动词句
2 "的"字句
3 "在"字句

位移句 { 1 路径动词位移句
2 "介词+处所词语"位移句
3 "V+趋向动词"位移句
4 "昂"字位移句
5 复合式位移句

在这一系统中，零动词句有的可添加动词"是"或"有"。如："衣裳昂一片油。——衣裳昂有一片油。"但并不是所有零动词句都可添加"是"或"有"，如"屋儿嘞一团乱。—— *屋儿嘞是/有一团乱。"零动词句和含有"是/有"的存现句都表静态位置，但与其他位置句不同的是存现句和零动词句的位置处于前景而非背景。

"的"字句可表相对静态和绝对静态，句中动词的语义特征在表达相对静态还是绝对静态上有重要作用。如动词的语义特征为［-动作］，那么"的"字句就是绝对静态位置句，如动词语义特征为［+动作］，那么"的"字句就是相对静态位置句。"啦"字位置句都表绝对静态位置，可以变换为表绝对静态位置的"的"字句。

动词"在"字句，也是静态位置句。但人或物在某位置上的存在方式或持续状态是不可知的。如：他在办公室。他在办公室的动作方式和持续状态在这句话中都是不可知的，须由上下文语境明确其存续方式。

根据介词"在"字句中的动词语义可将介词"在"字句分为状态"在"字句和动作"在"字句。状态"在"字句和动作"在"字句的动词在语义特征上都表 [－移动]、[＋持续]，但在其他方面的语义特征上表现出对立。如：状态"在"字句的动词语义特征为 [＋完成]、[＋状态]。动作"在"字句动词的语义特征为 [－完成]、[－状态]。

安阳方言的位移句主要用路径动词、介词＋处所词语、动词＋趋向动词、动词词缀"昂"这四种手段独立或合并表示空间位移。其中，"介词＋处所词语"必须和其他三种手段组合才能表位移。其他三种可以独立表位移，也可组合表达位移。在这几种表达手段中，普通话使用路径动词、介词＋处所词语、动词＋趋向动词这三种语言形式，没有动词词缀这一表达手段。而安阳方言中可使用动词词缀"昂"表位移。"V 昂＋处所"相当于普通话表动态的"V 在＋处所"和"V 到＋处所"，普通话表静态的"V 在＋处所"，安阳方言中须用"在＋处所＋VP"。因而，安阳方言中不存在歧义的"V 在＋处所"格式，而是由"在＋处所＋VP"表静态位置的，"V 昂＋处所"表动态位移，形式与意义对应齐整，分工明确。安阳方言位移句"V 昂＋处所"在语用中，若主语为非发话人，那么发话人的位置未知；如主语是发话人，那么发话人的位置因位移对象的特殊性而得以明确，但受话人的位置又因主语的特殊性而无法确定。

普通话"V＋趋向动词＋处所"在安阳方言中也用"V 昂＋处所"表示，但普通话的这一结构既可表位移源点，又可表位移终点，如："走下飞机来。走上飞机去。"但安阳方言这一结构只能表位移终点，"走昂飞机昂"。如句中包含有位移源点，必须用"介词＋处所＋V"表示："从飞机昂下来。"

可以说，安阳方言的位置位移表达系统与普通话和其他方言相比，有同有异，足以承载准确、丰富表情达意的需求。

现代汉语共同语以及各方言中对空间位置位移的研究比起时间系统

的研究来相对薄弱许多。而在已有的研究中，又主要是对共同语空间问题的研究。事实上，方言中表达位置位移问题的方式与共同语相比有明显不同，值得投入更多精力加以发掘和研究，本章在这一问题上作了尝试和努力，并希望日后能有更深入的研究和更有意义的发现。

第 15 章　比较句

将两种或两种以上事物加以比对，辨别异同，就是比较。在语言中，比较是一种重要的语义范畴。汉语各地方言表达比较有丰富的句式，描写分析这些句式，对于认识方言特点，对方言进行科学分区都有助益。就安阳方言而言，其比较句既有晋方言独有的特点，也有受普通话影响产生的句式，我们着重描写具有地方特点的比较句句式。根据安阳方言比较句的语义特点，我们将安阳方言的比较句分为：差比句、极比句、递比句、等比句四类。对这四类，我们逐一分析描写。

15.1　差比句

通过比较来区分事物高下的句子，是差比句。根据语义又可分为"胜过差比句"，即比项胜过被比项；"不及差比句"，即比项不如被比项。下文中，我们将比项用 A 表示，被比项用 B 表示，用 V 表示比较的内容。

15.1.1　"胜过"差比句

安阳方言有两种表示 A "胜过" B 的句式。

15.1.1.1　A 胜过 B
这种句式通常把比较内容放在前半句，如：

(1) 论条件，他胜过咱。

(2) 咱班纪律方面胜过八班。

(3) 在这儿扫地都胜过去他公司上班儿。

(4) 咱一碗胡辣汤，一根油条胜过恁你们那麦当劳。

这种句式的疑问句式表示对比较双方情况的询问，如：

（5）你现在拿嘞工资胜过那两年么？

（6）闷昂家嘞生气胜出去溜达一圈儿嘞？

（7）这钱存银行胜你买房的？

（8）学修车胜过学理发不儿？

例（5）是是非问，安阳方言的是非问信大于疑，多用是非问对比较确信的信息加以证实，例（6）、（7）用包含"胜"的反问来表示对两件事情或行为的比较后，扬 B 抑 A，安阳方言中高频使用这一反问句式对两件事情发表评判；例（8）形式上是反复问，但由于使用的是由"是不是"固化而来的"不儿"，其信度大于疑度。

这一句式的否定形式 A 不胜 B（+V），可归类为"不及"差比句，我们在 15.2.2 节详述。

15.1.1.2 A 比 B + V

安阳方言也用"比"字句表差比，但这一用法应当是来自于普通话，其使用频率有超过"胜过"差比句的趋势，如：

（9）小李比小陈懂事儿。

（10）我比他高啦两公分。

（11）他跑嘞比别人快嘞多。

（12）游泳可比跑步适合你。

（13）出去旅游带卡比带现金方便、安全。

可以看到，安阳方言的"比"字句和普通话一样，类型丰富多样。比项和被比项可以是名词或动词性词语，比较内容可以是大致的比较，也可以是量化的比较……"比"字句比"胜过"句的适用范围更宽泛。

15.1.2 "不及"差比句

安阳方言中有 5 种"不及"差比句，都须用否定副词表述。

15.1.2.1 没 B + V

这一句式是"A 比 B + V"的否定形式，表示 A 不如 B，如：

（14）作这个便宜是便宜，没诺那个好用。

（15）他长嘞高，小陈儿没他恁高。

（16）你骑车儿没俺走嘞快。

（17）恁住嘞地方太吵，没俺这儿嘞清静。

（18）他现在糊连的糊涂嘞，没俺爷明白。

这一句式可以比较两个比较项同一性质的程度差异，如例（14）—（16），也可以比较两个比较项相反的性质，抑 A 扬 B，如例（17）、（18）。

这一句式的疑问形式可以用肯定形式"有"，也可用否定形式表疑问，如：

（19）恁弟弟长嘞有他恁高么？

（20）你那本书有这一本儿好瞧没有？

（21）小张没小陈会说话么？

（22）打伞没穿雨衣方便不儿？

例（19）、（20）用"有"表比较，这在安阳方言中只能出现在疑问句中，对比较结果表猜测或询问，不能用于肯定句；例（21）、（22）中"没"字疑问句的信度大于疑度。

15.1.2.2　A 不递/不胜/不如 B（+V）

"不递、不胜、不如"用在不及差比句中，都表示比较项 A 在性质、特点上不及被比项 B。在安阳方言中"不递"使用频率高过"不胜、不如"，如：

（23）学习昂上，妹的不递姐姐。

（24）别瞧你个的高，不递涅人家跑嘞快。

（25）家庭条件，你就不胜涅啦。

（26）谁都不胜恁你哥会想点的。

（27）论啥的，姓马嘞都不如涅姓牛嘞。

（28）二楼不如五楼亮堂。

这一句式都可将比较内容置前，如例（23）—（25），也可将比较内容用谓词形式置后，如例（26）—（28）。

"不递、不胜、不如"没有对应的去掉否定词的肯定句式，但"递、胜"可用在反问句中，以反问形式强调 A 不如 B 的意思，如：

（29）吃汉堡递你买几个烧饼吃？

（30）你说你这点儿分数递涅小丽一半不递？

（31）天天买彩票，胜好好儿上班挣嘞多？

（32）他就儿_就是长嘞帅点儿，胜涅人家军的对你好？

包含这三个词的句式都有强调句式，即"A 连 B 都不递/不胜/不如"，用以比较双方的才干高低，如：

（33）还不会用筷的嘞，他连他妹的都不递。

（34）就挣那点儿钱，连扫大街嘞都不递。

（35）你那点儿力气连一年级嘞小孩的都不胜。

（36）诺_{那个}老师嘞围棋水平连俺爸都不胜。

（37）瞧你画嘞那啥的，连三岁嘞小孩都不如。

（38）你那水平，连俺哥嘞一半儿都不如。

15.1.2.3　A 不比 B（+V）

这个句式表达的意思是，A 与 B 比较，A 和 B 情况一样或 A 不如 B，如：

（39）别怕，他懂嘞不比你多。

（40）俺大嫂的不比二嫂干活儿干嘞少。

（41）这一套房的不比那一套大昂到哪儿去。

（42）小四儿不比他哥能吃苦。

从例句可以看到，虽说这一句式包含有 A 与 B 情况或性质相同的意思，但主观态度上说话人更倾向于 A。因此我们把这一句式归入差比句，而不归入等比句。

有时，这一句式将比较内容或解释内容单独放在后半句，前半句为"A 不比 B"，这样的句式就有明确的差比意义，意思是 A 不如 B，如：

（43）俺家不比恁家，见天_{每天}有肉吃。

（44）农村不比城市，洗幺_{一个}澡费事的嘞。

（45）阳儿现在不比小动儿啦_{现在不比小时候啦}，小动儿小时候叫他干啥他干啥。

（46）这一届学生不比上一届，没几个能好好儿读书嘞。

15.1.2.4　A 不像 B+V

这个差比句式与 15.1.2.3 不同，不能将"A 不像 B"与 V 分开单独说，如：

（47）俺老家不像这儿老下雨。

（48）恁哥可不像你镇皮_{调皮}。

（49）　这两年不像早先恁那么穷啦。

（50）　*俺不像你，自己不用带孩的。

（51）　*这儿嘞秋天不像春天，成天刮大风。

（52）　*俺爸不像俺妈，天天唠叨。

15.1.2.5　A 赶/比不昂 B（+V）

这一句式用来表达 A 不如 B，有时比较的内容可置前，如：

（53）　小王赶/比不昂小李会说话儿。

（54）　他家赶/比不昂恁家镇这么大。

（55）　这件赶/比不昂那件合身。

（56）　物理，你赶/比不昂上涅人家刘峰。

（57）　工作、生活，你哪样都赶/比不昂涅。

（58）　风不小，今儿赶/比不昂昨天暖和。

"赶昂、比昂"不用于肯定句，可用于疑问句中，一般前面要使用能愿动词，如：

（59）　就你那两下的，能赶/比昂涅人家小郭球打嘞好？

（60）　恁爹天天养生打太极拳，俺爸能赶/比昂他嘞身体咾？

（61）　这儿嘞饺的能赶/比昂恁妈包嘞不能？

（62）　你骑自行车儿嘞能赶昂/比昂涅人家开汽车嘞不能？

可以看到，安阳方言的差比句句式类型比较丰富，尤其是"不及"差比句，较普通话有更多样的表达形式。

15.2　极比句

极比句用来表示在与同类所有事物的比较中胜出或不及，比较对象范围宽泛，在语言上比较对象多是遍指或任指。极比句也分胜过式和不及式。

15.2.1　"胜过"极比句

安阳方言中有三种"胜过"极比句式，如下：

15.2.1.1　数 + B + V

安阳方言中这一句式使用频率很高，如：

（63）咱班里头数涅人家小连学习好嘞。

（64）这几样儿，数作这个便宜啦。

（65）舞蹈队数她跳舞跳嘞好。

（66）学校嘞数他踢足球踢嘞好嘞。

这一句式往往在句首表明比较与被比较对象的范围，其后申明 O 是这一范围里最突出的。有时将被比较的内容置前，以突出强调 O，句中也用副词"还、就"加以强调，如：

（67）论长相，数涅人家老三家媳妇啦。

（68）要说孝顺，还得数他家老二。

（69）说开起来打乒乓球，就数你啦。

（70）你还有啥不如意嘞，院嘞小孩数怹家孩的学习好。

15.2.1.2　2A + 最 + V

这一句式用法与普通话相同，但在安阳方言中使用频率较低，如：

（71）几个人里头，你最高。

（72）夏天最难熬，其它时儿还好。

（73）我最喜欢海棠花啦。

（74）俺奶奶最愿意听戏啦。

这一句式，通常也在前半句或后半句出现被比较内容，如例（71）、（72），但有时被比较内容不说也不影响理解，可不出现，如例（73）、（74）。

15.2.1.3　"A + 比 + B（遍指/任指）+ 都 + V"和（遍指/任指）词语 + 都 + 比 + B + V

当两个比较项中有一个具有遍指和任指义时，可以用这两个句式表达"胜过"义的极比，第一个句式表示比较项超出所有或任何一个被比较项，第二个句式表示所有或任何一个比较项超出某个被比较项，如：

（75）涅幺人一个人捐嘞钱比恁班其他所有人加昂加到一块儿都多。

（76）在家歇的歇着比去哪儿嘞玩儿都强。

（77）自己做嘞饭比啥都香。

（78）信他？他可比谁都会演戏。

（79）谁都比你听说，就你闹嘞慌吵闹得厉害。

（80）吃啥都比吃你做嘞饭强。

（81）哪儿都比在家呆也呆着有意思。

可以看到，这类比字句其实是和 15.1.1.2 的差比句同类的句子，只是比较项 A 或被比较项 B 是遍指或任指的。副词"都"必须用在遍指/任指词语后，不能省略。

这种句式的疑问形式可以直接在肯定句句尾添加疑问助词"么"，或用"是不儿"这一正反问格式表疑，这两种疑问形式的信度都大于疑度，如：

（82）涅幺人_{一个人}捐嘞钱比恁班其他所有人加昂_{加到}一块儿都多么？

（83）在家歇的_{歇着}比去哪儿嘞玩儿都强么？

（84）是不儿_{是不是}谁都比你听说？

（85）吃啥是不儿_{是不是}都比吃你做嘞饭强？

句式的否定形式须用否定词"没"，但只有第二种句式才有否定形式，A（遍指/任指）＋都＋没＋B＋V，这也是下文将要描写分析的"不及"极比句。第一种形式 B 项是具有遍指或任指义的词语，从语义上看与否定类词语无法同现。

15.2.2 "不及"极比句

安阳方言中有三种"不及"极比句式，如下：

15.2.2.1 （遍指/任指）＋都＋没＋B＋V

这一句式是胜过极比句式的否定形式，由原来的 A（遍指/任指）胜过 B 意义变为 A（遍指/任指）不如 B，如：

（86）谁都没你好瞧，中啦吧？

（87）哪儿都没咱家舒服。

（88）啥都没你做嘞东儿_{东西}好吃。

（89）咋介的_{无论怎样}都没吃一顿饺的舒坦。

由于极比句是特殊的差比句，因而，差比句的许多句式都可用于极比句，只是比较项或被比较项中要有一个是遍指或任指。

15.2.2.2 没＋A（遍指/任指）＋比＋B＋更/还＋V

这里的"没"位于 A 前，否定有比较项胜过被比较项，如：

（90）没谁比她唱嘞还好听嘞。

（91）没地方能比俺老家还好嘞。

（92）没啥东儿_{东西}比长虫_蛇更叫他怕嘞。

（93）没人比你更能耍赖啦。

这一句式的谓词结构前须使用程度副词"更/还"，根据语义，有时用"更"，有时用"还"。

有时，这一句式句首还可添加副词"再"，强化语义和情感表达，如：

（94）再没人比她更懂我啦。

（95）再没地方比这儿更适合种庄稼啦。

（96）再没谁比他还对这孩的好嘞啦。

（97）再没东儿比俺小动儿吃嘞烤红薯还好吃嘞啦。

15.2.2.3　A（遍指/任指）＋不递/不胜/不如 B（＋V）

（98）一帮的大男人不递/不胜/不如涅人家幺一个小闺女儿。

（99）你那一柜的衣裳不递/不胜/不如他一套西装贵。

（100）哪儿都不递/不胜/不如咱去过嘞黄山漂亮。

（101）谁都不递/不胜/不如俺媳妇巧。

从句义上来说，只有 A 可以表遍指或任指，B 不能表遍指或任指。

15.3　递比句

递比句也是一种特殊的差比句，表示多个事物的顺次比较，程度随之加强或减弱；形式上，参与比较的 A 项和 B 项都是"一＋量"短语，作为 A 项和 B 项的两个"一＋量"表示的是同一类型的人或事物的多个不同个体。语言形式一致，所指不同。"一＋量"格式前要指明所表述的人或事物。递比同样有"胜过"和"不及"的区别，安阳方言中，有两种"胜过"递比句式，两种"不及"递比句式。

15.3.1　"胜过"递比句式

安阳方言中用"赛/赛过"来递比人或事物，这是一种较有特色的句式，另有和普通话同样用法的"比"字句，句式和用法如下：

15.3.1.1　一＋量（A）＋赛（过）＋一＋量（B）＋V

（102）涅人家家那几个闺女幺赛过幺嘞_{一个赛过一个的俊}。

（103）立秋啦，一天赛过一天冷啦。

（104）瞧你包嘞这饺的，幺一个赛过幺一个难瞧嘞。

（105）孩的大啦，一年赛过一年好啦。

15.3.1.2　一 + 量（A）+ 比 + 一 + 量（B）+ V

（106）别瞧她那衣裳不好瞧，一件儿比一件儿贵！

（107）恁你们这些学生啊，一届比一届不知道学习！

（108）中，恁你们仨人幺比幺会说嘞。

（109）眼瞧的孩的一天比一天结实啦。

这些"胜过"递比句，可以表示多个比较项顺次比较，程度逐次提高，如例（103）意思是随时间推移，天气越来越冷；例（109）随时间推移，孩子身体越来越好。也可以表示所有比较对象的程度都很强。如例（102）意思是几个闺女都很俊，例（108）表示三个人都很会说。

15.3.2　"不及"递比句式

安阳方言"不及"递比句式主要有两种：

15.3.2.1　一 + 量（A）+ 不递/不胜/不如 + 一 + 量（B）

安阳方言中这类句子用"不递"频率较高，"不胜"也常用，"不如"用得最少，如：

（110）这收入一年不递/不胜/不如一年啦。

（111）他家几个小的，幺一个不递/不胜/不如幺嘞，都没出息。

（112）不买啦，恁这瓜幺一个不递/不胜/不如幺，挑不出来。

（113）便宜没好货，瞧嘞这几套房，一套不递/不胜/不如一套嘞。

15.3.2.2　一 + 量（A）+ 赶/比不昂 + 一 + 量（B）

（114）招嘞这干活嘞，一批赶/比不昂一批。

（115）下嘞饺的都烂啦，一锅赶/比不昂一锅。

（116）瞧你写嘞啥的，一篇赶/比不昂一篇。

（117）恁家那仨孩的，幺一个赶/比不昂幺一个

这类"不及"递比句，顺次比较多个同类型对象，表达其程度越来越弱，无法达到理想要求。如例（114），这一句式也可表达被比较的对象程度上都很差，都不理想。如例（115）—（117）。

可以看到，表"胜过"的递比句往往倾向于表达各比较项的程度都高，而表"不及"的递比句往往倾向于表达各比较对象的程度都低。

15.4　等比句

等比句表示作比较的事物在某方面是相同的。安阳方言中的等比句式主要有四种：

15.4.1　A＋跟＋B（＋V）＋一样样儿嘞

这种句式一般把比较的内容前置或后置，如：

（118）他跟他爹一样样儿嘞，都懒嘞不行。

（119）这本书跟那一本一样样儿嘞，都是新书。

（120）你跟涅吃嘞一样样儿嘞，你咋不长肉？

（121）姐姐跟妹的长嘞一样样儿嘞。

15.4.2　指人/指物名词＋V＋一样样儿嘞

这个句式将 AB 两个比较项合起说，如：

（122）他俩胖瘦都一样样儿嘞。

（123）咱两家买嘞车都一样样儿嘞。

（124）恁俩错嘞题都一样样儿嘞。

（125）书包买嘞一样样儿嘞，别拿错咾。

本句式中，常用副词"都"。

15.4.3　A＋跟＋B＋一模/一模样儿＋V

"一模"［mən³¹］后要用单音节性质形容词，"一模［mən³¹］样儿"后用多音节形容词，如：

（126）他嘞个头儿跟他爸一模高。

（127）涅人家个的不高，不过涅人家跟恁你们跑嘞一模快。

（128）这小的跟他哥一模样儿能说会道。

（129）你做嘞大盘鸡跟餐馆儿嘞卖嘞一模样儿好吃。

这个句式同样可以将 AB 合称，用作主语，如：

（130）俩人赚嘞一模多。

（131）两间屋儿一模样儿亮堂。

（132）父子俩一模样儿暴脾气。

（133）姐妹俩一模样儿好瞧。

句式的疑问形式是在句末添加"么"，或使用"是不儿"，如：

（134）他嘞个头儿跟他爸一模高么？

（135）他俩考嘞一模多么？

（136）肉跟的鸡蛋是不儿是不是一模样儿有营养？

（137）俩人赚嘞是不儿一模样儿多？

例（134）、（135）中，"么"字疑问句的信度大于疑度。

句式的否定形式是用否定词"不一样"加以否定，如：

（138）这小的跟他哥不一样，不太会说话。

（139）两间屋儿不一样，一间亮堂一间不亮堂。

（140）俩人性格不一样，幺一个文气幺一个活泼。

（141）广州跟哈尔滨气候完全不一样，幺一个热带幺一个寒带。

不能简单地在形容词前用"不一样"否定，而需要根据意思有所调整，在后半句中陈述哪些内容不一样。

15.4.4　A ＋跟＋B ＋差不多（＋形容词）

（142）小张挣嘞跟小李差不多。

（143）这儿嘞消费跟咱老家差不多。

（144）薇薇跟你差不多大。

（145）这首歌跟那一首差不多长。

比较内容可以放在"跟"前，如例（142）、（143）；也可以在"差不多"后，在"差不多"后就只能使用单音节性质形容词，如例（144）、（145）。

同样可以将 AB 合称，用作主语，如：

（146）恁俩说嘞差不多。

（147）大盘鸡跟水煮鱼价格差不多。

（148）她娘儿俩差不多胖瘦。

（149）两棵树差不多高。

这一句式的疑问形式也是在句末添加"么"，或使用"是不儿"，信度大于疑度，如：

（150）这儿嘞消费跟咱老家差不多么？

（151）这两件衣裳价钱差不多么？

（152）两间屋儿是不儿差不多大？

（153）这首歌跟那一首是不儿差不多长？

这一句式的否定形式也是用"不一模 + 形容词"，如：

（154）小张挣嘞跟小李不一模多。

（155）薇薇跟你不一模大。

（156）哥俩不一模高，弟弟稍高些儿。

（157）裤腿儿不一模长，没法穿。

15.5　本章小结

以上描写我们观察到：

1. 安阳方言的比较句与普通话相比，有更为丰富的句式和词语，也有受普通话影响，和普通话相同的句式、用法。如"不递、赛过"等就是安阳方言比较句特有的比较词汇。同样表达"不及"差比意义的，就有"不递、不胜、不比、不像、赶不昂、没"等多个比较词汇，可以根据不同的表达意图来选择相应词语。另有"比、不如"等就是受普通话影响的词语使用。

2. 差比、递比、极比、等比这四类比较句中，除了等比不存在"胜过""不及"的区分，其他三类都有"胜过""不及"的意义区别。"胜过"与"不及"正是在比较中体现出来的。我们表达时，可以根据意义需要、情感倾向选择使用哪种表达形式。如：

（158）咱班嘞语文成绩胜过四班。

（159）四班嘞语文成绩赶不昂赶不上咱班。

这两个句式意义相同，但用第一句"胜过"差比，强调咱班强，用第二句"不如"差比，强调四班弱。

3. 比较句式的疑问形式都是添加疑问形式"是不儿"，或者在句尾添加疑问助词"么"，其信度大于疑度。

4. 比较句的否定形式添加否定词"不""没"，句子内容往往需要略作变动。

第16章　双宾句

　　动词后有两个宾语的句子是双宾句，这两个宾语一个是表物的直接宾语，一个是表人的间接宾语。直接宾语和间接宾语都可以分别单独和动词构成动宾结构。从语序上看，安阳方言的双宾句的句法组造表现为指人宾语（间接宾语）始终位于指物宾语（直接宾语）之前，宾语不能"前后换位"①。这一点与普通话相同，而在很多地区的方言中，如河南新县、湖北一些地方、湖南长沙、广东海康②等都适用于普通话和安阳话不同的双宾语序，即指物宾语在前，指人宾语在后，或两种语序都可。虽说安阳方言双宾语语序与普通话相同，但安阳方言的双宾句受动词的语义特征、兼语双宾语混合、体貌助词等因素影响，也有着与普通话不同的特质。安阳方言中能进入双宾语的动词类型主要有四种：给予类动词、获取类动词、告知类动词、称说类动词。本章以动词的语义特征为依据，分类描写安阳方言这五种双宾句：给予双宾句、获取双宾句、叙说双宾句、称叫双宾句、泼溅双宾句。

16.1　给予双宾句

　　这类双宾句包含有"给予"类动词，"给予"类动词是最典型的双宾句动词，安阳方言中有两类动词可以归入此类。一类是动词本身具有"给予"义，如："给、送、还、借、找、卖、赔、退、付、分、发、补、支、拨、奖、输、让、批"；还有一类，本身不具有"给予"义，须在动词后添加"给"，才可充当给予双宾句的谓语，如："丢、扔、

---

① 参见邢福义（2008）。

② 同上。

递、甩、传"等。我们用 O_1 代表直接宾语，用 O_2 表示间接宾语，将这两种格式的双宾句分别描写如下：

16.1.1　V + O_2 + O_1

（1）我盘啦一大盆的饺的馅儿，给恁点儿饺的馅儿吧。

（2）她过生日嘞，咱送她点啥东儿东西嘞？

（3）批咱三天假不咋，我请你吃饭。

（4）已经还啦他三千啦，再还一千就中啦。

（5）涅人家让啦你五个子儿，你还赢不咾？

（6）这一次奖啦小陈一床被的。

这类双宾句如果想将 O_1 提前，就必须使用介词"给"介引 O_2，同普通话，句式为：V + O_1 + 给 + O_2，如：

（7）拨点钱给加班嘞人。

（8）发啦点月饼给大家。

（9）买啦几本书给孩的。

（10）收拾啦几身儿衣裳给你。

"给予"义的双音节动词，如"介绍、推荐、分配、退还、转交、赠送"等，在普通话里可以进入双宾句，但在安阳方言里只有"推荐"常出现在双宾句中，如："你给俺推荐一本参考书吧。"其他动词不大能够进入双宾句，而常用于"连"字句、"拿"字句这类处置句形式，且动词后必须用介词"给"，如：

（11）连这钱还有东儿东西都退还给他。

（12）连小张儿介绍给恁妹的吧。

（13）拿这一封信转交给恁姐姐啊。

（14）拿他几个分配昂到支行吧。

16.1.2　V + 给 + O_2 + O_1

（15）每次走嘞动儿走的时候都丢给老太太几百块钱。

（16）递给咱那本书。

（17）扔给小王一件毛衣。

（18）甩给他几份文件。

这个句式中的"V给"语义更倾向于间接宾语，由于介词"给"的介引特质，整个词组的支配对象为 O_2，V 的支配对象可以是 O_1 和 O_2。而第 16.1.1 节中，"V"具有"同义分管"[①]性，即 V 可以分别支配 O_2 和 O_1。

安阳方言双宾句的直接宾语通常需要数量词语或指代 + 量词组加以限定，如果数词为"一"，有时可以省略，这一点同普通话，如：

（19）奖你根儿冰棍儿。

（20）明儿你生日，送你件礼物。

（21）书弄丢啦，又赔啦他本新书。

（22）扔给小李件衣裳。

在湖北全境、广东海康等许多方言中也是如此，如：

（23）我把件旧衣裳你。<small>我给你一件旧衣服。</small>　　　　　（湖北大冶方言）

（24）伊乞本书我。<small>他给我一本书。</small>　　　　　　　　　（海康方言）

（25）给张票他。<small>给他一张票。</small>　　　　　　　　　　　（柳州方言）

（26）许本书我。<small>给我一本书。</small>　　　　　　　　　　　（南宁平话）

（27）拿块肥皂我。<small>给我拿块肥皂。</small>　　　　　　　　　（宁夏固原方言）

16.2　获取双宾句

这类双宾句包含有"获取"类动词，也是很常见的一类双宾句。安阳方言中这类动词主要有"偷、骗、拿、赢、要、该、差、罚、扣、收、赚、买、抢"等。这类双宾句也有两种句式。

16.2.1　V + O_2 + O_1

例如：

（28）你想想法儿，骗恁妈点钱，咱就够啦。

（29）我还该欠你五十，明儿还你啊。

（30）他不到一米三，收他二十就够啦。

（31）你到底偷啦涅人家多儿多少钱？

（32）他拿啦公家几十万炒股。

---

① 参见邢福义（2008）。

（33）孩的跟同学打赌，赢啦涅_{人家}几本书。

这类动词的间接宾语和直接宾语在语义上具有领属关系，但不能在间接宾语和直接宾语之间添加表领属关系的"的"，这与普通话是相同的。

在直接宾语前需要用数量词组或指代词 + 量词结构。

16.2.2　V + 他 + O₁

这一格式中的"他"为虚指，并没有实际意义，与普通话用法相同，如：

（34）明天商店一开门，咱就进去抢他几斤肉，要不儿又没啦。

（35）天热，买他两个大西瓜，解渴。

（36）谁再不守规矩，就罚他几百几千，就老实了。

（37）别嫌少，一天赚他几十上百，就有饭吃啦。

16.3　叙说双宾句

这类双宾句包含有"叙说"义动词，也是常见的一类双宾句。安阳方言中常用的这类动词有"问、教、托、求、答应、交代、嘱咐"等。语序仍然是 V + O₂ + O₁，如：

（38）别走，问你么一个问题。

（39）他托了俺一件事儿，俺只好来一趟。

（40）我教你咋对付恁爹吧，管用的嘞。

（41）她答应明天再来，你放心吧。

（42）你嘱咐他写作业，他可却跑出去玩儿啦。

这类句子，O₁表示所说的内容，O₂表示说话的对象，与普通话相同。O₁可以是名词性成分，如例（38）、（39），也可以是谓词性成分，如例（40）—（42）。

16.4　称叫双宾句

这类句子包含"称叫"意义的动词，常用动词为"叫、喊"，如：

（43）谁都叫他糊涂蛋。

（44）他_{他们}都叫李老师妈妈。

（44）他<small>他们</small>都叫李老师妈妈。

（45）你就喊我小陈儿吧。

（46）你喊他老头儿，他能理你？

16.5 泼溅双宾句

这类双宾句常用的有"泼、洒、溅、吐、喷、糊、踩、搽、抹、淋、屙、呼"等这些词。O_1常使用"一身、一脸、一手、一头"等表示周遍的"一量"词。发生的事情对O_2来说是不愉快的。例如：

（47）你瞧你，泼啦恁姑姑一身水。

（48）镇激动干啥嘞，喷啦俺一脸吐沫星的口水。

（49）真恶囊脏，抹啦我一手灰。

（50）布抱了还没一会儿嘞，小的还尿啦他一身尿。

在语言使用中，"一量"后的O_1名词根据语境常常可以隐去，如例（47）—（50）都可以隐去O_1，如：

（51）你瞧你，泼啦恁姑姑一身。

（52）镇激动干啥嘞，喷啦俺一脸。

（53）真恶囊脏，抹啦我一手。

（54）布抱了还没一会儿嘞，小的还尿啦他一身。

由于这类句子的量词本身就是名词转化而来，有的量词后没有另外的名词，"一量"结构就承担了O_1的角色。

16.6 宾语移位及宾语隐现

宾语移位是说在一定条件下，双宾句里的宾语可以移动位置而句子意思不发生改变。宾语隐现是根据语言交际的需要，宾语可以同现，或单独出现。安阳方言的宾语移位和隐现情况与普通话基本相同。

16.6.1 宾语移位

安阳方言的宾语移位受动词类型影响，不同动词决定了其宾语位置能否移变。我们分析如下：

16. 6. 1. 1　给予类双宾句的宾语可以移位

这类双宾句的 O_1 可以移位，O_2 不能移位。O_1 的移位主要有两种方式：一是 O_1 提前至句首，构成"S 受＋S 施＋V＋O"格式的受事主语句，给予类动词后一般要添加介词"给"，而由 O_1 变化而来的 S 受，如果是无定的要变为有定，如：

（55）他给啦俺一张画儿。——这一张画儿他给啦俺啦。

（56）学校会退给你多给嘞钱嘞。——多给嘞钱涅学校会退给你嘞。

（57）发给恁都你们这三张票吧。——这三张票发给恁都吧。

（58）单位奖啦恁弟弟一辆小车儿。——这辆小车儿单位奖给恁弟弟啦。

我们看到例句中原来无定的成分都变为有定。

另外一种移位方式是用"连、拿"把 O_1 提到 V 的前面，构成"S＋把＋O_1＋V＋O_2"格式的处置句，O_2 前面要添加介词"给"。O_1 的性质也会发生变化，由双宾句中的无定变为处置句中的有定。如：

（59）俺送啦老家亲戚一堆小孩儿嘞衣裳。——俺连那些小孩嘞衣裳都送给老家亲戚啦。

（60）他找啦你二十块钱。——他连二十块钱找给你啦。

（61）老师发啦孩的两本儿书。——老师拿这两本儿书发给孩的啦。

（62）商场赔啦老太太两千块。——商场拿两千块赔给老太太啦。

以上可以看到，O_1 移位后，句子的意义内容还是发生了一些变化的。如例（55）双宾句陈述他送画的事实，而 O_1 提前后，强调这张画本身。再如例（59）双宾句陈述俺送亲戚衣裳的事实，而连字句强调所送的东西是小孩衣裳。可以说没有全然相同的句子，句式不同，其语言意义，语用价值就有差异。

16. 6. 1. 2　泼溅类双宾句宾语可以移位

这类双宾句的 O_1 不能移位，O_2 可以移位，移位方式是，O_2 前置于句首，用表被动的"叫"引出施事者，构成 S 受＋叫＋S 施＋V＋一量＋O_1，如：

（63）没来得及躲，涅人家泼啦他一脸水。——他叫涅泼啦一脸水。

（64）小孩拉肚的，屙啦她一身屎。——小孩拉肚的，她叫屙啦一身屎。

（65）瞅你皮调皮嘞，抹啦恁弟弟一脸雪花膏。——瞅你皮嘞，恁弟弟叫你抹啦一脸雪花膏。

（66）吃完饭不能好好擦擦？沾啦我一身饭渣的。——吃完饭也不擦擦，我叫你沾啦一身饭渣的。

S 施根据语义和语境，有时可以隐去，如例（63）；有时需要补出，如例（64）、（65）、（66）。

"获取、叙说、称叫"等类动词的双宾句，无论 O_1 或 O_2，一般都不能前移。

16.6.2　宾语隐现

双宾句的宾语隐现跟动词类型也有关系，不同类型的动词，宾语隐现情况也不同。具体有以下四种情形。

一、只出现 O_1，不出现 O_2，这种情况存在于"给予""获取"一部分"叙说"类双宾句中，如：

（67）同学送啦她一本书。——同学送啦一本书。＊同学送她。

（68）单位发啦俺爸两张电影票。——单位发啦两张电影票。＊单位发啦俺爸。

（69）头儿交代他幺一个任务。——头儿交代幺一个任务。＊头儿交代他。

（70）我托你幺一件事儿。——我托幺一件事儿。＊我托你。

二、只出现 O_2，不出现 O_1，这种情况存在于部分"叙说"类双宾句中，如：

（71）俺奶奶教俺幺一个办法儿。——俺奶奶教我。＊俺奶奶教幺办法儿。

（72）我求你幺一件事儿。——我求你。＊我求一件事儿。

（73）他答应俺哥俩事儿。——他答应俺哥。＊他答应俩事儿。

三、出现 O_2 以及限定 O_1 的"一量"结构，这种情况存在于"泼溅"类双宾句中，如：

（74）服务员不小心泼啦他一身汤。——服务员不小心泼啦他一身。

（75）没留神儿踩啦我一脚泥。——没留神踩啦我一脚。

（76）汽车开过去溅啦他一身泥汤的。——汽车开过去溅啦他一身。

（77）你瞧你喷啦俺一脸唾沫星的。——你瞧你喷啦俺一脸。

在日常语言交际中，只用"一量"结构的句子使用频率往往高于包含"一量"＋O_1的句子。究其原因，应当是方言的存在方式主要是口语交流，这种特质要求是语言表达越简洁越好所致吧。

四、O_1、O_2 都必须出现，这种情况存在于"称叫"类双宾句中，如：

（78）俺都叫他老孙头。——＊俺都叫他。＊俺都叫老孙头。

（79）咋别人都叫你糊涂蛋？——＊咋别人都叫你。＊咋别人都叫糊涂蛋。

（80）小孩都喊他果连毛①。——＊小孩都喊他。＊小孩都喊果连毛。

（81）邻居都喊他半吊的②。——＊邻居都喊他。＊邻居都喊半吊的。

16.7　歧义双宾句

普通话中，使用"借、租"这类同形异义词的双宾句都会产生歧义，如：

（82）李刚借张军两百块。

（83）小明租小强一套房子。

这两句话中的"租、借"既有"获取"义，也有"给予"义，句子的歧义，在有上下文时，可以化解；或者添加"给"表示给予义，如：

（84）李刚借给张军两百块钱。

（85）小明租给小强一套房子。

但"获取"义从形式上较难表示。

安阳方言中，用"借、租"的这类句子也会产生歧义，如：

---

① 安阳方言，相当于普通话的"卷毛"。

② 安阳方言，相当于普通话所说的"二百五"。

（86）俺借恁两千吧。

（87）你租老张两间房。

这两个歧义句可在一定的语境中化解歧义，如：

（88）俺借恁你们两千吧，下月就还恁你们。

（89）俺手头也不宽，多咾没有，俺借恁你们两千吧。

（90）你会做菜，你租老张两间房，连小饭馆开张咾再说。

（91）你租老张两间房，叫老张一家的一家子先有幺一个落脚嘞地方。

例（88）、（90）里的"借、租"具有"获取"义，例（89）、（91）中的"借、租"具有"给予"义。

在安阳方言中，还可以添加"给"来确定"给予"义，添加"啦"确定"获得"义。如：

（92）俺借给恁两千。

（93）俺借啦恁两千。

（94）你租给老张两间房。

（95）你租啦老张两间房。

例（92）、（94）的"借、租"表"给予"，例（93）、（95）的"借、租"表"获得"。在湖北大冶双宾句中，同样有添加"了"大致明确"获得"义的现象。[1] 而在普通话中，添加"给"可以表"给予"，但添加"了"仍然存在歧义。

16.8　双宾兼语混合句

这种句式，看上去是宾后续动[2]，也就是在双宾语的后面一个宾语后添加动词。安阳方言的双宾兼语混合句和普通话的语序是一样的，都是 $V_1 + O_2 + O_1 + V_2$ 结构。而一些方言，如新县、大冶、长沙等地方言中，主要使用 $V_1 + O_1 + O_2 + V_2$ 结构。

安阳方言中，并非所有动词类型都可以构成双宾兼语混合句。"给予""获取"类动词可以进入这一格式，如：

---

①　参见汪国胜（2000b）。

②　邢福义（2008）。

（96）我送你一本书瞧瞧。

（97）涅让你幺位的一个位置坐，你也别不好意思啦。

（98）他时不时嘞骗他妈点钱花。

（99）扣咾陈老板几箱货用用。

其他类型的动词不能进入这一格式。从上例可以看到，V_2 可以是光杆动词，如例（96）、（97），也可以是连动形式、动词重叠形式等，如例（98）、（99），而 V_2 的受事是 O_2。

V_2 本身也可以带宾语，如：

（100）给你点儿饺的馅儿包饺的吧。

（101）单位补俺两天假照顾俺妈。

（102）咱今儿嘞今天罚他点钱去搓一顿儿吃一顿嘞。

（103）等俺发咾财，买恁你们一套房给俺老婆。

这里的 V_2，其受事就不再是 O_2，而是其后所带宾语。

16.9　本章小结

安阳方言的双宾句与普通话双宾句有很多相似处：

1. 句式顺序相同，O_2 总是在 O_1 之前。

2. 能进入双宾句的动词的意义类型相同，主要是"给予、获取、泼溅、称叫、叙说"等类的动词。

3. 部分双宾句的宾语可以在一定条件下移位。

4. "借、租"类动词在双宾句中都具有歧义性。

5. "给予、获取"类双宾句都可后续动词，构成双宾兼语混合句。

但安阳方言也有与普通话不同之处：V 后添加"了"可以明确"租、借"这两个词表"获得"的义项，从而分化歧义。这比普通话区别这两个词的义项时，较少依赖语境。

第 17 章　动补句

　　动补句就是由动补短语为主体构成的句子。按照意义内容分,补语主要有表状态、表结果、表程度、表趋向、表可能、表动量等类别。普通话中,常用"得"在动词或形容词性词语后引出补语,"得"是普通话中的补语标记。安阳方言中,没有补语标记"得",与之对应的是结构助词"嘞",主要用于标记状态补语和结果补语。其他类型的补语,也有相应的形式对应。我们以补语的意义类型为依据,将安阳方言的常用动补句分为五类,即状态动补句、程度动补句、处所动补句、可能动补句、数量动补句,我们对这五类动补句逐类描写、分析,并对补语和宾语同现的情况加以分析描写。

17. 1　状态动补句

　　状态动补句用以描述由于动作、性状而呈现出来的状态。普通话中多用"得"作为状态补语的标记,安阳方言用"嘞",也有时不用补语标记,我们用 A 表示形容词,用 V 表示动词,安阳方言的几种状态动补句的动补结构如下:

17. 1. 1　V/A + 嘞 + AP/VP + 嘞/啦

　　(1) 孩的走嘞慢,等等孩的。

　　(2) 瞧你穿嘞洋气时髦嘞,相亲嘞呀?

　　(3) 天黑嘞啥都瞧不着。

　　(4) 恁家这房的大嘞能跑马啦。

　　(5) 天闷热嘞叫人都喘不过来气啦。

（6）恨嘞我牙根的疼。

以上例句我们可以看到，动补句的中心语可以是动词性词语也可以是形容词性词语，且一般都是简单形式；补语部分可以是单个的形容词，也可以是动词或形容词为核心的各类短语，如例（3）、（6）是主谓短语，例（4）是能愿短语，例（5）是兼语短语，等等；句末有时需要用语气词"嘞、啦"。

17.1.2　A/V + 嘞 + 跟字短语 + 样儿/也 + 嘞

这一句式的补语部分由介词"跟"引介的短语充当，用对比方式表述动作或性质呈现的状态。"样儿"相当于普通话的"似的"，"也"应当是"样儿"的合音，前者在新城区使用，后者在老城区使用较多，如：

（7）你这一身红嘞跟新娘的_{新娘子}样儿嘞。

（8）瞧诺那张脸黑嘞跟黑老包样儿嘞。

（9）那雪白嘞跟棉花糖样儿嘞。

（10）老张高兴嘞跟啦中五百万也嘞。

（11）俺妹的连屋嘞拾掇嘞跟宾馆也嘞。_{我妹妹把屋里收拾得跟宾馆似的。}

（12）那俩人好嘞跟穿一条裤的也嘞。

17.1.3　V + 嘞 + A + 的嘞/的介嘞

这一句式的补语部分只能是形容词性的短语，形式上是在补语部分的性质形容词后添加语气词"的嘞"，相当于普通话的"着呢"，如果补语是单音节形容词，还可以在句末添加"的介嘞"，这些句末语气词的使用可以强调凸显事物的状态达到某一程度，如：

（13）小盂儿跑嘞快的嘞/的介嘞。

（14）她嘞英语说嘞溜的嘞/的介嘞。_{她的英语说得流利着呢。}

（15）别叫他洗碗啦，他干嘞慢的嘞/的介嘞。

（16）涅人家唱嘞好听的嘞。

（17）小李连衣裳洗嘞干净的嘞。

（18）今天这菜炒嘞没味儿的嘞。

可以看到，这一句式主要用以描述某人的能力或特长如何，可以是褒义的也可以是贬义的。

17.1.4　V/A1 + 可 + A2 + 嘞

这一句式的补语部分可用程度副词"可"来强调状态所达的程度，可用于表述褒义或贬义的内容，如：

（19）小妞妞嘞脸红嘞可好瞧嘞。

（20）葡萄熟嘞可甜嘞。

（21）小三唱嘞可好听嘞。

（22）他那脸变嘞可快嘞。

17.1.5　V + A + O

状态补语句中有时会出现宾语，宾语一般在状语后，与普通话的语序相同。如：

（23）趁今儿歇的，洗干净这幺一个礼拜攒嘞脏衣裳。

（24）用洗衣机甩甩，甩干被单的再晒。

（25）不慌的不着急给钱，修好电脑再说吧。

（26）别写啦，吃完饭再写。

另有一种动词拷贝格式，也可以使宾语与动补结构同现，即下文17.1.6 节。

17.1.6　V + O + V + AP/VP

这种格式的宾语由动词引领位于补语前，其后由相同的动词 + 补语成句。补语部分可以是动词性短语，也可以是形容词性短语。如：

（27）涅不光学习好，打球打嘞也可好嘞。

（28）他脑瓜的灵，干这一行干嘞谁都不如他。

（29）这几天下雨下嘞都发霉啦。

（30）快考试啦，俺记单词记嘞头都大啦。

（31）夜个儿昨天洗澡洗嘞凉着啦。

可以看到状态补语句中，多数动补格式与普通话相似，含有"跟……样儿嘞""的嘞/的介嘞"结构的动补句是较有特色两种动补句。

17.2　程度动补句

程度动补句是对动作性质达到的程度加以补述。普通话的程度补语其格式一般有三种类型：一是程度副词作补语，如"好极了""好得很"；二是形容词"出奇"作补语，而且要用"得"；三是"不得了、要死、要命、不行、不能再 X 了"[①] 等。安阳方言的程度补语句的补语部分与此有同有异，相同之处是都有第三种格式的表述方式，不同之处是安阳方言不用 A + 极了结构，也不用"得"字补语标记，而是用"嘞"作为相应的程度补语标记，另有若干独具安阳方言特点的表述方式。我们逐一描写分析安阳方言的动补格式。

17.2.1　A/V + 嘞 + 很

能进入这一格式的主要是性质形容词，也有一些心理动词可以进入，如：

（32）这西瓜甜嘞很，你尝尝。

（33）事儿急嘞很，你赶紧拿主意。

（34）学生聪明嘞很，别想蒙着他都别想蒙骗他们。

（35）涅对你中意嘞很人家对你很喜欢，你嘞？

（36）这孩的不听话嘞很，不揍不中。

（37）这房的俺媳妇满意嘞很，就儿就是太贵啦。

17.2.2　A/V + 嘞 + 很嘞很

这一格式将程度副词"很"重叠后用作补语，谓语由性质形容词和一些心理动词充当，普通话中没有这种表达方式，河南、山东[②]等地方言中都有这一用法，表示性质或动作所达到的程度极其高，比"A/V + 嘞 + 很"格式表述的程度级别更高。如：

（38）那儿嘞冬天冷嘞很嘞很。

---

① 参见邢福义（1997）。

② 参见曹延杰（2005）。

（39）俺姥姥家离这儿远嘞很嘞很。

（40）那幺电影好瞧嘞很嘞很。

（41）他那心里头啊，难受嘞很嘞很。

（42）恁爷对他待见嘞很嘞很。

17.2.3　A+嘞+A

这一格式也是普通话中没有，颇具地方方言特点的表述方式，这一格式有两种用法：一种是直接用作谓补结构，谓语和补语为同一形式的形容词，表示性质达到极高的程度；一种是整个用在动词性谓语后，充当补语。这两种用法表述的程度义与"A/V+嘞+很嘞很"表达的程度义级别相同。但只有表量多、表正面的单音节性质形容词才能进入这一格式，且多用于两个对象的比较，如：

（43）这棵树比那一棵高嘞高。

（44）铁块的比棉花沉嘞沉。

（45）我穿比你穿美嘞美。

（46）小陈比小李跑嘞快嘞快。

（47）妹妹比姐姐写嘞多嘞多。

（48）涅人家那一班比恁考嘞好嘞好！

17.2.4　A/V+死了/嘞要死/嘞要命/不能行

"死""要死""要命"都是虚化的，没有实在意义，仅表示程度很高，有强烈的夸张色彩，多用于表示中性或贬义的内容，褒义较少用，如：

（49）气死啦，咋说怎么说俺爸都不同意俺去瞧电影嘞。

（50）你镇介的这样子编排造谣他，恼死他啦。

（51）大半年没见啦，想死我啦。

（52）孩的考昂考上清华啦，他妈高兴嘞要命。

（53）这天儿才四月就热嘞要命。

（54）将才刚才找不见你，恁奶奶急嘞要死。

（55）不就穿啦件儿新裙的么，猴嘞神气得不能行啊。

（56）几个月没打扫啦，恶囊嘞脏得不能行。

"A/V + 死啦"结构常可添加宾语,如例(50)、(51),其他动补结构之间不能添加宾语。

17.3 处所动补句

普通话的处所补语形式为:"在/到 + 处所词语",动补结构可记作"V + 在/到 + 处所词语"。安阳方言与普通话的处所补语表示法不同,不用"在/到"这两个介词引出处所词语,而用位移标记"昂"引出处所词语。在 14.3.4.3 节中,我们对位移标记"昂"作了描写和分析,指出"昂"在位于处所动补结构之间时,用法相当于普通话相应结构的"在/到",但意义和读音更为虚化。如:

(57)坐昂沙发昂坐在沙发上歇歇。

(58)这孩的,一不如意就躺昂地昂躺在地上打滚儿。

(59)跑昂门口儿跑到门口儿瞧瞧恁姥姥来啦没有。

(60)恁几个皮调皮嘞,爬昂房顶昂往下蹦的玩儿爬到房顶上往下跳着玩儿。

例(57)、(58)"昂"相当于普通话的"在",例(59)、(60)"昂"相当于普通话的"到"。对于极富方言特点的位移标记"昂",我们在 14.3.4 节中有详尽的分析描写,此处不赘述。

17.4 可能动补句

安阳方言表可能的动补结构是"VC 咾";否定式是"V 不 C";疑问式是"VC 咾 V 不 C"。其中,"VC"是动补短语,"咾"是表可能的动补标记。除了否定式相同外,肯定式和疑问式都不同于普通话表可能的动补结构:"V 得 C/V 得 CV 不 C"。如:

(61)别瞧镇这么多面条儿,他能吃了咾他能吃得完。

(62)镇些事儿,干了咾干不了?

(63)我瞧啦瞧,电脑修好咾,放心吧。

(64)窗的恁油腻,擦净咾擦不净?

(65)别搓啦,搓不净,再搓就搓烂啦。

（66）桌的太沉啦，搬不动。

例（61）、（62）中，了［liɑu⁵³］的意思是"完毕、完成"。这种表可能的动补结构，在山东①、河南②等地方言中都有使用。疑问式"VC 咾 V 不 C"在实际语言运用中，经常省略"咾"字，这和普通话口语中，表可能的动补结构中经常省略"得"是一样的，遵循了言语交际的经济、省力原则。

17.5 数量动补句

数量动补句包括动量动补句和时量动补句。安阳方言的这一动补句表达方式与普通话相同。其结构为：VP + 动量/时量。

17.5.1 VP + 动量

（67）没时间啦，我慌慌张张嘞翻啦一遍。

（68）涅人家都说黄山漂亮的嘞，有空儿咾有空闲的时候，咱也去一趟。

（69）黄面的玉米面儿好吃？叫你连吃几顿儿试试。

（70）下啦几场，天就冷啦。

如有宾语，宾语位于动量词语后，也可以用处置式将具有受动义的宾语前置，如：

（71）坐啦几回飞机，真不赖。

（72）看啦一次孩的，烦死我啦。

（73）涅人家连词典都背啦几遍，能考不好？

（74）连把这一课嘞生词写五遍。

17.5.2 VP + 时量

（75）我在这儿住啦十来年啦，就没见过作这个人。

（76）你才学啦三天，涅人家练啦三年，那能比？

（77）你再等一会儿，我马上就好。

---

① 参见曹延杰（2005）。

② 参见辛永芬（2007）。

（78）下一阵儿，停一阵儿，一的一直晴不了啦。

用作时量的词语有表示具体时间的时间名词，如例（75）、（76）；也有表示模糊时间的名词，如例（77）、（78）。

如有宾语，置于时量补语后，也可用动词拷贝模式，如：

（79）我跑啦仨月北京，还是没办成这事儿。

（80）瞧啦四个小时书，眼都花啦。

（81）你修电脑修啦十来天，咋还没修好嘞？

（82）洗衣裳洗啦大半天，总算洗完啦。

17.6 本章小结

以上我们描写了安阳方言中最主要的五类动补句，即状态动补句、程度动补句、处所动补句、可能动补句、数量动补句。

其中，状态动补句、程度动补句有较为丰富的格式类型。安阳方言的动补句有跟普通话相似的表达形式，如数量动补句的表现形式。也有具有地方方言特色的表达形式，如程度动补句使用词语重叠方式的表达形式、处所动补句用位移标记"昂"的表达形式等。

这些具有地方方言特色的表达形式并非独立的存在，在山东、河南一些地区都有相同的用法或者类似的语法手段，这让我们看到方言之间参差交叉的关联以及语言深处的规律性。

第 18 章 疑问句

汉语对疑问范畴进行处理时，主要有三类语法手段：一是添加疑问语气词，二是正反叠加，三是使用疑问代词①。除了这三种语法手段外，句调上升也是构成疑问句的一种方式。安阳方言疑问句的构成利用了句调、疑问代词、语气词、句法等形式手段。有特指问、是非问、选择问、正反问四种类型，其中，特指问在形式上表现为使用疑问代词，正反问和选择问采用了正反叠加的语法手段，而是非问则采用疑问语气词以及句调变化的方式构成。袁毓林（1993）认为，疑问句有真性问句和非真性问句。真性问句即问话人对事情不了解，想通过问别人来获知事实真相。这类问句有疑问焦点，句子重音在哪个成分，哪个成分即为疑问焦点。而非真性问句的问话人对事情已有猜测，但还无法确定，询问是为了求得证实，这类问句没有疑问焦点。我们参考袁毓林（1993）的观点，从语义表达上，将安阳方言的疑问句分为真性问句和非真性问句。安阳方言的疑问句中，特指问、选择问和正反问多为真性问，是非问多为非真性问。大致来看，安阳方言的特指问、选择问与普通话更为接近，是非问和正反问与普通话差别较大。从语言的发展演变来看，安阳方言的是非问和正反问在疑问功能上对立互补，形成一种整饬的疑问句系统。

18.1 特指问句

安阳方言的特指问从形式上大致分为两类：一类使用疑问代词，一

---

① 参见徐杰（1999）。

类不使用疑问代词只使用语气词"嘞""嘞呀",与普通话特指问的形式大致对应,这两种形式的特指问都是真性问。需要指出的是,在含有"嘞""嘞呀"的疑问句中,句调的升降也有区别语义的作用。这是普通话中所未见的。

18.1.1　疑问代词构成的特指问句

安阳方言的疑问代词有的与普通话相同,如:"谁、哪儿、多(询问程度)"。其他疑问代词有:"多儿",相当于普通话的"多少";"啥、啥的",相当于普通话的"什么";"咋/咋介的",相当于普通话的"怎么",用来询问做事的方法和程序;"咋样儿",相当于普通话的"怎么样",询问状态如何。特指问语序跟普通话相同,都是在陈述句表疑问处代入疑问词,构成特指问句。现就形式不同的疑问代词举例分析如下:

(1) 说吧,借多儿_{多少}?
(2) 恁班昂_{你们班}上有多儿人?
(3) 你喜欢啥颜色?
(4) 你有啥事?
(5) 你在这儿干啥的嘞?
(6) 你这是为啦啥的?
(7) 他咋/咋介的啦?
(8) 恁弟弟咋/咋介的不来上学嘞?
(9) 咱咋/咋介的去她家嘞?
(10) 这咋/咋介的弄嘞?
(11) 昨天诺_{那个}电影咋样儿?
(12) 最近咋样儿?

"多儿"[tuo⁵⁵ ɚ],相当于普通话的"多少",安阳方言里,双音节词语的第二个音节若由舌尖前擦音构成,有时会弱化为[ɚ]音。"多儿"可以单用表询问,如例(1),也可以与后边的名词一起表询问,如例(2)。"啥的""啥"分别对应普通话表称代和表区别的"什么"，吕叔湘（1980）①曾指出普通话疑问代词"什么"有两种功能：一表称代、一表区别。这在普通话中没有语型的区别，但在安阳方言里语型上有所区分，"啥"表区别，如例（3）、（4）；"啥的"表称代，如例（5）、（6）。"咋/咋介的"，对应普通话的"怎么"，询问状况和原因，如例（7）、（8）。"咋"语型简单，语气匆促，"咋介的"语气舒缓，比"咋"更强调所询问的内容。形式越复杂，语义越强调。②"咋样儿"对应普通话的"怎么样"，询问状态。如例（11）、（12）。

安阳方言特指问有时也出现句末语气词"嘞"，相当于普通话特指疑问句中的语气词"呢"。如：例句（5）、（8）、（9）、（10）。语气词"嘞"的使用使语气更为舒缓。

18.1.2 疑问语气词构成的特指问句

疑问语气词"嘞、嘞呀"可以和"NP、VP"构成特指问句："NP/VP + 嘞/嘞呀"。

"嘞、嘞呀"相当于普通话的疑问语气词"呢"。普通话相对应的"呢"问句，被视为特指疑问句的减省格式。如："你的书包呢?"通常被视为"你的书包在哪儿?"的简省格式。但我们认为，普通话和方言中的这种格式在口语中比所谓的完整格式使用频率要高得多，是有自身特点的一类问句。安阳方言的这类特指问，由 NP 或 VP 性质的小句在句尾加疑问语气词"嘞"或"嘞呀"构成，对语境的依赖性较强，如：

（13）他嘞衣裳嘞? ↗

（14）恁同学嘞? ↗

（15）俺嘞钱包儿嘞呀? ↗

（16）恁妈嘞呀? ↗

（17）他嘞衣裳嘞? ↘

（18）恁同学嘞? ↘

（19）大咾嘞?

（20）熟咾嘞?

---

① 参见吕叔湘（1980/2005）。

② 参见汪国胜（2011）。

（21）涅耍儿不要嘞？

（22）到咾诺地方嘞？

例句（13）—（16）由"名词性词语＋嘞/嘞呀"构成的特指问，句调为升调，表示询问某人或某物所处的位置。一般是始发句，后面可以再添加一个相关语义的句子，增强疑问程度。如：

（23）他嘞衣裳嘞？↗你见啦没有？

（24）恁同学嘞？↗没有跟的你一块儿来？

（25）俺嘞钱包儿嘞呀？↗刚才还在这儿嘞。

（26）恁妈嘞呀？↗我找啦半天都没找着她。

"嘞"和"嘞呀"的语义和功能是有区别的。"嘞"表示单纯的询问人和物的位置，"嘞呀"表示寻找未果，从而询问。"嘞呀"构成的疑问句不能读降调，也不能充当后续句。疑问词不同，后边的后续句也有差别。如例（23）、（24），后续句为疑问句，强化疑问度。例（25）、（26），后续句为陈述句，陈述发问前的寻找过程，指明发问原因。

例句（17）、（18）由"体词性＋嘞"构成，句调为降调。构成的特指问与前面几个例句不仅句调不同，表达的语义，所处的语境也不同，这类问句通常不作始发句，而充当后续句。前后句的语义形成对比，如将例（17）、（18）"名词性词语＋嘞"添加起始小句后：

（27）你嘞衣裳可真不便宜啊，他嘞衣裳嘞？↘

（28）你就考这一点儿分儿，恁同学嘞？↘

例（27）对两种衣裳进行比较，例（28）对"你"和"同学"的分数进行比较。

例（19）—（22）为"谓词性短语＋嘞"，通常表假设或条件，可以作始发句也可以作后续句。句调一律为降调。如：

表 18 – 1　　　　　"谓词性短语＋嘞"作始发句和后续句

作始发句：	作后续句：
（29）大咾嘞？↘还听你嘞不听啦？	（30）孩的小能抱动，大咾嘞？↘
（31）熟咾嘞？↘甜不甜？	（32）现在有点儿涩，熟咾嘞？↘
（33）涅耍儿不要嘞？↘你再拿回去？	（34）你拿镇多东儿，涅耍儿不要嘞？↘
（35）到咾诺地方嘞？↘再找宾馆？	（36）现在不订好宾馆，到咾诺地方嘞？↘

作始发句，对某种情形表示询问，后续小句为追问句，对某种可能发生的情况表示询问。如例（29），首发句问"大咾"会发生什么情况，后续句追问是否还会"听你"的；再如例（35），首发句问"到咾诺地方"怎么办，后续句追问是否要"再找宾馆"。

作后续句，对和首发句不同的情形表询问。如例（32），首发句说现在的味道"有点儿涩"，后续句对"熟咾"的味道询问。例（34）首发句说要送的东西多，后续句询问如果别人不接受时怎么办。

综上观之，这类由名词性词语构成的疑问句作首发句，句调多上扬，引发疑问，由后续句通过追问或补充陈述来强化疑问；作后续句，句调多下降，与首发句的语义内容构成对比，对可能相反的情形表示询问。由谓词性短语构成的疑问句，语义上表假设或条件，无论作首发句还是后续句，句调都是降调。安阳方言用句调区分疑问焦点，用不同的语气词区分语境和语义的差别，这种特点是普通话和一些方言所没有的。

18.2　是非问句

我们要考察的安阳方言的是非问是指使用疑问语气词"么、嘞、吧"以及使用上升句调（零形式）构成的疑问句，是非问与正反问的划分讨论另在其他章节展开。安阳方言是非问类型也较为丰富，可以分为四类：上升句调式（零形式）是非问，"么"字是非问，"嘞"字是非问，"吧"字是非问。

18.2.1　上升句调是非问句

这类疑问句不使用疑问代词或疑问语气词，只在句尾出现上升句调，在书面上表现为使用问号。如：

（37）他都早昂间儿走？他们早上走？

（38）你喜欢涅人家？

（39）饭熟啦？

（40）恁你们去过啦？

（41）他出过国？

（42）拿的着伞去？

（43）你不去？

（44）今天没有上课？

这类是非问依靠句尾语调的上扬构成疑问，如果去掉上扬的句调，以上例句就变成了肯定或否定性的陈述句。这类是非问跟普通话依靠句调上扬构成的是非问基本相同。在语义上是对事件有所猜测，用提问的方式来验证猜测。从功能上来看，属于非真性问，疑问度低于正反问。如果我们用正反问表述类似的语义①，如例（37）、（39）、（41）、（43）用正反问表述：

（45）他都早昂间儿走不走？他们早上走不走？

（46）饭熟啦没有？

（47）他出过国没有？

（48）你去不去？

这几例的疑问度增强，成为真性疑问句。普通话里还可用"吗"字句来对应以上四例。如：

（49）他们早上走吗？

（50）饭熟了吗？

（51）他出过国吗？

（52）你去吗？

这四例，都是高疑问度的真性问句。安阳方言中没有这类用疑问语气词表示的真性问句。另外，需要注意的是，普通话的"你不去吗？"这类含有否定词的"吗"字句是低疑问度的非真性问句。

18.2.2　"么"字是非问句

"么"字是非问也是一类非真性问句。如：

（53）班昂嘞人都讨厌他么？班上的人都讨厌他吧？

（54）天晴啦么？

（55）好咾了伤口忘啦疼啦么？

（56）弄不清你是老几谁啦么？

---

① 事实上，只是语句的意思类似，而疑问度和功能有很大差别。

（57） 在那儿瞭电视嘞么？

（58） 外头下的着嘞呢么？

（59） 明儿去出差嘞么？

问话人可以用肯定或否定形式提出推测，寻求验证。如询问的事件和情形为已然，"么"前须用语气词"啦"，如例（54）—（56），如询问的事件和情形为现时和未然，则"么"前须用语气词"啦"。安阳方言的"么"字疑问句，当承继自古代汉语的"麼"问句①。与普通话不同的是，安阳方言的"么"字疑问句只能表猜测和反问，不表询问，即只能表非真性问。而普通话的"吗"字句由古代汉语"麼"字句发展而来，不仅能表猜测、反问，还能表询问，即既有真性问，也有非真性问。这种对"麼"功能的选择差别导致了各地方言以及普通话之间不同的疑问句表述系统。就是非问和正反问这两类问句而言，安阳、浚县等地方言的正反问大多数类别属于真性问问句，更多地承担了询问功能；是非问大多数属于非真性问问句，更多地承担了猜测和反问的功能，显现出一种整饬的对立互补面貌。而普通话的询问、猜测和反问功能由是非问、正反问共同承担。其间的语义和功能纠葛让人有种剪不断理还乱的感觉。

18.2.3 "嘞"字是非问句

"嘞"相当于普通话的"呢"，如：

（60） 恁你们去北京嘞？

（61） 想回家嘞？

（62） 屋里演的着电视嘞？

（63） 这一会儿还不走嘞？

（64） 这会儿还没有吃饭嘞么？

这类问句也是对事件有所推测，提出问题寻求验证，是低疑问度的非真性问问句。需要注意，"嘞"还可以用在特指问句中，有的特指问句与是非问"嘞"字句形式上相近，但功能上不同。如特指问一节中有例句"他嘞衣裳嘞？"，这是由体词性短语＋嘞构成的特指问，看似

---

① 参见吴福祥（1997）。

没有疑问代词，但我们可以在语义上补出疑问代词"哪儿""多少钱"等，它要求给出符合疑问点的答案。而"嘞"字是非问只要求对猜测进行确认或否定。"嘞"和"么"还可以组合成复合疑问语气词"嘞么"，相当于普通话的"呢吧"。如例（64）。

18.2.4　"吧"字是非问句

安阳方言的"吧"字是非问可以用在肯定和否定形式的问句中，与普通话疑问句的"吧"语义、语法功能相同。如：

（65）做嘞的饭好吃吧？

（66）那是小张儿吧？

（67）明儿不会下雨吧？

（68）这一会儿还不走嘞吧？

这类疑问句以肯定或否定形式提出问话者的猜测，要求给出验证，也可以和"嘞"组合成复合疑问语气词"嘞吧"，相当于普通话的"呢吧"组合。"吧"可以换成"么"字。如：

（69）做嘞的饭好吃么？

（70）那是小张儿么？

（71）明儿不会下雨么？

（72）这一会儿还不走嘞么？

"吧"比"么"确定的意味更强，如例（65），说话人用"吧"比例（69）用"么"更相信饭好吃。因此，安阳方言的"么"在疑问程度上是介于普通话"吗""吧"之间的一个疑问语气词。普通话中"呢"被认为是比"吧"疑问度更高些的词语，相当于"呢"的"嘞"的疑问度也高于"吧"。而"么""嘞"的区别主要在时态的选择上。"么"主要表述已然、评判；"嘞"主要表述进行、持续、未然。如：

（73）吃完饭啦么？

（74）恁都你们不喜欢他么？

（75）还下的着雨嘞？

（76）还没有走嘞？

（77）想去北京嘞？

"嘞么"组合增强句子确信的语气。如：

（78）鸭脖的子怪好吃嘞么？

（79）这一会儿还不走嘞么？

这两句用"嘞么"比用"嘞"，表达的疑问度降低，对构成问句的陈述部分的确信度增强，如例（78）更倾向于对"好吃"的确认；例（79）更倾向于对"还不走"的确认。

18.2.5　含有"不"等否定词的是非问句

以上四种形式的是非问都可根据需要相应添加"不""没有""没 $[\text{mʌʔ}^3]$"这些否定词。如：

（80）他明儿不来啦？

（81）外头不下啦？

（82）恁还没有吃饭嘞？

（83）那一条路还没有修好嘞？

（84）电影还没演完嘞？

（85）诺人还没来嘞？

这类是非问都是低疑问度的非真性问句。如否定词为"不"，问句是对未然事件和状态的询问，句尾必须使用语气词"啦"；如否定词为"没有/没"，问句是对事件是否完成或实现的询问，句尾必须使用语气词"嘞"。"啦"相当于普通话的"了"，"嘞"相当于普通话的"吗"。

18.2.6　安阳方言与普通话是非问句的比较

前文可以看到，安阳方言的几种是非问都是非真性问句。具体表现在：这几种问句都表示问话人对事情已有猜测，问一下是为了证实；无疑问焦点；问句疑问度低，信大于疑；答话方式为"是/对"。

而普通话的是非问则较为复杂。除了"吧"是非问具有明显的低疑问度外，依靠句调和"吗"构成的是非问，其疑问度的高低，往往难以明辨。袁毓林（1993）曾研究了普通话是非问句内部的不一致性，认为普通话的是非问既有真性问，也有非真性问。如（以下四例均转引自袁毓林，1993）：

（86）姥姥起床了？

（87）姥姥起床了吗？

（88）小王没去上海吗？

（89）小王只懂法语吗？

这些例句中，只有例（87）是真性问，其他三例都是非真性问。袁毓林（1993）指出，无标记的肯定式"吗"问句是真性问句，与反复问句相似；而有标记的强调式的、否定式的"吗"问句都是非真性问句。普通话是非问的这种复杂性，使得疑问句的研究在形式和语义上产生了诸多纠结。安阳方言的是非问形式与语义的对应简单明了，借助安阳方言的是非问能让我们更好地分化普通话是非问的复杂情状。如上述四个例句，只有例（87）不能用安阳方言的是非问表述，其他三例都可以用句调或疑问语气词"么""吧"构成是非问。例（87）在安阳方言中必须用正反问的形式来表述疑问："姥姥起床啦没有？"从中我们可以看到安阳方言疑问句系统表现出的形式与语义的整饬和简洁。

18.3　选择问句

选择问是并列两个以上的选择项，让回答者选择其中的一项作为答案。安阳方言的选择问与普通话相似。都用"（是）……还是……"格式并列两个选项，多选项可以用顿号"、"或逗号"，"隔开，放在还是之前。如：

（90）诺那个是小李还是小张？

（91）你（是）明天去还是后天去？

（92）喝稀的儿还是喝稠的儿？

（93）房的子是你打扫嘞还是涅打扫嘞的？

（94）衣裳（是）从邮局寄过来嘞的还是快递送过来嘞的？

（95）恁你们上午走（嘞）还是下午走（嘞)?

（96）瞧动画片（嘞）还是瞧新闻（嘞)?

（97）你喜欢苹果、香蕉还是葡萄？

（98）小猪儿嘞的房的子是草盖嘞，还是木头盖嘞，还是砖头盖嘞？

除了表判断，第一个"是"通常省略。在选择问中，也经常用语气词"嘞"等。"嘞"相当于普通话的"的"或"呢"，例（93）、（94）的"嘞"相当于普通话的"的"，表确认，不能省略；例（95）、

(96)"嘞"相当于普通话的"呢",使语气更舒缓,可以省略,省略后语气稍紧迫。多项选择问,最后一个选项用"还是"标注,前面的选择项可用可不用"还是"。如例(97)、(98)。

18.4　正反问句

正反问,是用正反并列方式为结构材料构成的一种疑问句①。这类疑问句是世界语言中不太常见的一种疑问句式(吴福祥,2008),在汉语各方言中,正反问句的表现类型却是丰富多样,因此,正反问句一直是语言学界的研究兴趣所在。安阳方言的正反问句与普通话和其他方言比较,有相似之处,也有独特之处。在确定正反问的类型和范围上,学界有各种观点②。我们暂不细究疑问句之间语义和交际功能方面的异同,只根据语法形式特点,把安阳方言中包含 1. VP 不 VP,2. VP 啦没有,3. 是不儿 VP③,这三种格式的疑问句确定为正反问。格式 1、2 语义上疑惑程度居中,肯定和否定倾向各占百分之五十④,有人称之为中性问句,也就是我们前文提到的真性问句,格式 1 格式 2 两种格式互补,共同构成安阳方言具有中性语义倾向的正反问系统。格式 3 语义上具有明显的肯定性倾向,我们称之为"是不儿正反问",是具有肯定性倾向的一类疑问句,也就是我们前文提到的非真性问句。以下,从形式、语义、语用角度考察描写安阳方言的正反问,并根据方言类型、语言发展试作分析。

18.4.1　"VP 不 VP"式正反问

"VP"是谓词性成分,根据"VP"的构成以及"VP"在句法格式

---

① 正反问即反复问,余霭芹(1992)、施其生(2000)也称为中性问。吕叔湘(1985)将问句分为四种格式:1. 特指问,2. 是非问,3. 正反问,4. 选择问。根据安阳方言正反问的特点,我们认为用正反问指称该类疑问句比较合适。

② 范继淹(1982)认为用"吗"提问和用"V 不(没)V"的各种形式提问相同或相近,应归入一类。朱德熙(1985)指出,"反复问句也是一种选择句。"吴振国(1990)认为反复问句和选择问句应同属一类,等等。

③ 是不儿 NP,应当归入第 1 类 VP 不 VP 格式。

④ 参见邵敬敏(2002)。

中的分布，可以分为 10 个小类。

18.4.1.1　"V 不 V"式正反问

"V"是光杆动词或形容词，构成的正反问对人物的意愿、事物的性态进行询问。如：

（99）　恁你们瞧不瞧？

（100）　今儿下午他来不来？

（101）　涅人家小闺女儿喜欢不喜欢？

（102）　孩的子咳嗽不咳嗽？

（103）　衣裳花不花？

（104）　屋里头干净不干净？

在这类格式中，双音节动词和形容词的正反问形式是"AB 不 AB"，不说"A 不 AB"，如：例（101）、（102）、（104），不说"喜不喜欢""咳不咳嗽""干不干净"，这一点，与普通话和其他一些方言不同。

18.4.1.2　"VO$_1$（O$_2$）不 V"式正反问

（105）　你喝汤不喝？

（106）　下咾了课打电话不打？

（107）　一会儿拾掇［to］屋儿不拾掇［to］？

（108）　给孩的子钱不给？

（109）　下咾了课去吃饭不去？

（110）　体育课昂上学滑旱冰不学？

例（105）—（108）是"V＋体词性宾语"，例（109）、（110）是"V＋谓词性宾语"，安阳方言跟多数北方方言一样，含宾语（或双宾语）的"VP 不 VP"正反问，格式是"VO 不 V"，大部分南方方言使用"V 不 VO"，普通话两种格式都有。据邵敬敏、朱彦（2002），受南方方言影响以及语言发展变化自身规律作用下，"V 不 VO"格式逐渐显露优势。在安阳方言中，"VO 不 V"正反问仍占绝对优势。但包蕴在陈述句中时，"V 不 VO"比"VO 不 V"更常用，如：

（111）　学不学弹钢琴得瞧恁你们家孩的自己。

（112）　明儿见面咱再说考不考研究生嘞的事儿吧。

（113）　我也说不好下午去不去办公室。

这些例句中，"V 不 VO"作主语、定语、宾语，整句是陈述句而非正反问句。在陈述句中，"VO 不 V"较少使用。

18.4.1.3　aux + VP + 不 + aux 式正反问

（114）诺那个小孩儿会游泳不会？

（115）恁你同学愿意来不愿意？

（116）他能考上五中不能？

（117）恁你妈肯叫你参军不肯？

"aux"表示助动词，即能愿动词"会、能、该、可以、愿意、肯"等。例（114）、（115），是"aux + 光杆动词"，例（116）、（117），是"aux + 各类型动词短语"，正反问格式都是在"auxVP"短语后，添加"不 + aux"。多数南方方言使用"aux + 不 + aux + VP"格式，据辛永芬（2006），浚县方言里这两种格式都用，但前一种格式占绝对优势，辛永芬（2006）推测，后一种格式是受普通话影响所致，安阳方言与浚县话的情形类似。普通话里两种格式并存，后一种格式较占优势。

18.4.1.4　是 + NP + 不儿 = 是 + 不儿 + NP

（118）他是你嘞的对象不儿？　=　他是不儿你嘞对象？

（119）鸡蛋是熟的儿不儿？　=　鸡蛋是不儿熟的儿？

判断动词"是" + NP 构成的正反问有以上两种格式，这两种格式在安阳方言中势均力敌。这是受"是不儿 + VP"正反问的影响所致，下文再述。

18.4.1.5　心理动词 + 主谓句 + 不 + 心理动词 = 主谓句 + 心理动词 + 不 + 心理动词

（120）你认的认识他是谁不认的？　=　他是谁你认的认识不认的认识？

（121）你知道他去干啥嘞去呀不知道？　=　他去干啥嘞去呀你知道不知道？

抽象来看，这类正反问格式同"VO 不 V"。格式中的主谓小句可以前置，语义上没有差异，结构上更平衡，语用上更具有节律美。

18.4.1.6　V_1（O）V_2P 不 V_1

（122）小四儿家来吃饭不来？

（123）大娘去广场昂上跳舞嘞去不去？

（124）叫俺瞧恁嘞<small>你们的</small>电视不叫？

（125）找涅人家<small>来</small>帮忙不找？

这一小类正反问谓词性成分为连动式或兼语式，也可以视为与"VO 不 V"类型一致，相应的普通话还有"V 不 VO"的说法。

18.4.1.7　ADV 不 AD

（126）窗<small>的子</small>好擦不好？

（127）饺<small>的子</small>好熟不好？

（128）那上边儿嘞的油难洗不难？

格式中的"AD"代表状语，只有表示容易和困难的"好""难"能进入这一结构。相应的普通话还有"AD 不 ADV"格式。

18.4.1.8　PPV 不 PPV

（129）车的以那儿走不以那儿走？

（130）这事儿跟他说不跟他说？

（131）这事儿跟他说不说？

（132）她娘家给她买车不买？

（133）她娘家给她买车不给？

（134）连把门的关昂上不关昂上？

正反问谓词性成分中含有介词，介词短语 PP 往往跟动词一起重复，形成"PPV 不 PPV"，如：例（129）、（130）；有时"不"后可省略"V"，形成"PPV 不 PP"，如例（133）；还可以省略介词，构成"PPV 不 V"，如例（131）、（132）、（134）。

18.4.1.9　VC$_1$咾 V 不 C$_1$/V 嘞 C$_1$V 不 C$_1$

（135）镇这么多东儿拿动咾拿不动？/镇这么多东儿拿嘞动拿不动？

（136）你吃五个馍吃完咾吃不完<small>能吃完不能</small>？/你吃五个馍吃嘞<small>得</small>完吃不完？

（137）这会儿去，走及咾<small>能走及</small>走不及？/这会儿去，走嘞<small>得</small>及走不及？

VP 含能性补语，我们用 C$_1$ 表示，正反问格式有两种：一种是 VC$_1$咾 V 不 C$_1$，一种是 V 嘞 C$_1$V 不 C$_1$与普通话相似。据辛永芬（2007），前者主要分布于河北、河南、山东、山西等北方官话中。经调查，安阳方言中的两种格式并存，前者是老派说法，后者是较新的表达方式，近来，后者使用频率稍高于前者使用频率。

18.4.1.10　VC₂不 VC₂/V 嘞 C₂不 C₂

（138）恁嘞东儿带走不带走？

（139）书收开不收开？

（140）你洗衣裳洗嘞勤不勤？

（141）屋的拾掇嘞利亮不利亮？

这一小类的补语是非能性补语，正反问格式有两种：当 C_2 为动词时，格式为 VC_2 不 VC_2；当 C_2 为形容词时，格式为 V 嘞 C_2 不 C_2。与普通话近似，但普通话里多用"吗"问句。如，普通话可以说，"你的东西带走不带走？"但较多用"吗"问句："你的东西带走吗？"

以上 10 个小类，都可归入 VP 不 VP 正反问，否定词都使用"不"，从语义上看，表示对意愿、判断、性质、事实等情况进行询问，关注意愿、判断、性质、事实的有无。需要指出的是，以上 10 小类正反问格式，如果在句尾添加体助词"啦"，与表示持续的"还"搭配使用，变成"还 VP 不 VP 啦"问句，仍然是对意愿、判断、性质、事实等情况进行询问，只是关注的是意愿、判断、性质、事实是否改变。如：

（142）这会儿去，还走嘞得及走不及啦？

（143）恁嘞你们的东儿还带走不带走啦？

（144）车的还以从那儿走不以那儿走啦？

（145）那上边儿嘞的油还难洗不难啦？

经调查，以上各例句都可以添加"啦"和"还"，只是由于语用原因，有的句子不说或很少说。

18.4.2　"VP 没有"式正反问

这类正反问，是对"VP"表述的动作行为或性状特点等表示询问，即可以针对安阳方言的多数时体类型询问。"VP"可以是起始、持续、实现、完成、经历、短时、尝试等七种体貌，而将行体必须用"VP 不 VP"正反问表示询问。这是因为在前七种时体表述中，蕴含着"已然"成分，而在将行体中，只有"未然"成分。在"VP 没有"格式中，

"没有"处在句尾，可以添加语气词"嘞"①，使句子语气更委婉。

18.4.2.1　VP 没有

（146）那一本书你有没有？

（147）恁这儿有好玩儿嘞地当_{地方}没有？

　　只有表领有的动词"有"可以进入这一格式。"VP 没有＋嘞"，句子语气更委婉，以下"VP 没有"的例句与此同，不再一一表述。带宾语的"有 O 没有"在普通话里有两种格式："有 O 没有/有没有 O"。例（147）普通话有两种表达方式："你们这里有好玩儿的地方没有？/你们这里有没有好玩儿的地方？"②

18.4.2.2　VP 没啦

　　这里的"没"读音为［mʌʔ³］，意思等同于"没有"，但只有表示丢失、找不到、去世等义项时，以及表示对领有持续状况的询问时，才可以用"没"。"啦"是完成体助词，相当于普通话的"了"。如：

（148）把书弄没啦。

（149）他家老的儿_{老人}没_{去世}啦。

　　安阳方言可以用"VP 没啦"构成正反问，如：

（150）锅嘞里还有饭没啦？

（151）教室嘞里有人没啦？

（152）上星期给你嘞的钱还有没啦？

　　"VP 没啦"可以变成"VP 没有啦"，如：

（153）锅嘞还有饭没有啦？

（154）教室里有人没有啦？

（155）上星期给你嘞钱还有没有啦？

　　"VP 没啦"正反问是对领有状态是否持续、是否多样的询问，因此常和"还"搭配使用。而"VP 没有"，只是对是否领有、是否存在

---

① "嘞"相当于北京话里疑问句语气词"呢"。林裕文（1985）认为疑问句（包括正反问）的"呢"可用可不用，"呢"只负载羡余信息。我们认为这一分析是得当的。

② 董秀芳（2004）认为北京话里"有没有"有两种用法：一种是作为实义动词的正反重叠，用于名词性成分之前；一种是出现于动词性成分之前，帮助表示对过去是否发生某事件的一般性疑问，这种用法应看作是助动词。"有没有"作为助动词的用法是从其作为实义动词的正反重叠用法演变出来的。安阳方言里，没有第二种用法，即安阳方言里"有没有"没有发展出助动词的用法。

的简单询问，两者语义、语用不同。如：

（156）那一本书你有没啦？（询问还有没有相同的书）

（157）恁这儿有好玩儿嘞的地当_地_当_方没啦？（询问有没有其他好玩儿的地方）

邢向东（2006）指出陕北佳县、吴堡等地晋语中有"没拉"一词，在佳县话中，"没拉"只用在动词为"有"的反复句句尾，是表存在的动词，与普通话"没有"对应，如佳县话"桥上没拉一个人"。安阳方言的"没啦"用法与此相似，但安阳方言的"没啦"并不等同于普通话的"没有"，"没〔mɛʔ³〕"等同"没有"，"啦"是体助词，"有没啦"是对领有的持续状态的询问。

18.4.2.3　VP 嘞没有

（158）车的在那厢嘞没有？

（159）书包在墙昂上挂的着嘞没有？

（160）锅嘞里下的着饺的子嘞没有？

（161）他在操场昂上踢球嘞没有？

（162）孩的子睡的着嘞没有？

（163）雨下的着嘞没有？

这一小类，VP 后"没有"前必须使用助词"嘞"。虽然以上各例句用普通话表述时，"嘞"都可以替代为"呢"，但普通话"呢"在这类句子中可以省略，显然这里的"嘞"的句法作用跟"呢"并不等同。我们把这里的"嘞"看作表持续的"体助词"似乎更确切一些。

"VP 嘞没有"，不同于"没有+嘞"。前者"嘞"有成句作用，不能省略；后者"嘞"只起舒缓语气的作用，"嘞"可用可不用。有趣的是，"VP 嘞没有"格式后边可以再加上一个"嘞"，构成"VP 嘞没有嘞"，语气表达上更为舒缓。这也许可以证明，两个助词"嘞"是不同的，前者有结构作用，后者表述语气。

"VP 嘞没有"语义上询问存在和持续，多使用持续体标记"的"①。如例（162）、（163）如果用"VP 不 VP"格式，可以表述为：

（164）孩的子睡不睡啦？

---

① 安阳方言的持续体标记"的"相当于北京话的"着"。

（165）雨下不下啦？

语义上表示对意愿和事物状态的询问，不同于"VP 嘞没有"侧重对事件是否持续的询问。

18.4.2.4　VP 啦没有

（166）小李走啦没有？

（167）结婚嘞的东儿东西买好啦没有？

（168）他去北京啦没有？

（169）恁你们吃啦饭啦没有？

（170）衣服收进来啦没有？

（171）阳儿现在演开电视啦没有？

（172）风停啦没有？

（173）恁那么大一盘的子菜，你尝啦尝没有？

（174）到恁你家啦没有？

（175）诺那个电视机搬回来啦没有？

（176）电影演完啦没有？

在这一小类中，"VP"可以是光杆动词、VO 结构、VC 结构①、VV 重叠结构以及 V + 动态助词"啦"。语义上表示对完成、起始、尝试等情况表示询问。"啦"是安阳方言的完成体标记，相当于普通话的"了"。

18.4.2.5　VP 过没有

（177）恁你们去石板岩玩儿过没有？

（178）这事儿你跟恁爸合计过没有？ 这事儿你跟你爸商讨过没有？

安阳方言用"VP 过没有"询问经历情况，普通话除了这一格式外，还可以用"V 没 V 过"正反问格式。

18.4.2.6　"VP 不 VP"与"VP 没有"的语义对立

安阳方言中"VP 不 VP"语义上表示对主观意愿、客观事实等情况进行询问，关注主观意愿、客观事实的有无。如果在句尾添加体助词"啦"，与表示持续的"还"搭配使用，变成"还 VP 不 VP 啦"问句，仍然是对主观意愿、客观事实进行询问，只是关注的是主观意愿、客观

---

① 非能性述补结构。

事实是否改变。

"VP 没有"语义上表示对领有、存在、完成、进行、持续、经历等情况进行询问,表领有的动词"有"构成的"有没有"类问句,在形式上与"VP 不 VP"同属一类,其他"VP 没有"的各类型都可归入"VP – neg"类型。"没有"总是与体助词"的、嘞、啦、过"同现。句尾可添加语气词"嘞"舒缓语气。

可以看到,安阳方言的正反问从形式上看有 VP – neg – VP、VP – neg 两种类型,"不"只出现在前一格式中,"没有"只出现在后一格式中①,语义上,这两种类型对立互补,这使得安阳方言正反问的形式、语义格局严整、分明。

"不"和"没有"在安阳方言正反问格式中的分布让我们思考,不能简单地说"不"用于未然,"没有"用于已然,参考辛永芬(2007)、陈静(2002)分析,我们觉得在语义上,"VP 不 VP"用于对客观事实和主观意愿的询问,而"VP 没有"则是对 VP"体"的疑问。

18.4.3 "是不儿 VP"式正反问②

18.4.3.1 形式和语义特点

从形式上看,"是不儿 VP"是通过"是""不儿"肯定与否定形式的并列构成的疑问句,我们把具有这一特点的格式称为"是不儿 VP"正反问。安阳方言中表否定的"不是",发音为 $[pɚ^{31}]$③,记为"不儿"。如:

(179)他不儿不是俺同学。

(180)只要车的子好,钱不儿不是问题。

(181)——我嘞的包儿嘞?

　　　——那不儿不是。

形式上,"是不儿 VP"正反问中,"VP"可以是光杆动词、VO 短语、VC 短语等各种类型的"VP", "是不儿"可以和各种体标记

---

① 北京话有 VP—不—VP 结构,也有 VP—没—VP 结构。

② "是不儿 + NP"归入上文"VP 不 VP"正反问。

③ 安阳方言中的 $[ʂ]$ 音在有些语境中可以儿化为 $[ɚ]$ 音,具体可参见 2.3.2 节。

"也①、的、嘞、啦、过"同现。语义上可以对主观意愿、客观事实，及 VP 各种时体的询问。如：

（182）明天恁是不儿来嘞？

（183）衣裳是不儿有点儿贵？

（184）他弟弟是不儿怪高嘞？

（185）警察是不儿去过恁你家啦？

（186）被的是不儿缝嘞厚啦？ 被子是不是缝得厚了？

（187）电视是不儿演完啦？

（188）火昂是不儿坐的锅嘞？ 火上是不是？着锅呢？

（189）外头是不儿下开雨啦？ 外边是不是下起雨了？

（190）电视是不儿不出声儿啦？

（191）恁昨天是不儿没有来？

"是不儿 VP"格式是建立在某种已知事实或已有观点基础上的表示肯定性倾向的"咨询型问句"②。与上文的"VP 不 VP""VP 没有"格式相比，这类问句的疑度要弱，信度更强。这跟普通话的"是不是 VP 正反问"相同。

18.4.3.2　疑问焦点对"是不儿"位置的影响

"是不儿"的位置并不是只能在 VP 之前固定不变，在成分较多的问句中，可以改变"是不儿"的位置，来凸显不同的疑问焦点。如：

（192）是不儿小郭跟的着她对象去年去美国啦？

（193）小郭是不儿跟的着她对象去年去美国啦？

（194）小郭跟的着她对象是不儿去年去美国啦？

（195）小郭跟的着她对象去年是不儿去美国啦？

句中有多少个可变换的疑问焦点，跟句中动词或形容词的配价以及其他相关的时间、处所、人物、动量等成分相关，如以上四例。在语言交际中，"是不儿"通常位于说话者想要强调的疑问焦点之前，如：

（196）恁你们俩来昂到这儿是不儿快一年啦？

（197）这个屋儿打扫嘞得是不儿怪干净嘞？

---

① "也"是安阳方言的将行体标记。

② 参见邵敬敏（2002）。

例（196），是"V + 名量短语"，表述中一般要突出"快一年"的时量，因此"是不儿"位于"快一年"之前；例（197），是"V 嘞 + 补语"，表述中一般突出补语，因此"是不儿"位于"怪干净"之前。

18. 4. 3. 3　其他格式

把"是不儿 VP（VP 在后）"记作格式一，安阳方言中另有其他三种相关格式，可以分别记作格式二，格式三，格式四。

格式二：VP 是不儿（VP 在前）

（198）你明儿加班儿，是不儿？

（199）他都他们生的一起去三亚旅游嘞去呀，是不儿？

格式三：是 VP 不儿（VP 居中）

（200）夜个儿昨天是去医院啦不儿？

（201）他两口儿是搬走啦不儿？

格式四：VP 不儿（"是"减省）

（202）你想睡嘞呢不儿？

（203）他毕业咾后去公司啦不儿？

其中格式三"是 VP 不儿"可以随疑问焦点的变换，改变"是……不儿"的位置，如：

（204）是小郭跟的她对象去年去美国啦不儿？

（205）小郭是跟的她对象去年去美国啦不儿？

（206）小郭跟的她对象是去年去美国啦不儿？

（207）小郭跟的她对象去年是去美国啦不儿？

普通话里一般只有格式一、格式二和格式三，没有格式四。如：

（208）他是不是毕业以后去公司了？

（209）他毕业以后去公司了，是不是？

（210）他是毕业以后去公司了不是？

（211）＊他毕业以后去公司了不是？

另外，受"是不儿 VP"格式变换影响，"是不儿 NP"也可变换。如："他是不儿你嘞对象？"可以表述为："他是你嘞对象不儿？"但其他"VO"结构只有"VO 不 V"一种正反问格式。

安阳方言中，"是不儿 + VP"格式使用频率最高，邵敬敏（2002）通过对近代汉语、现代汉语的语料研究认为，普通话里"是不是 VP"

有两条发展轨迹，分别从"是 VP 不是"紧缩而来，以及从"VP，是不是"移位发展而来，并最终在使用频率上超过了后两者。我们认为这一结论有一定道理，安阳方言中表疑问时，也多用格式一："是不儿 + VP"。相比普通话，安阳方言中多了一种减省格式："VP 不儿"。这种格式可以视作格式二的减省式，也可以视作格式三的减省式。"VP 不儿"不同于晋方言等方言中的"VP 不"格式，前者是"是不是 VP"的变式，具有肯定性倾向，而后者是自古及今的一种正反问格式，信疑度居中。安阳方言表反诘时，多用格式四"VP 不儿"。如：

（212）想挨打嘞不儿？

（213）三哥，咋说话儿嘞，当诀嘞不儿？三哥，怎么说话呢，是骂人呢不是？

（214）候，候等等，等等，你又想的借车儿嘞不儿？

（215）想叫我投诉你嘞不儿？

以上例句，都表反诘，说话人带有不满、质问之意。

18.4.4　正反问句的疑问功能

安阳方言的正反问在疑问度上可以分为两类："VP 不 VP"和"VP 没有"可以归入一类，语义上相当于普通话表真性问的"吗"是非问句，"是不是 VP"问句是另一类问句，语义上相当于普通话不使用"吗"而由句尾升调形成的是非问句，这类问句是非真性问句，如：

安阳方言	普通话：
（216）你去瞧电影嘞去不去？	你去看电影吗？（真性问）
（217）吃过饭啦没有？	吃过饭了吗？（真性问）
（218）你是不儿去瞧电影嘞？	你去看电影？（非真性问）
（219）是不儿吃过饭啦？	吃过饭了？（非真性问）

安阳方言的"是不是 VP"问句跟普通话相同，语义上具有明显的肯定性倾向，为非真性问问句。"VP 不 VP"和"VP 没有"则具有中性语义倾向，也有学者称之为中性疑问句[①]，为真性问问句。我们看到，在经久不衰的正反问句的研究中，多数学者将正反问句和中性疑问

---

① 参见余蔼芹（1992）、施其生（2008）。

句等同。而是否将"是不是 VP 问句"从正反问句类型中划分出去，也是学者们热衷讨论的一个问题。有的学者将"是不是"疑问句归入正反问句，有的研究者避而不谈这一问题①，有的研究者把"是不是 VP"看作"VP 不 VP"的变式②，但这对处理两者全然不同的语义功能和语用特点显然不太合适。

徐杰（1999）认为，汉语对句子进行疑问范畴处理时，一般有两种方式：一是使用疑问标记，一是正反叠用。"是不是"问句与"VP没有"，"VP 不 VP"显然都采用了后一种方式，我们认为，研究语法格式，划分语法格式的类型，最好依据同一形式标准，而不应混淆形式和语义。正像普通话是非问包含有非真性问和真性问问句，主要由疑问助词"吗"区分；正反问也包含非真性问和真性问问句，主要由不同的疑问格式区分。因此，研究正反问句，应当把"是不是 VP"包括在内，并明确它与其他中性语义倾向正反问的异同。

18.4.5 正反问的历史发展和类型学意义

从汉语史和汉语方言实际出发观察，汉语正反问主要有"KVP""VP – neg – VP""VP – neg"三种类型。从形式上来看，安阳方言的三种正反问句："VP 不 VP""是不儿 VP"，属于"VP – neg – VP"正反问，"VP 没有"属于"VP – neg 正反问"。与普通话不同，安阳方言不说"VP 没（有）VP"，根据安阳方言的事实，我们不把"VP 没有"看成"VP 没有 VP"的省略式，不归入"VP – neg – VP"，而归入"VP – neg"。由于"是不是 VP"正反问在语义、语用上的特殊性，我们认为把这一类正反问单列讨论更合适。在语义上，"VP 不 VP""VP没有"构成真性问句也即中性疑问句，安阳方言里没有"吗"字是非问，普通话里的"吗"是非问多可转换为这两种正反问；"是不儿 VP"构成具有肯定语义倾向的非真性问疑问句，普通话里由句尾升调构成的是非问以及询问意愿、表反问的"吗"字问句可以对应安阳方言的"是不儿 VP"问句。安阳方言与普通话的这种差异，我们可以从正反问

---

① 辛永芬（2007）等在研究中没有提及"是不是 VP"型疑问句，但据我们调查，其方言疑问系统中存在"是不是 VP"问句。

② 参见盛银花（2011）。

的历史发展演变来一探究竟。

18. 4. 5. 1 "VP – neg – VP"和"VP – neg"的历史发展

秦或战国末期的云梦睡虎地秦简里,已有"VP – neg – VP"句式。(朱德熙,1991)朱德熙认为,一直到唐代,"VP – neg – VP"才重新出现在唐诗、变文和禅宗语录里。而刘开骅(2008)考察了包括中古时期汉译佛典在内的文献,提供了秦至唐之间,"VP – neg – VP"连贯发展的例证,这些例句中,有"VP – neg – VP"构成正反问句的例子,如(以下七例均转引自刘开骅,2008):

(220)是等诸论师,我等皆敬顺。我今当次说,显示庄严论。闻者得满足,众善从是生。可归不可归?可供不可供?于中善恶相,直应分别说。(《大庄严论经》,4/257a)

(221)我昔来修行,未曾得果报,然我未能知,为定得不得?(《大庄严论经》,4/280c)

(222)诸比丘于修多罗中、毗尼中、威仪中言此是罪非是罪?是轻是重?是可治是不可治?是残罪是无残罪?斗诤相言。(《摩诃僧祇律》,22/334c)

(223)"汝叛布萨耶?"答言:"叛布萨不叛布萨,今当知。我二十年已来,十四日布萨十四日来,十五日布萨十五日来。如是叛布萨不叛布萨耶?尊者自知。"(《摩诃僧祇律》,22/469c)

(224)佛言:"为作净不作净?"答言:"不作。"(《摩诃僧祇律》,22/479b)

(225)诤者口诤,斗者展转取胜,不和合住,是法非法?是毗尼非毗尼?是罪非罪?是轻是重?是可治不可治?有残无残?如法羯磨非法羯磨?和合羯磨不和合羯磨?应羯磨不应羯磨?是处羯磨非处羯磨?(《摩诃僧祇律》,22/540c)

(226)王时语言:"识我不也?"答言:"不识。"王言:"汝识某甲不识?"向王看,然后惭愧。(《杂宝藏经》,4/459a)

刘开骅(2008)的研究让我们看到"VP 不 VP"正反问句的发展是连贯的,符合语言普遍发展规律的。到了元明之际,"VP – neg – VP"已经略占优势,明清时期,"VP – neg – VP"非常活跃。朱德熙(1991)、刘子瑜(1998)、祝敏彻(1995)、李焱(2003)、唐韵

（2001）等有专文论述，此处不再赘述。"VP – neg – VP"正反问，自秦及今，使用频率越来越高，形式越来越完备，是很有生命力的一种语言形式。

"VP 没有""VP 没啦"，是"VP – neg"的方言类型。古汉语中最早出现的正反问类型就是"VP – neg"格式。据刘子瑜（1998），吴福祥（1997），朱德熙（1991）文，西周中期铭文中就已出现"VP – neg"类型的正反问句，如：

（227）正乃讯厉曰：汝乃贾田不？

早期进入这种格式的否定词是"不"和"否"，汉以后，"未"进入这一格式；六朝时期，"VP – neg"成为主要形式，格式中出现"无"；唐至五代时期，正反问以"VP – neg"为主，"VP 无"大量出现；宋、元、明、清时期，"VP – neg"数量渐少，多为古语形式的遗留，其发展表现为完成体的"不曾"于宋进入"VP – neg"格式、"没有"取代"不曾"在明清时期进入"VP – neg"格式，成为完成体正反问句的主要形式。如（以下四例均转引自刘子瑜，1998）：

（228）只问取自家是真实见得不曾？

（229）主人家饼有了不曾？

（230）爹曾与了你些辛苦钱儿了没有？

（231）你们奶奶吃了饭了没有？

从西周延至明清，直至今天，"VP – neg"一直都活跃在汉语的各个层面中。安阳方言的"VP 没有"显然承自明清时期的"VP 没有"。从汉语史"VP – neg"的例句来看，其中的否定词针对整个"VP"，安阳方言中的"没有"也是对整个"VP"的否定，且无法补出省略的"VP"成分。所以说，安阳方言的"VP 没有"不是"VP – neg – VP"的省略式，而是对古汉语"VP – neg"格式的直接承继和发展。邢向东（2005）、辛永芬（2007）、盛银花（2011）指出陕北沿河等地、浚县、安陆等方言正反问句的"VP 没（没有）""VP 冇"同样并非"VP – neg – VP"的省略形式，而是对汉语"VP – neg"的承继和发展。

18.4.5.2 "是不儿 VP"的历史发展及其肯定性语义倾向

安阳方言"是不儿 VP"相当于普通话"是不是 VP"，邵敬敏（2010）推测"是 NP 不是"的出现要早于"是 VP 不是"。我们在刘开骅（2008）的研究中也的确看到，东晋时期汉译佛经中就已有"是 NP 不是"的用例，如（下例转引自刘开骅，2008）：

（232）诸比丘于修多罗中、毗尼中、威仪中言此是罪非是罪？是轻是重？是可治是不可治？是残罪是无残罪？斗诤相言。（《摩诃僧祇律》，22/334c）

例（232）中使用的是与现代汉语"不"同义的"非"。"是 NP 不是"，更应归入"VP 不 VP"类型，从古至今，属中性疑问。邵敬敏（2010）指出从《金瓶梅》到王朔的小说，"是 VP 不是"的用例从多到少，"VP 是不是"从无到有，又从多到少，"是不是 VP"则从无到有，又从少到多。我们调查了一些说安阳方言的人，他们也同样偏好使用"是不儿 VP"式问句。"是不是 VP"问句与其他类型的正反问句都使用了正反叠用的方式表述疑问，为什么只有"是不是 VP"格式在语义上具有肯定性倾向，是非真性问句，而其他正反问则是真性问句？邵敬敏（2010）认为，相当一部分"是不是 VP"是由"VP 是不是"位移而来。从语用上看，"VP 是不是"是对"VP"表述的情况寻求证实和认同，因此，位移后的"是不是 VP"也具有肯定性倾向。我们认为，即便无法证实"是不是 VP"由"VP 是不是"位移而成，这三种格式形式上的相似，都有可能使它们语义上趋同。在"VP 不 VP"，"VP 没有"承担了真性问询问的情况下，"是不儿 VP"更有可能发展为非真性问问句。

18.4.5.3　正反问的格式类型

朱德熙（1991）、余蔼芹（1992）、施其生（2000，2005）等从汉语史和汉语方言实际出发，认为现代汉语正反问有"KVP""VP – neg – VP""VP – neg"三种类型。安阳方言没有"KVP"正反问，"VP 不 VP""是不是 VP"可以归入"VP – neg – VP"类型，"VP 没有"归入"VP – neg"类型。而且，"不"只出现在"VP – neg – VP"中，"没有"只出现在"VP – neg"中。语义上"VP 不 VP"表示对客观事实和主观意愿的询问，"VP 不 VP"和"VP 没有"共同构成真性问正反问，而"是不是 VP"构成非真性问正反问。可以看到，安阳方言的正反问从意义到形式都呈现出一一对应，互补分布的特点。我们可以用列表更直观地表明安阳方言正反问的这种语义和形式关系（详见表 18 – 2）：

表 18 – 2　　　　　　　　**安阳方言正反问的语义和形式关系**

正反问句类型	否定词	语义倾向	语义范围
VP – neg – VP	不	中性	对客观事实和主观意愿的询问
VP – neg	没有	中性	对领有、存在、完成、进行、持续、经历等情况进行询问
是不是 VP	不	肯定	对客观事实和主观意愿，对领有、存在、完成、进行、持续、经历等情况确认

　　我们在浚县、安陆等方言中也可以发现这种形式和语义的一一对应和互补，而在普通话、陕北沿河晋方言、山东牟平话中，"不""没有"则呈现出一种共存的情况。如，普通话的"不""没"都可以既出现在 VP – neg – VP 中，又出现在"VP – neg"中，如：

　　（233）你来不来？

　　（234）他们去没去？

　　（235）你吃饭不吃？

　　（236）你吃了没有？

　　再如，陕北沿河晋方言"不""没"都可以出现在"VP – neg"中，少用"VP – neg – VP"格式①。"不""没"的分布在各方言中繁简情况不一，但从汉语史角度来看，都是语言简化的结果。王海棻（1991）认为，古代汉语和近代汉语中有"不［pu⁵³］""不［fəu²¹³］""否""非""未""无""毋""没"八个系列的反复问句，经过筛选、规范，到现代汉语中只有两个系列："不"系和"没、没有"系。只在闽语等一些南方方言中，我们还能见到其他一些系列的遗留。

　　在"VP – neg – VP"正反问层面下，"VO – neg – V"和"V – neg – VO"的区分也具有类型学的意义。可见，方言语法研究中，语序也是一种重要类型学参项。根据朱德熙（1991），"VO – neg – V"分布从河北、山西、河南北部一直延续到陕西、甘肃、青海的广大地区。而"V – neg – VO"分布在西南官话、粤语、吴语、闽语、客家话以及山东话、东北话中。安阳方言属于"VO – neg – V"类型。只有在陈述句中，

---

　　①　参见邢向东（2005）。

作主语、宾语、定语时，"V 不 VO"比"VO 不 VO"更常用。据朱德熙（1991）、张敏（1991），受南方话特别是吴语影响，"V – neg – VO"已经进入普通话中，而邵敬敏（2010）也认为，受南方方言影响以及在语言发展变化的规律作用下，"V 不 VO"格式正逐渐显露优势。我们看到安阳方言并不排斥"V 不 VO"格式，在"是不是 VP"正反问中，如果我们把"VP"看作动词"是"的谓词性宾语，安阳方言的"是不是"问句更倾向使用"V 不 VO"格式。随着语言的相互渗透和发展，似乎可以预测，安阳方言对"V 不 VO"格式的正反问会越来越接纳。

18.5　安阳方言缺少"吗"字类真性问问句的原因

正如前文所述，安阳方言的是非问有两种形式：一是句尾添加疑问语气词"嘞、么"，一是句尾语调上扬。这两类是非问都是非真性问，安阳方言中缺少类似普通话真性问的"吗"字是非问。普通话真性问"吗"字是非问在安阳方言里要用正反问的形式表述。我们还看到，这个问题在各地方言中有很大的普遍性。据辛永芬（2007）观察认为，在"VP – neg"正反问类型比较强势的方言中，几乎都较少使用或干脆没有"吗"字类是非问。黄伯荣（1996）搜集整理了安徽巢县等 17 地方言的是非问资料，我们统计了一下，只有巢县等 5 地存在是非问格式的问句，其他 12 地，都是用正反问格式来表述普通话是非问的语义功能。各地方言和普通话的这种差异是怎样形成的？这个问题让我们有必要追溯一下"吗"字问句的发展演变，以对安阳方言乃至各地方言与普通话是非问和正反问之间的关系有一个清晰的认知和了解。

普通话的"吗"是非问来源于古代汉语正反问的"VP – neg"格式，"吗"由"无"演变而来。对这一定论，王力（1962）、吕叔湘（1985）都有论及。吴福祥（1997）、刘子瑜（1998）更为详尽地举出大量汉语史事实，说明早在后汉，"VP – neg"式否定词的虚化，就使"VP – neg"的分化显露端倪。刘子瑜（1998）认为，唐五代时期，句末否定词开始虚化，直接导致后代是非问句"VP 麼（吗）"的产生。吴福祥（1997）认为，唐初，"麼"由表疑问语气的"无"演变而来，唐五代的"麼"可以进入是非问（真性问）、测度问（非真性问）和反诘问的疑问句形式，入宋，"麼"可以表示非疑问句。普通话的"吗"问句，承继了古汉语、近代汉语"麼"问句表是非问、反诘的功能①。其中是非问的功能，也就是我们所说的真性问问句，疑问度最高；而表反诘，也就是我们所说的非真性问问句。

从安阳方言来看，安阳方言的"么"承继了唐五代"麼"字句表反诘的功能、表揣测的功能，并承继了宋时发展出的表非疑问的功能。如：

安阳方言：   普通话：

（237）他就不怕报应么？   他就不怕报应吗？

（238）你就不能早点儿回来么？ 你就不能早点回来吗？

（239）外头晴啦么？   外边晴了吧？

（240）明儿放假嘞么？   明天要放假了吧？

（241）我说过啦么，他肯定来。 我说过了嘛，他肯定来。

（242）这件衣裳比那件便宜么。 这件衣服比那件便宜嘛。

例（237）、（238）表反诘，例（239）、（240）表揣测的问句，都是非真性问句，而表真性问的"吗"问句，安阳方言只能用正反问形式表述。如：

安阳方言：   普通话：

（243）他是不儿韩国人？   他是韩国人吗？

（244）饭熟不熟？   饭熟了吗？

（245）洗干净衣服啦没有？ 洗干净衣服了吗？

我们从以上分析中可以看到，安阳方言中存在着表反诘的"么"字问句，与现代汉语普通话的"吗"问句表反诘的功能相当；表揣测的"么"问句，与普通话的"吧"问句相当；不表疑问的"么"字句，与普通话的"嘛"字句相当。安阳方言中没有表真性问的"么"问句。这是由于安阳方言的"么"字问句部分承继了古汉语的"麼"问句的功能，而近代汉语表真性问的"麼"字问句，在共同语里得到了发展，在安阳方言中，真性问的表述则由"VP不VP"和"VP没有"承担。浚县方言

---

① 参见吴福祥（1997）。

中也没有"吗"字类真性问问句,辛永芬认为,是"VP - 不 - VP"格式和"VP 冇"的互补分布,使得"冇"的使用范围不能扩大,意义不能泛化,"冇"缺乏虚化的条件,因此无法产生"吗"字类是非问。我们觉得这样的推理似乎不甚合理,王海棻(1991)指出,包含"没、没有"的正反问,是宋代才产生的,经过元、明、清几代的发展变化,才成为现代汉语包含"没、没有"类词语正反问句的样式,是相对而言比较新的格式。"VP - neg"的虚化起于后汉,在唐五代已有由"V - neg"否定词虚化产生的麽字是非问句。因此"冇"的后出不是影响浚县方言产生"吗"字类是非问的原因。事实上,陈红芹(2008)指出,浚县方言中有使用各种疑问语气词的是非问句,也有从"麽"字句发展来的是非问形式的"么"问句,但这个"么"问句只能表反问。

　　我们推测正像有些方言的确缺乏是非问形式的问句一样,在诸多方言中也必定有源自"VP - neg"正反问的是非问形式的问句,只是其功能不一定是真性问问句,而有可能是表反问或表测度的弱疑问句句式。

　　普通话和各地方言是非问和正反问的这种复杂多样的现象,其实是由语言发展过程中的历时层面的语用选择以及语言共时系统内部的相互制约决定的[①]。语法化的研究成果表明,各语言(方言)在语法化的早期,会同时发展出若干性质相似的成分,经过竞争和筛选,通常只有一两个成分最终完成语法化,这就是语法化过程中历时层面的选择过程。比如,王海棻(1991)向我们展示了汉语正反问发展过程中,曾有八种类型正反问格式,到现代汉语阶段,只剩下两种——使用否定词"不"和使用否定词"没有"的正反问。我们看到多数方言也是只有这两种类型的正反问。[②]

　　语法化还表现在不同方言对同一成分的功能选择也不尽相同。安阳方言的"麽(么)"字最终保留了表非真性问的功能。浚县话的"麽(么)"用于表反诘、表非疑问。[③] 普通话的"麽"发展为"吗",既可

---

　　① 参见丁崇明(2004)。

　　② 汕头、横县等一些南方方言中还保留有古汉语的一些用法,正反问句用"未""无"等否定词。

　　③ 另外,我们在安陆方言中也发现写作"嘤"的例句,用法同浚县方言的"么",表反诘和非疑问。

表非真性问又可表真性问，而表非疑问的功能则由分化出的语气词
"吧"和"嘛"承担①。同样源自"麽"的疑问语气词，在各方言中的
功能不尽相同。据我们掌握的资料，多地方言由"麽"发展演变而来
的"么"不表真性问。

为了更清楚地说明各地对近代汉语"麽"字的选择性承继，我们
用表格表示（见表18－3），"＋"表示方言中仍存该项功能，"－"表
示方言中不存这项功能。

表18－3　　　　　　各地对近代汉语"麽"字的选择性承继

近代汉语中"麽"的语义功能	安阳方言	浚县方言	安陆方言	神木方言	西安方言	普通话
用于真性问	－	－	－	－	－	＋吗
用于非真性问	＋么	－	－	－	－	＋吗
用于反诘	＋么	＋么	＋嘿	＋么	＋么	＋吗
用于非疑问	＋么	＋么	＋嘿	＋么	＋么	＋嘛

从表18－3中我们可以看到，多数方言承继了古汉语的"麽"字
句，只是选择的功能项不同，这跟各地方言共时制约的强度有关。相较
而言，普通话是一种更活跃的语言系统。语言之外，政治、经济、文
化，也在对语言产生着影响。

语法化观点认为，每种语言（方言）的语法功能都在共时平面构
成相对独立的系统，在系统中，各个要素相互制约又相互依存，形成一
套制约机制，这种机制是调节历时选择的重要因素。安阳方言的"么"
字疑问句没有表述真性问疑问的功能，我们猜测有两种可能：一是在
"麽"字疑问句发展阶段，受共时制约，正反问表述真性问疑问，"麽"
字疑问句在安阳方言中只选择发展非真性问疑问功能；二是安阳方言也
发展出了"麽"字问句表真性问疑问，但在语言竞争过程中，表真性
问疑问的"麽"字问句不敌表真性问的正反问句，"麽"字问句的这一
功能最终被淘汰。其他地方的是非问与正反问的发展应当也大致如此。

_____

① 参见吴福祥（1997）。

历时选择过程中语言自组织调整的随意性，以及共时制约的规约性，使得各地方言呈现出千姿百态而又有所依循的面貌。

18.6　本章小结

安阳方言疑问句的构成利用了句调、疑问代词、语气词、句法等形式手段。特指问、选择问与普通话更为接近，是非问和正反问与普通话差别较大。

特指问在一些疑问代词的使用方面，体现出安阳方言的特色。如，用"啥的"表称代，用"啥"表指别。而"NP/VP + 嘞/嘞呀？"是由小句 + 疑问语气词"嘞/嘞呀"构成的特指疑问句，在不同语境中表达的疑问点不同。与普通话相比，安阳方言的这类"简省格式"更多，而且相同形式，不同句调其语义表达是不同的。这类疑问句作首发句式，句调上扬，引发疑问，由后续句通过追问或补充陈述来强化疑问；作后续句式，句调下降，与首发句的语义内容构成对比，对可能相反的情形表示询问。安阳方言用句调区分疑问焦点，用不同的语气词区分语境和语义的差别，这种特点是普通话和一些方言所没有的。

安阳方言是非问类型也较为丰富，可以分为四类：1. 句调上升式（零形式）是非问；2. "么"字是非问；3. "嘞"字是非问；4. "吧"字是非问。其中，"吧"字是非问所表疑问度最低。而"么"字是非问、"嘞"字是非问由于使用了疑问语气词，询问的意味更强、更明确。而"么""嘞"的区别主要在时态的选择上。"么"主要表述已然、评判；"嘞"主要表述进行、持续、未然。这四类是非问都是低疑问度的非真性问疑问句。普通话的是非问由"吗"表高疑问度的真性问疑问句，安阳方言中没有用疑问语气词表示的真性问问句，而是由正反问承担这一功能。

安阳方言的正反问有三种类型：1. VP 不 VP，2. VP 没有，3. 是不儿 VP。前两种格式的正反问，是疑问度句中的中性问句。语义上相当于普通话的"吗"是非问句，一般情况下是真性问问句；"是不是 VP"问句是另一类问句，语义上相当于普通话不使用"吗"而由句尾升调形成的是非问句，具有明显的肯定性倾向，这类问句是非真性问问句。

"VP 不 VP"语义上表示对主观意愿、客观事实等情况进行询问，关注主观意愿、客观事实的有无。"VP 没有"语义上表示对领有、存在、完成、进行、持续、经历等情况进行询问。两者在语义上存在互补。从历史文献以及各地方言的发展来看，安阳方言的"VP 没有"与其他一些地方的方言一样，同样不是"VP – neg – VP"的省略式，而是对古汉语"VP – neg"格式的直接承继和发展。"是不儿 VP"格式有多种变式，但在安阳方言中，"是不儿 + VP"是使用最多的形式。本章尝试探讨了安阳方言缺少"吗"字类真性问问句的原因，认为历时选择过程中语言自组织调整的随意性，以及共时制约的规约性共同作用可以解释安阳方言正反问发达，缺少"吗"真性问问句的现象。简言之，安阳方言的"么"字疑问句只承继了历史上的"麼"表非真性问疑问的功能，而真性问疑问句的功能一直由正反问"VP 不 VP""VP 没有"承担。

第 19 章　感叹句

感叹句表达说话人或积极正面或消极负面的情感意义，是既表达感情也报道信息的句式（朱德熙，1982）。安阳方言的感叹句形式较为丰富，与普通话相比，有较为独特的一些句式和特点，我们着重对有特点的 13 种句式以及有特点的感叹句标记进行描写和分析，与普通话近似的情况只做简单介绍。

19.1　"连"字感叹句

安阳方言中有一类以"连"起头的感叹句，"连"相当于普通话的"把"，这类感叹句从形式上又可分为两小类。

19.1.1　连 + N/Pron + V + 嘞

N 主要为指人名词，V 主要为性质形容词和心理动词，"嘞"相当于普通话的结构助词"得"。这类感叹句往往不出现补语成分，隐去了补语成分，反而使语句的情感色彩更强烈，如：

（1）连小陈儿狂嘞！

（2）连他仁急嘞！

（3）连你大方嘞！

（4）连他吓嘞！

（5）连俺哥气嘞！

19.1.2　连 + N/Pron + V + 成 + 诺样儿

N 为指人名词，V 是性质形容词和心理动词，"成"连接动词和补语"诺样儿",如：

（6）夸军的两句，连他得意成诺样儿那个样子！

（7）昨天没睡觉？连你瞌睡成诺样儿！

（8）都是恁妈惯嘞，连恁俩敬成诺样儿！

（9）生啦个小的男孩，连恁奶奶稀罕成诺样儿！

这两种"连"字感叹句有三个共同特点：一是指人名词或代词只能是第二、第三人称；二是句义是否定的，情感强烈，直接指斥对方或第三人；三是都可以在句首添加"瞧"，起到引起听话人注意的作用，如："瞧连他仁急嘞！/生啦个小的，瞧连恁奶奶稀罕成诺样儿！"

19.2 "瞧"字感叹句

安阳方言中有用"瞧"字引导的感叹句，句式为"瞧 + 主谓结构 + 嘞"。如：

（10）瞧你洋气嘞！

（11）瞧作这个小孩儿淘神淘气嘞！

（12）瞧你说嘞！

（13）瞧这椅的搁嘞！

（14）瞧这天儿冷嘞！

"瞧"应当是表提醒注意的话头（独立成分），专用于感叹句和祈使句。[①]

19.3 再没 + 恁 + 形容词 + 嘞 + 啦

这是安阳方言用以表示性状、程度达到极高层级的感叹句句式。以否定形式强调程度已到极限，句中的形容词为性质形容词，也可用心理动词词组，如：

（15）再没恁好瞧嘞啦！

（16）再没恁用功嘞啦！

---

① 参见邢向东（1994）。

（17）再没恁窝囊嘞啦！

（18）再没恁怕生嘞啦！

（19）再没恁好吃西瓜嘞啦！

（20）再没恁会拍（马屁）嘞啦！

19.4　反问感叹

安阳方言可以用反问句形式表达感叹，反问形式有是非问、特指问和反复问，表达的感情大多是消极的、否定的、贬斥的。如：

（21）他这不儿故意儿乱捣乱嘞！

（22）你不儿怪能耐嘞！

（23）俺哪能跟恁比嘞！

（24）他哪出过国嘞！

（25）咋又哭开起来啦！

（26）这叫啥事啊！

（27）谁叫他瞎说嘞！

（28）哪儿还能买着这东儿东西嘞！

（29）恁说这事儿怪不怪！

（30）瞧你能不能啦！

（31）还疯跑不疯跑啦！

（32）瞧还臭神不臭神啦！

句首往往带有话头"瞧/恁说"之类，起引起注意的作用。

19.5　"幺"字感叹句

"幺"是"一个"的合音词，其后加上形容词、名词（组）也可以构成感叹句，其中的"幺"用法近似程度副词。这种结构可以充当主谓句中的谓语和动补谓语的补语，语气十分强烈。"幺"后加形容词既可以表示不满，也可以表示赞叹；"幺"后加名词（组）一般都用来表示不满或贬斥的意思。如：

（33）你幺一个怕老婆嘞！

（34） 他幺一个没种嘞！

（35） 瞧恁俩喷侃嘞幺一个热火朝天嘞！

（36） 气嘞他幺一个没法没天。

例（35）、（36）是"动词结构＋嘞"，相当于普通话的"的"字结构，是名词性结构。这种感叹句的"幺"后不能使用动词性词语。

以上几种感叹句句式普通话中没有，或较少使用，安阳方言中也有和普通话形式相同的感叹句句式，简单介绍如下：

19.6　多＋形容词＋嘞

这一形式的感叹句用来感叹形容词表述的性状的程度，可以作谓语或补语，"嘞"相当于普通话的语气词"啊"，如：

（37） 这题多简单嘞！

（38） 恁对象多好嘞！

（39） 小妮儿长嘞多俊嘞！

（40） 房的拾掇嘞多干净嘞！

这类感叹句还可在句首添加话头"瞧/恁说"，以引起听话人注意，如："恁说这题多简单嘞！/瞧房的拾掇嘞多干净嘞！"

19.7　那才＋形容词＋嘞

这一形式的感叹句重在强调和感叹事实的确定无疑或性状的程度，"嘞"相当于普通话的语气词"呢"，如：

（41） 那才神气嘞！

（42） 那才不容易嘞！

（43） 那才急死人嘞！

（44） 恁爸那才叫有钱嘞！

19.8　真＋形容词＋啊

这一形式的感叹句，感叹性状或动作行为的程度，如：

（45）供三个学生真不容易啊！

（46）天儿真冷啊！

（47）恁你们几个真会玩儿啊！

（48）我是真担心你不来啊！

19.9　太 + 形容词 + 啦

这一形式的感叹句对事实表达或积极或消极的感叹，如：

（49）今儿这饺的太好吃啦！

（50）院儿嘞那一棵树太挡阳光啦！

（51）能考昂上那一所大学太不容易啦！

（52）诺那个人太不会来事儿啦！

19.10　可 + 形容词 + 嘞

这一形式的感叹句，感叹形容词性状或动作行为的程度，"嘞"相当于普通话的语气词"呢"，如：

（53）俺妈给俺买嘞那一条裙的可好瞧嘞！

（54）恁家闺女那一张嘴可能说嘞！

（55）别瞧涅人家不吭声，可会闷的头儿赚钱嘞！

（56）东区修嘞可漂亮嘞！

19.11　形容词 + 嘞 + 不像样儿

这一句式强调程度很高，一般都用在贬义句里，"嘞"相当于普通话的结构助词"得"，如：

（57）恁家闺女厉害嘞不像样儿！

（58）整天叫他欺负嘞不像样儿！

（59）瞧他臭神得意嘞不像样儿！

（60）天天忙嘞不像样儿！

19.12　形容词＋死人＋啦

这一句式强调形容词形容的程度极深，多用中性或贬义词，表达贬斥、不满的意义，例如：

（61）瞧你弄嘞，恶心死人啦！

（62）这电影吓死人啦！

（63）这两天热死人啦！

（64）这孩的气死人啦！

19.13　形容词＋的嘞

"的嘞"相当于普通话的"着呢"，是一种语气词连用的固化结构，这个句式用来表惊叹、赞叹等强烈的情感，如：

（65）卤面好吃的嘞！

（66）这香蕉便宜的嘞！

（67）俺这心里头难过的嘞！

（68）这一本书好瞧的嘞！

以上各例句也可以在"嘞"后再添加一个语气词"呀"，情感表达强度更强。如：

"卤面好吃的嘞呀！/俺这心里头难过的嘞呀！"

从 19.6 到 19.13 这几类感叹句与普通话相应的感叹句用法基本相同，都使用强化语气的副词和语气词来表达情感意义，其中，安阳方言感叹句的"嘞"分别对应普通话中的结构助词"得"、语气词"啊""呢"，"嘞"的这种多意义多功能的特点，我们在 11.3 节中有详尽的分析和描写。

19.14　本章小结

与普通话相比，安阳方言的感叹句种类更为丰富。本章从形式上把感叹句归纳为 13 类，逐一描写分析。

在这 13 类感叹句中，"连"字感叹句、"瞧"字感叹句、"的嘞"感叹句等，都是较为独特的方言感叹句式。

安阳方言的感叹句用在或褒或贬的语境中时，使得说话人的态度和情绪色彩更为鲜明。

此外，安阳方言中也有使用程度副词"太、真"的感叹句，并使用反问句式表感叹，这些类型与普通话中常见的感叹句类型相同。

第 20 章 祈使句

祈使句是根据句子语气划分出的一种句子类型，表命令或请求。肯定性祈使句和否定性祈使句，分别表示命令、请求采取或不采取某种行动，保持或停止某种状态。在安阳方言里有的祈使句由简单的动词或动词性词语构成，不用特殊的格式和语气词，如：

（1）滚！

（2）快过来！

（3）恁先吃！

（4）写完作业再瞧。

安阳方言中也有多种祈使句的特定格式。这些结构形式上有跟普通话一样的，也有安阳方言特有的。本章我们逐一描写分析这些格式。

20.1 V + 的（ + NP）

"的"读音为［tɛʔ］，相当于普通话的"着"，在安阳方言中可表陈述和祈使，如：

（5）啥也别说啦，拿的！

（6）你先坐的，我这就过来。

（7）扶的这儿，我来钉。

（8）瞧的点儿前头，别摔咾。

安阳方言能进入该格式的"VP"，有单音节行为动词，也有动宾词语，动宾词语的"的"位于动宾之间。而我们看到在内蒙古西部地区方言中，能进入该格式的 VP 形式有单音节动词、动宾词语、紧缩句等，且"的"位于各种形式的 VP 之后①。这说明，在该地区晋方言中，"的"是典型的表祈使语气的助词。而在安阳方言中，"的"仍然是表持续体貌的助词，但由于用在祈使句中，又多了辅助表命令要求的功能。

前文 6.2.2 节我们描写过体貌助词"的"。邢向东（1995）认为表祈使的"的"与表体貌的"的"有紧密的关系，动态助词"着/的"当是祈使语气词"的"的来源②。他的依据是内蒙古西部的晋方言动宾词语的进行态助词位于宾语后边，句末位置，而不像普通话那样位于动宾之间，这种位置使得"的"有机会演变为表祈使语气的助词。我们认为这一分析还是很有道理的，安阳方言也属于晋语，但表体貌的"的"和普通话一样必须位于动宾之间，因而，在安阳方言中动宾结构的 VP 无法出现在"VP + 的"结构的祈使句中，仍保留了"V + 的 + NP"的持续体格式，安阳方言的"的"也就没有发展出确定的表祈使语气的助词用法。

但这不妨碍安阳方言祈使句中"的"辅助实现祈使语气，如例（5），如果去掉"的"祈使句也就无法成立了。

20.2　"连"字祈使句

这里的"连"表处置，相当于普通话的"把"，安阳方言的"连"字句也可表祈使，意义上表示说话人要求或命令受话人对某事或某物加以处置，主要有三种格式。

20.2.1　"连" + NP + V + 咾

进入这一格式的 V 一般都是单音节动词，且必须用表将然的体貌助词"咾"，如果用"啦"，句子就变成表已然的陈述句了。这也是安阳方言与普通话不同之处：安阳方言可以用助词来区分句子的体貌和意义，而普通话一律用"了"，句子就容易产生歧义，如：

---

① 参见邢向东（1995）。
② 参见邢向东（1995）。

（9）恁几个连教室嘞地扫咾。

（10）连电视关咾，好好儿嘞写作业。

（11）咱先连饺的包咾，再去瞧电影嘞。

（12）连作业写咾，不写就别出去。

可以看到例句中"咾"虽已是表将然的体貌助词，但仍保存有"完毕"意。

20.2.2 "连" + NP + VV

VV 是动词的重叠形式，可以是单音节动词重叠，也可以是双音节动词重叠，与普通话同，如：

（13）反正也没事儿，你去连衣裳洗洗。

（14）做完饭记得连锅台擦擦。

（15）快过年啦，连房的好好儿拾掇拾掇。

（16）瞧都乱成啥啦，有空儿连柜的里头归置归置_{整理整理}。

20.2.3 "连" + NP + V + C

我们用"C"表示补语，这一格式表示要求受话人对某一对象的处置达到某一结果，如：

（17）嗑完瓜子儿啦没有，连地昂_{把地上}给我打扫干净。

（18）连帽的戴正，歪嘞_{歪着}像啥样儿！

（19）反正你也闲的_{闲着}，连眼镜儿给恁姥姥送过去。

（20）慢慢写，连字儿写清楚。

可以看到，V 可以是单音节和双音节动词，有时，句中用"给某人"这样的短语来表示受话人行事所服务的对象，如例（17）、（19）。在例（19）中，"恁姥姥"是行为动作明确指向的对象，而例（17），"我"除了保留有动作指向的对象外，还有强烈的情感色彩，命令和要求的语气更为强硬。

20.3 "吧"字祈使句：VP + 吧

安阳方言中也有使用语气词"吧"的祈使句，但使用频率不如使用语气词"不咋"的祈使句，当是受普通话影响所致。如：

（21）走吧！

（22）好好儿瞧瞧吧。

（23）明儿去逛街嘞吧。

（24）咱俩一块儿想想咋弄吧。

VP 可由单个动词或其他各种类型的动词短语构成。去掉语气词"吧"，大部分句子仍然具有祈使语气，但更强硬一些，如例（21）—（23）。而例（24）这类句子中，"吧"去掉后，句子就成为陈述句了，不再具有祈使语气。

另外，我们上面提过的几种祈使句格式，以及直接用动词或动词短语表祈使的句子，句尾都可添加"吧"，句义不变，但语气更为和缓。如：

（25）滚吧！

（26）别说啦，拿的吧！

（27）连电视关咾吧，好好儿嘞写作业。

（28）你去连衣裳洗洗吧。

（29）反正你也没事儿，连眼镜儿给恁姥姥送过去吧。

相比不用"吧"的祈使句，使用"吧"的句子语气更为舒缓。

20.4　"不咋"祈使句：VP + 不咋

在前文 11.1 节，我们细致描写了"不咋"作为语气词以及话题标记的特点。用在祈使句中的"不咋"，可以使语气更为和缓。VP 可以是单独的动词，各种类型的动词短语。同样，"连"字祈使句也可以在句尾添加语气词"不咋"，如：

（30）走不咋！

（31）开开门不咋。

（32）来跟的俺一块儿择菜不咋。

（33）连把衣裳给咱晾出去不咋。

（34）有咾空儿，连电脑修修不咋。

可知，安阳方言的"不咋"表祈使与"吧"表祈使功能基本相同。

但两者在实际应用中也有语气上的些微差异。用"不咋"在表情达意上更为丰富多样，同是表要求、命令，例（30），"不咋"含有不耐烦的意味在里边，例（31）有劝说意味，例（32）、（33）有亲昵意味，例（34）有催促意味……这些细致的情绪表述，可以说正是方言词语所特有的力量，它是生于斯长于斯的人们一代代使用方言、传递方言、沉淀方言的结果。相比之下，有可能来源于普通话的"吧"就不具备这么丰富细腻的表现力。

20.5 "么"字祈使句：VP+么

我们在18.2.2节描写并分析了"么"在是非问中的意义和功能。本节的语气词"么"表祈使语气，相当于普通话的用于祈使句的"嘛"，如：

（35）慌啥嘞，再坐一会儿么。

（36）再给俺讲一遍么，还没听懂嘞。

（37）吃完再走么，还早嘞。

（38）啥东儿东西恁那么稀罕嘞，叫涅人家瞧瞧么。

（39）连这一件儿也试试么，瞧哪件合适。

可以看到，"么"字祈使句可用在各类型的动词短语后，一般不能跟在单个动词后。与"吧、不咋"这两个语气词相比，"么"表命令和要求时，语气更恳切、说话人姿态更低一些。有恳求意，有时还有撒娇义，其使用范围也比"吧、不咋"小得多。内蒙古西部的晋方言中，也有这一语气词，用法相似，同样表达一种恳求、央求、撒娇的意味。邢向东（1995）认为多见于女性和孩童的语言使用中。安阳方言中"么"的使用范围小于内蒙古西部晋语，且在使用中没有明显的性别差异。

20.6 "等"字祈使句：等+VP（+再说）

"等"字祈使句，表示"等到……时候再怎么样"，"怎么样"是指要采取的行动，往往承上下文省略，或者由语言环境表明，隐去不说。如：

（40）先别想恁多啦，等病好咾（再说）。

（41）等发咾工资吧。

（42）急啥嘞，等写完作业（再瞧电视）。

（43）等恁妈来咾再说，我瞧你能省咾这一顿儿打不能！

（44）瞧你得意嘞，等老师走咾再说。

（45）等下回抓住你咾再说。

这六个例句可以分为两组，例（40）—（42）是一组，有劝说对方别着急做某事的意思。例（43）—（45）是一组，是威胁、警告对方，"到某时算账"的意思，由于隐去下一步"怎么样"，反而更具威胁力。这类祈使句句尾也可添加"吧"，语气显得较为和缓。

20.7　"甭"字祈使句：甭 + VP

安阳方言的"甭"发音为［piŋ³¹］，是"不用"的合音，专用于表否定的祈使句。语言运用中还可在后头加助词"介"，有强调意味。如：

（46）恁甭（介）来啦，我明儿就出院啦。

（47）甭（介）哭啦，恁哥连他嘞本的给你啦。

（48）今儿就甭（介）走啦，住一晚再说。

（49）甭（介）跟我要这一套，我见嘞多啦。

（50）都给我好好儿听课，甭（介）老往外头瞧。

（51）甭（介）乱扔东儿，砸着下边儿嘞人咋弄？

用"甭"的否定句多用以劝阻做某事，如例（46）—（48），语气较和婉；有时也用于表命令，如例（49）—（51）。

20.8　"少"字祈使句：少 + VP

"少"字祈使句可表示减量的意义，也可表示劝阻，具有否定色彩。如：

（52）少给我来这一套，我不听。

（53）少吓唬人啦，谁怕你！

（54）少说大话，有本事儿拿出来亮亮。

（55）少瞧电视多瞧书，你就学习好啦。

（56）少吃点盐，你血压高。

（57）少用手机吧，对眼不好。

如果"VP"中性，那么祈使句偏重减量，也就是允许动作进行，但对动作或动作对象的量有所限制，如例（55）—（57）。当句子中的"VP"是贬义时，祈使句偏重表示劝阻，语气严厉，禁止动作进行，如例（52）—（54）。

20.9　"休"字祈使句：休 + VP

在前文 7.6.4 节中，我们描写过安阳方言的一个否定副词"休"，音［xəu⁵⁵］。这个副词的意义大体上相当于普通话"先不要，先别"，用在谓词性词语前，表制止和劝阻，常和"先"同用，这个副词也专用于否定祈使句，如：

（58）（先）休慌的急着瞧电影嘞，连碗刷咾再去把碗洗了再去。

（59）（先）休哭嘞，到底咋回事儿?

（60）恁几个（先）休吵吵啦，有啥事儿明儿再说。

（61）（先）休再给他钱啦，他还有不少嘞。

（62）（先）休走嘞，缴咾罚款啦没有?

（63）（先）休高兴嘞，还没叫你走嘞。

（64）（先）休在那儿皮调皮啦，一会儿恁爸回来咾揍你。

这一格式的 VP 可以是各种谓词性短语，且句子一般都由两部分组成，包含"休"的部分是劝阻、制止的内容，另外一部分内容是阐明劝阻和制止的理由如例（61），之所以劝阻给钱，是因为"还有不少"；例（62）之所以不让走，是因为"可能还没缴罚款"。还有的是在句中提供解决办法，如例（58），"刷咾碗"就可以去"瞧电影"了，例（60）"明儿再说"，这会儿就不要"吵吵"了。

20.10　"不敢"祈使句：不敢 + VP

安阳方言祈使句中的"不敢"相当于"不可以"。这里的"不敢"

并不表示"胆量不够"的意思，它是陈述句中的助动词及其否定副词"不敢"经语义扩展后形成的。在祈使句中，用以告诫对方"别做某事"，因为某事有危险或令人不愉快。常用在长辈对小辈说话的场合，常和表强调的副词"可"同现，如：

（65）昨天拉肚的啦没有？可不敢再吃冰激凌啦啊！

（66）就在院嘞_院里玩儿，不敢跑出去啊！

（67）不敢打恁_你姥姥啊，姥姥待你多亲嘞。

（68）不敢打小朋友啊，都是好朋友嘞。

例（65）、（66）是制止对方做有危险的事；例（67）、（68）是劝阻对方不做某事，否则会令人不愉快。可见，"不敢"已是专表祈使的否定副词了。

"不敢"这一用法在整个晋语中都很普遍，使用频率也很高。

例（69）—（72）都是否定形式的祈使句，"甭、少、休、不敢"在一些情况下可以相互替换：

（69）甭在这儿添乱啦，赶紧写你嘞作业嘞吧。

（70）少在这儿添乱啦，赶紧写你嘞作业嘞吧。

（71）休在这儿添乱啦，赶紧写你嘞作业嘞吧。

（72）不敢在这儿添乱啦，赶紧写你嘞作业嘞吧。

但用的否定词不同，祈使句的意义也有明显差异。例（69）是一般性质的禁止；例（70）语气强硬，有不耐烦的情绪；例（71）是劝阻，提醒受话人应该先去写作业；例（72）语气最为和缓，有长辈对小辈的劝说之意。不同的否定词，将制止、劝阻的要求的细微差别包含其中，使人们的情感和言语表达更为丰富细腻。

20.11 本章小结

以上我们描写了安阳方言的祈使句，从语言形式上，本章将祈使句分为 10 类加以考察。这 10 类祈使句的前 6 类从语形上都是肯定祈使句，后 4 类则为否定祈使句，使用具有否定意义的词语标记，如"甭、少、休、不敢"等表阻拦、拒绝等意义。

祈使句是向受话人提出要求、命令，以使受话人做某事或不做某事。句子的谓语部分可以是动词性或形容词性的各类短语，也有的可以使用单个动词。

有处置义的祈使句用"连"字祈使句，"连"是具有安阳方言特点的处置标记，相当于普通话的"把"。特色语气词"不咋"用在祈使句句末，增强祈使句的催促意味。

所有祈使句句末都可添加"吧"，使语气更为和缓，但实际使用中并不常添加"吧"，这是由口语的简洁、爽快特点决定的。相比较普通话，安阳方言的祈使句的句式和表祈使的词语更为丰富。如表否定的，可以用"甭、少、休、不敢"等四个有鲜明地方特点的词语来表示有细微差别的劝阻和制止。

第 21 章　结语

21.1　总结

　　根据《中国语言地图集》，安阳城区方言属晋方言邯新片获济小片。但安阳方言并非古来如此，今天的安阳方言实则是一种移民方言，即随外来移民而来的方言。安阳所辖林州市、汤阴县、安阳县的方言的形成同样是历史上移民所致。侯精一（2008）认为，山西的移民是形成山西境外晋语区的直接原因。《明太祖实录》193 卷，"迁山西泽、潞二州之民无田者，往彰德、真定、临清、归德、太康诸处闲旷之地……"泽、潞二州，就是今山西省东南部的晋城、长治等地。崔铣《彰德府志》① 中曾提及明初的彰德府，即今天的安阳曾经"土著之家十不存一"。明初洪洞迁民于河南者以彰德府、怀庆府、开封府、归德府为最多。根据正史以及地方史料记载，山西向豫北等地移徙人口几乎持续了整个有明一代。从这些史料和研究中，可以看到，今天的安阳方言实则是明移民带来的移民方言，而土著方言——中原官话，对安阳方言的影响并未消失，我们的判断既是基于今天安阳方言的现状，也基于王临惠（2003）所说的："中原官话在汉语发展史上占有很重要的地位，从上古到清代中叶一直是汉语的强势方言。"② 这一强势方言对安阳方言的影响应当是两个方面的：一是明以前的中原官话在方言替代过程中保存下来的不多的痕迹，也就是方言的底层；二是明以后安阳周边中原官话对安阳地区晋方言的影响。而王福堂（1999）也指出，"边界地带

---

① 转引自裴泽仁（1988）。
② 参见王临惠（2003）。

的方言常常不能具有本方言的全部特点，却有可能具有另一个方言的某些特点。"另外，随着普通话的推广和教育的影响，普通话对安阳方言的影响也不可小觑。这些因素使得今天的安阳方言成为一种受到普通话影响并点缀着中原官话色彩的晋方言。

从语音上来看，安阳方言有入声，这也是晋语区别于北方官话的一个显著特点。李荣、温端政、侯精一都将入声视为晋语的一个重要特点。安阳方言的入声与南方方言的入声不同，辅音韵尾已不存，只存有喉塞音［ʔ］，且发音与山西境内的喉塞音相比，音值弱了很多。安阳所辖的林州市、汤阴县、安阳县也同样有入声，再往南新乡等地也有入声。① 王福堂（1999）指出从地理上看，方言是逐渐变化的。方言区中心地带的特点，扩散到边缘地区时会变得模糊起来，甚至消失。这可以较好地说明安阳以及邯新片其他地区的方言入声较山西境内入声发音较为淡化甚至消失的现象。知庄章三组声母的演变在晋方言和中原官话中类型都是很丰富的。知庄章声母在安阳方言中读［t］，是知系声母最早的形式。知系声母在安阳方言中没有分化，语音形式也保留了较早的阶段。② 在中原官话的其他地区，没有发现这种较为古老的发音形式，但在山西壶关的树掌、阳城的北留等地都有这一古老的发音形式。安阳方言的"子"后缀，发音为［tɛʔ］，不同于中原官话和普通话声母为［ts］的发音，这些都体现了安阳方言在语音方面所具有的晋方言特点。但安阳方言语音并非没受到中原官话的影响。尤其在入声问题上，安阳方言受中原官话和普通话影响较大。入声喉塞音的淡化，显然是安阳方言在长期发展中受到没有入声的中原官话的影响而产生的。另据赵青（2009）调查认为，受官话方言的影响，晋语一直处在入声向舒声转化的演变过程中，安阳市区出现了入声舒化的现象。其中，老年人、中年人、青年人入声字发音转舒率分别为：24%、33%、47%。中年人比老年人口中的入转舒率增长9个百分点，而青年人比中年人口中的入转舒率增长了14个百分点，青年人口中入转舒增幅最大，转舒速度最快；老年人口中入转舒增幅最小，转舒速度最慢。古入声在安阳方言中的舒

---

① 参见侯精一（1999）。
② 参见刘雪霞（2006）。

化既具有晋语的一般规律，即"调型接近的合并"，次浊入声字舒化后派入与入声调值接近的阴平；同时也受到普通话的影响，清入分派阴阳上去，其中以派入去声的比率较高，全浊入以派入阳平的比率最高，次浊入以派入去声的比率最高，这种归派与普通话大体一致。可见语音上，安阳方言以有入声与河南其他地区的中原官话区别开来，具有晋方言的特点，知庄章声母的发音、子后缀的发音也更具有晋方言特点，但归属晋语的安阳方言在入声上又受到中原官话和普通话的影响，有舒化趋势，因此从语音来看，安阳方言是在发展过程中受到中原官话和普通话语音影响的一种晋方言。

从词汇上来看，安阳方言既有晋语特色鲜明的词汇，也有中原官话色彩鲜明的词汇。如安阳方言的常用词语："土圪堆、土疙瘩、手巾、揞布、海碗、笊篱、摆（漂洗衣物）、老尖头、生事（找麻烦）、干哕（干呕）、搹袖的（挽袖子）、影着（挡住）、怄气（生气）、平卜塌（平平的）、不牢靠（不结实）、忽闪、忽摇、圪堆、圪截、圪渣、虼蚤、膈应"等都是具有晋方言特色的词语（沈明，1994）。而常用词："中（行，可以）、俺、恁、俺都、咱都、镇（这么）、恁（那么）、咋（怎么）、甯［piŋ³¹］、打别、不赖、不胜（不如）、迷瞪、孬、勐（推）、妮儿、喷（吹牛）、咋呼、老师儿（师傅）、掐腰、剪发头、屈说（委屈，误会）、麻缠、瓢（虚弱）"等，则具有鲜明的中原官话特点（张启焕等，1993）。侯精一（1999）指出分音词、圪头词是晋语表现出的特点，在安阳方言中，这两类词都有，如：分音词——曲连、窟窿、卜拉；圪头词——圪堆、圪截、圪渣。但比起山西一些地区的词汇来，安阳方言的分音词和圪头词的种类和数量要少得多，这与安阳处于晋方言边缘地带有关。而合音词是中原官话的一个鲜明特点，安阳方言中，这类词不少，如："俺、咱、咋、抓、啥、镇、恁"等。这些合音词多为代词，在安阳方言中为高频用词，再加上堪称中原官话词汇标志"中"的高频使用，安阳方言词汇似乎更具中原官话的特点。从河南方言研究的词汇研究来看，安阳方言的词汇与河南中原官话地区的词汇重合度更高，而与晋方言词汇相比，其重合度较低。这一现象不难理解。虽然安阳方言是山西移民带来的方言，但安阳的地理环境是平原，其生产生活与山西黄土高原地区差别较大。在明以来的历史发展中，语言生活反映社会生活，而最易受到影响发生变化的，当然是词汇，因此安阳方言的词汇表现出更多的中原官话特点。

安阳方言的词法较有特点的是附加式构词和重叠构词。前缀"圪"构成的词具有鲜明的晋语特点，由它和其他语素合起来构成的"圪"字结构在晋语中以其全区性的分布范围、较高的使用频率、独特的结构类型、惊人的内部一致性成为晋语语法方面的标志之一，山西南部的中原官话区也存在着许多"圪"字结构，且与晋语一脉相承（王临惠，2002）。侯精一（1999）把"圪"作为确立晋语的主要特点之一。圪头词给安阳方言添加了突出的晋方言特点；而后缀"的、儿"，从发音和功能看，也都具有晋语特色。发音上，后缀"子"音为 te. 与河南其他地区的子后缀多发为 tsi 不同。山西地区的"子"缀虽有多种类型的发音，但韵母多为 e（乔全生，2000）。安阳方言后缀"子"的发音属于晋语后缀子发音的一个类别，与长治等地发音相同。安阳方言的儿缀，多为不能儿化的儿尾。这一特点也和河南其他地区的中原官话不同，中原官话的儿缀多为儿化音。而山西地区的晋语，儿缀或为儿化或为儿尾。山西的寿阳、文水、清徐、太原、榆社等二十多个地市都存有儿尾。安阳方言的儿尾有明显的晋语特色。安阳方言中还有个很特别的人称标记"嗷"，非强制性用在各类人称称呼前，表示亲昵的情感色彩。在调查中，暂未发现其他地区有类似用法。安阳方言的重叠式形式和类型都很丰富，名词、动词、形容词、副词、数量词、拟音词都有相应的重叠形式，可用于表达生动丰富的意义。其中较有特点的是名词重叠形式"A（儿）A儿"，单音节名词重叠并辅以儿缀，表示具有 A 性态特点的事物，这一形式不见于山西地区的晋语，而见于中原官话的一些方言中[①]。

安阳方言的体貌表达可分为八种，即实现体、完成体、持续体、起始体、将行体、短时体、尝试体、经历体。将行体及其体标记"也"，是安阳方言作为晋语的较为独特的一种体貌，普通话中没有相应的体标记，而安阳方言等晋语中广泛使用这一体貌形式。起始体标记"开、昂"也见于晋语一些地区，普通话和中原官话常用"起来"。此外，安

---

① 参见辛永芬（2007）。

阳方言的"昂"还可充当处所标记。实现体标记"咾、啦、着、也"，也广泛分布在其他晋语区，其中"咾"和"啦"可区别未然和已然，如，"超市开门咾，咱去买点儿牛奶嘞。（未然）超市开门啦，咱去买点牛奶嘞。（已然）"相较于普通话用一个"了"兼表多种时态，安阳方言更能从形式上区别这两种语义。安阳方言的持续体，表现手段较丰富，既可使用体标记"正、的、嘞"表示，又可使用语法化形式"在那儿"，以及重叠形式"VV、V 的 V 的、V 啊 V 啊、一 V 一 V"表示。体标记"的"主要分布在晋语区和中原官话区，哈尔滨、山东牟平和云南的富民、会泽、绍通也有分布。"在那儿 V"另见于河南鹤壁、浚县、湖北丹江等地。可见，安阳方言的体貌表达既有晋语的特色，也融合了中原官话的表达特点。

安阳方言的指代系统由人称代词、指示代词、疑问代词构成。高频使用合音词形式的代词，如："俺、咱、恁$_1$、镇、恁$_2$、啥、抓、没任啥儿、没任抓儿"，这些代词广泛分布在河南话中，具有鲜明的中原官话特色，与山西多数地区的晋语有较大差别。可见，在指代系统中，安阳方言更多保留了中原官话的语言方式和习惯。正如前文分析的，这应当与当地生产生活和中原文化相连有关，也和中原官话在当地方言的沉淀有关。

安阳方言的处置句标记为"连""拿"。其中"拿"表处置，既有研究已较充分；而"连"表处置，现在的研究还比较欠缺。本书认为"连"表处置应当是近代汉语表合并的"连"进一步语法化发展后的结果，只是这一功能未进入共同语，而在安阳、银川等地的方言中存留下来。这一用法在山西地区的晋方言和中原官话中都未见到，但西北官话和冀鲁官话中有类似用法。可见安阳方言作为一种移民晋语并非仅受到中原官话的影响。

被动句的表达，安阳方言主要用"叫、让"，不用"被"。一些地方也用"叫"表被动，甚至可表处置，如河南叶县、湖北丹江等地。安阳方言的处置句标记由表义功能强大的"连"充当，也许是这个原因使得"叫"没有发展出表处置的用法。安阳方言中还有一种被动句套合处置句的形式，基本格式为："叫 + NP1 + 连/拿 + NP2 + VP"。这应当是近代汉语表达方式在安阳以及山西、陕西晋语地区的保留。

　　安阳方言的疑问句包括是非问、特指问、选择问、正反问。与多数方言相同，安阳方言的正反问较为发达。普通话中用是非问表达的句子，在安阳方言中多用正反问表达。安阳方言正反问的格式为"VP 不 VP"和"VP 没有"，由判断动词"是"构成的正反问在安阳方言中使用频率很高，形式也很多样，其中，"不是"在安阳方言中的发音已弱化为"不儿"，主要有"是不儿 + VP、是 VP 不儿、VP 是不儿、VP 不儿格式"。在中原官话和山西晋语中，也存在正反问较是非问更发达的情况，但具体的用词和格式并不相同。晋语和中原官话的反复问都属于朱德熙先生所说的"VP – neg – VP"大类里的类型。

　　安阳方言的空间表达中有一个很有特点的"昂"，"昂"又可以分为"昂₁"，表处所位置，相当于普通话的"上"，如"桌的昂、墙昂、天昂"；"昂₂"表位移，普通话中没有相应的词与之对应，北京话的"de"与"昂"功能类似。此外，在表达位移对象非说话人的情况时，安阳方言中不指明说话者所处的位置，如："连桌的搬昂屋里头"。在普通话中可以表述为"把桌子搬进屋里来/去"，由趋向动词"来"或"去"体现发话人所处的位置。这说明，安阳方言与普通话对客观的体验认知和表述上并不完全相同。在晋语磁漳片的林州方言中，也有类似安阳方言中"昂"的用法，以及不显示位移对象非发话人所在位置的位移表达。在山西等地也有类似的用法。

　　安阳方言的虚词较为丰富，正是这些虚词数量和功能与普通话以及其他地方方言的差异，凸显了安阳方言的独特性，显示了方言之间的差异不仅表现在语音、词汇方面，语法方面也有较为明显的区别。

　　安阳方言中的助词"嘞"，语义丰富，功能强大。"嘞"的丰富用法在中原官话和晋方言其他地区中都有类似"嘞"的成分，这也是这两种方言区别于其他方言的显著特点。安阳方言的时间助词"动儿"，用在背景事件中，是前景事件发生的时间条件。这个助词仅见于山西、河南地区的晋方言中，可以说是晋语的标志性用词。而"不咋"及其类似的语言成分在河南、河北、山东等地的方言都有分布。在安阳、汤阴等地的方言中，"不咋"还进一步语法化为话题标记。这个话题标记甚至可用在疑问句中，而普通话和其他地方的疑问句是难以出现话题标记的。安阳方言的"不咋"，也许是由于双音节节律的关系，可以用在疑问句中提示话题。这也是安阳方言较为突出的特点。从近代汉语的语料来看，安阳方言的"不咋"当受到冀鲁官话的影响。

从以上语音、语汇、语法事实可以看出，安阳方言虽属晋语，但在很多方面也受到来自中原官话和冀鲁官话的影响。既有历史原因，也有空间地理、生产生活的原因。历史原因是明朝山西移民带来了山西话；空间地理原因是因为安阳地处晋语和中原官话、冀鲁官话交接处，在生产生活和文化经济的交流关系上与中原地区更密切。自古及今，中原地区的经济文化都比黄土高原地带更为发达进步，语言交流中，经济强势地带的方言对经济弱势地带方言显然影响更大。由此可见，处于方言大区边缘地带的某一具体方言，由于受到临近方言的影响，其语言面貌和特点往往是复杂多样的，在调查研究中，将这些影响找出来，有助于更好地呈现交叉地带方言的现对特点和历时发展状况。

安阳方言受到中原官话、冀鲁官话的影响是由于其位于特殊的地理交界地带，这是某一地区方言特有的现象，但另外还应看到，当前受教育、媒体的影响，各地方言将越来越多地受到普通话的影响，如安阳方言的入声舒化现象，在老年人中主要是受临近中原官话的影响，而在青年一代中，则表现为受到普通话影响更多些。受普通话影响，这是各地方言面临的共同问题，普通话对方言的影响势不可挡，但其引起的变化在不同方言中却是有差别的。安阳方言受普通话影响，语音上原来的舌尖音会发生变化，入声会舒化，儿化音增多，儿尾音会随之减少；词汇上一些圪头词会随之消失，代替以相应的普通话词汇。一些较土的词语也会被普通话里的词汇替代，如："地蛰的 – 蛐蛐，油的 – 蝈蝈，麻烫 – 油条"，等等，而语法上，一些具有语法标记性的词有被普通话相对应的词替代的趋势，如：VP 嘞动儿——VP 的时候，处置句标记"连"——处置句标记"把"，等等。在方言研究中，通过方普对比，记录下方言原本的表达与当下受普通话影响后的表达，既是为方言正在发生的变化作出实录，也可让人们更好地观察到每一种方言在普通话的影响下，会作出怎样的呼应和调整，哪些较快发生变化，发生怎样的变化，哪些只是作出调整，并不发生改变，这对动态的研究方言、深入了解该方言的特点显然是有益的；而将各个方言当前的变化汇聚一起，又可以更好地展现当前各方言受时代和社会影响或快或慢的演变情况，并使方言间的横向研究有更深入一层的可能。

21.2　理论思考

21.2.1　语言事实的发掘与描写

方言研究，离不开对方言现象的发掘和细致描写。建立在真实、细致描写基础上的研究和分析才能立稳脚跟，具有价值。在调查方言过程中，如果有丰富的语料来源，一定要充分利用，才能发现更多有价值的方言事实。我们在调查安阳方言过程中，既有面对面、依据方言调查书面材料的调查，也有在不打扰调查者的情况下录音搜集的语料，还有对地方电视台播出的方言电视剧和方言新闻播报的调查整理。这三个渠道的调查各有利弊。

面对面调查的长处是能根据调查目的较快获取有价值的语料，而且当面交流，易于消除调查中遇到的困惑，是三种调查方式中效率最高的一种。短处是调查处于特定的氛围中，不是原生态的生活环境，再加上被调查者不太放松的话，有的调查项就无法如实反映方言本来的面貌或漏掉有价值的语言问题。

生活录音的长处是被调查者处在不知情的生活原声态中，我们采集到的语言事实都是最真实自然的；短处是录音量达不到足够大时，搜集到的语料中重复的无价值的较多。

方言电视剧、方言新闻长处是量大，涉及面广，能获取较多有价值语料；短处是无法知道创作者的背景，得到的语料有些许辨别其是否受到其他方言或普通话的影响所致。

将这三种渠道的语料相互补充结合，得到的调查结果才更为准确丰富。安阳的正反问句中，"是不儿"问句较发达，我们在方言电视剧中，听到演员用"是别"而非"是不儿"，而对被调查人调查时，他用"是不儿"不用"是别"。后来扩大了调查面，才知道安阳老城区用"是不儿"，而郊区地带如北兵营，用"是别"。如果不将这几种来源的语料加以甄别，就难以准确描写以城区为主要描写对象的安阳方言。而在日常录音谈话得到的语料中，我们注意到一些面对面调查时没听到的代词的表述，如：普通话的"没什么"，安阳方言说"没啥的"，此外还说"没任啥"；普通话"不怎么"，安阳方言除了说"不咋的"，还说"不任咋儿"。这些都必须通过实地调查才能有所发现。搜集语料发掘方言现象过程中，充分利用现有条件，各取所长，才能搜集、占有更多有价值的方言现象，进行充分的描写。

基础描写是比较研究、类型研究的基础。朱德熙、李荣等前贤都反复强调描写的重要性。邢福义也在理论方法和研究实践上提出并践行"理论生发于事实"的观点。在方言现象的发掘和描写上，母语研究者显然具有明显的优势，他们更能深入方言问题，更能准确辨别方言中细微的不同。例如，调查安阳方言的过程中，由于受到普通话影响，被调查人对一些表达方式第一反应是用方音转述同于普通话的表述。若母语非安阳方言，再细致也难免疏漏一些语言事实。像安阳方言用"连"表处置：

他连暖瓶打啦。

俺妈连饭做好啦。

用"动儿"表事件的背景时间：

走嘞动儿再拿吧。

你小动儿调皮的嘞。

这些语言事实都是在母语为安阳方言的情况下才能唤醒调查人的地道表述。

再如安阳方言的单音节名词重叠，因声调不同，表示的意义也有区别：

"本"的原声调为 53，重叠形式"本儿本儿"，如第一个音节读本音 53 调，那么这个重叠形式的意思是"每一本"。第一个音节如果变调为 55 调，那么这个重叠形式的意义是"本子"。可见，在安阳方言中，有时声调可区别词义。这种细微之处，显然母语研究者比一般研究者更容易分辨。母语研究者应该充分利用这个优势，将各自方言的事实真实准确地加以发掘和描写。

安阳方言地处晋方言边缘地带，与中原官话区、冀鲁官话区接壤。在描写安阳方言时，要关注安阳方言本身的特点，观察这一方言是否受到中原官话和冀鲁官话的影响，这一影响在哪些方言事实上有所体现。

这样描写方言才不会陷入简单化，用晋语的框框去套安阳方言。在调查安阳方言中，我们看到安阳方言有晋语特征明显的入声、圪头词、分音词，也有跟中原官话重合度更高的生活用词、指代系统，另外，在虚词上，还有一个高频的已经语法化为语法标记的"不咋"与冀鲁官话地区的用法一脉相承于近代汉语的"罢咋"。我们认为这种关注周边方言对研究对象影响的描写才能更好地展示方言交叉地带，大方言区边缘地带方言的本真面貌。

21.2.2　方言语法研究框架的选择

鲍厚星《方言语法研究调查与田野调查》将有代表性的方言调查研究的模式归为三种：第一种是采用一个参照系，一般采用现代汉语普通话语法研究的参照系，"利用一个已有的语法框架来观察一个新的方言"[①]。第二种是立意构建本方言的整个的语法系统。李小凡认为"我们不能用普通话的语法系统去认同方言的语法现象，也不应该看轻方言语法规律，视之为个别现象"。他在《苏州方言语法研究》中着力构建苏州方言自身的语法系统框架。第三种是着眼于本方言的特殊语法现象研究。如汪国胜的《大冶方言语法研究》第一阶段考察大冶方言中特殊的语法现象，先研究词法，再研究句法；第二阶段拿大冶方言语法跟鄂东南其他七县的方言语法进行比较，以求得对整个鄂东南方言语法的认识。相比较而言，第三种研究框架是操作性较强的，由词法到句法呈现方言的特殊语法现象，由方言点到方言片的扩大比较反观方言点的语法特点。本书的研究也参考了第三种研究框架，从最能展现安阳方言特点的语法现象入手，细致描写分析。但我们认为，这三种结构框架并不排斥，第三种框架内的研究作好了，可以进一步扩展为第一、第二种框架，既突出方言特点，又全面细致展现方言点的语法全貌。这也是我们未来的追求。

21.2.3　比较研究的方法与大三角的研究思路

研究语言或方言，离不开比较的方法。语言或方言的特点往往是在

---

① 参见项梦冰（1997）。

比较中得以凸显。吕叔湘先生说过，一种语言的特点必须通过和其他语言的比较才能显现出来。沈家煊甚至说语言研究其实就是语言的比较研究。比较的方法对方言同样尤为重要。我们认为，只有比较才能发现方言的特点，也只有放宽视野，纵横比较，才能辨清方言之间的相互联系以及普遍性的特征，不至于局限于一地一言，得出偏颇狭隘的结论。

而如何进行比较？比较的思路是怎样的？邢福义先生（2000）提出的普方古大三角研究方法，给方言研究提供了思路。邢福义先生（2000）在语法研究方法论中阐述过普方古的研究方法。"普"是指普通话的语法事实，"方"是方言的语法事实。"古"指古代汉语和近代汉语的语法事实。（邢福义，2000）邢福义先生是针对共同语研究提出的这一研究思路，在方言研究中，同样适用。研究方言，一方面要注意横向的比较，即方言与普通话的比较；另一方面要注意纵向比较，即当前方言与古代汉语、近代汉语的比较。照顾到方言、普通话和汉语史的几个方面。而我国方言众多，方言之间枝蔓牵连，研究方言时，还需注意方言之间的比较。

具体说来，我们的研究主要立足于描写安阳方言的语法事实，在描写的过程中，尽量充分描写具有安阳方言特色的语法现象以及普通话里关注不够的地方，通过与普通话的比较来显示安阳方言语法的特色。同时，根据研究需要，横向与其他方言进行比较，来观察方言之间的规律与相互影响。研究中还注意联系古代汉语、近代汉语的有关语法事实，加以对照，并加以验证。从这三个方面来描写、研究安阳方言语法。通过与普通话的比较来描写安阳方言的语法事实，显示安阳方言语法特点。

运用比较研究的方法，我们发现，安阳方言与普通话在很多方面存在语法差异。这种差异有的表现在同一语法意义，所用的语法手段不同。如普通话的完成体标记一律用"了"表示，在表达事件的已然和未然时，如果不根据上下文语境，是难以区分的。而安阳方言的完成体标记分别用"咾""啦"来表示。即便没有语境提示，我们仍能判别事件的已然和未然。如：

普通话：

病好了，去旅游吧。——等病好了，去旅游吧。　（未然）

——病已经好了，去旅游吧。（已然）

安阳方言：

病好咾，去旅游吧。（未然）

病好啦，去旅游吧。（已然）

安阳方言与普通话的语法差异还表现在语用要求不同带来的语法差异。如普通话中表位移时，趋向动词"来、去"在语言表达中具有重要作用，可以提示发话人与受话人之间的位置关系。如："钢琴搬上三楼来了。钢琴搬上三楼去了。／我跑下去了。我跑下来了。"一般而言，如移动对象不是发话人自己，位移句中的移动对象到达的位置和发话人一致，需要用趋向动词"来"表示，如果位移对象到达的位置和发话人所处的位置不一致，需要用趋向动词"去"表示；而位移对象是发话人自身时，一般以听话人所在的位置为参照，远离听话人位置的用"去"，与听话人位置一致的用"来"。①

安阳方言在表达位移时，更关注移动对象本身的位置变化，而不关注说话人和受话人之间的相互位置关系。因此语言表达中不需要用趋向动词"来、去"。如："钢琴搬昂三楼啦。／俺下昂楼底下啦。"一般而言，第一句话，无法明确发话人、受话人所处的位置，只知道移动对象已经经过位移到达三楼的位置。第二句话位移对象为发话人自己，因而可以知道发话人已经经过位移到达楼下的位置。而受话人位置未知。也就是说，安阳方言表达位移时，无论发话人和受话人在何处，其表达方式都是唯一的，没有变化。这让我们看到，语用要求的不同对语法规则就有不同的塑造，从中也可以看到普通话使用者与安阳方言使用者对空间位置位移的认知和分类有着多多少少的差异。

通过与其他方言的比较来描写安阳方言的语法事实，显示安阳方言语法特点。

与普通话的比较可显示安阳方言的特点，与其他方言的比较同样可显示安阳方言的特点。如安阳方言属晋语，但我们在与晋语一些方言点进行比较时，发现安阳方言在诸多方面有着与晋语不怎么相似的特点。如安阳方言的代词系统，与晋语多数地方指示代词三分不同，安阳方言

---

① 这是就一般情况而言，在具体语境中，"来去"的使用并不仅以发话人或听话人位置为参照，参照位置不同，来去的使用也不同。

的指示代词系统为二分；而具体的代词，如人称代词"俺、俺都、涅、他都"，疑问代词"啥的、没任啥、不任抓"，指示代词"镇、恁、这厢、那厢……"与晋语多数地方的表达方式有很大差异。

从另外一个角度说，方言比较还可以让我们的研究进一步深化，发现特点和差异背后的原因，而这些原因揭示出方言在某一角度呈现出的特点其实往往是另一角度观察到的语言的同一性和相似性。如安阳方言的代词系统如果与中原官话的代词系统进行比较的话，我们就能从中观察到更多的一致性和相似性。上文提到的指示代词二分、各种具体代词的形式在中原官话各地方言中具有共同性，可以说安阳方言的代词系统更多表现出中原官话的特点，这引导我们对方言交叉地带的安阳方言作出更深入的思考和研究。

安阳方言与普通话相比，在表位移时，有一个很特别的位移标志"昂"。但如果与老北京话、长沙话等比较的话，就会发现这两种方言中也有类似的位移标志。这种相似性，让我们对安阳方言的认识更为深化，即从更开阔的角度观察，安阳方言的诸多特点，并非另类，它的种种特点，在现代汉语层面都能找到相似的对应。归根结底，安阳方言和诸多其他方言一样都是汉语从古到今遵循语言自身规律，并受社会、经济、文化等可考量因素的影响发展演变而来，有其规律性、可解释的一面。

从纵的方面来看，可通过追溯古代汉语、近代汉语语言现象来解释安阳方言的语法事实。要更深入地了解分析方言的语言事实，就需要对这些事实的来龙去脉加以考究。安阳方言的诸多语法现象，都有其语言史上的渊源。如持续体标记"的"，据调查研究，晋方言等诸多方言中表持续的"的"和普通话的持续标记"着"，实为同一词，其来源为虚词"著"。从语音上来看，声母方面，中古"著"是澄母字，历史上知组曾读如端组，晚唐知组才从端组分化出来。（王力，1985）而"的"的声母是 [t]，正好对应。徐丹（1995）认为，"著"在古汉语里应有两读，知系与端系分化后，著音在各方言里的演变不尽一致，某些方言反映出著字的原始状态，即知系读如端系，这大概是古音底层的保留。韵母方面，安阳方言知组御韵、语韵今仍读舒声韵，药韵读入声韵。"的"音 [te] 跟药韵 [o] 有一定联系。除安阳方言外，晋语、赣语、湘语、西南官话……众多方言中都有表持续体貌的助词读音以［t］为声母，只是韵母各有不同。这些读音各异的持续体标记当都源自古代汉语的动词"著"。其语法化过程为：

著（附着义）—著（结果补语、方位介词）—的/着/倒/仔（持续意义）

而安阳方言表处置的"连"，我们在现有资料中还未见到其从表连接义到表处置义的演变研究。从对古代汉语和近代汉语语料的搜寻和分析中，我们找到一些近似于表处置义的"连"字句，如：

a 言讫，在袖中取出十两银子，说道："碎银几两，送与二兄路中买茶。"金甲、童环推辞不得，连书信收了，就起身作别，众豪杰相送，叔宝送到城外，珍重而别。（《说唐全传》清·佚名）

b 宝玉道："你也不用剪，我知道你是懒待给我东西。我连这荷包奉还，何如？"说着，掷向他怀中便走。（《红楼梦》清·曹雪芹）

c 伯母听了叹一口气，推开了粥碗，旁边就有一个佣妇走过来，连茶几端了去。（《二十年目睹之怪现状》清·吴趼人）

这三例，如果抽离出来，静态观察画线的"连"字句，会误以为这几句的"连"表处置。但这里的"连"仍表包括、连同。例 a，结合语境，才能判断出"连"表包括，"收"的是"碎银"连同"书信"。例 b，了解了宝玉黛玉闹矛盾的前前后后，才知道黛玉给宝玉的除了有荷包还有未完工的一个香袋。因此，这里的"连"也表包括义。例 c，根据语境，才知"连"是连同的意思，是"连粥碗带茶几都端走"的意思。这三例的"连"都可以换成"把"。

但这些近代汉语的例子表明，当"连"字句后面的成分为受事时，不管"连"表强调还是表包括，都不能否认其多少都带有处置义。石毓智（2006）指出汉语处置句的形成遵循了"结构赋义"的规律，我们认为这个规律同样适用于方言语法中"连"字处置句的形成。正是由于受事成分的提前，"连"除了表包括、表强调外，还产生了表"处置"的意义。我们可以用图 21 - 1 表示"连"从"连接、连续"这一语法化基础语义演变至处置义的途径：

图 21 - 1　"连"从"连接、连续"语法化基础语义演变至处置义的途径

　　这种演变没有在共同语中完成，但在安阳方言以及冀鲁官话的一些地方，得以完成并在语言生活中高频使用。这种依据语料进行推论的结果有待更充实的语料更科学的理论进一步验证，但运用古代汉语、现代汉语资料来研究方言事实，的确不失为一种认识语言事实、厘清其历时演变的好方法。

21.2.4　结合语音研究语法

　　老一辈语言研究者都反复提及语音和语法之间存在着密切关系，李荣、丁声树、张振兴等都指出过语音与语法结合的重要性。① 我们认为在研究方言时，更是不能忽略语音的作用。因为相对于共同语，方言往往具有更鲜明的口耳相传性，有的方言在历史语料以及当前文化传播中存有部分书面记录，但更多方言纯粹是口耳相传，没有见诸语料的记录。因而，方言与语音的关联极其密切。与普通话可以依靠文字沟通不同，用文字进行方言沟通是很困难的。在搜集语料过程中，我们曾用书面短信询问在安阳的朋友关于时间助词"动儿"的一些问题。但这些生于安阳长于安阳的朋友几乎全部否认安阳方言中有"动儿"这个词。而当我电话与他们交流时，他们才恍然大悟，不仅认同安阳方言中存在"动儿"这个词，而且认为这是个使用频率很高且很地道的安阳方言用语。这给我的触动很大，作为方言语法研究者，必须将研究对象、过程和结果用文字固定在纸面，但当口头的语音形式转化为书面符号形式时，这其中一定发生了某种变化，使得习惯使用方言语音形式的多数人难以辨认本来很熟悉的语言内容。从某种程度上说，这近似于阅读障碍

---

① 转引自盛银花（2007）。

症的表现。① 我们无意于阅读障碍症的细究，但这一现象启发我们，文字的记录并不能等同于生动活泼的方言口语，当研究必须落实于书面时，我们也必须尽可能地用接近语音的方式来记录、承载这一研究，使方言的研究更贴近研究对象的本质。

在安阳方言的研究中，我们本着重视语音的思想，尽力做到两点：一是对研究涉及到的语法对象尽可能用国际音标标注其发音，如体貌标记涉及的关键标记，我们一一用国际音标标注，代词的发音也用国际音标标注，等等；二是发掘语言现象时，多从语音角度考察分析，以免疏漏语音对语法产生影响的事实，如研究安阳口语的指代系统，我们注意到安阳方言的近指和远指两套代词的韵母和声调存在一致，如：

这—那

这儿—那儿

镇—恁

刘丹青（2005）认为："研究指示词要特别注意语音关系，语音关系可能是语义对立和聚合关系的关键因素。"这一论述在安阳方言的指代词中也得以证明。再如，安阳方言和多数晋语一样，儿缀有两种语音形式：一是儿化，一是儿缀。如果不结合语音，那么就无法观察到安阳方言与普通话儿缀的区别所在。凡此种种，都说明了方言中结合语音研究语法的重要。

正因为语音在方言的语法、词汇研究中都具有很重要的价值，我们认为为各地方言建立语音档案的工作非常重要。当前，有很多方言研究者和方言爱好者在网络上建立方言录音网站。如中国社会科学院的九州语言网，还有乡音苑，等等，都是很好的方言语音建档方式。自发建档的好处是可以较为迅速地召集各种方言的发音人，录制类型多样的方言语音；但缺点是由于行为是自发的，没有一个统一科学的录音大纲，因而所录资料在进行语言研究时，往往不足为用。以前虽已有规范的方言建档，如侯精一（1998）主编的《现代汉语方言音库》等，收录了40多个地方的方音，但主要是针对国内大中城市的方言，很多中小城市、

---

① 阅读障碍症指一种大脑综合处理视觉和听觉信息不能协调而引起的一种阅读和拼写障碍症。

乡村都不曾收录。因而，在以往为大中城市建立方音档案的基础上，扩大录音范围，为中小城市、乡村进行规范有效的方音录制，是完全可以做到的。同时，方言也会随时间发生变化，定时或不定时的对同一种方言进行方音调查也是很有必要的。这些工作对我国方言的存录、研究工作具有重要意义和价值。

附　　录

发音合作人（按出生年代排序）：

韩九梅	女	1947 年	大专	安阳市北关区	粮食局退休
韩树美	男	1952 年	初中	内黄县	农民
韩秀梅	女	1958 年	高中	安阳市北关区	银行退休
薛艳芳	女	1962 年	本科	安阳市文峰区	教育局主任
张洪峰	男	1963 年	高中	安阳市文峰区	私营业主
王建强	男	1968 年	本科	安阳市文峰区	公务员
郭继荣	女	1971 年	本科	滑县	公司职员
彭曲珊	女	1972 年	本科	四川达州	公司职员
王国良	男	1973 年	博士	林州县城	大学工科教师
徐志敏	女	1973 年	硕士	安阳市殷都区	大学英语老师
孟国强	男	1973 年	高中	安阳市文峰区	私营业主
曹猛	男	1974 年	高中	安阳市文峰区	自由职业
常永兵	男	1974 年	硕士	林州市姚村	公司职员
刁芳芳	女	1974 年	本科	安阳市北关区	小学语文教师
杜潇娜	女	1974 年	高中	安阳市北关区	公司职员
连树政	女	1974 年	硕士	安阳市文峰区	公司职员
王小虎	男	1974 年	高中	安阳市文峰区	私营业主
王晶璟	女	1974 年	大专	安阳市文峰区	私营业主
于巍	女	1974 年	高中	安阳市文峰区	私营业主
郭江涛	男	1975 年	大专	安阳市文峰区	公司职员
侯丽红	女	1975 年	大专	安阳县县城	公司职员
韩自强	男	1975 年	硕士	安阳市文峰区	报社记者

牛彦斌　男　1975 年　本科　安阳县　　　　公司职员

王　菲　女　1975 年　本科　安阳市北关区　公司职员

王　涛　男　1978 年　本科　安阳市北关区　公务员

石　川　男　1983 年　本科　汤阴县县城　　公司职员

郭晓辉　男　1986 年　博士　安阳市北关区　西班牙巴塞罗

那大学博士生

徐　龙　男　1989 年　本科　安阳市龙安区　安阳师范学院学生

张　亚　男　1989 年　本科　安阳市文峰区　安阳师范学院学生

姚梦泽　女　1990 年　本科　安阳市文峰区　安阳师范学院学生

谷凯华　男　1991 年　本科　安阳市文峰区　安阳师范学院学生

郝睿凝　女　1991 年　本科　安阳市文峰区　安阳师范学院学生

张瑞鑫　男　1993 年　高中　安阳市文峰区　高中生

张　岩　男　1998 年　初中　安阳市文峰区　初中生

参考文献

一　论文期刊

奥莉娅:《现代汉语范围副词研究》,博士学位论文,上海师范大学,2014 年。

白云:《晋语"圪"字研究》,《语文研究》2005 年第 1 期。

毕亚丽:《现代汉语范围副词研究综述》,硕士学位论文,东北师范大学,2012 年。

曹东然:《唐河方言副词研究》,硕士学位论文,河南大学,2008 年。

曹广顺、遇笑容:《中古译经中的处置式》,《中国语文》2000 年第 6 期。

曹利华:《濮阳方言中表将来的时态助词"家"》,《语言研究》2007 年第 3 期。

曹爽:《焦作方言程度副词"老"研究》,《社科纵横》2009 年第 3 期。

曹延杰:《德州方言补语表示法》,《德州学院学报》2005 年第 3 期。

常馨匀:《山西临猗方言常用介词研究》,《运城学院学报》2014 年第 6 期。

陈初生:《早期处置式略论》,《中国语文》1983 年第 3 期。

陈翠珠:《汉语人称代词考论》,博士学位论文,华中师范大学,2009 年。

陈海波:《宜春话的将来时态助词"格"及其来源》,《武汉大学学报》(人文科学版)2006 年第 2 期。

陈红芹：《浚县方言语气词研究》，硕士学位论文，河南大学，2008 年。

陈红芹：《浚县方言中的助词"咾"和"啦"》，《学理论》2010 年第 20 期。

陈慧娟：《河南安阳方言中的语气词"不咋"》，《安阳师范学院学报》2008 年第 1 期。

陈立民：《汉语的时态和时态成分》，《语言研究》2002 年第 3 期。

陈立民：《论动词重叠的语法意义》，《中国语文》2005 年第 2 期。

陈鹏飞：《当代体貌理论与汉语四层级的体貌系统》，《汉语学报》2005 年第 3 期。

陈鹏飞：《林州方言"了"的语音变体及其语义分工》，《南开语言学刊》2005 年第 1 期。

陈鹏飞：《林州方言声韵鼻尾消变及其连动作用》，《殷都学刊》2006 年第 2 期。

陈鹏飞：《句末"也"体貌语法的演变》，《中国语文》2008 年第 1 期。

陈前瑞：《动词重叠的情状特征及其体的地位》，《语言教学与研究》2001 年第 4 期。

陈青山：《湖南汨罗方言的将实现体助词"去"》，《中国语文》2012 年第 2 期。

陈松亚：《林州方言语音研究》，硕士学位论文，西南大学，2008 年。

陈卫恒：《林州"子"尾读音研究》，《语文研究》2003 年第 3 期。

陈郁玲：《现代汉语时间副词研究》，硕士学位论文，西北师范大学，2009 年。

陈泽平：《试论完成貌助词"去"》，《中国语文》1992 年第 2 期。

陈重瑜：《"在＋处所"的几个注脚》，《语言研究》1983 年第 1 期。

程克江：《汉语介词研究综述》，《新疆大学学报》（哲学人文社会科学版）1989 年第 2 期。

储泽祥：《汉语"在＋方位短语"方位词的隐现机制》，《中国语文》2004 年第 2 期。

楚爱英：《安阳方言中的名词后缀"［tə?]"》，《安徽文学（下半月）》2007 年第 1 期。

崔诚恩：《现代汉语情态副词研究》，博士学位论文，中国社会科学院研究生院，2002 年。

崔闪闪：《安阳方言中的"子"尾比较研究》，《牡丹江教育学院学报》2013 年第 4 期。

崔素丽：《河北曲周方言语气词研究》，硕士学位论文，浙江师范大学，2012 年。

崔希亮：《"把"字句的若干句法语义问题》，《世界汉语教学》1995 年第 3 期。

戴耀晶：《体的三组语义特征》，《现代语言学》1991 年第 1 期。

戴耀晶：《现代汉语表示持续体的"着"的语义分析》，《语言教学与研究》1991 年第 2 期。

戴耀晶：《现代汉语经历体"过"的语义分析》，《吉安师专学报》1991 年第 1 期。

戴昭铭：《从"也"到"啊"》，《中国语言学报》2006 年第 12 期。

邓凤灵：《河南商水话中的时间频率副词研究》，《安徽文学》2009 年第 12 期。

丁崇明、荣晶：《汉语方言不同阶段的儿化及儿化韵的整合》，《语文研究》2011 年第 2 期。

董晴晴：《江苏沛县中原官话介词研究》，硕士学位论文，上海大学，2015 年。

董秀芳：《汉语词缀的性质与汉语词法特点》，《汉语学习》2005 年第 6 期。

董育宁：《长治方言的指示代词》，《山西教育学院学报》2000 年第 4 期。

杜道流、陈玲：《新世纪以来汉语感叹句研究的新进展》，《淮北师范大学学报》（哲学社会科学版）2012 年第 6 期。

范芳莲：《存在句》，《中国语文》1963 年第 5 期。

范继淹：《论介词短语"在 + 处所"》，《语言研究》1982 年第 1 期。

方梅：《北京话儿化的形态句法功能》，《世界汉语教学》2007 年第

2 期。

方经民：《现代汉语方位参照聚合类型》，《语言研究》1987 年第 2 期。

方平权：《"的""得"之辩及其由来》，《云梦学刊》1987 年第 3 期。

冯荣昌：《山东潍坊方言的比较句》，《中国语文》1996 年第 4 期。

冯孝晶：《太原方言副词研究》，硕士学位论文，辽宁大学，2011 年。

符新卷：《饶阳方言中的"哩"》，硕士学位论文，河北师范大学，2007 年。

高再兰：《湖南益阳方言的"哒"尾频率副词》，《方言》2008 年第 1 期。

邰峰：《现代汉语路径义空间介词研究》，博士学位论文，安徽大学，2014 年。

龚鹏：《长沙方言时间副词研究》，硕士学位论文，湖南师范大学，2010 年。

弓弯弯：《郑州方言副词研究》，硕士学位论文，华中师范大学，2015 年。

谷向伟：《"V 在 NL"和"V 到 NL"》，硕士学位论文，河南大学，2004 年。

谷向伟：《林州方言中表可能的情态助词"咾"》，《殷都学刊》2006 年第 4 期。

谷向伟：《林州方言的"动"和"动了"》，《方言》2007 年第 2 期。

谷向伟：《林州方言的"V 来/V 来了"和"V 上来/V 上来了"》，《语文研究》2007 年第 2 期。

郭辉：《皖北濉溪方言的"子"尾词》，《方言》2007 年第 3 期。

郭青萍：《安阳方言词例释》，《殷都学刊》1986 年第 1 期。

郭青萍：《安阳话里的特殊语法现象》，《殷都学刊》1988 年第 1 期。

郭青萍：《安阳话中的音变》，《殷都学刊》1990 年第 1 期。

郭熙：《"放到桌子上"，"放在桌子上"，"放桌子上"》，《中国语文》1986 年第 1 期。

郭晓瑞:《山西临猗方言的副词"可"的特殊用法》,《沧桑》2014年第6期。

郭晓瑞:《运城盐湖区方言副词研究》,硕士学位论文,山西大学,2015年。

郭新雨:《现代汉语语气副词研究》,硕士学位论文,天津师范大学,2003年。

哈斯巴特尔:《蒙古语族语言领属格和宾格关系及其来源》,《中央民族大学学报》2003年第6期。

韩杰、周美玲:《现代汉语程度副词研究综述》,《嘉应学院学报》(哲学社会科学版)2011年第4期。

郝雷红:《现代汉语否定副词研究》,硕士学位论文,首都师范大学,2003年。

郝世宁:《邢台方言中的程度副词》,《邢台职业技术学院学报》2002年第3期。

何洪峰:《黄冈方言的比较句》,《语言研究》2001年第4期。

何一薇:《时间名词、时间副词之偏误分析》,《温州师范学院学报》(哲学社会科学版)2003年第1期。

贺巍:《冀鲁豫三省毗连地区的方言分界》,《方言》1986年第1期。

黑维强:《论近代汉语"去+NP+去"句》,《语言科学》2003年第3期。

侯敏:《"在+处所"的位置与动词的分类》,《求是学刊》1992年第6期。

侯精一:《平遥方言的动补式》,《语文研究》1981年第2期。

侯精一:《晋语的分区》,《方言》1986年第4期。

侯精一:《晋语入声韵母的区别性特征与晋语的分立》,《中国语文》1999年第2期。

侯小丽:《咸阳方言中的程度补语简释》,《读与写杂志》2008年第5期。

胡明扬:《海盐方言的存现句和静态句》,《中国语文》1988年第1期。

黄晓雪:《宿松方言中句末带"佢"的祈使句》,《语言研究》2011

年第 2 期。

霍文杰：《安阳方言入声［tə?］的读音重合现象》，《濮阳职业技术学院学报》2008 年第 2 期。

霍文艳：《安阳方言语音系统的初步调查》，《安阳工学院学报》2007 年第 2 期。

孔丽：《曲阜方言比较句探究》，《理论界》2010 年第 1 期。

江蓝生：《疑问语气词"呢"的来源》，《语文研究》1986 年第 2 期。

江蓝生：《汉语连—介词的来源及其语法化的路径和类型》，《中国语文》2012 年第 4 期。

蒋绍愚：《把字句略论——兼论功能扩展》，《中国语文》1997 年第 4 期。

蒋绍愚：《〈元曲选〉中的"把"字句——"把"字句再论》，《语言研究》1999 年第 1 期。

蒋宗霞：《现代汉语量词的分类及其发展趋势》，《广西民族学院学报》2000 年第 5 期。

蒋宗霞：《漳州方言连词研究》，硕士学位论文，福建师范大学，2008 年。

金立鑫：《"把"字句的句法、语义、语境特征》，《中国语文》1997 年第 6 期。

金立鑫：《试论"了"的时体特征》，《语言教学与研究》1998 年第 1 期。

荆文华：《新乡方言语气副词"情"、"敢"、"管"、"高低"研究》，硕士学位论文，华中师范大学，2011 年。

康国章：《晋人南迁与豫北晋方言的语言变异》，《殷都学刊》2012 年第 4 期。

康茂林：《临沂方言程度副词研究》，硕士学位论文，山东师范大学，2012 年。

兰宾汉：《西安方言中的几个程度副词》，《陕西师范大学学报》（哲学社会科学版）2004 年第 5 期。

兰晋：《岚县方言补语研究》，硕士学位论文，山西大学，2011 年。

李景芳：《临汾（尧都区）方言副词研究》，硕士学位论文，山西师范大学，2015 年。

李靖：《安阳方言词与普通话词的比较——语素和音节的对应关系》，《语文学刊》2010 年第 6 期。

李蓝、曹茜蕾：《汉语方言中的处置式和"把"字句（上、下）》，《方言》2013 年第 1、2 期。

李楠：《周口扶沟方言副词研究》，硕士学位论文，华中师范大学，2012 年。

李倩倩：《汉语否定副词的发展演变及其语体功能》，硕士学位论文，宁夏大学，2014 年。

李荣：《官话方言的分区》，《方言》1985 年第 1 期。

李如龙：《论汉语方言的类型学研究》，《暨南学报》（哲学社会科学版）1996 年第 2 期。

李如龙：《晋语读书札记》，《语文研究》2004 年第 1 期。

李瑞：《近年来现代汉语介词研究综论》，《沙洋师范高等专科学校学报》2005 年第 6 期。

李树俨：《银川方言人称代词复数的两种形式及词缀"都"》，《语文研究》2001 年第 1 期。

李思思：《程度副词研究综述》，硕士学位论文，东北师范大学，2010 年。

李铁范：《感叹句研究综观》，《云南师范大学学报》2005 年第 4 期。

李婷：《榆社方言副词研究》，硕士学位论文，山西师范大学，2013 年。

李学军：《河南内黄方言音系》，《方言》2012 年第 1 期。

李学军：《内黄方言的语音特点》，《安阳师范学院学报》2012 年第 3 期。

李熙泰：《厦门方言量词》，《厦门广播电视大学学报》2000 年第 1 期。

李小凡：《苏州方言的体貌系统》，《方言》1998 年第 3 期。

李焱：《〈醒世姻缘传〉正反疑问句研究》，《古汉语研究》2003 年第 3 期。

李艳:《新蔡方言语气词研究》,硕士学位论文,华中师范大学,2011 年。

李艳霞:《安阳方言形容词儿化调查》,《安阳师范学院学报》2006 年第 4 期。

李宇明:《论词语重叠的意义》,《世界汉语教学》1996 年第 1 期。

李宇明:《动词重叠的若干句法问题》,《中国语文》1998 年第 2 期。

李永芳、周楠:《明初洪洞移民在河南的历史考察》,《商丘师范学院学报》2004 年第 4 期。

梁小玲:《黑龙江方言的量词》,《方言》2010 年第 3 期。

廖秋忠:《现代汉语篇章中空间和时间的参考点》,《中国语文》1983 年第 4 期。

廖秋忠:《方位词和方位参考点》,《中国语文》1989 年第 1 期。

林素娥:《汉语人称代词与指示代词同形类型及其动因初探》,《语言科学》2006 年第 5 期。

林裕文:《谈疑问句》,《中国语文》1985 年第 2 期。

蔺璜、郭姝慧:《程度副词的特点范围与分类》,《山西大学学报》(哲学社会科学版)2003 年第 2 期。

刘丞:《试论空间位移事件的表达——以安阳方言与普通话比较为例》,《安阳师范学院学报》2010 年第 4 期。

刘成亮:《焦作方言“很”类程度剑词研究》,硕士学位论文,华中师范大学,2007 年。

刘翠香:《山东栖霞方言中表示处所/时间的介词》,《方言》2004 年第 2 期。

刘翠香:《山东栖霞方言的程度补语“和什么”及其来源——兼谈普通话“什么似的”》,《沈阳师范大学学报》(社会科学版)2014 年第 3 期。

刘丹青:《汉语中的框式介词》,《当代语言学》2002 年第 4 期。

刘丹青:《苏州方言重叠式研究》,《语言研究》1986 年第 1 期。

刘丹青:《汉藏语系重叠形式的分析模式》,《语言研究》1988 年第 1 期。

刘丹青:《东南方言的体貌标记》,转引自张双庆主编《动词的体》，香港中文大学中国文化研究所、吴多泰中国语文研究中心，1996 年。

刘丹青：《汉语中的框式介词》，《当代语言学》2002 年第 4 期。

刘丹青、陈玉洁：《汉语指示词语音象似性的跨方言考查（下）》，《当代语言学》2009 年第 1 期。

刘金表：《河北任丘方言的一种特殊程度补语"多多"》，《中国语文》1995 年第 2 期。

刘开骅：《唐以前的"VP – Neg – VP"式反复问句》，《古汉语研究》2008 年第 2 期。

刘丽霞：《泉州地区闽南方言连词研究》，硕士学位论文，福建师范大学，2013 年。

刘敏：《汉语否定副词来源与历时演变研究》，硕士学位论文，湖南师范大学，2010 年。

刘宁生：《汉语怎样表达物体的空间关系》，《中国语文》1994 年第 3 期。

刘平：《现代汉语程度副词及程度副词结构研究》，博士学位论文，武汉大学，2011 年。

刘荣琴：《滑县方言语音初探》，《新乡学院学报》（社会科学版）2008 年第 3 期。

刘荣琴：《滑县方言中合音词现象刍议》，《殷都学刊》2008 年第 4 期。

刘顺、潘文：《南京方言的 VVR 动补结构》，《方言》2008 年第 1 期。

刘雪霞：《河南方言语音的演变和层次》，博士学位论文，复旦大学，2006 年。

刘勋宁：《现代汉语句尾"了"的来源》，《方言》1985 年第 2 期。

刘月华：《动词重叠的表达功能及可重叠动词的范围》，《中国语文》1983 年第 1 期。

刘子瑜：《唐五代时期的处置式》，《语言研究》1995 年第 2 期。

刘子瑜：《处置式带补语的历时发展》，《语言教学与研究》2009 年第 1 期。

刘子瑜:《汉语反复问句的历史发展》,《古汉语语法论集》,语文出版社 1998 年版。

罗骥:《北宋句尾语气词"也"研究》,《古汉语研究》1995 年第 3 期。

罗骥:《北宋疑问语气词"麽"研究》,《云南师范大学学报》(哲学社会科学版) 2002 年第 4 期。

罗骥:《"著"的来源及与动词形尾"著"的关系》,《云南师范大学学报》(哲学社会科学版) 2004 年第 6 期。

罗自群:《现代汉语方言表示持续意义的"住"》,《中国语文》2005 年第 2 期。

吕叔湘:《说"自由"和"粘着"》,《中国语文》1962 年第 1 期。

吕叔湘:《现代汉语八百词》,商务印书馆 1981 年版。

吕叔湘:《疑问、否定、肯定》,《中国语文》1985 年第 4 期。

吕向伟:《河南林州方言的"动"和"动了"》,《方言》2007 年第 2 期。

马庆株:《现代汉语词缀的性质、范围和分类》,《著名中年语言学家自选集——马庆株卷》,安徽教育出版社 2002 年版。

马希文:《北京方言里的"着"》,《方言》1987 年第 1 期。

马显彬:《"VP 到 + NP + NP/VP"中"到"的词性》,《忻州师范学院学报》2011 年第 6 期。

马谊丹:《洛阳方言程度副词研究》,硕士学位论文,华中师范大学,2011 年。

梅祖麟:《现代汉语完成貌句式和词尾的来源》,《语言研究》1981 年第 1 期。

梅祖麟:《词尾"底""的"的来源》,《梅祖麟语言学论文集》,商务印书馆 2000 年版。

梅祖麟:《唐宋处置式的来源》,《中国语文》1990 年第 3 期。

梅祖麟:《汉语方言里虚词"著"三种用法的来源》,《汉语时体的历时研究》,语文出版社 2009 年版。

孟庆海:《山西方言里的"的"字》,《方言》1996 年第 2 期。

穆亚伟:《辉县方言语气词研究》,硕士学位论文,华中师范大学,

2013 年。

潘田:《现代汉语语气副词情态类型研究》，博士学位论文，武汉大学，2010 年。

彭慧琴:《山西定襄方言语气词研究》，硕士学位论文，天津师范大学，2001 年。

彭小球:《湘方言中的否定副词"不"和"没（有）"》，《昌吉学院学报》2012 年第 2 期。

裴泽仁:《汤阴话入声字的分布及其演变——兼论河南方言的划分》，《中州学刊》1986 年第 5 期。

裴泽仁:《明代人口移徙与豫北方言——河南方言的形成（一）》，《中州学刊》1988 年第 4 期。

戚令真:《偃师方言语气词研究》，硕士学位论文，华中科技大学，2006 年。

戚恕平:《现代汉语程度副词与形容词的搭配选择关系》，硕士学位论文，北京大学，2012 年。

齐春红:《现代汉语语气副词研究》，博士学位论文，华中师范大学，2006 年。

齐沪扬:《"N＋在＋处所＋V"句式语义特征分析》，《汉语学习》1994 年第 6 期。

齐沪扬:《现代汉语的空间系统》，《世界汉语教学》1998 年第 1 期。

齐沪扬:《语气副词的语用功能分析》，《语言教学与研究》2003 年第 1 期。

钱乃荣:《一个语法层次演变的实例——上海方言 160 年中现在完成时态的消失过程》，《中国语文》2004 年第 3 期。

钱玉琼:《隆回方言量词研究》，硕士学位论文，华中科技大学，2013 年。

屈颜平:《禹州方言连词、副词、介词研究》，硕士学位论文，河南大学，2007 年。

瞿建慧:《官话方言方位介词和体貌标记的关系》，《邯郸学院学报》2006 年第 4 期。

瞿洁:《湖南长沙方言含程度补语的述补结构研究》，硕士学位论文，湖南师范大学，2015 年。

邱晨：《安阳市区方言中的程度副词研究》，《学行堂文史集刊》2013 年第 2 期。

邱磊：《鄂东北江淮官话研究》，博士学位论文，南开大学，2010 年。

邱闯仙：《平遥方言的助词"动"和"嗓"》，《语文研究》2012 年第 2 期。

任永辉：《关中方言的比较句》，《咸阳师范学院学报》2009 年第 3 期。

邵敬敏：《副词释义的精准度及其方法论探讨——以描摹情状副词群"X 然"为例》，《暨南学报》（哲学社会科学版）2016 年第 1 期。

邵敬敏、朱彦：《"是不是 VP"问句的肯定性倾向及其类型学意义》，《世界汉语教学》2002 年第 3 期。

邵园园：《枣庄方言副词研究》，硕士学位论文，山东师范大学，2012 年。

沈明：《山西方言的小称》，《方言》2003 年第 4 期。

沈家煊：《实词虚化的机制：〈演化而来的语法〉评介》，《当代语言学》1998 年第 3 期。

沈家煊：《语言的"主观性"和"主观化"》，《外语教学与研究》2001 年第 4 期。

沈家煊：《如何处置"处置式"？——论"把"字句的主观性》，《中国语文》2002 年第 5 期。

盛银花：《安陆方言的程度补语考察》，《语言研究》2006 年第 3 期。

盛银花：《湖北安陆方言的比较句》，《湖北第二师范学院学报》2010 年第 12 期。

盛银花：《湖北安陆方言的两种正反问句》，《方言》2011 年第 2 期。

盛银花：《湖北安陆方言的祈使句》，《湖北第二师范学院学报》2011 年第 11 期。

盛银花：《湖北安陆方言的双宾句》，《湖北第二师范学院学报》2012 年第 9 期。

盛银花：《湖北安陆方言的感叹句》，《汉语学报》2014 年第 3 期。

施其生:《汕头方言的人称代词》,《方言》1993 年第 3 期。

施其生:《汕头方言的"了"及其语源关系》,《语文研究》1996 年第 3 期。

施其生:《汕头方言表示"在"的介词》,《中山大学学报》1996 年第 6 期。

施其生:《汕头方言的体》,《动词的体》,中国语文研究中心,1996 年。

施其生:《论汕头方言中的"重叠"》,《语言研究》1997 年第 1 期。

施其生:《汕头方言量词和数量词的小称》,《方言》1997 年第 3 期。

施其生:《台中方言的中性问句》,《语文研究》2008 年第 3 期。

施其生:《〈汕头话读本〉所见潮州方言中性问句》,《方言》2009 年第 2 期。

施其生:《闽南方言的比较句》,《方言》2012 年第 1 期。

石定栩、孙嘉铭:《频率副词与概率副词——从"常常"与"往往"说起》,《世界汉语教学》2016 年第 3 期。

石毓智:《论现代汉语的"体"范畴》,《中国社会科学》1992 年第 6 期。

石毓智:《试论汉语的句法重叠》,《语言研究》1996 年第 2 期。

石毓智、徐杰:《汉语史上疑问形式的类型学转变及其机制——焦点标记"是"的产生及其影响》,《中国语文》2001 年第 5 期。

史金生:《情状副词的类别和共现顺序》,《语言研究》2003 年第 12 期。

史金生:《语气副词的范围、类别和共现顺序》,《中国语文》2003 年第 1 期。

史媛媛:《山西兴县方言补语研究》,硕士学位论文,山西大学,2014 年。

史艳峰:《安阳方言的儿尾——兼论汉语方言化合式儿尾韵的形成次序》,《语言科学》2013 年第 4 期。

宋玉柱:《关于时间助词"的"和"来着"》,《中国语文》1981 年第 4 期。

苏俊波:《丹江方言语法研究》,博士学位论文,华中师范大学,

2007 年。

孙立新:《关中方言数量词等的重叠现象》,《唐都学刊》2013 年第 6 期。

孙锡信:《"V 在 L"格式的语法分析》,《语文论集(四)》,外语教学与研究出版社 1991 年版。

孙锡信:《语气词"呢""哩"考源补述》,《湖北大学学报》1992 年第 6 期。

孙锡信:《语气词"呢""哩"分合论》,《语言研究的新思路》,上海教育出版社 1998 年版。

孙修光:《豫北方言与普通话语音的比较分析》,《焦作工学院学报》(社会科学版)2001 年第 3 期。

孙叶林:《邵阳方言双宾句研究》,硕士学位论文,湖南师范大学,2004 年。

唐贤清、陈丽:《程度补语"煞"的历时来源及跨方言考察》,《理论月刊》2011 年第 2 期。

唐韵:《〈元曲选〉宾白中的正反问句》,《西南民族学院学报》(哲学社会科学版)2001 年第 7 期。

唐钰明:《古汉语被动式变换举例》,《古汉语研究》1988 年第 1 期。

唐正大:《关中方言第三人称指称形式的类型学研究》,《方言》2005 年第 2 期。

仝晓琳:《安阳方言的人称代词浅析》,《语文学刊》2010 年第 11 期。

弯淑萍:《山西洪洞方言语气词研究》,硕士学位论文,天津师范大学,2003 年。

汪国胜:《湖北方言的"在"和"在里"》,《方言》1999 年第 2 期。

汪国胜:《湖北大冶方言的比较句》,《方言》2000 年第 3 期。

汪国胜:《大冶方言的双宾句》,《语言研究》2000 年第 3 期。

汪化云:《黄冈方言中的类双宾句》,《黄冈师范学院学报》2003 年第 1 期。

汪智云:《现代汉语程度副词的来源研究》,硕士学位论文,湖南师范大学,2009 年。

王丁丁：《正阳方言语气词研究》，硕士学位论文，河南大学，2013 年。

王芳：《安阳方言中的语缀"的"》，《殷都学刊》2000 年第 1 期。

王芳：《安阳方言的儿化和儿尾》，《安阳工学院学报》2013 年第 3 期。

王芳：《安阳方言的时间助词"动儿"》，《安阳工学院学报》2014 年第 1 期。

王芳：《表处置义"连"字句的语义特点、语法功能和语法化途径——以豫北安阳方言为例》，《江汉学术》2015 年第 2 期。

王芳：《河南安阳方言的"昂"》，《南方语言学》2015 年第 7 辑。

王虹：《安阳方言中无标记疑问句语调的实验探究》，《安阳工学院学报》2014 年第 1 期。

王虹：《安阳方言中形容词儿化现象的个案研究》，《现代语文》2014 年第 5 期。

王珂：《林州方言语音调查研究》，硕士学位论文，福建师范大学，2008 年。

王琳：《安阳话"当么"与"敢"的语法化及主观化》，《殷都学刊》2009 年第 2 期。

王琳：《安阳方言中的副词"可"》，《郑州航空工业管理学院学报》（社会科学版）2009 年第 4 期。

王琳：《河南安阳方言"咾"》，《宁夏大学学报》（人文社会科学版）2010 年第 1 期。

王琳：《安阳方言中表达实现体貌的虚词——"咾""啦"及其与"了"的对应关系》，《语言科学》2010 年第 1 期。

王琳：《安阳方言将行体助词"也"及其溯源》，《宁夏大学学报》（人文社会科学版）2010 年第 3 期。

王琳：《山东阳谷方言中的助词"哩"》，《现代语文》2010 年第 2 期。

王姝、王光全：《后缀"－子""－儿"指小指大辨》，《汉语学习》2012 年第 1 期。

王宝红：《宝鸡方言里"的"字的用法》，《宝鸡文理学院学报》

（社会科学版）1999 年第 1 期。

　　王海棻：《近代汉语中一种新型反复问句》，《语文教学通讯》1986 年第 10 期。

　　王海棻：《古汉语反复问句源流探查》，《烟台师范学院学报》（哲学社会科学版）1991 年第 4 期。

　　王临惠：《山西方言"圪"头词的结构类型》，《中国语文》2001 年第 1 期。

　　王临惠：《山西方言的"圪"字研究》，《语文研究》2002 年第 3 期。

　　王晓红：《"V 住"及其相关问题考察》，硕士学位论文，上海师范大学，2009 年。

　　王秀丽：《宋元明清时期"价"结构中"价"的用法分析》，《山东教育学院学报》2005 年第 4 期。

　　王一虎：《重叠的判断标准、语法意义和特点》，硕士学位论文，河北师范大学，2006 年。

　　韦琳：《浅谈柳州方言否定副词》，《北方文学》2012 年第 5 期。

　　温端政：《试论晋语的特点与归属》，《语文研究》1997 年第 2 期。

　　温端政：《忻州方言"了₁""了₂"和"了₃"》，《忻州师范学院学报》2002 年第 6 期。

　　温锁林、王跟国：《灵丘方言几种特殊的极量比较句》，《语言研究》2015 年第 2 期。

　　吴春相、丁淑娟：《现代汉语频率副词的层级和语义研究》，《汉语学习》2005 年第 6 期。

　　吴福祥：《敦煌变文的近指代词》，《语文研究》1996 年第 3 期。

　　吴福祥：《从"VP–neg"式反复问句的分化谈语气词"麼"的产生》，《中国语文》1997 年第 1 期。

　　吴福祥：《汉语能性述补结构"V 得/不 C"的语法化》，《中国语文》2002 年第 1 期。

　　吴福祥：《再论处置式的来源》，《语言研究》2003 年第 3 期。

　　吴福祥：《汉语体标记"了、着"为什么不能强制性使用》，《当代语言学》2005 年第 3 期。

吴福祥:《粤语能性述补结构"Neg－V 得 OC/CO"的来源》,《方言》2005 年第 4 期。

吴福祥:《南方语言正反问句的来源》,《民族语文》2008 年第 1 期。

吴建生:《万荣方言的比较句》,《忻州师范学院学报》2003 年第 3 期。

吴立红:《现代汉语程度副词组合研究》,博士学位论文,暨南大学,2006 年。

吴银霞:《浅析秦安方言中助词"哩"》,《鸡西大学学报》2012 年第 11 期。

伍巍:《黟县方言介词》,《介词》,暨南大学出版社 2000 年版。

肖奚强、钱如玉:《现代汉语副词研究综述》,《云南师范大学学报》2006 年第 3 期。

谢润滋:《广东揭阳方言量词初探》,《广西教育学院学报》2008 年第 5 期。

辛永芬:《豫北浚县方言的反复问句》,《汉语学报》2007 年第 3 期。

辛永芬:《豫北浚县方言的代词复指型处置式》,《中国语文》2011 年第 2 期。

辛永芬:《豫北浚县方言句末语气词"不咋"》,《语文研究》2013 年第 3 期。

邢昌义:《东明方言介词研究》,硕士学位论文,山东师范大学,2012 年。

邢福义:《说"NP 了"》,《语文研究》1984 年第 3 期。

邢福义:《说"V 一 V"》,《中国语文》2000 年第 5 期。

邢福义:《拟音词内部的一致性》,《中国语文》2004 年第 5 期。

邢福义:《从研究成果看方言研究者笔下的双宾语的描写》,《语言研究》2008 年第 7 期。

邢福义、储泽祥等:《形容词的 AABB 反义叠结》,《中国语文》1993 年第 5 期。

邢福义、汪国胜等:《时间词"刚刚"的多角度考察》,《中国语文》1990 年第 1 期。

邢向东:《晋语圪头词流变论》,《内蒙古师大学报》(哲学社会科学版）1987 年第 2 期。

邢向东：《呼和浩特方言感叹句的常用句式》，《方言》1994 年第 2 期。

邢向东：《内蒙古西部汉语方言祈使句的常用格式和语气词》，《内蒙古大学学报》（哲学社会科学版）1995 年第 2 期。

邢向东：《说"我咱"和"你咱"》，《中国语文》2000 年第 2 期。

邢向东：《陕北晋语沿河方言的指示代词及其来源》，《陕西师范大学学报》（哲学社会科学版）2005 年第 2 期。

邢向东：《陕北晋语沿河方言的反复问句》，《汉语学报》2005 年第 3 期。

幸颖凡：《晋语、中原官话动兼方类词研究》，硕士学位论文，华中师范大学，2015 年。

徐波：《舟山方言表指示义的"介"的用法与来源》，《方言》2004 年第 4 期。

徐丹：《汉语的"在"与"着"》，《中国语文》1992 年第 6 期。

徐丹：《关于汉语里"动词 + X + 地点词"的句型》，《中国语文》1994 年第 3 期。

徐丹：《关于汉语里"动词 + X + 地点词"的句型》，《语文研究》1995 年第 3 期。

徐丹：《从北京话"V 着"与西北方言"V 的"的平行现象看"的"的来源》，《方言》1995 年第 4 期。

徐丹：《趋向动词"来/去"与语法化——兼谈"去"的词义转变及其机制》，《国学研究辑刊》2004 年第 14 期。

徐杰：《疑问范畴与疑问句式》，《语言研究》1999 年第 2 期。

徐杰、张媛媛：《汉语方言中"可 VP"问句的性质》，《汉语学报》2011 年第 2 期。

徐杰：《词缀少但语缀多——汉语语法特点的重新概括》，《华中师范大学学报》（人文社会科学版）2012 年第 2 期。

徐杰、王娟：《"句子类型标示假定"与疑问语气的句法标示》，《语言科学》2012 年第 3 期。

许舒宁：《现代汉语时空介词研究》，博士学位论文，吉林大学，

2015 年。

杨平：《动词重叠式的基本意义》，《语言教学与研究》2003 年第
5 期。

杨俊芳：《长治方言的"圪"》，《社会科学家增刊》，2007 年。

杨荣祥、李少华：《再论时间副词的分类》，《世界汉语教学》2014
年第 4 期。

杨绪明、周金涛：《安阳县西南片方言程度副词研究》，《贵州师范
学院学报》2011 年第 2 期。

杨永龙：《句尾语气词"吗"的语法化过程》，《语言科学》2003 年
第 3 期。

叶丹：《黄石方言量词研究》，硕士学位论文，福建师范大学，
2010 年。

叶友文：《"这"的功能嬗变及其他》，《语文研究》1988 年第 1 期。

尹百利：《现代汉语范围副词研究》，硕士学位论文，西北师范大
学，2007 年。

余丽兰：《兰银、西南、中原官话动兼方类词研究》，硕士学位论
文，华中师范大学，2015 年。

于根元：《关于动词后附"着"的使用》，《语法研究和探索
（一）》，北京大学出版社 1984 年版。

于红岩：《浅析"拿"字处置式》，《语文研究》2001 年第 3 期。

余霭芹：《汕头方言的反复问句》，《中国语文》1990 年第 3 期。

余蔼芹：《广东开平方言的中性问句》，《中国语文》1992 年第 4 期。

尉迟治平：《英山方言的儿尾》，《语言研究》1989 年第 2 期。

袁蕾：《豫北方言区语音规律探析》，《河南机电高等专科学校学报》
2001 年第 2 期。

袁蕾：《豫北方言与普通话语音比较研究》，《中州学刊》2005 年第
3 期。

袁蕾：《豫北入声区的方音特色及辨正》，《华章》2007 年第 2 期。

袁毓林：《正反问句及相关的类型学参项》，《中国语文》1993 年第
2 期。

袁毓林：《从焦点理论看句尾"的"的句法语义功能》，《中国语

文》2003 年第 1 期。

苑晓坤：《山东方言的比较句》，硕士学位论文，北京语言大学，2003 年。

岳俊发：《"得"字句的产生和演变》，《语言学论丛》1984 年第 2 期。

翟富生：《关于濮阳方言中的"咧"》，《濮阳教育学院学报》1999 年第 2 期。

翟占国：《汉语介词语法化研究综述》，《现代语文》2015 年第 7 期。

张赪：《论决定"在 + L + VP"或"VP + 在 + L"的因素》，《语言教学与研究》1997 年第 2 期。

张成进：《现代汉语双音介词的词汇化与语法化研究》，博士学位论文，安徽大学，2013 年。

张大旗：《长沙话得字研究》，《方言》1985 年第 1 期。

张桂宾：《相对程度副词与绝对程度副词》，《华东师范大学学报》（哲学社会科学版）1997 年第 2 期。

张国宪：《延续性形容词的续段结构及其体表现》，《中国语文》1999 年第 6 期。

张惠英：《汉语方言代词研究》，《方言》1997 年第 2 期。

张济卿：《汉语并非没有时制语法范畴——谈时、体研究中的几个问题》，《语文研究》1996 年第 4 期。

张济卿：《论现代汉语的时制与体结构（上）》，《语文研究》1998 年第 3 期。

张济卿：《论现代汉语的时制与体结构（下）》，《语文研究》1998 年第 4 期。

张家文：《汉语人称代词和指示代词关系初探》，《云梦学刊》2000 年第 3 期。

张静：《论汉语动词的重叠形式》，《郑州大学学报》1979 年第 3 期。

张俊阁：《汉语第一人称代词"俺"的来源》，《河北大学学报》（哲学社会科学版）2007 年第 1 期。

张俊阁：《明清山东方言代词研究》，博士学位论文，山东大学，2007 年。

张磊：《时间副词的研究》，硕士学位论文，首都师范大学，2000 年。

张丽：《安阳方言语气词》，硕士学位论文，中央民族大学，2012 年。

张敏：《汉语方言反复问句的类型学研究》，博士学位论文，北京大学，1991 年。

张敏：《从类型学和认知语法的角度看汉语重叠现象》，《国外语言学》1997 年第 2 期。

张邱林：《陕县方言的"嚷""哩"与普通话的"呢"》，《语言研究》2006 年第 2 期。

张邱林：《河南陕县方言表将然的语气助词"呀"构成的祈使句》，《中国语文》2007 年第 4 期。

张瑞颖：《助词"来/去"的语法化历程》，硕士学位论文，山西大学，2007 年。

张莎莎：《山东东明方言"咧"的用法考察》，《语文学刊》，2010 年。

张晓宏：《焦作方言的"圪"前缀》，《焦作教育学院学报》2002 年第 1 期。

张晓瑞：《山东菏泽牡丹区方言中"你"和"恁"的语义及语用分析》，《现代语文（语言研究)》2008 年第 9 期。

张秀：《汉语动词的"体"和"时制"系统》，《语法论集》第一集，中国语文阿志社编，中华书局 1957 年版。

张亚军：《语气副词的功能及其词类归属》，《扬州大学学报》（人文社会科学版）2005 年第 5 期。

张言军：《现代汉语时间副词研究》，硕士学位论文，四川大学，2006 年。

张谊生：《论现代汉语的范围副词》，《上海师范大学学报》（社会科学版）2001 年第 1 期。

张谊生：《从情状描摹到情态评注：副词"生生"再虚化研究》，《语言研究》2015 年第 3 期。

张萱：《现代汉语语气副词研究》，硕士学位论文，北京大学，

2011 年。

张彧彧:《近代汉语时间副词研究》,博士学位论文,吉林大学,2012 年。

张志强:《安阳方言中的一组语音合流现象》,《重庆三峡学院学报》2009 年第 5 期。

赵青:《安阳市区中的方言入声舒化调查》,《郑州航空工业管理学院学报》(社会科学版)2009 年第 5 期。

赵金冠:《现代汉语否定副词研究》,硕士学位论文,西北师范大学,2008 年。

赵金铭:《现代汉语补语位置上的"在"和"到"及其弱化形式"de"》,《中国语言学报》1995 年第 7 期。

赵军:《极性程度副词研究》,硕士学位论文,上海师范大学,2006 年。

赵黎明:《河南周口方言程度副词研究》,《黑龙江史志》2009 年第 9 期。

赵丽丽:《高密方言比较句研究》,硕士学位论文,山东师范大学,2005 年。

赵凌云:《辉县方言的代词系统》,硕士学位论文,华中师范大学,2006 年。

赵日新:《说"在"及相当于"在"的成分》,《语文研究》2001 年第 4 期。

赵声磊:《安阳方言的儿化现象——安阳方言琐谈之一》,《安阳师专学报》1981 年第 1 期。

赵世开、沈家煊:《汉语"了"字跟英语相应的说法》,《语言研究》1984 年第 1 期。

赵元任:《北京、苏州、常州语助词的研究》,《方言(重刊)》1992 年第 2 期。

赵震宇:《现代汉语副词构形重叠研究》,硕士学位论文,河南大学,2013 年。

郑淑花:《"恁"的演变及属性研究》,《毕节学院学报》2012 年第 1 期。

钟兆华：《近代汉语完成态动词的历史沿革》，《语言研究》1995 年第 1 期。

钟兆华：《论疑问语气词"吗"的形成与发展》，《语文研究》1997 年第 1 期。

周国瑞：《豫北方言词语简释》，《殷都学刊》1999 年第 3 期。

周小兵：《介词的语法性质和介词研究的系统方法》，《中山大学学报》1997 年第 3 期。

庄初升：《闽语平和方言的介词》，《韶关大学学报》（社会科学版）1998 年第 4 期。

朱德熙：《"在黑板上写字"及相关句式》，《语言教学与研究》1981 年第 1 期。

朱德熙：《自指和转指——汉语名词化标记"的、者、所、之"的语法功能和语义功能》，《方言》1983 年第 1 期。

朱德熙：《现代汉语形容词研究》，《朱德熙文集》（第 2 卷），商务印书馆 1999 年版。

祝敏彻：《论初期处置式》，《语言学论丛（第一辑）》，新知识出版社 1957 年版。

祝敏彻：《汉语正反问、选择问的历史发展》，《语言研究》1995 年第 2 期。

左思民：《现代汉语的"体"概念》，《上海师范大学学报》1997 年第 2 期。

左思民：《试论"体"的本质属性》，《汉语学习》1998 年第 4 期。

左思民：《现代汉语中"体"的研究——兼及体研究的类型学意义》，《语文研究》1999 年第 1 期。

左玉瑢：《河南鹤壁方言的现在和过去进行体》，《方言》2008 年第 3 期。

邹海清：《频率副词的范围和类别》，《世界汉语教学》2006 年第 3 期。

邹海清：《从时间副词的功能看其范围和类别》，《华文教学与研究》2010 年第 1 期。

二 著作

［美］Adele E. Goldberg：《2007 构式——论元结构的构式语法研究》，吴海波译，北京大学出版社 2007 年版。

Bernard Comrie, *Aspect. Beijing university press*, 2005.

BinnickR. I, *Time and the Verb：A Guide to Tense and Aspect*, Oxford Uni versity Press, 1991.

［美］Paul J. Hopper、Elizabeth Closs Traugott：《语法化学说（第二版)》，梁银峰译，复旦大学出版社 2008 年版。

［英］伯纳德·科姆里：《语言共性和语言类型》，沈家煊、罗天华译，北京大学出版社 2010 年版。

曹广顺：《近代汉语助词》，语文出版社 1995 年版。

曹志耘：《汉语方言地图集·语法卷》，商务印书馆 2008 年版。

陈宝勤：《汉语词汇的生成与演化》，商务印书馆 2011 年版。

陈昌来：《介词和介引功能》，安徽教育出版社 2002 年版。

陈泓：《普通话与豫北方言》，中国三峡出版社 1997 年版。

陈前瑞：《汉语体貌研究的类型学视野》，商务印书馆 2008 年版。

程仪：《河南方言与普通话词汇语法笔记》，河南人民出版社 1959 年版。

储泽祥：《现代汉语方所系统研究》，华中师范大学出版社 1998 年版。

戴耀晶：《现代汉语的时体系统》，浙江教育出版社 1997 年版。

邓思颖：《汉语方言语法的参数理论》，北京大学出版社 2003 年版。

丁声树：《现代汉语语法讲话》，商务印书馆 2009 年版。

范慧琴：《定襄方言语法研究》，语文出版社 2007 年版。

方梅、张伯江：《现代汉语功能语法研究》，江西教育出版社 1996 年版。

冯春田：《近代汉语语法问题研究》，山东教育出版社 1991 年版。

冯春田：《近代汉语语法研究》，山东教育出版社 2000 年版。

符淮青：《词义的分析与描写》，语文出版社 1996 年版。

高名凯：《汉语语法论》，商务印书馆 2011 年版。

龚千炎:《现代汉语的时相、时制与时态》,商务印书馆 1995 年版。

郭锐:《现代汉语词类研究》,商务印书馆 2002 年版。

郭绍虞:《汉语语法修辞新探》,商务印书馆 1979 年版。

郭校珍:《山西晋语语法专题研究》,华东师范大学出版社 2008 年版。

河南省地方史志编纂委员会:《河南省志(第 11 卷方言志)》,河南人民出版社 1995 年版。

河南省安阳市地方史志编纂委员会编:《安阳市志(第一、四卷)》,中州古籍出版社 1998 年版。

贺巍:《获嘉方言研究》,商务印书馆 1989 年版。

侯精一:《现代汉语方言音库》,上海教育出版社 1998 年版。

侯精一、温端政:《山西方言调查研究报告》,山西高校联合出版社 1993 年版。

黄伯荣:《方言语法类编》,青岛出版社 1996 年版。

黄伯荣、廖旭东:《现代汉语》,高等教育出版社 2002 年版。

蒋骥骋、吴福祥:《近代汉语纲要》,湖南教育出版社 1997 年版。

蒋绍愚:《近代汉语研究概要》,北京大学出版社 2005 年版。

兰宾汉:《西安方言语法调查研究》,中华书局 2011 年版。

黎锦熙:《新著国语文法》,商务印书馆 2000 年版。

李临定:《现代汉语动词》,中国社会科学出版社 1990 年版。

李如龙、张双庆主编:《代词》,暨南大学出版社 1999 年版。

李思敬:《汉语"儿"音史研究》,商务印书馆 1986 年版。

李铁根:《现代汉语时制研究》,辽宁大学出版社 1999 年版。

李小凡:《苏州方言语法研究》,北京大学出版社 1998 年版。

李新魁、黄家教、施其生、麦耘、陈定方:《广州方言研究》,广东人民出版社 1995 年版。

梁银峰:《汉语趋向动词的语法化》,学林出版社 2007 年版。

林焘、王理嘉:《语音学教程》,北京大学出版社 1992 年版。

刘开骅:《中古汉语疑问句研究》,黑龙江人民出版社 2008 年版。

刘叔新:《汉语描写词汇学》,商务印书馆 1990 年版。

刘一之:《北京话中的"着"字新探》,北京大学出版社 2001 年版。

刘月华：《实用现代汉语语法（增订本）》，商务印书馆 2001 年版。

陆俭明：《八十年代中国语法研究》，商务印书馆 1993 年版。

陆俭明：《现代汉语句法论》，商务印书馆 1993 年版。

陆俭明：《陆俭明自选集》，河南教育出版社 1994 年版。

陆俭明、马真：《现代汉语虚词散论（修订本）》，语文出版社 1999 年版。

陆俭明、沈阳：《汉语和汉语研究十五讲》，北京大学出版社 2003 年版。

罗自群：《现代汉语方言持续标记的比较研究》，中央民族大学出版社 2006 年版。

吕叔湘：《中国文法要略》，商务印书馆 2014 年版。

吕叔湘：《汉语语法分析问题》，商务印书馆 1979 年版。

吕叔湘：《现代汉语八百词》，商务印书馆 1981 年版。

吕叔湘：《中国文法要略》，商务印书馆 1982 年版。

吕叔湘：《汉语语法论文集（增订本）》，商务印书馆 1984 年版。

吕叔湘：《近代汉语指代词》，上海学林出版社 1985 年版。

马建忠：《马氏文通》，商务印书馆 1998 年版.

马庆株：《著名中年语言学家自选集——马庆株卷》，安徽教育出版社 2002 年版。

马庆株：《马庆株自选集》，南开大学出版社 2004 年版。

梅祖麟：《梅祖麟语言学论文集》，商务印书馆 2000 年版。

齐沪扬：《现代汉语空间问题研究》，上海学林出版社 1999 年版。

乔全生：《晋方言语法研究》，商务印书馆 2000 年版。

任学良：《汉语造词法》，中国社会科学出版社 1981 年版。

阮桂君：《宁波方言语法研究》，华中师范大学出版社 2009 年版。

商务印书馆编辑部：《辞源（修订本）（第二卷）》，商务印书馆 2001 年版。

邵敬敏等：《汉语方言疑问范畴比较研究》，暨南大学出版社 2010 年版。

沈明：《太原方言词典》，江苏教育出版社 1994 年版。

沈家煊：《不对称和标记论》，江西教育出版社 1998 年版。

石毓智、李讷：《汉语语法化的历程》，北京大学出版社 2001 年版。

石毓智：《语法化的动因和机制》，北京大学出版社 2006 年版。

孙锡信：《近代汉语语气词》，语文出版社 1999 年版。

［日］太田辰夫，蒋绍愚、徐昌华译：《中国语历史文法》，北京大学出版社 1987 年版。

王力：《中国现代语法》，商务印书馆 1943 年版。

王力：《中国语法理论》，中华书局 1954 年版。

王力：《古代汉语》，中华书局 1962 年版。

王力：《汉语史稿》，中华书局 1980 年版。

王力：《中国现代语法》，商务印书馆 1985 年版。

王福堂：《汉语方言语音的演变和层次》，语文出版社 2005 年版。

王洪君：《汉语非线性音系学》，北京大学出版社 1999 年版。

王理嘉：《音系学基础》，语文出版社 1991 年版。

王临惠：《汾河流域方言的语音特点及其流变》，中国社会科学出版社 2003 年版。

温端政：《忻州方言志》，语文出版社 1985 年版。

吴云霞：《万荣方言语法研究》，语文出版社 2009 年版。

［日］香坂顺一著，江蓝生、白维国译：《白话语汇研究》，中华书局 1997 年版。

项梦冰：《连城客家话语法研究》，语文出版社 1997 年版。

辛永芬：《浚县方言语法研究》，中华书局 2007 年版。

邢福义：《现代汉语》，高等教育出版社 1991 年版。

邢福义：《汉语语法学》，东北师范大学出版社 1997 年版。

邢向东：《神木方言研究》，中华书局 2002 年版。

邢向东：《陕北晋语语法比较研究》，商务印书馆 2006 年版。

邢向东等：《秦晋两省沿河方言的比较研究》，商务印书馆 2012 年版。

徐杰：《普遍语法原则与汉语语法现象》，北京大学出版社 2001 年版。

［苏］雅洪托夫，陈孔伦译：《汉语的动词范畴》，中华书局 1957 年版。

俞光中、植田均:《近代汉语语法研究》,学林出版社 1999 年版。

袁毓林:《现代汉语动词的配价研究》,江西教育出版社 1998 年版。

袁毓林:《语言的认知研究和计算分析》,北京大学出版社 1998 年版。

袁毓林、郭锐主编:《现代汉语配价语法研究(2)》,北京大学出版社 1998 年版。

张斌:《新编现代汉语》,复旦大学出版社 2002 年版。

张静:《汉语语法问题》,中国社会科学出版社 1987 年版。

张敏:《认知语言学与汉语名词短语》,中国社会科学出版社 1998 年版。

张伯江、方梅:《汉语功能语法研究》,江西教育出版社 1996 年版。

张启焕、陈天福、程仪等:《河南方音概况》,河南大学出版社 1982 年版。

张启焕等:《河南方言研究》,河南大学出版社 1993 年版。

张双庆主编:《动词的体》,香港中文大学中国文化研究所、吴多泰中国语文研究中心,1996 年。

张谊生:《现代汉语虚词研究综述》,安徽教育出版社 2002 年版。

张谊生:《现代汉语副词研究》,商务印书馆 2014 年版。

赵元任:《现代吴语的研究》,商务印书馆 2011 年版。

赵元任:《语言问题》,商务印书馆 1959 年版。

赵元任著,吕叔湘译:《北京口语语法》,商务印书馆 1979 年版。

中国社会科学院语言研究所词典编纂室:《现代汉语词典(第六版)》,商务印书馆 2012 年版。

周振鹤、游汝杰:《方言与中国文化》,上海人民出版社 1986 年版。

朱德熙:《现代汉语语法研究》,商务印书馆 1980 年版。

朱德熙:《语法讲义》,商务印书馆 1982 年版。

朱德熙:《语法答问》,商务印书馆 1985 年版。

朱德熙:《语法丛稿》,上海教育出版社 1990 年版。

朱德熙:《朱德熙文集(第 2、3 卷)》,商务印书馆 1999 年版。

后　　记

本书是在我博士学位论文基础上修改扩充而成的。

硕士毕业12年后，我重返校园攻读博士学位。12年间，工作性质曾一度远离学术和科研，再拿起书本竟有恍若隔世的陌生和惊惶。别无他法，唯有奋起直追。在课堂上，在学术会议上，在讲座上，在图书馆里，我艰难而又紧迫地跋涉。为自己的愚钝和迟缓沮丧过，为重重压力焦躁过，也为自己终能坚持下来、有点滴进步释然过……历历往事，唯不曾后悔过。

我的博士论文题目确定较早。入学后不久，在学习期刊文献的过程中，我越来越对方言语法研究产生了兴趣。而我的家乡安阳，地处晋语和中原官话交界地带，方言也较有特点和研究价值，但目前尚无人系统研究这一方言。乡土，在每一个远离她的游子心中，都有着无可比拟的沉甸甸的情感力量。如果能以我所学，为家乡方言的研究添砖加瓦，那该是我人生莫大的幸事！

而今，当我终于完成书稿之际，心中充满感激！感谢我的导师冯广艺，他支持我遵循自己内心的想法选定题目，并在每一章节的写作中提供指导和帮助。感谢语言所汪国胜老师！汪老师工作、科研繁忙，但对我每一次的请教都给予及时、细致的解答，让我的论文写作避免了许多谬误。如今，更蒙汪老师垂青，我的博士学位论文终于付梓！也深深感谢李向农、徐杰、吴振国、储泽祥、曹海东、刘云等老师，在诸位老师的课上，每每有醍醐灌顶、茅塞顿开的愉悦。也感谢引我入门的硕士导师吴永德以及指导我发表第一篇学术论文的周光庆老师！

还要感谢华师语言研究所举办的方言暑期培训班。我有幸聆听了张崇兴、李蓝、沈明、熊子瑜、邢向东等诸位专家、学者的授课，这一有针对性的高水平的方言调查培训为我的论文写作提供了重要支持。

由衷感谢邢福义先生！在先生的引领下，华中师大语言学学术风气端正，踏实与创新并举。作为学生，才能有幸受此浸濡。而这也必将成为我人生至为宝贵的精神财富。

同时，我也感谢一路走来，助我帮我的同事、朋友们！郑州大学文学院的司罗红老师、王素改老师，没有你们伉俪的鼓励和帮助，我可能今天还在做着考博梦而迟迟不付诸行动；郑州大学文学院的缑瑞隆老师，正是在您倡导的语言学沙龙上，我开始有了研究语言的自觉和兴趣；郑州大学文学院的张大红老师，谢谢你不厌其烦地帮我搜罗各种河南方言资料，并给予我浓得化不开的友谊；暨南大学的李计伟老师，感谢你提供语言学资料，并解答我各种语言学上的困惑；华中师大国际文化交流学院的万莹老师，语言研究所的匡鹏飞、罗进军两位老师，广西师大的张凤娟老师，感谢你们给予我的帮助和鼓励！

与我一起攻读博士学位的同学们，我们同甘共苦，相互勉励，与你们相识是我人生中最大的福分。谢谢你们——陈秀、高娟、张言军、张静、赵小娜、孟丽、李玉晶、叶俊等诸位博士。

而我亲密的家人们，供给我源源不断的精神动力。感谢我的先生王国良，他在繁忙的工作之外与我共同分担家务和养育孩子的事务，并在我情绪低落、消沉时给我鼓励和安慰；在论文后期，还不辞辛苦地一次次帮我画图、排版、校对，使我的论文能以得体的面貌出现在众人面前。感谢我的孩子王若焕，他两岁时，我开始读博，三年中，他干净、纯粹的笑脸就是我一次次鼓足勇气前行的力量；而他一年一个样子的进步，也提醒我时不我待，学业当日有所进。还有我亲爱的父母，没有你们二老的付出，我无法想象自己在孩子尚幼时，能拿出时间来备考、学习、完成论文的写作；而我的妈妈，更以能做我的方言调查人无比自豪。还要谢谢我的小姨，她为我找来厚厚几大本《安阳市志》，第一时间寄送到我手中。谢谢亲人们对我学业和工作的支持！

我还要感谢出版社编辑老师的辛苦付出！他们专业、敬业的精神让我无比敬佩和感激。

种种感激，无以言表！

谨以此书，献给每一个我所爱的人！

王　芳

2019 年 4 月

《汉语方言语法研究丛书》书目